# 江西省经济普查年鉴 2018

Jiangxi Economic Census Yearbook

第二产业卷｜上

江西省第四次全国经济普查领导小组办公室　编著

图书在版编目（CIP）数据

江西省经济普查年鉴. 2018. 第二产业卷. 上 / 江西省第四次全国经济普查领导小组办公室编著. -- 北京 : 中国统计出版社, 2020.7
ISBN 978-7-5037-9172-7

Ⅰ. ①江… Ⅱ. ①江… Ⅲ. ①经济－普查－江西－2018－年鉴②第二产业－经济－普查－江西－2018－年鉴 Ⅳ. ①F127.56-54

中国版本图书馆 CIP 数据核字(2020)第 108831 号

江西省经济普查年鉴—2018/第二产业卷（上）

作　　者/江西省第四次全国经济普查领导小组办公室
责任编辑/许立舫
封面设计/黄俊杰　李雪燕
出版发行/中国统计出版社
通信地址/北京市丰台区西三环南路甲 6 号　邮政编码/100073
电　　话/邮购（010）63376909　书店（010）68783171
网　　址/http://www.zgtjcbs.com/
印　　刷/河北鑫兆源印刷有限公司
经　　销/新华书店
开　　本/880mm×1230mm　1/16
字　　数/546 千字
印　　张/17.5
版　　别/2020 年 7 月第 1 版
版　　次/2020 年 7 月第 1 次印刷
定　　价/680.00 元（全四册附光盘）

本书附同版本 CD-ROM 一张，光盘内容以书面文字为准。
如有印装差错，由本社发行部调换。

# 《江西省经济普查年鉴-2018》

# 《第二产业卷（上）》编辑委员会

# 编者说明

为便于社会各界共同分享第四次全国经济普查成果，更方便地开发利用普查资料，我们将经济普查资料编辑整理，汇编成《江西省经济普查年鉴—2018》一书。全书共三卷四册，即《综合卷》、《第二产业卷》和《第三产业卷》，并附同版本光盘一张。《综合卷》分三篇：第一篇为“综合篇”，第二篇为“企业篇”，第三篇为“文化及相关产业篇”。《第二产业卷》按内容分为上、下两册。上册两篇：第一篇为“工业企业生产经营及财务状况篇”，第二篇为“主要工业产品产量篇”。下册两篇：第一篇为“规模以上工业企业科技情况篇”，第二篇为“建筑业企业生产经营及账务状况篇”。《第三产业卷》分六篇：第一篇为“批发和零售业企业基本情况及财务状况篇”，第二篇为“住宿和餐饮业企业基本情况及财务状况篇”，第三篇为“房地产开发经营业生产经营及财务状况篇”，第四篇为“服务业企业财务状况篇”，第五篇为“服务业行政事业及非企业法人单位篇”，第六篇为“企业信息化和电子商务交易情况篇”。为使读者能够更好地使用本资料，现对有关问题做如下说明：

一、第四次全国经济普查的标准时点为 2018 年 12 月 31 日，时期资料为 2018 年度；

二、《综合卷》中“综合篇”和“企业篇”汇总表，均不包含少量无分组标识的单位数据，其中单位数包含兼营二、三产业的农、林、牧、渔业法人单位，从业人员数不包含兼营二、三产业的农、林、牧、渔业法人单位，不包含人民银行、银保监会、证监会监管的金融业以及铁路运输部门单位数据；

三、本资料建筑业按法人单位注册地，其他行业按法人单位经营地进行汇总；

四、本资料对部分数据由于计量单位取舍不同或四舍五入而产生的误差数均未作机械调整；

五、表中空格表示该项统计指标数值为零、不足最小单位、数据不详或无该项数据，“#”表示其中的主要项；

六、为了更准确地使用本年鉴，每卷后附有该卷详细的指标解释。

我们希望此书的面世，能使社会各界对第四次全国经济普查江西省数据有一个全面的了解，更愿本书的内容，能为社会经济研究工作者提供有价值的参考。

江西省第四次全国经济普查资料是全省普查工作者共同辛勤工作的成果，也是广大普查对象积极支持配合的结果。在此，我们向全省所有普查工作者、普查对象和所有参与和支持普查工作的人员致以崇高的敬意和衷心的感谢！

江西省第四次全国经济普查领导小组办公室

2020 年 7 月

# 第二产业卷（上）　目录

## 第一篇　工业企业生产经营及财务状况篇

A. 行业部分



B. 地区部分

## 第二篇　主要工业产品产量篇



## 附　录

# 第1篇

# 工业企业生产经营及财务状况篇

## A. 行业部分

# 1-A-1　全部工业企业主要经济指标

| 行　业 | 企业单位数（个） | 资产总计（万元） | 负债合计（万元） | 营业收入（万元） | 从业人员（人） |
|---|---|---|---|---|---|
| **总　计** | **73714** | **289534589** | **143966121** | **355432695** | **3254233** |
| 煤炭开采和洗选业 | 242 | 1347690 | 808066 | 792254 | 28180 |
| 石油和天然气开采业 | 2 | 42 | 38 | 73 | 5 |
| 黑色金属矿采选业 | 264 | 423897 | 174518 | 669825 | 5824 |
| 有色金属矿采选业 | 411 | 2885434 | 1416581 | 2901726 | 27741 |
| 非金属矿采选业 | 1811 | 2991020 | 1152986 | 3762651 | 40164 |
| 开采专业及辅助性活动 | 33 | 6019 | 1514 | 8631 | 190 |
| 其他采矿业 | 235 | 100485 | 31586 | 82741 | 2398 |
| 农副食品加工业 | 3778 | 12157337 | 5592113 | 19101103 | 116343 |
| 食品制造业 | 1446 | 3207759 | 1132955 | 3813188 | 54744 |
| 酒、饮料和精制茶制造业 | 1391 | 3986450 | 1759344 | 3117391 | 39794 |
| 烟草制品业 | 8 | 1746326 | 428611 | 2046462 | 5820 |
| 纺织业 | 2209 | 5722210 | 2805102 | 9464877 | 113439 |
| 纺织服装、服饰业 | 6029 | 7396496 | 2778194 | 11863060 | 260224 |
| 皮革、毛皮、羽毛及其制品和制鞋业 | 1857 | 3658154 | 1113721 | 5713474 | 127833 |
| 木材加工和木、竹、藤、棕、草制品业 | 3024 | 3481071 | 1293291 | 4482137 | 71898 |
| 家具制造业 | 3797 | 3989102 | 1420267 | 5632097 | 123852 |
| 造纸和纸制品业 | 1107 | 3369740 | 1677143 | 3813567 | 40038 |
| 印刷和记录媒介复制业 | 1287 | 2319962 | 779710 | 2867302 | 34648 |
| 文教、工美、体育和娱乐用品制造业 | 1806 | 3455044 | 1180200 | 4851380 | 81675 |
| 石油、煤炭及其他燃料加工业 | 308 | 3537442 | 2255232 | 6712272 | 18259 |
| 化学原料和化学制品制造业 | 3620 | 15089575 | 5904206 | 18194146 | 214850 |
| 医药制造业 | 1108 | 10706488 | 4148511 | 11095963 | 102054 |
| 化学纤维制造业 | 78 | 1102772 | 565387 | 1006668 | 6349 |
| 橡胶和塑料制品业 | 2077 | 5108393 | 1615448 | 6915112 | 73709 |
| 非金属矿物制品业 | 8813 | 24615226 | 10625962 | 29203373 | 335501 |
| 黑色金属冶炼和压延加工业 | 295 | 9036702 | 4457679 | 15079504 | 52623 |
| 有色金属冶炼和压延加工业 | 1180 | 28882559 | 16188374 | 58454518 | 121506 |
| 金属制品业 | 3390 | 6302185 | 2563166 | 8902467 | 88789 |
| 通用设备制造业 | 2355 | 6619923 | 3041272 | 8394474 | 89742 |
| 专用设备制造业 | 2416 | 5970744 | 2734123 | 5357023 | 80135 |
| 汽车制造业 | 1076 | 16854257 | 10675326 | 18104159 | 119448 |
| 铁路、船舶、航空航天和其他运输设备制造业 | 476 | 7034965 | 5111409 | 3911679 | 38748 |
| 电气机械和器材制造业 | 2631 | 22204404 | 11444552 | 26888543 | 206143 |
| 计算机、通信和其他电子设备制造业 | 2619 | 28627687 | 16129632 | 29163802 | 326612 |
| 仪器仪表制造业 | 517 | 1814726 | 763113 | 1629454 | 24347 |
| 其他制造业 | 1278 | 1004133 | 291190 | 1226171 | 24279 |
| 废弃资源综合利用业 | 554 | 1949462 | 914537 | 4287720 | 15385 |
| 金属制品、机械和设备修理业 | 625 | 158029 | 333878 | 166574 | 5164 |
| 电力、热力生产和供应业 | 6423 | 23139382 | 14173846 | 12830301 | 99854 |
| 燃气生产和供应业 | 211 | 2274182 | 1286837 | 1651129 | 8807 |
| 水的生产和供应业 | 927 | 5257118 | 3196504 | 1273703 | 27119 |

# 1-A-2　全部大型工业企业主要经济指标

| 行　业 | 企业单位数(个) | 资产总计(万元) | 负债合计(万元) | 营业收入(万元) | 从业人员(人) |
|---|---|---|---|---|---|
| **总　计** | **205** | **91952818** | **53273525** | **108345059** | **651658** |
| 煤炭开采和洗选业 | 2 | 493189 | 369970 | 172416 | 8632 |
| 有色金属矿采选业 | 1 | 78286 | 34959 | 54923 | 1107 |
| 非金属矿采选业 | 1 | 244668 | 147534 | 53217 | 1119 |
| 农副食品加工业 | 8 | 2965652 | 1817708 | 4303465 | 16930 |
| 食品制造业 | 2 | 160391 | 33978 | 218870 | 2994 |
| 酒、饮料和精制茶制造业 | 2 | 519725 | 313625 | 434011 | 4806 |
| 烟草制品业 | 1 | 1649552 | 421884 | 2036346 | 5108 |
| 纺织业 | 5 | 332649 | 168292 | 524627 | 6906 |
| 纺织服装、服饰业 | 6 | 866539 | 370131 | 741491 | 14622 |
| 皮革、毛皮、羽毛及其制品和制鞋业 | 6 | 890018 | 172485 | 857012 | 28434 |
| 木材加工和木、竹、藤、棕、草制品业 | 1 | 355871 | 80979 | 308128 | 1423 |
| 家具制造业 | 1 | 216911 | 146480 | 213622 | 1013 |
| 造纸和纸制品业 | 2 | 914962 | 538877 | 657422 | 2900 |
| 印刷和记录媒介复制业 | 1 | 247833 | 24129 | 209202 | 1095 |
| 文教、工美、体育和娱乐用品制造业 | 6 | 586990 | 209199 | 618470 | 13453 |
| 石油、煤炭及其他燃料加工业 | 2 | 2989915 | 1911882 | 5990906 | 11875 |
| 化学原料和化学制品制造业 | 5 | 2526474 | 1059257 | 1346558 | 7779 |
| 医药制造业 | 11 | 4375166 | 1385612 | 2859858 | 32407 |
| 化学纤维制造业 | 1 | 310531 | 193941 | 334171 | 1153 |
| 橡胶和塑料制品业 | 2 | 75111 | 46033 | 129459 | 2293 |
| 非金属矿物制品业 | 19 | 2515929 | 1147174 | 2484859 | 25700 |
| 黑色金属冶炼和压延加工业 | 4 | 7942019 | 3843868 | 12455146 | 39905 |
| 有色金属冶炼和压延加工业 | 7 | 14836253 | 8666258 | 24618268 | 35829 |
| 金属制品业 | 5 | 328706 | 134811 | 658187 | 6020 |
| 通用设备制造业 | 6 | 1814238 | 1023596 | 1714716 | 16953 |
| 专用设备制造业 | 4 | 526477 | 238798 | 443123 | 9871 |
| 汽车制造业 | 6 | 10535590 | 7410769 | 11874796 | 60447 |
| 铁路、船舶、航空航天和其他运输设备制造业 | 4 | 3517551 | 2587441 | 1542009 | 19417 |
| 电气机械和器材制造业 | 21 | 6665434 | 4254071 | 7185981 | 48904 |
| 计算机、通信和其他电子设备制造业 | 55 | 12717716 | 7769319 | 15223502 | 158533 |
| 仪器仪表制造业 | 3 | 167519 | 122969 | 202444 | 3892 |
| 电力、热力生产和供应业 | 3 | 8035157 | 5718003 | 7381568 | 53569 |
| 燃气生产和供应业 | 1 | 172559 | 136142 | 146447 | 1149 |
| 水的生产和供应业 | 1 | 1377242 | 773354 | 349839 | 5420 |

# 1-A-3 全部中型工业企业主要经济指标

| 行业 | 企业单位数（个） | 资产总计（万元） | 负债合计（万元） | 营业收入（万元） | 从业人员（人） |
|---|---|---|---|---|---|
| **总 计** | **1325** | **59627637** | **28555700** | **75960362** | **693407** |
| 煤炭开采和洗选业 | 11 | 441881 | 285431 | 220955 | 9619 |
| 黑色金属矿采选业 | 2 | 13475 | 6345 | 32078 | 649 |
| 有色金属矿采选业 | 24 | 1388351 | 588367 | 1040171 | 14427 |
| 非金属矿采选业 | 8 | 292440 | 118647 | 287115 | 2826 |
| 农副食品加工业 | 36 | 2939106 | 1176400 | 5022247 | 18836 |
| 食品制造业 | 37 | 895062 | 298433 | 1140291 | 18010 |
| 酒、饮料和精制茶制造业 | 18 | 667771 | 289998 | 707128 | 9616 |
| 烟草制品业 | 1 | 95291 | 6095 | 8041 | 650 |
| 纺织业 | 67 | 1303642 | 645768 | 2408394 | 34439 |
| 纺织服装、服饰业 | 92 | 1356448 | 579157 | 2491682 | 55122 |
| 皮革、毛皮、羽毛及其制品和制鞋业 | 61 | 988360 | 356665 | 1441294 | 38697 |
| 木材加工和木、竹、藤、棕、草制品业 | 12 | 194328 | 102392 | 297034 | 5988 |
| 家具制造业 | 26 | 585188 | 320584 | 861560 | 11135 |
| 造纸和纸制品业 | 16 | 758810 | 399822 | 897895 | 7845 |
| 印刷和记录媒介复制业 | 17 | 485349 | 193180 | 552906 | 7698 |
| 文教、工美、体育和娱乐用品制造业 | 35 | 594980 | 225915 | 1001949 | 19489 |
| 石油、煤炭及其他燃料加工业 | 2 | 191077 | 186149 | 127042 | 956 |
| 化学原料和化学制品制造业 | 86 | 2781179 | 999740 | 4281098 | 39559 |
| 医药制造业 | 50 | 2258560 | 871817 | 2545208 | 22603 |
| 化学纤维制造业 | 3 | 534854 | 277635 | 352782 | 2108 |
| 橡胶和塑料制品业 | 32 | 1680568 | 301325 | 1744052 | 14034 |
| 非金属矿物制品业 | 160 | 6783247 | 2998427 | 7276642 | 85166 |
| 黑色金属冶炼和压延加工业 | 11 | 378932 | 187924 | 920645 | 4458 |
| 有色金属冶炼和压延加工业 | 63 | 5679039 | 2528581 | 11565767 | 29265 |
| 金属制品业 | 30 | 1313935 | 607405 | 1695914 | 14757 |
| 通用设备制造业 | 39 | 1177376 | 521231 | 1986448 | 17881 |
| 专用设备制造业 | 36 | 1143641 | 574912 | 1259370 | 16763 |
| 汽车制造业 | 37 | 1639443 | 957623 | 2758605 | 19302 |
| 铁路、船舶、航空航天和其他运输设备制造业 | 14 | 2739552 | 2197235 | 1580597 | 6649 |
| 电气机械和器材制造业 | 121 | 4838334 | 2218016 | 7942006 | 65473 |
| 计算机、通信和其他电子设备制造业 | 130 | 6589883 | 3786579 | 6320045 | 73975 |
| 仪器仪表制造业 | 9 | 301951 | 97070 | 299236 | 5509 |
| 其他制造业 | 4 | 133050 | 59582 | 278187 | 2074 |
| 废弃资源综合利用业 | 6 | 614267 | 227246 | 947276 | 2906 |
| 电力、热力生产和供应业 | 18 | 4972186 | 2811788 | 2964696 | 9926 |
| 燃气生产和供应业 | 3 | 425152 | 283382 | 490413 | 1629 |
| 水的生产和供应业 | 8 | 450929 | 268835 | 213597 | 3368 |

# 1-A-4　全部小微型工业企业主要经济指标

| 行　业 | 企业单位数（个） | 资产总计（万元） | 负债合计（万元） | 营业收入（万元） | 从业人员（人） |
|---|---|---|---|---|---|
| **总　计** | **72184** | **137954135** | **62136896** | **171127275** | **1909168** |
| 煤炭开采和洗选业 | 229 | 412620 | 152666 | 398884 | 9929 |
| 石油和天然气开采业 | 2 | 42 | 38 | 73 | 5 |
| 黑色金属矿采选业 | 262 | 410421 | 168173 | 637747 | 5175 |
| 有色金属矿采选业 | 386 | 1418797 | 793254 | 1806632 | 12207 |
| 非金属矿采选业 | 1802 | 2453912 | 886805 | 3422319 | 36219 |
| 开采专业及辅助性活动 | 33 | 6019 | 1514 | 8631 | 190 |
| 其他采矿业 | 235 | 100485 | 31586 | 82741 | 2398 |
| 农副食品加工业 | 3734 | 6252578 | 2598006 | 9775392 | 80577 |
| 食品制造业 | 1407 | 2152305 | 800543 | 2454027 | 33740 |
| 酒、饮料和精制茶制造业 | 1371 | 2798954 | 1155721 | 1976253 | 25372 |
| 烟草制品业 | 6 | 1483 | 632 | 2074 | 62 |
| 纺织业 | 2137 | 4085919 | 1991042 | 6531856 | 72094 |
| 纺织服装、服饰业 | 5931 | 5173509 | 1828906 | 8629887 | 190480 |
| 皮革、毛皮、羽毛及其制品和制鞋业 | 1790 | 1779777 | 584571 | 3415168 | 60702 |
| 木材加工和木、竹、藤、棕、草制品业 | 3011 | 2930873 | 1109919 | 3876975 | 64487 |
| 家具制造业 | 3770 | 3187003 | 953203 | 4556916 | 111704 |
| 造纸和纸制品业 | 1089 | 1695968 | 738444 | 2258251 | 29293 |
| 印刷和记录媒介复制业 | 1269 | 1586780 | 562400 | 2105194 | 25855 |
| 文教、工美、体育和娱乐用品制造业 | 1765 | 2273074 | 745086 | 3230960 | 48733 |
| 石油、煤炭及其他燃料加工业 | 304 | 356450 | 157201 | 594325 | 5428 |
| 化学原料和化学制品制造业 | 3529 | 9781922 | 3845209 | 12566489 | 167512 |
| 医药制造业 | 1047 | 4072762 | 1891083 | 5690897 | 47044 |
| 化学纤维制造业 | 74 | 257388 | 93810 | 319716 | 3088 |
| 橡胶和塑料制品业 | 2043 | 3352715 | 1268091 | 5041601 | 57382 |
| 非金属矿物制品业 | 8634 | 15316051 | 6480361 | 19441873 | 224635 |
| 黑色金属冶炼和压延加工业 | 280 | 715752 | 425887 | 1703713 | 8260 |
| 有色金属冶炼和压延加工业 | 1110 | 8367267 | 4993537 | 22270483 | 56412 |
| 金属制品业 | 3355 | 4659544 | 1820950 | 6548366 | 68012 |
| 通用设备制造业 | 2310 | 3628309 | 1496445 | 4693311 | 54908 |
| 专用设备制造业 | 2376 | 4300626 | 1920413 | 3654531 | 53501 |
| 汽车制造业 | 1033 | 4679224 | 2306934 | 3470758 | 39699 |
| 铁路、船舶、航空航天和其他运输设备制造业 | 458 | 777862 | 326733 | 789073 | 12682 |
| 电气机械和器材制造业 | 2489 | 10700636 | 4972466 | 11760557 | 91766 |
| 计算机、通信和其他电子设备制造业 | 2434 | 9320088 | 4573734 | 7620255 | 94104 |
| 仪器仪表制造业 | 505 | 1345256 | 543074 | 1127774 | 14946 |
| 其他制造业 | 1274 | 871083 | 231608 | 947985 | 22205 |
| 废弃资源综合利用业 | 548 | 1335196 | 687290 | 3340445 | 12479 |
| 金属制品、机械和设备修理业 | 625 | 158029 | 333878 | 166575 | 5164 |
| 电力、热力生产和供应业 | 6402 | 10132040 | 5644055 | 2484037 | 36359 |
| 燃气生产和供应业 | 207 | 1676472 | 867313 | 1014269 | 6029 |
| 水的生产和供应业 | 918 | 3428946 | 2154316 | 710267 | 18331 |

# 1-A-5 分登记注册类型规模以上

| 行业 | 企业单位数(个) | 资产总计 | 固定资产净额 | 固定资产原价 | 累计折旧 | 流动资产合计 | 应收账款 |
|---|---|---|---|---|---|---|---|
| **总计** | **12011** | **245334439** | **74878866** | **138454560** | **57724500** | **118273556** | **28850801** |
| 一、按登记注册类型分组: | | | | | | | |
| 内资企业 | 11332 | 218035995 | 66075964 | 121064276 | 50966065 | 104876394 | 25015878 |
| 国有企业 | 40 | 4145017 | 482842 | 1042234 | 548252 | 3397196 | 128363 |
| 中央企业 | 6 | 3606120 | 348334 | 809376 | 460864 | 3074165 | 104248 |
| 地方企业 | 34 | 538896 | 134508 | 232858 | 87389 | 323031 | 24115 |
| 集体企业 | 28 | 509258 | 67233 | 137986 | 69387 | 367653 | 66744 |
| 股份合作企业 | 36 | 200250 | 79033 | 113261 | 31667 | 74030 | 29007 |
| 有限责任公司 | 3155 | 109785146 | 36015639 | 67034262 | 29224347 | 54171829 | 12420893 |
| 国有独资公司 | 83 | 41941897 | 14961840 | 32850202 | 17565202 | 21373307 | 3074127 |
| 其他有限责任公司 | 3072 | 67843249 | 21053799 | 34184060 | 11659145 | 32798522 | 9346766 |
| 股份有限公司 | 305 | 26767825 | 6836953 | 13278669 | 5681956 | 11561725 | 2388335 |
| 私营企业 | 7767 | 76612392 | 22592868 | 39454311 | 15408301 | 35291966 | 9980938 |
| 私营独资企业 | 210 | 954726 | 496431 | 628849 | 106614 | 310260 | 108377 |
| 私营合伙企业 | 61 | 208393 | 74868 | 130032 | 47185 | 95476 | 37458 |
| 私营有限责任公司 | 7238 | 69657250 | 20604420 | 35810740 | 13824318 | 31849385 | 9313283 |
| 私营股份有限公司 | 258 | 5792023 | 1417149 | 2884691 | 1430183 | 3036847 | 521821 |
| 其他企业 | 1 | 16108 | 1397 | 3554 | 2157 | 11995 | 1598 |
| 港、澳、台商投资企业 | 405 | 13676467 | 3685238 | 7696718 | 2488199 | 7458278 | 2230532 |
| 合资经营企业(港或澳、台资) | 94 | 3886692 | 992923 | 1977748 | 775585 | 2153991 | 353418 |
| 合作经营企业(港或澳、台资) | 6 | 142388 | 44909 | 89737 | 44829 | 43104 | 11664 |
| 港澳台商独资经营企业 | 291 | 9501495 | 2579121 | 5537303 | 1644142 | 5209297 | 1848844 |
| 港澳台商投资股份有限公司 | 8 | 42467 | 8668 | 15838 | 7169 | 16322 | 7487 |
| 其他港澳台商投资企业 | 6 | 103426 | 59617 | 76091 | 16474 | 35564 | 9119 |
| 外商投资企业 | 274 | 13621977 | 5117664 | 9693565 | 4270236 | 5938885 | 1604392 |
| 中外合资经营企业 | 130 | 8294392 | 3064989 | 5755951 | 2653432 | 3498412 | 937710 |
| 中外合作经营企业 | 6 | 663186 | 433110 | 560720 | 127137 | 190198 | 65331 |
| 外资企业 | 123 | 3673890 | 1327384 | 2915964 | 1326550 | 1720712 | 456152 |
| 外商投资股份有限公司 | 9 | 315618 | 101733 | 203028 | 95799 | 105730 | 16017 |
| 其他外商投资企业 | 6 | 674891 | 190448 | 257902 | 67318 | 423832 | 129182 |
| 二、在总计中:亏损企业 | 1048 | 20717111 | 5746103 | 10046210 | 4018041 | 9735891 | 2250901 |
| 在总计中:国有控股企业 | 504 | 75920964 | 27000505 | 52908386 | 25280289 | 36482164 | 6030796 |
| 在总计中:轻工业 | 5383 | 66521173 | 18685240 | 33183048 | 13165762 | 30740741 | 6920878 |
| 重工业 | 6628 | 178813266 | 56193626 | 105271512 | 44558738 | 87532815 | 21929923 |
| 在总计中:大型企业 | 205 | 91952818 | 28328672 | 57340936 | 26378721 | 47946219 | 9511240 |
| 中型企业 | 1301 | 59210732 | 19457088 | 34615941 | 14252265 | 26368675 | 6071040 |
| 小型企业 | 10505 | 94170889 | 27093105 | 46497683 | 17093514 | 43958662 | 13268521 |

注：本表统计范围为规模以上工业企业(以下各表均同)。

# 工业企业主要经济指标

单位：万元

| 存货 | 产成品 | 负债合计 | 流动负债合计 | 应付账款 | 所有者权益合计 | 实收资本 | 国家资本 | 集体资本 |
|---|---|---|---|---|---|---|---|---|
| **27523700** | **11383321** | **127439583** | **104143110** | **29352839** | **117892029** | **58370191** | **7175233** | **692954** |
| 24650176 | 9021804 | 113390148 | 92849258 | 25714619 | 104643025 | 50548294 | 6284364 | 689749 |
| 1147515 | 15389 | 3407283 | 3219646 | 294325 | 737734 | 179873 | 78961 | 4913 |
| 1119509 | 4660 | 3074375 | 2946154 | 270899 | 531745 | 131151 | 40077 | |
| 28006 | 10729 | 332907 | 273492 | 23427 | 205989 | 48722 | 38884 | 4913 |
| 127346 | 13695 | 313169 | 289337 | 82336 | 196088 | 77832 | 5412 | 17124 |
| 11705 | 6156 | 63796 | 57463 | 19640 | 136453 | 63913 | | 4187 |
| 12146141 | 4151335 | 63321083 | 50820041 | 14722568 | 46464049 | 23570486 | 5444051 | 273017 |
| 4823312 | 1062909 | 26092494 | 21063904 | 5945439 | 15849403 | 4793022 | 2862073 | 660 |
| 7322830 | 3088426 | 37228589 | 29756137 | 8777130 | 30614646 | 18777464 | 2581978 | 272356 |
| 2967426 | 1040301 | 12219744 | 9931024 | 2137136 | 14548078 | 3785305 | 472095 | 76112 |
| 8247244 | 3794929 | 34054924 | 28522249 | 8456162 | 42554663 | 22866483 | 283845 | 314397 |
| 56493 | 35531 | 313051 | 267722 | 89629 | 641676 | 198143 | 3310 | 2651 |
| 20023 | 10968 | 89851 | 77822 | 23904 | 118541 | 40548 | 427 | 465 |
| 7548639 | 3466915 | 31109360 | 25935900 | 7822270 | 38545087 | 21427094 | 273541 | 286362 |
| 622089 | 281515 | 2542663 | 2240806 | 520359 | 3249359 | 1200697 | 6567 | 24918 |
| 2800 | | 10149 | 9498 | 2452 | 5959 | 4403 | | |
| 1528054 | 616066 | 6920875 | 5725282 | 2183028 | 6755590 | 3812533 | 340075 | 1237 |
| 406695 | 178089 | 2032076 | 1718012 | 371603 | 1854616 | 1016045 | 307503 | 864 |
| 10186 | 1137 | 76644 | 76644 | 15698 | 65744 | 34412 | 25200 | |
| 1091992 | 428827 | 4736153 | 3860900 | 1757942 | 4765339 | 2712326 | 7257 | 230 |
| 1541 | 537 | 21260 | 20708 | 5603 | 21207 | 20750 | | |
| 17640 | 7477 | 54742 | 49018 | 32182 | 48684 | 28999 | 115 | 144 |
| 1345470 | 1745450 | 7128560 | 5568570 | 1455193 | 6493414 | 4009365 | 550794 | 1968 |
| 727404 | 1498184 | 4208498 | 3349693 | 756199 | 4085893 | 2577797 | 409899 | 1560 |
| 35328 | 10391 | 463379 | 173634 | 29450 | 199807 | 149001 | 117512 | |
| 450991 | 156456 | 1904138 | 1551247 | 592752 | 1769750 | 1112408 | | 200 |
| 26448 | 13300 | 141577 | 113485 | 14597 | 174041 | 68880 | | |
| 105298 | 67120 | 410968 | 380512 | 62196 | 263923 | 101280 | 23383 | 208 |
| 2405781 | 1112731 | 15039707 | 12390696 | 3387809 | 5677796 | 9169033 | 1655188 | 189266 |
| 8577479 | 3265222 | 46553506 | 36925938 | 9362034 | 29367455 | 14501443 | 6202819 | 83565 |
| 7974178 | 3219250 | 28504479 | 23331427 | 5960744 | 38016648 | 17707699 | 794100 | 353233 |
| 19549522 | 8164071 | 98935104 | 80811683 | 23392096 | 79875381 | 40662492 | 6381134 | 339721 |
| 11723317 | 3003410 | 53273525 | 43950110 | 12856267 | 38679292 | 12664328 | 3283883 | 75746 |
| 5891660 | 3786807 | 28329787 | 23670070 | 6198029 | 30880937 | 14304712 | 2078909 | 182792 |
| 9908723 | 4593105 | 45836271 | 36522930 | 10298544 | 48331800 | 31401150 | 1812442 | 434417 |

1-A-5 续表

| 行业 | 法人资本 | 个人资本 | 港澳台资本 | 外商资本 | 营业收入 | 营业成本 | 销售费用 |
|---|---|---|---|---|---|---|---|
| **总计** | **31879569** | **14299346** | **2596412** | **1726668** | **328188944** | **282708043** | **6709317** |
| 一、按登记注册类型分组: | | | | | | | |
| 内资企业 | 29672335 | 13587759 | 172205 | 141872 | 295361280 | 255250467 | 5973852 |
| 国有企业 | 95999 | | | | 2435712 | 2174350 | 14154 |
| 中央企业 | 91074 | | | | 2047542 | 1882192 | 4062 |
| 地方企业 | 4925 | | | | 388169 | 292158 | 10091 |
| 集体企业 | 49646 | 5650 | | | 486766 | 381577 | 7892 |
| 股份合作企业 | 32010 | 27716 | | | 360159 | 312028 | 5180 |
| 有限责任公司 | 14219253 | 3394858 | 137946 | 101358 | 132874634 | 116715537 | 2218621 |
| 国有独资公司 | 1884751 | 45538 | | | 52048683 | 47182232 | 514199 |
| 其他有限责任公司 | 12334502 | 3349321 | 137946 | 101358 | 80825951 | 69533306 | 1704423 |
| 股份有限公司 | 2057961 | 1144140 | 1200 | 33796 | 27141691 | 21590877 | 588040 |
| 私营企业 | 13217466 | 9010992 | 33059 | 6718 | 132049930 | 114064040 | 3139885 |
| 私营独资企业 | 104393 | 87671 | 119 | | 1434892 | 1227874 | 31809 |
| 私营合伙企业 | 15386 | 24271 | | | 422359 | 368901 | 7020 |
| 私营有限责任公司 | 12364414 | 8463529 | 32625 | 6618 | 122174593 | 105687508 | 2863731 |
| 私营股份有限公司 | 733274 | 435522 | 316 | 100 | 8018086 | 6779758 | 237325 |
| 其他企业 | | 4403 | | | 12389 | 12059 | 79 |
| 港、澳、台商投资企业 | 885834 | 409440 | 1978733 | 197214 | 18434072 | 15556092 | 449864 |
| 合资经营企业(港或澳、台资) | 292123 | 28513 | 373417 | 13625 | 5201036 | 4182525 | 148566 |
| 合作经营企业(港或澳、台资) | 4513 | 800 | 3900 | | 346804 | 264505 | 12246 |
| 港澳台商独资经营企业 | 577878 | 379424 | 1564052 | 183486 | 12763101 | 11004921 | 286374 |
| 港澳台商投资股份有限公司 | 7252 | 600 | 12898 | | 60503 | 54927 | 1104 |
| 其他港澳台商投资企业 | 4069 | 102 | 24466 | 102 | 62628 | 49214 | 1574 |
| 外商投资企业 | 1321399 | 302147 | 445474 | 1387582 | 14393592 | 11901484 | 285601 |
| 中外合资经营企业 | 1158276 | 65956 | 355105 | 587000 | 7334201 | 6011911 | 135235 |
| 中外合作经营企业 | 7987 | | 5202 | 18301 | 395777 | 331354 | 14935 |
| 外资企业 | 67703 | 231205 | 61692 | 751608 | 5509618 | 4528596 | 120439 |
| 外商投资股份有限公司 | 30062 | 4986 | 23158 | 10674 | 350446 | 288086 | 8990 |
| 其他外商投资企业 | 57372 | | 317 | 20000 | 803550 | 741536 | 6002 |
| 二、在总计中:亏损企业 | 5520630 | 1200821 | 260181 | 342946 | 13857510 | 13397731 | 299753 |
| 在总计中:国有控股企业 | 7884136 | 163165 | 34434 | 133324 | 79430109 | 69676738 | 1051677 |
| 在总计中:轻工业 | 7471211 | 7269231 | 1138292 | 681627 | 96572197 | 79856090 | 3280213 |
| 重工业 | 24408358 | 7030116 | 1458120 | 1045041 | 231616747 | 202851953 | 3429104 |
| 在总计中:大型企业 | 6992229 | 1109562 | 829788 | 373122 | 108345059 | 92765787 | 2096594 |
| 中型企业 | 7256549 | 3055410 | 961419 | 769634 | 75612426 | 64388484 | 1684409 |
| 小型企业 | 17630791 | 10134374 | 805205 | 583912 | 144231460 | 125553773 | 2928314 |

单位：万元

| 管理费用 | 财务费用 | | | 投资收益（损失以“–”号记） | 营业利润 | 利润总额 | 亏损企业亏损额 | 平均用工人数（人） |
|---|---|---|---|---|---|---|---|---|
| | | 利息收入 | 利息支出 | | | | | |
| **10593083** | **2249044** | **254263** | **2057908** | **259082** | **22178532** | **22800249** | **815229** | **2362782** |
| 9311786 | 1957139 | 241416 | 1784191 | 235484 | 19270464 | 19900388 | 725857 | 2043305 |
| 128193 | -4888 | 11902 | 6477 | 356 | 118532 | 113366 | 6463 | 15095 |
| 104312 | -10158 | 11726 | 1083 | 356 | 64140 | 65114 | 2074 | 8706 |
| 23880 | 5271 | 175 | 5394 | | 54392 | 48252 | 4390 | 6389 |
| 41414 | 2961 | 243 | 917 | 34 | 47198 | 46910 | 482 | 8961 |
| 5788 | 1184 | 15 | 1082 | | 34144 | 34179 | 112 | 4344 |
| 4043944 | 1000295 | 162202 | 985344 | 171846 | 7194112 | 7565291 | 464858 | 779275 |
| 1301670 | 295657 | 121524 | 469051 | 177264 | 1431764 | 1544202 | 97245 | 170545 |
| 2742274 | 704638 | 40678 | 516294 | -5419 | 5762348 | 6021088 | 367614 | 608730 |
| 1187524 | 168970 | 38645 | 196074 | 102574 | 2557995 | 2577124 | 65504 | 156882 |
| 3904843 | 788586 | 28409 | 594296 | -39326 | 9318374 | 9563388 | 188437 | 1078056 |
| 34132 | 8294 | 270 | 3936 | -1080 | 108831 | 108012 | 1113 | 21821 |
| 8936 | 1182 | 17 | 799 | | 31816 | 31784 | 137 | 5516 |
| 3585153 | 732615 | 11387 | 537005 | -75336 | 8493772 | 8709909 | 158029 | 999256 |
| 276623 | 46496 | 16735 | 52556 | 37090 | 683955 | 713684 | 29159 | 51463 |
| 81 | 29 | | | | 109 | 131 | | 692 |
| 642414 | 148674 | 3011 | 137239 | 4680 | 1564559 | 1542545 | 24539 | 201507 |
| 156293 | 32507 | -1539 | 44299 | 5056 | 633790 | 631508 | 10958 | 33272 |
| 11761 | 1548 | 198 | 1180 | | 51176 | 50938 | 3241 | 1611 |
| 466582 | 113288 | 4343 | 90994 | -377 | 873157 | 853603 | 9073 | 162917 |
| 2928 | 348 | 10 | 54 | | 815 | 868 | 1266 | 2291 |
| 4850 | 983 | 1 | 712 | | 5621 | 5628 | | 1416 |
| 638883 | 143231 | 9836 | 136478 | 18918 | 1343509 | 1357316 | 64834 | 117970 |
| 338448 | 70761 | 7550 | 72829 | 15012 | 742594 | 751867 | 45191 | 43761 |
| 13624 | 17344 | -332 | 17540 | | 16243 | 17072 | | 2819 |
| 234334 | 43321 | 2140 | 36876 | 688 | 544440 | 546713 | 9183 | 61139 |
| 20592 | 2695 | -121 | 2076 | 19 | 26762 | 26861 | 6287 | 4075 |
| 31886 | 9111 | 598 | 7158 | 3200 | 13470 | 14805 | 4173 | 6176 |
| 689747 | 288779 | 5349 | 237826 | -6894 | -924679 | -815229 | 815229 | 164822 |
| 2459391 | 654544 | 165493 | 833953 | 234876 | 3153782 | 3285242 | 359089 | 332240 |
| 3549521 | 598972 | 44486 | 520386 | 62419 | 7599423 | 7621190 | 159624 | 989209 |
| 7043563 | 1650072 | 209777 | 1537522 | 196663 | 14579109 | 15179059 | 655605 | 1373573 |
| 3888499 | 686029 | 157438 | 823012 | 255439 | 6422374 | 6552502 | 216294 | 625239 |
| 2647080 | 561944 | 49559 | 504501 | 90769 | 6023094 | 6144729 | 201078 | 674507 |
| 4057505 | 1001071 | 47265 | 730396 | -87127 | 9733064 | 10103018 | 397857 | 1063036 |

# 1-A-6 规模以上工业企业主要

| 行业 | 企业单位数（个） | 资产总计 | 固定资产净额 | 固定资产原价 | 累计折旧 | 流动资产合计 |
|---|---|---|---|---|---|---|
| **总计** | **12011** | **245334439** | **74878866** | **138454560** | **57724500** | **118273556** |
| **采矿业** | **433** | **5973161** | **1857374** | **3096087** | **1096269** | **2336212** |
| 煤炭开采和洗选业 | 52 | 1058000 | 406140 | 738633 | 289838 | 364116 |
| 烟煤和无烟煤开采洗选 | 48 | 1006259 | 391520 | 706872 | 273779 | 333485 |
| 其他煤炭采选 | 4 | 51741 | 14620 | 31761 | 16059 | 30631 |
| 黑色金属矿采选业 | 33 | 334258 | 63124 | 160611 | 65233 | 176737 |
| 铁矿采选 | 29 | 314649 | 53497 | 148740 | 63130 | 167689 |
| 锰矿、铬矿采选 | 1 | 3537 | 2985 | 3766 | 720 | 446 |
| 其他黑色金属矿采选 | 3 | 16072 | 6642 | 8105 | 1383 | 8603 |
| 有色金属矿采选业 | 112 | 2473130 | 628275 | 975830 | 325573 | 1017577 |
| 常用有色金属矿采选 | 35 | 676980 | 224005 | 349521 | 113788 | 317978 |
| 铜矿采选 | 15 | 405339 | 182669 | 272930 | 78693 | 107047 |
| 铅锌矿采选 | 12 | 144107 | 25095 | 45304 | 20180 | 109284 |
| 镍钴矿采选 | 1 | 2076 |  | 321 | 190 | 1635 |
| 锡矿采选 | 3 | 113902 | 12560 | 26833 | 14273 | 93044 |
| 其他常用有色金属矿采选 | 4 | 11556 | 3681 | 4134 | 454 | 6968 |
| 贵金属矿采选 | 7 | 213174 | 19405 | 49842 | 30437 | 33191 |
| 金矿采选 | 7 | 213174 | 19405 | 49842 | 30437 | 33191 |
| 稀有稀土金属矿采选 | 70 | 1582976 | 384865 | 576466 | 181347 | 666407 |
| 钨钼矿采选 | 64 | 1155275 | 349689 | 515896 | 156017 | 450830 |
| 稀土金属矿采选 | 2 | 329602 | 3766 | 5516 | 1751 | 175561 |
| 其他稀有金属矿采选 | 4 | 98099 | 31410 | 55054 | 23580 | 40016 |
| 非金属矿采选业 | 236 | 2107773 | 759836 | 1221014 | 415626 | 777782 |
| 土砂石开采 | 211 | 1478368 | 524348 | 872431 | 329682 | 551907 |
| 石灰石、石膏开采 | 35 | 246658 | 93476 | 126768 | 31918 | 105504 |
| 建筑装饰用石开采 | 61 | 334548 | 153401 | 178215 | 22899 | 124984 |
| 耐火土石开采 | 37 | 212208 | 29951 | 94274 | 57447 | 111714 |
| 粘土及其他土砂石开采 | 78 | 684955 | 247519 | 473174 | 217418 | 209705 |
| 化学矿开采 | 2 | 20345 | 4112 | 5386 | 1204 | 13296 |
| 采盐 | 2 | 333220 | 173242 | 222310 | 48967 | 74127 |
| 石棉及其他非金属矿采选 | 21 | 275840 | 58134 | 120886 | 35772 | 138452 |
| 石棉、云母矿采选 | 1 | 35458 |  | 16549 | 4209 | 20182 |
| 石墨、滑石采选 | 3 | 23126 | 9234 | 11167 | 1532 | 12454 |
| 其他未列明非金属矿采选 | 17 | 217256 | 48900 | 93170 | 30031 | 105816 |
| **制造业** | **11270** | **215466575** | **58480182** | **109612736** | **45980733** | **111099977** |
| 农副食品加工业 | 572 | 10087642 | 2671691 | 5334864 | 2533555 | 5327248 |
| 谷物磨制 | 218 | 1708487 | 582488 | 870332 | 268725 | 823064 |
| 稻谷加工 | 211 | 1645968 | 576124 | 861805 | 266575 | 806618 |
| 杂粮加工 | 2 | 8748 | 1990 | 2277 | 288 | 5088 |
| 其他谷物磨制 | 5 | 53772 | 4375 | 6250 | 1862 | 11358 |
| 饲料加工 | 130 | 4769940 | 1255419 | 2924232 | 1654959 | 2604752 |
| 宠物饲料加工 | 14 | 117480 | 22409 | 109263 | 76750 | 67620 |
| 其他饲料加工 | 116 | 4652460 | 1233009 | 2814969 | 1578209 | 2537132 |

# 经济指标(大、中、小类行业)

单位：万元

| 应收账款 | 存货 | 产成品 | 负债合计 | 流动负债合计 | 应付账款 | 所有者权益合计 | 实收资本 | 国家资本 | 集体资本 |
|---|---|---|---|---|---|---|---|---|---|
| **28850801** | **27523700** | **11383321** | **127439583** | **104143110** | **29352839** | **117892029** | **58370191** | **7175233** | **692954** |
| **440585** | **431841** | **292881** | **2908742** | **2292254** | **518159** | **3064418** | **1298417** | **543581** | **20150** |
| 68942 | 38972 | 24835 | 679184 | 542644 | 103091 | 378815 | 456036 | 348084 | 379 |
| 68754 | 26213 | 15084 | 652977 | 516437 | 102925 | 353282 | 428690 | 348084 | 379 |
| 188 | 12759 | 9751 | 26207 | 26207 | 166 | 25534 | 27346 | | |
| 17624 | 8466 | 5898 | 149410 | 129995 | 16756 | 184848 | 43304 | 3323 | 1609 |
| 16062 | 4926 | 2824 | 141917 | 123914 | 14195 | 172732 | 38014 | 3323 | 1609 |
| 106 | 289 | 221 | 1680 | 1277 | 728 | 1857 | 200 | | |
| 1456 | 3251 | 2853 | 5813 | 4804 | 1834 | 10259 | 5090 | | |
| 164143 | 241348 | 184605 | 1186314 | 911874 | 188804 | 1286815 | 360544 | 166045 | 7401 |
| 67269 | 52557 | 39067 | 348888 | 310843 | 84152 | 328092 | 86393 | 14536 | 521 |
| 10873 | 28307 | 23095 | 247792 | 216003 | 70634 | 157548 | 52439 | | 521 |
| 14245 | 17466 | 12671 | 58835 | 53667 | 10495 | 85272 | 18431 | 6536 | |
| 1281 | 332 | 108 | 3106 | 2019 | 1873 | -1030 | 250 | | |
| 40212 | 5651 | 2815 | 34283 | 34283 | 694 | 79619 | 13500 | 8000 | |
| 659 | 802 | 378 | 4872 | 4872 | 457 | 6685 | 1773 | | |
| 7252 | 5361 | 1749 | 92699 | 45166 | 1961 | 120475 | 22308 | 13218 | |
| 7252 | 5361 | 1749 | 92699 | 45166 | 1961 | 120475 | 22308 | 13218 | |
| 89622 | 183430 | 143789 | 744727 | 555866 | 102690 | 838248 | 251843 | 138290 | 6880 |
| 78949 | 104641 | 68675 | 521513 | 383810 | 89561 | 633761 | 149140 | 48290 | 6376 |
| 9110 | 66931 | 66931 | 182083 | 144862 | 9954 | 147518 | 71000 | 70000 | |
| 1563 | 11858 | 8182 | 41131 | 27194 | 3175 | 56968 | 31703 | 20000 | 504 |
| 189876 | 143056 | 77544 | 893833 | 707740 | 209508 | 1213939 | 438533 | 26129 | 10762 |
| 148179 | 104650 | 55606 | 563688 | 489068 | 114424 | 914679 | 294393 | 11129 | 10762 |
| 24398 | 31307 | 8499 | 150643 | 138323 | 23917 | 96015 | 33189 | | 479 |
| 46306 | 19134 | 15216 | 129981 | 99901 | 24068 | 204566 | 49778 | | |
| 22479 | 15935 | 10801 | 96804 | 95227 | 20779 | 115404 | 42869 | 375 | 284 |
| 54997 | 38274 | 21090 | 186259 | 155618 | 45660 | 498695 | 168558 | 10754 | 10000 |
| 976 | 4737 | 2510 | 9026 | 7028 | 3315 | 11319 | 1600 | | |
| 10643 | 7425 | 3096 | 180431 | 102155 | 47849 | 152789 | 95929 | 15000 | |
| 30078 | 26245 | 16332 | 140689 | 109490 | 43920 | 135152 | 46612 | | |
| 7423 | 5860 | 5860 | 15349 | 9889 | 5170 | 20109 | 8632 | | |
| 2351 | 1173 | 809 | 8816 | 4640 | 1764 | 14309 | 6820 | | |
| 20305 | 19212 | 9663 | 116524 | 94961 | 36986 | 100733 | 31160 | | |
| **27099469** | **26761444** | **11054501** | **108716053** | **92623510** | **26089420** | **106747699** | **52043454** | **4915538** | **643828** |
| 565554 | 1689345 | 580445 | 4949714 | 3990976 | 994056 | 5137927 | 1835376 | 39964 | 18431 |
| 125969 | 326092 | 98715 | 745354 | 624634 | 87936 | 963134 | 377136 | 16008 | 1570 |
| 123598 | 315749 | 95067 | 728556 | 612236 | 86761 | 917413 | 371144 | 16008 | 1570 |
| 989 | 2142 | 1800 | 3863 | 3863 | 954 | 4885 | 1520 | | |
| 1383 | 8201 | 1849 | 12935 | 8535 | 221 | 40837 | 4472 | | |
| 178928 | 734446 | 116575 | 2738169 | 2277649 | 676358 | 2031769 | 577595 | 9075 | 12041 |
| 14943 | 22563 | 4996 | 45992 | 44665 | 14131 | 71488 | 31730 | 7370 | 5000 |
| 163984 | 711883 | 111579 | 2692177 | 2232984 | 662227 | 1960281 | 545865 | 1705 | 7041 |

1-A-6 续表 1

| 行业 | 企业单位数（个） | 资产总计 | 固定资产净额 | 固定资产原价 | 累计折旧 | 流动资产合计 |
|---|---|---|---|---|---|---|
| 植物油加工 | 61 | 940887 | 134452 | 346754 | 156401 | 552951 |
| 食用植物油加工 | 53 | 914717 | 127181 | 332074 | 149535 | 540263 |
| 非食用植物油加工 | 8 | 26170 | 7272 | 14679 | 6866 | 12688 |
| 制糖业 | 2 | 14607 | 2697 | 3351 | 654 | 10338 |
| 屠宰及肉类加工 | 52 | 1392661 | 339887 | 559034 | 198344 | 665804 |
| 牲畜屠宰 | 17 | 448348 | 146064 | 274937 | 108224 | 77677 |
| 禽类屠宰 | 4 | 128634 | 66774 | 120546 | 53772 | 47948 |
| 肉制品及副产品加工 | 31 | 815679 | 127049 | 163552 | 36348 | 540180 |
| 水产品加工 | 13 | 208335 | 27261 | 59642 | 27956 | 114128 |
| 水产品冷冻加工 | 2 | 14244 | 4028 | 6978 | 1326 | 6952 |
| 鱼糜制品及水产品干腌制加工 | 7 | 116914 | 13762 | 34129 | 20305 | 75153 |
| 其他水产品加工 | 4 | 77177 | 9471 | 18535 | 6324 | 32023 |
| 蔬菜、菌类、水果和坚果加工 | 36 | 587559 | 130380 | 183731 | 50943 | 380174 |
| 蔬菜加工 | 11 | 179121 | 30538 | 53109 | 20849 | 113031 |
| 食用菌加工 | 10 | 49508 | 8693 | 11834 | 2834 | 26714 |
| 水果和坚果加工 | 15 | 358930 | 91149 | 118788 | 27259 | 240429 |
| 其他农副食品加工 | 60 | 465166 | 199109 | 387788 | 175574 | 176038 |
| 淀粉及淀粉制品制造 | 18 | 158956 | 60436 | 176930 | 107515 | 66044 |
| 豆制品制造 | 13 | 97031 | 50573 | 81648 | 30950 | 25387 |
| 蛋品加工 | 6 | 29693 | 11970 | 15376 | 2588 | 11209 |
| 其他未列明农副食品加工 | 23 | 179486 | 76130 | 113835 | 34522 | 73399 |
| 食品制造业 | 222 | 2448272 | 719764 | 1143032 | 390285 | 1051343 |
| 焙烤食品制造 | 39 | 355672 | 127223 | 215218 | 72617 | 172463 |
| 糕点、面包制造 | 21 | 103902 | 38344 | 61288 | 17315 | 48453 |
| 饼干及其他焙烤食品制造 | 18 | 251770 | 88879 | 153930 | 55302 | 124011 |
| 糖果、巧克力及蜜饯制造 | 15 | 148806 | 29638 | 39309 | 9670 | 37577 |
| 糖果、巧克力制造 | 6 | 32460 | 11741 | 15428 | 3688 | 11954 |
| 蜜饯制作 | 9 | 116346 | 17898 | 23880 | 5983 | 25623 |
| 方便食品制造 | 35 | 300356 | 114847 | 166621 | 47011 | 83959 |
| 米、面制品制造 | 28 | 246897 | 89114 | 123659 | 29781 | 72330 |
| 速冻食品制造 | 6 | 52736 | 25470 | 42569 | 17099 | 11168 |
| 其他方便食品制造 | 1 | 724 | 263 | 394 | 131 | 461 |
| 乳制品制造 | 10 | 259491 | 59673 | 110771 | 48805 | 140922 |
| 液体乳制造 | 7 | 214175 | 50568 | 96624 | 43764 | 112317 |
| 乳粉制造 | 2 | 35936 | 5055 | 9642 | 4586 | 23945 |
| 其他乳制品制造 | 1 | 9380 | 4050 | 4506 | 455 | 4660 |
| 罐头食品制造 | 14 | 223690 | 33267 | 48994 | 13103 | 69326 |
| 肉、禽类罐头制造 | 3 | 20663 | 969 | 2022 | 330 | 19550 |
| 水产品罐头制造 | 1 | 798 | 178 | 877 | 699 | 621 |
| 蔬菜、水果罐头制造 | 10 | 202229 | 32121 | 46096 | 12074 | 49155 |
| 调味品、发酵制品制造 | 7 | 35723 | 12284 | 17640 | 4752 | 15812 |
| 酱油、食醋及类似制品制造 | 2 | 12193 | 5924 | 7183 | 910 | 2537 |
| 其他调味品、发酵制品制造 | 5 | 23530 | 6361 | 10457 | 3842 | 13275 |

单位：万元

| 应收账款 | 存货 | 产成品 | 负债合计 | 流动负债合计 | 应付账款 | 所有者权益合计 | 实收资本 | 国家资本 | 集体资本 |
|---|---|---|---|---|---|---|---|---|---|
| 61454 | 301536 | 218751 | 321428 | 223424 | 29724 | 619458 | 432009 | 4500 | 400 |
| 57548 | 296982 | 215552 | 310146 | 215933 | 27309 | 604569 | 424338 | 4500 | |
| 3905 | 4554 | 3199 | 11282 | 7491 | 2415 | 14889 | 7671 | | 400 |
| 908 | 1453 | 615 | 5975 | 5975 | 125 | 8632 | 1801 | | |
| 57055 | 93463 | 43436 | 561535 | 334412 | 131209 | 831126 | 167183 | 55 | |
| 14405 | 41373 | 26282 | 130625 | 110127 | 63660 | 317722 | 99710 | 55 | |
| 1329 | 3597 | 2300 | 36557 | 28043 | 19194 | 92078 | 4900 | | |
| 41321 | 48494 | 14854 | 394353 | 196242 | 48355 | 421326 | 62572 | | |
| 24161 | 40917 | 37863 | 111441 | 100766 | 9916 | 96895 | 24106 | 34 | |
| 1784 | 3569 | 2059 | 9844 | 8551 | 1143 | 4401 | 650 | | |
| 15471 | 20891 | 20005 | 85621 | 77176 | 6181 | 31293 | 11706 | 34 | |
| 6906 | 16458 | 15799 | 15975 | 15039 | 2592 | 61201 | 11750 | | |
| 76258 | 152757 | 44716 | 295423 | 281625 | 30442 | 292136 | 152633 | 433 | 900 |
| 30895 | 34461 | 6405 | 67426 | 62146 | 8078 | 111695 | 38821 | 433 | 600 |
| 6587 | 3655 | 890 | 19684 | 19573 | 8268 | 29823 | 16459 | | |
| 38776 | 114641 | 37421 | 208313 | 199906 | 14096 | 150618 | 97353 | | 300 |
| 40823 | 38682 | 19774 | 170389 | 142490 | 28346 | 294778 | 102915 | 9860 | 3520 |
| 16226 | 16658 | 8166 | 69767 | 59363 | 6480 | 89189 | 31643 | | 3440 |
| 6650 | 6705 | 4593 | 20638 | 19666 | 1940 | 76393 | 19376 | 9860 | 80 |
| 3366 | 3770 | 1968 | 7410 | 7159 | 1589 | 22284 | 16496 | | |
| 14581 | 11549 | 5047 | 72575 | 56301 | 18337 | 106911 | 35400 | | |
| 183261 | 289415 | 105353 | 927506 | 797433 | 170626 | 1520765 | 775134 | 84755 | 137458 |
| 31402 | 38938 | 11426 | 120181 | 109768 | 37669 | 235491 | 100811 | | 3451 |
| 10575 | 13383 | 2759 | 41282 | 37085 | 16464 | 62620 | 49791 | | |
| 20826 | 25555 | 8667 | 78899 | 72683 | 21206 | 172870 | 51021 | | 3451 |
| 3658 | 14894 | 5350 | 36849 | 26590 | 3380 | 111957 | 9635 | | |
| 2765 | 3334 | 2154 | 16232 | 6463 | 1381 | 16227 | 2200 | | |
| 893 | 11559 | 3196 | 20617 | 20127 | 2000 | 95730 | 7435 | | |
| 14399 | 28054 | 12197 | 99941 | 65762 | 19781 | 200415 | 76497 | 1000 | 1449 |
| 11446 | 24983 | 10393 | 74292 | 56853 | 18016 | 172605 | 68211 | 1000 | |
| 2832 | 2877 | 1657 | 25585 | 8845 | 1706 | 27150 | 7685 | | 1449 |
| 120 | 194 | 147 | 63 | 63 | 58 | 660 | 600 | | |
| 10611 | 18560 | 3220 | 81414 | 57802 | 10118 | 178077 | 32030 | | |
| 4986 | 9314 | 3086 | 68559 | 45787 | 3596 | 145616 | 17830 | | |
| 4471 | 6961 | 38 | 9309 | 8644 | 3316 | 26627 | 9200 | | |
| 1155 | 2286 | 96 | 3546 | 3371 | 3206 | 5833 | 5000 | | |
| 8921 | 25785 | 11225 | 67625 | 52632 | 12019 | 156065 | 112765 | 47211 | 10877 |
| 351 | 632 | 606 | 4194 | 2895 | 361 | 16468 | 1667 | | |
| 254 | 367 | 185 | 250 | 250 | 250 | 548 | 321 | | 227 |
| 8316 | 24786 | 10434 | 63180 | 49487 | 11408 | 139049 | 110776 | 47211 | 10650 |
| 2212 | 4360 | 2840 | 8630 | 8075 | 2073 | 27093 | 5720 | | |
| 410 | 1643 | 1023 | 2162 | 2162 | 812 | 10032 | 980 | | |
| 1802 | 2717 | 1817 | 6469 | 5913 | 1261 | 17061 | 4740 | | |

1-A-6 续表 2

| 行　　业 | 企　业<br>单位数<br>(个) | 资产总计 | 固定资产<br>净　额 | 固定资产<br>原　价 | 累计折旧 | 流动资产<br>合　计 |
|---|---|---|---|---|---|---|
| 其他食品制造 | 102 | 1124534 | 342831 | 544479 | 194327 | 531283 |
| 营养食品制造 | 12 | 176359 | 75167 | 104910 | 27884 | 81395 |
| 保健食品制造 | 29 | 206306 | 64962 | 92716 | 22996 | 76422 |
| 冷冻饮品及食用冰制造 | 6 | 55453 | 28699 | 37596 | 8897 | 18081 |
| 盐加工 | 4 | 68480 | 35386 | 98116 | 62449 | 24195 |
| 食品及饲料添加剂制造 | 37 | 520349 | 109030 | 173667 | 64255 | 287873 |
| 其他未列明食品制造 | 14 | 97587 | 29588 | 37474 | 7845 | 43318 |
| 酒、饮料和精制茶制造业 | 130 | 3252173 | 1124923 | 1761041 | 614643 | 1220446 |
| 酒的制造 | 37 | 1996004 | 678100 | 908133 | 221022 | 624054 |
| 酒精制造 | 2 | 430853 | 347402 | 383792 | 36390 | 33985 |
| 白酒制造 | 14 | 598005 | 83193 | 146380 | 62848 | 470335 |
| 啤酒制造 | 11 | 905016 | 231198 | 355945 | 117100 | 83766 |
| 黄酒制造 | 4 | 30995 | 6684 | 8453 | 1769 | 22801 |
| 葡萄酒制造 | 2 | 15406 | 5348 | 8341 | 1968 | 6306 |
| 其他酒制造 | 4 | 15729 | 4276 | 5222 | 947 | 6861 |
| 饮料制造 | 46 | 999068 | 372329 | 710344 | 326780 | 464528 |
| 碳酸饮料制造 | 2 | 63015 | 28206 | 50691 | 22486 | 29689 |
| 瓶(罐)装饮用水制造 | 14 | 290359 | 109052 | 178063 | 67776 | 110943 |
| 果菜汁及果菜汁饮料制造 | 5 | 163257 | 100466 | 164057 | 63591 | 34078 |
| 含乳饮料和植物蛋白饮料制造 | 11 | 270130 | 75290 | 205296 | 120005 | 175955 |
| 固体饮料制造 | 6 | 50015 | 16121 | 22611 | 6490 | 31678 |
| 茶饮料及其他饮料制造 | 8 | 162293 | 43195 | 89627 | 46433 | 82184 |
| 精制茶加工 | 47 | 257100 | 74494 | 142564 | 66841 | 131865 |
| 烟草制品业 | 2 | 1744843 | 368951 | 712813 | 343862 | 1295858 |
| 烟叶复烤 | 1 | 95291 | 39925 | 62344 | 22419 | 48135 |
| 卷烟制造 | 1 | 1649552 | 329026 | 650469 | 321443 | 1247723 |
| 纺织业 | 589 | 5000673 | 1264943 | 2478724 | 976594 | 1879336 |
| 棉纺织及印染精加工 | 408 | 3733978 | 849697 | 1688385 | 635923 | 1375257 |
| 棉纺纱加工 | 291 | 3098823 | 687515 | 1405367 | 539704 | 1048690 |
| 棉织造加工 | 107 | 513238 | 106482 | 189787 | 66096 | 290522 |
| 棉印染精加工 | 10 | 121917 | 55700 | 93232 | 30123 | 36045 |
| 毛纺织及染整精加工 | 6 | 29021 | 11990 | 24766 | 12776 | 5011 |
| 毛织造加工 | 6 | 29021 | 11990 | 24766 | 12776 | 5011 |
| 麻纺织及染整精加工 | 24 | 109931 | 29539 | 51478 | 15876 | 63071 |
| 麻纤维纺前加工和纺纱 | 11 | 77630 | 20523 | 37229 | 12266 | 41750 |
| 麻织造加工 | 13 | 32300 | 9016 | 14249 | 3610 | 21321 |
| 丝绢纺织及印染精加工 | 22 | 172120 | 61904 | 132295 | 69789 | 66899 |
| 缫丝加工 | 11 | 92104 | 33410 | 93543 | 59936 | 25590 |
| 绢纺和丝织加工 | 10 | 77449 | 27637 | 37798 | 9755 | 39599 |
| 丝印染精加工 | 1 | 2567 | 857 | 954 | 98 | 1711 |
| 化纤织造及印染精加工 | 20 | 181826 | 75873 | 109449 | 25071 | 67214 |
| 化纤织造加工 | 19 | 171659 | 69290 | 99111 | 21318 | 63991 |
| 化纤织物染整精加工 | 1 | 10167 | 6583 | 10337 | 3754 | 3223 |

单位：万元

| 应收账款 | 存货 | | 负债合计 | 流动负债合计 | | 所有者权益合计 | 实收资本 | | |
|---|---|---|---|---|---|---|---|---|---|
| | | 产成品 | | | 应付账款 | | | 国家资本 | 集体资本 |
| 112059 | 158825 | 59094 | 512867 | 476803 | 85587 | 611667 | 437677 | 36545 | 121681 |
| 22459 | 23201 | 9850 | 97378 | 87182 | 9368 | 78981 | 56483 | | |
| 24067 | 27447 | 12785 | 59659 | 50266 | 16790 | 146647 | 64719 | 103 | 1002 |
| 1927 | 5556 | 2491 | 18886 | 17851 | 3334 | 36567 | 5484 | | |
| 9094 | 5097 | 1312 | 37258 | 34909 | 6924 | 31222 | 39351 | 10000 | |
| 44839 | 82654 | 27002 | 261509 | 254983 | 42729 | 258840 | 242212 | 23892 | 120679 |
| 9672 | 14870 | 5656 | 38176 | 31611 | 6442 | 59410 | 29428 | 2550 | |
| 189597 | 364351 | 124875 | 1538285 | 1383531 | 346416 | 1713888 | 1119734 | 41147 | 4496 |
| 38264 | 219963 | 66137 | 944085 | 854670 | 221144 | 1051919 | 757925 | 20951 | 2175 |
| 1596 | 14749 | 10218 | 342610 | 272335 | 137382 | 88243 | 10600 | | 2175 |
| 22871 | 149352 | 41704 | 342972 | 330041 | 68652 | 255032 | 30346 | | |
| 6122 | 35185 | 3096 | 244261 | 238153 | 14150 | 660755 | 701046 | 20951 | |
| 4437 | 15702 | 8744 | 5508 | 5508 | 262 | 25487 | 3790 | | |
| 1079 | 3471 | 2082 | 3436 | 3335 | 189 | 11970 | 8000 | | |
| 2160 | 1503 | 293 | 5297 | 5297 | 509 | 10432 | 4143 | | |
| 115768 | 110457 | 32634 | 480237 | 432575 | 99594 | 518831 | 306079 | 10948 | 2321 |
| 1427 | 12621 | 8707 | 64473 | 61766 | 11186 | -1458 | 10070 | | 1821 |
| 1409 | 20388 | 4810 | 188377 | 183742 | 12661 | 101983 | 60175 | 10455 | 500 |
| 1284 | 3670 | 2038 | 36793 | 11623 | 5792 | 126464 | 50133 | | |
| 97366 | 45176 | 8444 | 119023 | 110636 | 54981 | 151106 | 92286 | | |
| 8527 | 10896 | 1836 | 11236 | 10546 | 7280 | 38779 | 32556 | 493 | |
| 5754 | 17706 | 6799 | 60336 | 54262 | 7694 | 101958 | 60859 | | |
| 35566 | 33931 | 26104 | 113963 | 96286 | 25677 | 143138 | 55730 | 9248 | |
| 69017 | 784003 | 42341 | 427979 | 423527 | 102345 | 1316864 | 217863 | 132734 | |
| 2224 | 5443 | 445 | 6095 | 6095 | 5978 | 89196 | 85129 | | |
| 66793 | 778560 | 41897 | 421884 | 417432 | 96367 | 1227668 | 132734 | 132734 | |
| 503790 | 489991 | 269207 | 2537487 | 1950749 | 398747 | 2463184 | 864068 | 102 | 4506 |
| 357186 | 380087 | 213122 | 1978948 | 1496167 | 325291 | 1755030 | 599456 | 2 | 1406 |
| 259335 | 310257 | 171938 | 1623412 | 1178078 | 226536 | 1475410 | 451450 | 2 | 606 |
| 86857 | 53812 | 33729 | 276891 | 259581 | 74002 | 236347 | 132190 | | |
| 10994 | 16019 | 7455 | 78644 | 58508 | 24754 | 43273 | 15815 | | 800 |
| 2158 | 1533 | 962 | 11225 | 10941 | 2237 | 17796 | 4089 | | |
| 2158 | 1533 | 962 | 11225 | 10941 | 2237 | 17796 | 4089 | | |
| 14693 | 6960 | 5891 | 63333 | 53057 | 3820 | 46597 | 14123 | | |
| 8492 | 3765 | 3386 | 46841 | 38454 | 3709 | 30789 | 3215 | | |
| 6201 | 3195 | 2505 | 16492 | 14603 | 111 | 15808 | 10909 | | |
| 13715 | 20672 | 10600 | 73101 | 62249 | 12420 | 99020 | 33217 | 100 | |
| 5561 | 8460 | 5155 | 51639 | 47563 | 6749 | 40466 | 10835 | | |
| 7545 | 11716 | 5119 | 20726 | 13950 | 5217 | 56722 | 22282 | 100 | |
| 609 | 496 | 326 | 736 | 736 | 453 | 1831 | 100 | | |
| 16842 | 22952 | 9245 | 84362 | 74617 | 11983 | 97464 | 53735 | | |
| 16793 | 21325 | 9245 | 80150 | 70405 | 11955 | 91509 | 49654 | | |
| 49 | 1627 | | 4212 | 4212 | 29 | 5955 | 4081 | | |

1-A-6 续表 3

| 行业 | 企业单位数(个) | 资产总计 | 固定资产净额 | 固定资产原价 | 累计折旧 | 流动资产合计 |
|---|---|---|---|---|---|---|
| 针织或钩针编织物及其制品制造 | 44 | 231498 | 50189 | 107094 | 51218 | 104047 |
| 针织或钩针编织物织造 | 37 | 206032 | 41909 | 95699 | 48177 | 92672 |
| 针织或钩针编织物印染精加工 | 2 | 8609 | 6085 | 8434 | 2350 | 2204 |
| 针织或钩针编织品制造 | 5 | 16857 | 2195 | 2961 | 692 | 9172 |
| 家用纺织制成品制造 | 27 | 206133 | 42741 | 71997 | 26770 | 102971 |
| 床上用品制造 | 7 | 97452 | 10582 | 18834 | 5789 | 54585 |
| 毛巾类制品制造 | 1 | 3714 | 1450 | 4240 | 2790 | 2212 |
| 窗帘、布艺类产品制造 | 4 | 16235 | 7214 | 8237 | 1023 | 7891 |
| 其他家用纺织制成品制造 | 15 | 88732 | 23495 | 40687 | 17168 | 38283 |
| 产业用纺织制成品制造 | 38 | 336166 | 143011 | 293261 | 139172 | 94866 |
| 非织造布制造 | 12 | 171222 | 86498 | 212311 | 123158 | 26203 |
| 绳、索、缆制造 | 1 | 26342 | 17400 | 20335 | 2936 | 6922 |
| 纺织带和帘子布制造 | 11 | 46753 | 10769 | 18827 | 8000 | 18887 |
| 篷、帆布制造 | 5 | 29458 | 6346 | 18007 | 3756 | 9827 |
| 其他产业用纺织制成品制造 | 9 | 62391 | 21999 | 23781 | 1322 | 33028 |
| 纺织服装、服饰业 | 804 | 5428803 | 1404757 | 2509252 | 910488 | 2209609 |
| 机织服装制造 | 435 | 4029325 | 1000104 | 1778481 | 618909 | 1570219 |
| 运动机织服装制造 | 126 | 833241 | 274155 | 595590 | 299219 | 384774 |
| 其他机织服装制造 | 309 | 3196084 | 725949 | 1182891 | 319691 | 1185445 |
| 针织或钩针编织服装制造 | 243 | 948256 | 273098 | 524712 | 233349 | 465209 |
| 运动休闲针织服装制造 | 45 | 330895 | 133982 | 258442 | 124078 | 152149 |
| 其他针织或钩针编织服装制造 | 198 | 617362 | 139115 | 266270 | 109272 | 313060 |
| 服饰制造 | 126 | 451222 | 131555 | 206060 | 58229 | 174181 |
| 皮革、毛皮、羽毛及其制品和制鞋业 | 299 | 3038548 | 1151924 | 1839096 | 642864 | 1368067 |
| 皮革鞣制加工 | 22 | 138698 | 25166 | 41496 | 15879 | 62700 |
| 皮革制品制造 | 91 | 730681 | 353711 | 487248 | 126305 | 235057 |
| 皮革服装制造 | 4 | 43618 | 16943 | 31229 | 14286 | 7468 |
| 皮箱、包(袋)制造 | 75 | 616342 | 315067 | 417118 | 95443 | 203250 |
| 皮手套及皮装饰制品制造 | 7 | 54715 | 18456 | 34129 | 15164 | 13763 |
| 其他皮革制品制造 | 5 | 16006 | 3244 | 4772 | 1412 | 10576 |
| 毛皮鞣制及制品加工 | 9 | 28157 | 5098 | 7105 | 2007 | 20540 |
| 毛皮鞣制加工 | 2 | 10193 | 4893 | 6714 | 1821 | 5013 |
| 毛皮服装加工 | 6 | 13807 | 189 | 373 | 184 | 13264 |
| 其他毛皮制品加工 | 1 | 4157 | 17 | 19 | 2 | 2263 |
| 羽毛(绒)加工及制品制造 | 44 | 192763 | 35578 | 230831 | 175930 | 108081 |
| 羽毛(绒)加工 | 26 | 121924 | 25171 | 134880 | 97049 | 66160 |
| 羽毛(绒)制品加工 | 18 | 70839 | 10407 | 95950 | 78881 | 41921 |
| 制鞋业 | 133 | 1948249 | 732371 | 1072417 | 322743 | 941690 |
| 纺织面料鞋制造 | 33 | 458717 | 280993 | 354422 | 68229 | 119173 |
| 皮鞋制造 | 56 | 695219 | 297988 | 458248 | 155043 | 258521 |
| 塑料鞋制造 | 13 | 47560 | 24015 | 33044 | 9017 | 13804 |
| 橡胶鞋制造 | 13 | 623054 | 103411 | 176125 | 72243 | 487201 |
| 其他制鞋业 | 18 | 123699 | 25964 | 50579 | 18210 | 62990 |

单位：万元

| 应收账款 | 存货 | 产成品 | 负债合计 | 流动负债合计 | 应付账款 | 所有者权益合计 | 实收资本 | 国家资本 | 集体资本 |
|---|---|---|---|---|---|---|---|---|---|
| 35219 | 17668 | 7800 | 96346 | 70141 | 14406 | 135152 | 62646 | | 100 |
| 30712 | 16580 | 7178 | 83078 | 56983 | 8941 | 122954 | 58546 | | 100 |
| 1096 | 553 | 176 | 5709 | 5599 | 470 | 2900 | 2100 | | |
| 3411 | 535 | 446 | 7560 | 7560 | 4995 | 9298 | 2000 | | |
| 29732 | 25443 | 13793 | 110766 | 96579 | 13508 | 95367 | 32147 | | |
| 7374 | 11395 | 6492 | 56793 | 51506 | 5174 | 40659 | 15695 | | |
| 1456 | 276 | 233 | 3214 | 1669 | 513 | 501 | 118 | | |
| 2011 | 2070 | 1359 | 6639 | 6639 | 1006 | 9596 | 4895 | | |
| 18891 | 11702 | 5710 | 44120 | 36765 | 6815 | 44612 | 11438 | | |
| 34246 | 14677 | 7795 | 119407 | 87000 | 15083 | 216758 | 64656 | | 3000 |
| 3905 | 4015 | 2044 | 53236 | 36257 | 1645 | 117986 | 13353 | | 3000 |
| 2627 | 1090 | | 3624 | 3624 | 1003 | 22718 | 24581 | | |
| 5260 | 5911 | 3849 | 19446 | 10018 | 2993 | 27307 | 14402 | | |
| 2965 | 1538 | 1282 | 11139 | 11139 | 4675 | 18319 | 8704 | | |
| 19489 | 2123 | 620 | 31963 | 25963 | 4767 | 30428 | 3616 | | |
| 565429 | 403071 | 226672 | 2221542 | 1779125 | 401074 | 3207259 | 898229 | 23310 | 14819 |
| 348919 | 285686 | 171645 | 1623192 | 1256282 | 258178 | 2406133 | 625558 | 12089 | 14351 |
| 81423 | 60796 | 21184 | 458812 | 347379 | 106391 | 374429 | 184987 | 2121 | 9251 |
| 267497 | 224890 | 150461 | 1164379 | 908903 | 151787 | 2031704 | 440571 | 9968 | 5100 |
| 175048 | 81851 | 34225 | 415903 | 386810 | 122783 | 532354 | 169360 | 9 | 50 |
| 26126 | 17559 | 10051 | 125204 | 109528 | 21642 | 205691 | 28277 | | |
| 148923 | 64292 | 24174 | 290698 | 277282 | 101141 | 326663 | 141084 | 9 | 50 |
| 41462 | 35534 | 20802 | 182448 | 136034 | 20113 | 268772 | 103311 | 11213 | 418 |
| 323365 | 204245 | 84476 | 909130 | 729863 | 276611 | 2129418 | 895900 | 1022 | 139 |
| 21067 | 21588 | 5069 | 35550 | 33537 | 8387 | 103148 | 23549 | | |
| 90861 | 57060 | 27356 | 225802 | 177571 | 77508 | 504879 | 290031 | 2 | |
| 2906 | 3683 | 1215 | 11107 | 10452 | 1573 | 32511 | 4297 | | |
| 76408 | 48111 | 23870 | 200216 | 155239 | 74364 | 416126 | 237582 | 2 | |
| 5681 | 4459 | 1958 | 6734 | 4251 | 480 | 47980 | 42825 | | |
| 5866 | 807 | 313 | 7745 | 7629 | 1091 | 8261 | 5327 | | |
| 9496 | 9683 | 2449 | 22083 | 21763 | 18495 | 6074 | 3192 | | |
| 441 | 4044 | 1938 | 5279 | 5279 | 3599 | 4915 | 1200 | | |
| 7640 | 5104 | 427 | 12563 | 12243 | 11685 | 1244 | 992 | | |
| 1416 | 534 | 84 | 4242 | 4242 | 3211 | -85 | 1000 | | |
| 51048 | 21529 | 11120 | 71760 | 67418 | 23504 | 121003 | 33476 | | |
| 32597 | 14826 | 7620 | 41293 | 37056 | 19785 | 80630 | 18975 | | |
| 18451 | 6704 | 3501 | 30466 | 30362 | 3719 | 40373 | 14501 | | |
| 150893 | 94384 | 38482 | 553935 | 429573 | 148718 | 1394314 | 545653 | 1020 | 139 |
| 20844 | 16162 | 3904 | 76321 | 72412 | 17323 | 382397 | 236719 | | |
| 92359 | 53273 | 27384 | 308362 | 224325 | 59371 | 386856 | 221114 | | |
| 3648 | 5133 | 1215 | 24967 | 20199 | 4197 | 22593 | 15880 | | 119 |
| 10757 | 12068 | 3050 | 109778 | 82196 | 55266 | 513276 | 40450 | 20 | 20 |
| 23285 | 7748 | 2929 | 34507 | 30442 | 12562 | 89191 | 31491 | 1000 | |

1-A-6 续表 4

| 行　业 | 企　业<br>单位数<br>（个） | 资产总计 | 固定资产净　额 | 固定资产原　价 | 累计折旧 | 流动资产合　计 |
|---|---|---|---|---|---|---|
| 木材加工和木、竹、藤、棕、草制品业 | 360 | 2404756 | 938453 | 1418026 | 445508 | 908149 |
| 木材加工 | 109 | 530640 | 245133 | 282175 | 32364 | 215271 |
| 锯材加工 | 45 | 292027 | 155081 | 172614 | 13762 | 104252 |
| 木片加工 | 9 | 29683 | 2862 | 3545 | 682 | 24828 |
| 单板加工 | 21 | 126352 | 60778 | 71571 | 9893 | 41735 |
| 其他木材加工 | 34 | 82578 | 26412 | 34446 | 8027 | 44456 |
| 人造板制造 | 98 | 953256 | 406986 | 660306 | 231057 | 285007 |
| 胶合板制造 | 48 | 220579 | 55036 | 91895 | 31187 | 83431 |
| 纤维板制造 | 12 | 467256 | 262355 | 450782 | 172365 | 97268 |
| 刨花板制造 | 10 | 141828 | 36450 | 46209 | 9719 | 46363 |
| 其他人造板制造 | 28 | 123593 | 53146 | 71420 | 17785 | 57945 |
| 木质制品制造 | 56 | 359772 | 134929 | 249589 | 110300 | 160090 |
| 建筑用木料及木材组件加工 | 14 | 81778 | 23881 | 32346 | 5080 | 32405 |
| 木门窗制造 | 10 | 40839 | 4571 | 5801 | 1229 | 34672 |
| 木楼梯制造 | 2 | 30415 | 13135 | 21533 | 8398 | 14333 |
| 木地板制造 | 4 | 66747 | 12939 | 13655 | 717 | 39181 |
| 木制容器制造 | 4 | 10878 | 719 | 2705 | 1986 | 9715 |
| 软木制品及其他木制品制造 | 22 | 129115 | 79684 | 173550 | 92891 | 29785 |
| 竹、藤、棕、草等制品制造 | 97 | 561089 | 151405 | 225957 | 71788 | 247781 |
| 竹制品制造 | 93 | 502913 | 140786 | 200760 | 57210 | 224431 |
| 藤制品制造 | 1 | 3543 | 2630 | 3065 | 435 | 913 |
| 草及其他制品制造 | 3 | 54633 | 7988 | 22131 | 14143 | 22438 |
| 家具制造业 | 577 | 2658265 | 582333 | 928622 | 311805 | 1618685 |
| 木质家具制造 | 525 | 2342639 | 504762 | 741965 | 203144 | 1447464 |
| 竹、藤家具制造 | 5 | 46939 | 6275 | 9476 | 2963 | 13838 |
| 金属家具制造 | 19 | 160440 | 29552 | 37365 | 7693 | 105713 |
| 其他家具制造 | 28 | 108248 | 41744 | 139817 | 98005 | 51670 |
| 造纸和纸制品业 | 187 | 2828721 | 956429 | 1692379 | 552609 | 1100529 |
| 纸浆制造 | 2 | 4451 | 1028 | 1459 | 427 | 1857 |
| 木竹浆制造 | 2 | 4451 | 1028 | 1459 | 427 | 1857 |
| 造纸 | 85 | 1900515 | 643961 | 1198359 | 379959 | 736176 |
| 机制纸及纸板制造 | 81 | 1894011 | 641770 | 1195982 | 379773 | 732185 |
| 加工纸制造 | 4 | 6503 | 2191 | 2377 | 186 | 3991 |
| 纸制品制造 | 100 | 923756 | 311440 | 492560 | 172222 | 362497 |
| 纸和纸板容器制造 | 55 | 444973 | 164349 | 305096 | 138072 | 173335 |
| 其他纸制品制造 | 45 | 478783 | 147091 | 187464 | 34151 | 189161 |
| 印刷和记录媒介复制业 | 153 | 1892106 | 708764 | 1299061 | 576503 | 741890 |
| 印刷 | 152 | 1885766 | 707459 | 1297099 | 575846 | 736854 |
| 书、报刊印刷 | 15 | 469373 | 239405 | 321578 | 82173 | 188052 |
| 本册印制 | 4 | 19961 | 5968 | 11167 | 5200 | 12070 |
| 包装装潢及其他印刷 | 133 | 1396432 | 462087 | 964354 | 488474 | 536732 |
| 装订及印刷相关服务 | 1 | 6340 | 1305 | 1962 | 657 | 5035 |

单位：万元

| 应收账款 | 存货 | 产成品 | 负债合计 | 流动负债合计 | 应付账款 | 所有者权益合计 | 实收资本 | 国家资本 | 集体资本 |
|---|---|---|---|---|---|---|---|---|---|
| 286529 | 237070 | 115153 | 977342 | 736175 | 149569 | 1423745 | 2053343 | 10590 | 5770 |
| 67513 | 55140 | 20484 | 211356 | 144928 | 34188 | 315616 | 92204 | 7100 | 3300 |
| 31334 | 22041 | 6545 | 129962 | 80516 | 12580 | 162065 | 54579 | 6100 | 3300 |
| 3762 | 11434 | 2370 | 17763 | 15213 | 1633 | 11920 | 5203 | | |
| 14665 | 10884 | 5653 | 28913 | 24845 | 12014 | 97439 | 18968 | 1000 | |
| 17752 | 10782 | 5916 | 34718 | 24354 | 7962 | 44192 | 13454 | | |
| 72567 | 82658 | 46265 | 398448 | 282538 | 45872 | 554807 | 160131 | 3000 | 1650 |
| 27921 | 26472 | 9750 | 122178 | 115097 | 16596 | 98400 | 42973 | | |
| 14371 | 29503 | 21614 | 133462 | 53952 | 8324 | 333794 | 44488 | | 1400 |
| 13956 | 11036 | 4315 | 93727 | 68476 | 5536 | 48101 | 11800 | | 250 |
| 16320 | 15647 | 10586 | 49081 | 45013 | 15416 | 74512 | 60871 | 3000 | |
| 78014 | 26023 | 12493 | 152269 | 137884 | 41489 | 207503 | 57478 | 490 | |
| 4575 | 9911 | 6816 | 30878 | 23745 | 11594 | 50900 | 15695 | | |
| 24896 | 3157 | 1425 | 27741 | 25881 | 10442 | 13098 | 8800 | 490 | |
| 6690 | 1992 | 86 | 14286 | 14286 | 11955 | 16129 | 7159 | | |
| 30363 | 2902 | 294 | 44939 | 44433 | 146 | 21807 | 3900 | | |
| 4785 | 2197 | 2039 | 8385 | 8385 | 2250 | 2493 | 2330 | | |
| 6704 | 5864 | 1832 | 26040 | 21154 | 5101 | 103075 | 19594 | | |
| 68436 | 73249 | 35911 | 215269 | 170826 | 28020 | 345819 | 1743530 | | 820 |
| 56739 | 65167 | 31016 | 194828 | 158660 | 26892 | 308085 | 1715130 | | 820 |
| 272 | 621 | 404 | 1666 | 1666 | 581 | 1877 | 400 | | |
| 11425 | 7461 | 4491 | 18775 | 10500 | 547 | 35858 | 28000 | | |
| 692667 | 413014 | 201776 | 1113438 | 962331 | 420147 | 1544824 | 498355 | 9673 | 5206 |
| 639913 | 377800 | 181808 | 967094 | 828341 | 387540 | 1375542 | 440887 | 8263 | 2038 |
| 3238 | 5271 | 3046 | 32024 | 29106 | 3261 | 14915 | 2100 | | |
| 27966 | 10289 | 4536 | 72453 | 69124 | 23060 | 87987 | 35979 | 1410 | 3168 |
| 21550 | 19654 | 12386 | 41867 | 35759 | 6287 | 66380 | 19389 | | |
| 206657 | 237115 | 97015 | 1447040 | 1222446 | 238570 | 1381680 | 739020 | 113952 | 8942 |
| 10 | 1216 | 909 | 3377 | 3377 | 2221 | 1074 | 2100 | | |
| 10 | 1216 | 909 | 3377 | 3377 | 2221 | 1074 | 2100 | | |
| 99650 | 145043 | 58176 | 1023188 | 834204 | 146894 | 877327 | 521389 | 113952 | 6000 |
| 98895 | 144074 | 57771 | 1020428 | 831788 | 146742 | 873582 | 520450 | 113952 | 6000 |
| 755 | 969 | 405 | 2759 | 2417 | 151 | 3744 | 940 | | |
| 106997 | 90857 | 37930 | 420476 | 384865 | 89456 | 503280 | 215531 | | 2942 |
| 43796 | 42421 | 21975 | 199460 | 174008 | 21236 | 245512 | 78823 | | 2942 |
| 63201 | 48436 | 15955 | 221015 | 210857 | 68220 | 257767 | 136708 | | |
| 176334 | 132721 | 52467 | 620421 | 495888 | 110392 | 1271684 | 577301 | 190695 | 1730 |
| 173118 | 131177 | 52467 | 616497 | 491964 | 110392 | 1269269 | 577101 | 190695 | 1730 |
| 17043 | 11800 | 4440 | 131024 | 53467 | 9483 | 338349 | 187687 | 68473 | 210 |
| 2556 | 1383 | 1282 | 11445 | 10039 | 6742 | 8516 | 3680 | | 600 |
| 153520 | 117994 | 46745 | 474029 | 428457 | 94167 | 922403 | 385735 | 122221 | 920 |
| 3215 | 1544 | | 3924 | 3924 | | 2416 | 200 | | |

1-A-6 续表 5

| 行业 | 企业单位数（个） | 资产总计 | 固定资产净额 | 固定资产原价 | 累计折旧 | 流动资产合计 |
|---|---|---|---|---|---|---|
| 文教、工美、体育和娱乐用品制造业 | 248 | 2744791 | 706757 | 1336811 | 524897 | 1131739 |
| 文教办公用品制造 | 33 | 231599 | 51855 | 202140 | 107918 | 98220 |
| 文具制造 | 17 | 106177 | 38723 | 122361 | 70464 | 38335 |
| 笔的制造 | 6 | 24550 | 7469 | 10260 | 2791 | 13975 |
| 教学用模型及教具制造 | 8 | 93359 | 5486 | 69211 | 34531 | 44826 |
| 墨水、墨汁制造 | 1 | 2285 | 30 | 157 | 127 | 795 |
| 其他文教办公用品制造 | 1 | 5229 | 147 | 152 | 5 | 289 |
| 工艺美术及礼仪用品制造 | 130 | 1465309 | 469160 | 772085 | 260293 | 703329 |
| 雕塑工艺品制造 | 33 | 396114 | 79897 | 220507 | 101859 | 179102 |
| 金属工艺品制造 | 6 | 92937 | 30845 | 72588 | 41716 | 52300 |
| 漆器工艺品制造 | 5 | 332101 | 188810 | 224557 | 35747 | 108528 |
| 花画工艺品制造 | 6 | 22117 | 6157 | 10526 | 4368 | 15385 |
| 天然植物纤维编织工艺品制造 | 10 | 26951 | 4533 | 8082 | 2329 | 19443 |
| 抽纱刺绣工艺品制造 | 2 | 108552 | 15086 | 33151 | 18064 | 85782 |
| 地毯、挂毯制造 | 4 | 35489 | 11839 | 21097 | 9259 | 17993 |
| 珠宝首饰及有关物品制造 | 20 | 188487 | 17042 | 28637 | 11416 | 128033 |
| 其他工艺美术及礼仪用品制造 | 44 | 262561 | 114951 | 152941 | 35536 | 96764 |
| 体育用品制造 | 36 | 345651 | 86956 | 150676 | 55202 | 116561 |
| 球类制造 | 4 | 154082 | 16372 | 53675 | 30280 | 48264 |
| 专项运动器材及配件制造 | 15 | 95902 | 38560 | 53018 | 14332 | 36281 |
| 健身器材制造 | 5 | 29600 | 9219 | 12077 | 2703 | 15459 |
| 运动防护用具制造 | 5 | 37053 | 9524 | 13941 | 3203 | 7067 |
| 其他体育用品制造 | 7 | 29013 | 13281 | 17964 | 4684 | 9490 |
| 玩具制造 | 38 | 315624 | 79301 | 142516 | 57777 | 175886 |
| 电玩具制造 | 6 | 105494 | 37562 | 73967 | 36405 | 65837 |
| 塑胶玩具制造 | 21 | 124205 | 31008 | 47585 | 12156 | 67345 |
| 金属玩具制造 | 1 | 10440 | 6320 | 10060 | 3740 | 4120 |
| 娃娃玩具制造 | 2 | 1956 | 794 | 974 | 162 | 1128 |
| 其他玩具制造 | 8 | 73528 | 3616 | 9930 | 5314 | 37457 |
| 游艺器材及娱乐用品制造 | 11 | 386608 | 19485 | 69395 | 43707 | 37741 |
| 露天游乐场所游乐设备制造 | 1 | 10531 | 3239 | 3453 | 213 | 1700 |
| 游艺用品及室内游艺器材制造 | 8 | 355855 | 2323 | 50898 | 42373 | 31816 |
| 其他娱乐用品制造 | 2 | 20222 | 13923 | 15044 | 1121 | 4226 |
| 石油、煤炭及其他燃料加工业 | 63 | 3418033 | 1803822 | 2874010 | 1068687 | 1188294 |
| 精炼石油产品制造 | 18 | 1362472 | 932227 | 1632356 | 700100 | 293961 |
| 原油加工及石油制品制造 | 18 | 1362472 | 932227 | 1632356 | 700100 | 293961 |
| 煤炭加工 | 9 | 1990207 | 853797 | 1217347 | 363550 | 852901 |
| 炼焦 | 5 | 1954509 | 850153 | 1212196 | 362043 | 831167 |
| 煤制品制造 | 4 | 35698 | 3644 | 5151 | 1507 | 21735 |
| 生物质燃料加工 | 36 | 65354 | 17798 | 24307 | 5037 | 41432 |
| 生物质致密成型燃料加工 | 36 | 65354 | 17798 | 24307 | 5037 | 41432 |
| 化学原料和化学制品制造业 | 960 | 12749417 | 4327239 | 8167179 | 3522034 | 5186294 |
| 基础化学原料制造 | 230 | 5058504 | 1859317 | 3996352 | 1908429 | 1998437 |

单位：万元

| 应收账款 | 存货 | 产成品 | 负债合计 | 流动负债合计 | 应付账款 | 所有者权益合计 | 实收资本 | 国家资本 | 集体资本 |
|---|---|---|---|---|---|---|---|---|---|
| 299223 | 330105 | 167236 | 1002251 | 809170 | 170352 | 1742538 | 570168 | | 2955 |
| 14737 | 17736 | 7858 | 61211 | 55109 | 12043 | 170389 | 31645 | | 1000 |
| 7356 | 8698 | 5116 | 31136 | 30031 | 7117 | 75041 | 21008 | | 1000 |
| 4115 | 4575 | 1207 | 12853 | 10906 | 1651 | 11697 | 5196 | | |
| 3046 | 3893 | 1506 | 14970 | 11920 | 2151 | 78389 | 5042 | | |
| 33 | 519 | | 2053 | 2053 | 1057 | 232 | 100 | | |
| 187 | 52 | 30 | 198 | 198 | 68 | 5030 | 300 | | |
| 169872 | 203027 | 103255 | 502028 | 427227 | 88916 | 963279 | 288671 | | 1050 |
| 39810 | 65866 | 27064 | 106878 | 83956 | 20967 | 289236 | 45806 | | |
| 7454 | 5261 | 4416 | 31942 | 31094 | 6691 | 60996 | 11900 | | |
| 17652 | 24135 | 11132 | 91681 | 74309 | 2345 | 240420 | 21531 | | 600 |
| 5388 | 2900 | 327 | 9698 | 8036 | 6433 | 12419 | 10139 | | |
| 6805 | 7539 | 2151 | 17560 | 16093 | 5555 | 9391 | 6190 | | |
| 17111 | 24709 | 14056 | 66230 | 60484 | 2331 | 42322 | 7300 | | |
| 6526 | 4976 | 1100 | 21014 | 20892 | 4744 | 14475 | 6800 | | |
| 46783 | 41469 | 32425 | 75789 | 58777 | 22722 | 112698 | 62755 | | |
| 22343 | 26172 | 10583 | 81237 | 73587 | 17128 | 181323 | 116251 | | 450 |
| 48558 | 47352 | 33285 | 147438 | 94433 | 25060 | 198213 | 117449 | | |
| 30168 | 16602 | 16436 | 63421 | 18067 | 328 | 90661 | 51196 | | |
| 10696 | 15966 | 11203 | 48155 | 43294 | 14458 | 47747 | 32540 | | |
| 4096 | 10197 | 2878 | 13433 | 11644 | 3034 | 16166 | 6767 | | |
| 1165 | 1822 | 1380 | 13358 | 12358 | 2893 | 23696 | 10072 | | |
| 2433 | 2765 | 1388 | 9070 | 9070 | 4346 | 19943 | 16875 | | |
| 61473 | 58381 | 21431 | 133721 | 119941 | 42911 | 181902 | 124906 | | 905 |
| 25794 | 22411 | 5774 | 46006 | 45266 | 17678 | 59488 | 58342 | | |
| 30389 | 27465 | 9216 | 56234 | 44669 | 14836 | 67971 | 46659 | | 905 |
| 2323 | 1179 | 1179 | 4523 | 4523 | 1004 | 5917 | 200 | | |
| 11 | 266 | 113 | 384 | 374 | 264 | 1572 | 594 | | |
| 2956 | 7061 | 5149 | 26573 | 25109 | 9129 | 46955 | 19111 | | |
| 4583 | 3610 | 1407 | 157854 | 112461 | 1423 | 228755 | 7497 | | |
| 127 | 334 | 163 | 2012 | 2012 | 905 | 8519 | 163 | | |
| 2862 | 2568 | 819 | 148459 | 103066 | 361 | 207397 | 643 | | |
| 1594 | 707 | 426 | 7383 | 7383 | 157 | 12839 | 6692 | | |
| 271867 | 376513 | 158676 | 2200963 | 2018868 | 288533 | 1217069 | 241331 | 133620 | 2025 |
| 71872 | 147959 | 43375 | 757851 | 674496 | 113707 | 604622 | 48826 | 1000 | 1800 |
| 71872 | 147959 | 43375 | 757851 | 674496 | 113707 | 604622 | 48826 | 1000 | 1800 |
| 186950 | 222495 | 110815 | 1416200 | 1321426 | 166228 | 574007 | 166726 | 132620 | |
| 183498 | 220590 | 108927 | 1403351 | 1308644 | 165004 | 551158 | 160070 | 132620 | |
| 3452 | 1905 | 1888 | 12850 | 12782 | 1224 | 22848 | 6656 | | |
| 13045 | 6059 | 4485 | 26913 | 22946 | 8598 | 38441 | 25779 | | 225 |
| 13045 | 6059 | 4485 | 26913 | 22946 | 8598 | 38441 | 25779 | | 225 |
| 1196688 | 1281072 | 521587 | 5117584 | 4233517 | 1164871 | 7632207 | 7178097 | 178900 | 24034 |
| 319162 | 435987 | 151785 | 2065271 | 1529456 | 433763 | 2993631 | 932513 | 72708 | 6756 |

1-A-6 续表 6

| 行业 | 企业单位数(个) | 资产总计 | 固定资产净额 | 固定资产原价 | 累计折旧 | 流动资产合计 |
|---|---|---|---|---|---|---|
| 无机酸制造 | 20 | 269364 | 116303 | 200334 | 84005 | 96326 |
| 无机碱制造 | 3 | 117300 | 70949 | 102551 | 31602 | 21661 |
| 无机盐制造 | 78 | 1914498 | 290852 | 551132 | 238340 | 1031108 |
| 有机化学原料制造 | 61 | 815170 | 311484 | 873502 | 544932 | 305546 |
| 其他基础化学原料制造 | 68 | 1942172 | 1069730 | 2268831 | 1009549 | 543796 |
| 肥料制造 | 33 | 525263 | 160598 | 228029 | 67132 | 198649 |
| 氮肥制造 | 1 | 11121 | 122 | 332 | 210 | 8758 |
| 磷肥制造 | 2 | 4969 | 2339 | 3958 | 1619 | 2252 |
| 复混肥料制造 | 21 | 481913 | 151729 | 215714 | 63916 | 173977 |
| 有机肥料及微生物肥料制造 | 8 | 24967 | 5850 | 7433 | 1353 | 12060 |
| 其他肥料制造 | 1 | 2293 | 557 | 592 | 35 | 1601 |
| 农药制造 | 31 | 533145 | 142342 | 281085 | 136468 | 246786 |
| 化学农药制造 | 28 | 460866 | 120251 | 247349 | 124823 | 214467 |
| 生物化学农药及微生物农药制造 | 3 | 72279 | 22091 | 33736 | 11645 | 32319 |
| 涂料、油墨、颜料及类似产品制造 | 85 | 867926 | 269139 | 575015 | 299207 | 310186 |
| 涂料制造 | 40 | 294178 | 97202 | 237856 | 136723 | 78709 |
| 油墨及类似产品制造 | 12 | 92988 | 28843 | 43801 | 14959 | 46288 |
| 工业颜料制造 | 10 | 123409 | 37695 | 64656 | 26889 | 64008 |
| 工艺美术颜料制造 | 7 | 72364 | 45345 | 145159 | 99718 | 16029 |
| 染料制造 | 6 | 183580 | 32840 | 45547 | 12707 | 76740 |
| 密封用填料及类似品制造 | 10 | 101408 | 27214 | 37996 | 8212 | 28412 |
| 合成材料制造 | 48 | 366741 | 113888 | 167389 | 48551 | 156902 |
| 初级形态塑料及合成树脂制造 | 33 | 211696 | 64969 | 96216 | 26725 | 102102 |
| 合成橡胶制造 | 2 | 14143 | 2179 | 9323 | 7090 | 8341 |
| 合成纤维单(聚合)体制造 | 2 | 18855 | 4841 | 7028 | 2174 | 8197 |
| 其他合成材料制造 | 11 | 122046 | 41899 | 54823 | 12562 | 38262 |
| 专用化学产品制造 | 286 | 2848525 | 767333 | 1499034 | 700766 | 1277220 |
| 化学试剂和助剂制造 | 114 | 1341048 | 359966 | 753066 | 371783 | 639606 |
| 专项化学用品制造 | 55 | 599984 | 180211 | 279386 | 95707 | 257771 |
| 林产化学产品制造 | 64 | 317491 | 129990 | 191250 | 60177 | 124109 |
| 文化用信息化学品制造 | 8 | 177435 | 22204 | 133090 | 109705 | 50202 |
| 医学生产用信息化学品制造 | 4 | 14749 | 3777 | 12680 | 7236 | 7049 |
| 环境污染处理专用药剂材料制造 | 2 | 3910 | 1282 | 2087 | 805 | 2178 |
| 动物胶制造 | 2 | 4226 | 1359 | 2379 | 1021 | 2165 |
| 其他专用化学产品制造 | 37 | 389681 | 68545 | 125097 | 54332 | 194142 |
| 炸药、火工及焰火产品制造 | 179 | 1596855 | 763760 | 1011459 | 206880 | 476113 |
| 炸药及火工产品制造 | 14 | 489229 | 153480 | 212814 | 52521 | 201722 |
| 焰火、鞭炮产品制造 | 165 | 1107626 | 610280 | 798645 | 154359 | 274391 |
| 日用化学产品制造 | 68 | 952458 | 250862 | 408816 | 154602 | 522001 |
| 肥皂及洗涤剂制造 | 8 | 33184 | 6339 | 16106 | 6720 | 21333 |
| 化妆品制造 | 9 | 120164 | 59882 | 86327 | 26445 | 33674 |
| 口腔清洁用品制造 | 3 | 94672 | 9493 | 13783 | 4290 | 34365 |
| 香料、香精制造 | 29 | 495721 | 96821 | 135483 | 38562 | 353279 |
| 其他日用化学产品制造 | 19 | 208717 | 78327 | 157117 | 78586 | 79349 |

单位：万元

| 应收账款 | 存货 | 产成品 | 负债合计 | 流动负债合计 | 应付账款 | 所有者权益合计 | 实收资本 | 国家资本 | 集体资本 |
|---|---|---|---|---|---|---|---|---|---|
| 17956 | 28946 | 12777 | 119815 | 101235 | 24732 | 149549 | 91333 | 43602 | |
| 6471 | 5052 | 3971 | 101392 | 84916 | 10261 | 15908 | 4614 | | |
| 132165 | 217250 | 53830 | 810243 | 558690 | 139247 | 1104655 | 281198 | 6120 | 1020 |
| 76471 | 69709 | 35041 | 269006 | 204452 | 53127 | 546163 | 176472 | 200 | 3150 |
| 86100 | 115030 | 46166 | 764815 | 580163 | 206397 | 1177356 | 378897 | 22786 | 2586 |
| 19670 | 92707 | 47494 | 353529 | 339695 | 39908 | 171734 | 246628 | 2437 | 1500 |
| 216 | 11 | 10 | 497 | 497 | 121 | 10625 | 200 | | |
| -134 | 614 | 335 | 2643 | 2643 | 807 | 2326 | 350 | | |
| 16645 | 90190 | 45943 | 341042 | 327208 | 36154 | 140870 | 235416 | | 1500 |
| 2450 | 1374 | 868 | 8730 | 8730 | 2628 | 16238 | 10461 | 2437 | |
| 493 | 519 | 338 | 617 | 617 | 198 | 1676 | 200 | | |
| 28933 | 78772 | 32708 | 254478 | 217393 | 26847 | 278667 | 108172 | | |
| 25066 | 62290 | 22181 | 182409 | 160463 | 19295 | 278457 | 77954 | | |
| 3867 | 16482 | 10526 | 72069 | 56930 | 7552 | 210 | 30218 | | |
| 77476 | 83788 | 35384 | 212810 | 184406 | 45605 | 655116 | 192922 | 1430 | |
| 23226 | 15399 | 5494 | 49699 | 44622 | 12865 | 244480 | 57081 | | |
| 17593 | 12623 | 5124 | 40226 | 36711 | 8289 | 52761 | 24067 | | |
| 15250 | 18685 | 6564 | 47068 | 33018 | 7320 | 76340 | 49376 | | |
| 3914 | 4267 | 2896 | 14146 | 11153 | 1147 | 58218 | 5464 | | |
| 9390 | 25646 | 11584 | 34833 | 34679 | 11032 | 148747 | 33236 | | |
| 8104 | 7167 | 3722 | 26838 | 24223 | 4951 | 74570 | 23697 | 1430 | |
| 44037 | 39874 | 17991 | 138407 | 106049 | 35924 | 228334 | 127844 | | 500 |
| 23701 | 29382 | 13311 | 92095 | 73532 | 20060 | 119601 | 40103 | | |
| 1879 | 466 | 116 | 6744 | 6705 | 2051 | 7399 | 1280 | | |
| 657 | 1470 | 1328 | 8737 | 4910 | 2315 | 10119 | 3009 | | |
| 17800 | 8555 | 3237 | 30831 | 20902 | 11499 | 91215 | 83452 | | 500 |
| 380929 | 328489 | 142237 | 1231169 | 1102281 | 344834 | 1617334 | 3564444 | 45907 | 5811 |
| 211221 | 118990 | 52885 | 504343 | 454518 | 193475 | 836705 | 3276837 | 7568 | 3311 |
| 72834 | 60233 | 39922 | 332622 | 291651 | 48029 | 267363 | 96017 | 12296 | 2500 |
| 29330 | 45641 | 20795 | 125536 | 113751 | 34447 | 191934 | 85260 | 16543 | |
| 12328 | 13675 | 9915 | 50075 | 39183 | 10953 | 127360 | 22256 | | |
| 392 | 2203 | 1229 | 4811 | 4677 | 1817 | 9937 | 4600 | | |
| 775 | 641 | 430 | 842 | 465 | 15 | 3069 | 1240 | | |
| 311 | 497 | 35 | 2061 | 1820 | 430 | 2165 | 280 | | |
| 53739 | 86610 | 17027 | 210880 | 196217 | 55668 | 178801 | 77955 | 9500 | |
| 154224 | 93312 | 43851 | 423327 | 367416 | 173753 | 1173528 | 371472 | 31449 | 3103 |
| 54486 | 25213 | 5427 | 142392 | 123130 | 35616 | 346838 | 89125 | 30969 | |
| 99738 | 68100 | 38425 | 280936 | 244286 | 138137 | 826690 | 282347 | 479 | 3103 |
| 172257 | 128142 | 50139 | 438594 | 386823 | 64237 | 513863 | 1634102 | 24970 | 6364 |
| 6217 | 4483 | 2166 | 19196 | 14918 | 5733 | 13987 | 1507474 | | |
| 5078 | 7259 | 2094 | 44674 | 36328 | 4811 | 75490 | 20241 | | 5000 |
| 7405 | 7063 | 3377 | 41993 | 41993 | 6221 | 52679 | 34940 | 24940 | |
| 141163 | 79925 | 27934 | 250554 | 221501 | 21799 | 245167 | 44273 | 30 | 864 |
| 12395 | 29413 | 14568 | 82177 | 72083 | 25674 | 126540 | 27174 | | 500 |

1-A-6 续表 7

| 行业 | 企业单位数(个) | 资产总计 | 固定资产净额 | 固定资产原价 | 累计折旧 | 流动资产合计 |
|---|---|---|---|---|---|---|
| 医药制造业 | 387 | 9995835 | 2473439 | 4486362 | 1876737 | 4401192 |
| 化学药品原料药制造 | 91 | 2099242 | 611781 | 1473341 | 801334 | 943802 |
| 化学药品制剂制造 | 36 | 1143311 | 265921 | 421479 | 150925 | 636453 |
| 中药饮片加工 | 58 | 785068 | 263573 | 386230 | 64877 | 415618 |
| 中成药生产 | 95 | 2321374 | 636540 | 1013296 | 366774 | 1207216 |
| 兽用药品制造 | 27 | 212907 | 54003 | 75015 | 20747 | 87211 |
| 生物药品制品制造 | 14 | 2944268 | 489686 | 824780 | 335094 | 874741 |
| 生物药品制造 | 14 | 2944268 | 489686 | 824780 | 335094 | 874741 |
| 卫生材料及医药用品制造 | 58 | 363694 | 96560 | 217542 | 117681 | 188837 |
| 药用辅料及包装材料 | 8 | 125972 | 55375 | 74679 | 19304 | 47313 |
| 化学纤维制造业 | 25 | 1045394 | 355707 | 694386 | 336314 | 407058 |
| 纤维素纤维原料及纤维制造 | 7 | 889399 | 327168 | 616259 | 289091 | 354820 |
| 化纤浆粕制造 | 2 | 24571 | 6604 | 7566 | 962 | 14665 |
| 人造纤维(纤维素纤维)制造 | 5 | 864828 | 320565 | 608693 | 288129 | 340156 |
| 合成纤维制造 | 17 | 152253 | 26366 | 74566 | 45835 | 51170 |
| 锦纶纤维制造 | 1 | 3864 | 576 | 933 | 357 | 1583 |
| 涤纶纤维制造 | 10 | 131245 | 21073 | 65360 | 42987 | 41355 |
| 维纶纤维制造 | 3 | 8157 | 721 | 2209 | 643 | 5392 |
| 丙纶纤维制造 | 2 | 4769 | 1850 | 2784 | 714 | 833 |
| 其他合成纤维制造 | 1 | 4216 | 2147 | 3280 | 1133 | 2006 |
| 生物基材料制造 | 1 | 3743 | 2172 | 3561 | 1388 | 1068 |
| 生物基、淀粉基新材料制造 | 1 | 3743 | 2172 | 3561 | 1388 | 1068 |
| 橡胶和塑料制品业 | 406 | 4020366 | 892337 | 1657488 | 688085 | 1822640 |
| 橡胶制品业 | 60 | 1428570 | 256550 | 515247 | 235673 | 468616 |
| 轮胎制造 | 8 | 782445 | 5326 | 65265 | 44511 | 219689 |
| 橡胶板、管、带制造 | 19 | 271973 | 96456 | 214125 | 117268 | 122245 |
| 橡胶零件制造 | 6 | 41209 | 15980 | 25722 | 9743 | 11187 |
| 再生橡胶制造 | 7 | 56918 | 21241 | 33960 | 12719 | 27093 |
| 日用及医用橡胶制品制造 | 3 | 33544 | 13491 | 26459 | 7772 | 10965 |
| 运动场地用塑胶制造 | 2 | 36871 | 19693 | 26175 | 6482 | 9368 |
| 其他橡胶制品制造 | 15 | 205611 | 84363 | 123542 | 37178 | 68071 |
| 塑料制品业 | 346 | 2591795 | 635788 | 1142240 | 452413 | 1354024 |
| 塑料薄膜制造 | 20 | 174050 | 46314 | 73093 | 25312 | 106900 |
| 塑料板、管、型材制造 | 79 | 918976 | 240742 | 486785 | 214914 | 369889 |
| 塑料丝、绳及编织品制造 | 75 | 465607 | 82044 | 119277 | 35751 | 313470 |
| 泡沫塑料制造 | 18 | 121211 | 9151 | 16351 | 6993 | 88679 |
| 塑料人造革、合成革制造 | 9 | 56646 | 14937 | 21534 | 5930 | 32933 |
| 塑料包装箱及容器制造 | 45 | 368545 | 111079 | 199547 | 82145 | 189647 |
| 日用塑料制品制造 | 25 | 87035 | 18331 | 33146 | 11516 | 46144 |
| 塑料零件及其他塑料制品制造 | 75 | 399726 | 113190 | 192508 | 69852 | 206363 |
| 非金属矿物制品业 | 1516 | 19792460 | 6646426 | 11966714 | 4790493 | 8915518 |
| 水泥、石灰和石膏制造 | 163 | 4724371 | 2071372 | 3687088 | 1602924 | 2059996 |

单位：万元

| 应收账款 | 存货 | 产成品 | 负债合计 | 流动负债合计 | 应付账款 | 所有者权益合计 | 实收资本 | 国家资本 | 集体资本 |
|---|---|---|---|---|---|---|---|---|---|
| 945646 | 858343 | 400200 | 3837241 | 3067887 | 641958 | 6158593 | 1945947 | 50760 | 36684 |
| 141444 | 208053 | 107477 | 902652 | 827975 | 151658 | 1196589 | 478514 | 12639 | 1957 |
| 141744 | 109428 | 24765 | 476963 | 437996 | 88008 | 666347 | 298123 |  | 10000 |
| 152175 | 80441 | 46055 | 368597 | 250843 | 107953 | 416470 | 307064 | 7039 | 1350 |
| 255453 | 239613 | 96690 | 985816 | 806259 | 177169 | 1335559 | 437529 | 15311 | 6427 |
| 23385 | 25835 | 12791 | 114061 | 100956 | 13983 | 98846 | 59235 |  | 3500 |
| 130906 | 136609 | 79541 | 789259 | 463961 | 65597 | 2155009 | 240688 | 15361 |  |
| 130906 | 136609 | 79541 | 789259 | 463961 | 65597 | 2155009 | 240688 | 15361 |  |
| 78621 | 49078 | 27721 | 151934 | 133077 | 31293 | 211760 | 93640 | 10 | 13449 |
| 21918 | 9287 | 5160 | 47959 | 46819 | 6299 | 78013 | 31155 | 400 |  |
| 83802 | 98283 | 23373 | 548694 | 443520 | 115058 | 496700 | 262157 |  |  |
| 66271 | 86916 | 17122 | 486142 | 402952 | 99124 | 403256 | 241058 |  |  |
| 3969 | 4236 | 3821 | 11039 | 11039 | 2735 | 13531 | 11597 |  |  |
| 62302 | 82680 | 13300 | 475103 | 391913 | 96389 | 389725 | 229461 |  |  |
| 17214 | 11236 | 6211 | 61336 | 39352 | 15502 | 90916 | 19100 |  |  |
| 403 | 838 | 582 | 2564 | 2564 | 638 | 1300 | 500 |  |  |
| 14163 | 9275 | 4962 | 48728 | 26743 | 10400 | 82518 | 11225 |  |  |
| 2372 | 670 | 454 | 5105 | 5105 | 2299 | 3052 | 1350 |  |  |
| 277 | 423 | 186 | 3529 | 3529 | 1859 | 1240 | 2116 |  |  |
|  | 31 | 27 | 1410 | 1410 | 306 | 2806 | 3909 |  |  |
| 317 | 131 | 41 | 1216 | 1216 | 432 | 2527 | 2000 |  |  |
| 317 | 131 | 41 | 1216 | 1216 | 432 | 2527 | 2000 |  |  |
| 422518 | 331409 | 170418 | 1208734 | 1039605 | 262914 | 2811630 | 846842 | 13524 | 3079 |
| 73873 | 91725 | 45339 | 273318 | 223594 | 68061 | 1155252 | 190633 | 733 | 1260 |
| 6752 | 17823 | 15836 | 29447 | 20358 | 4047 | 752998 | 12818 |  |  |
| 33829 | 39801 | 13093 | 99025 | 84560 | 32153 | 172948 | 65689 |  | 394 |
| 3589 | 3109 | 1140 | 10941 | 5539 | 1714 | 30268 | 26855 |  |  |
| 8884 | 6965 | 4358 | 18240 | 15325 | 1110 | 38677 | 7765 |  |  |
| 3880 | 1880 | 981 | 15924 | 15924 | 3562 | 17620 | 14466 |  |  |
| 1361 | 741 | 718 | 21096 | 20461 | 1247 | 15775 | 937 |  |  |
| 15579 | 21407 | 9212 | 78645 | 61427 | 24228 | 126966 | 62103 | 733 | 867 |
| 348645 | 239684 | 125079 | 935416 | 816011 | 194852 | 1656378 | 656209 | 12790 | 1819 |
| 33326 | 11614 | 5219 | 64458 | 54322 | 20528 | 109592 | 51081 |  |  |
| 91036 | 67120 | 38812 | 312635 | 277334 | 50730 | 606341 | 294915 | 10331 | 565 |
| 73084 | 61684 | 28846 | 170037 | 152980 | 30463 | 295569 | 72303 | 960 |  |
| 10973 | 6447 | 3037 | 27564 | 23114 | 11016 | 93647 | 9838 | 500 | 228 |
| 4101 | 5793 | 1689 | 27932 | 26671 | 5516 | 28715 | 26194 |  |  |
| 43233 | 27801 | 17491 | 115268 | 102250 | 20392 | 253277 | 63680 | 1000 | 1000 |
| 12726 | 15759 | 10026 | 36426 | 26883 | 5825 | 50609 | 33836 |  |  |
| 80164 | 43467 | 19960 | 181098 | 152459 | 50383 | 218629 | 104361 |  | 26 |
| 2455123 | 1855321 | 904130 | 9137081 | 7812996 | 2256332 | 10655338 | 4587392 | 542685 | 123805 |
| 279117 | 249616 | 87582 | 1871412 | 1650949 | 388165 | 2852926 | 1213770 | 278630 | 59414 |

1-A-6 续表 8

| 行业 | 企业单位数(个) | 资产总计 | 固定资产净额 | 固定资产原价 | 累计折旧 | 流动资产合计 |
|---|---|---|---|---|---|---|
| 水泥制造 | 128 | 4435680 | 1903196 | 3418614 | 1503062 | 1959009 |
| 石灰和石膏制造 | 35 | 288691 | 168176 | 268474 | 99862 | 100987 |
| 石膏、水泥制品及类似制品制造 | 477 | 4218415 | 982858 | 1986550 | 929841 | 2422953 |
| 水泥制品制造 | 365 | 3279785 | 715672 | 1505109 | 738873 | 1905273 |
| 砼结构构件制造 | 71 | 632242 | 164581 | 306560 | 121791 | 371081 |
| 石棉水泥制品制造 | 4 | 28032 | 7464 | 14708 | 6009 | 8321 |
| 轻质建筑材料制造 | 8 | 102831 | 28664 | 40490 | 11826 | 55755 |
| 其他水泥类似制品制造 | 29 | 175526 | 66478 | 119683 | 51343 | 82524 |
| 砖瓦、石材等建筑材料制造 | 245 | 1869164 | 435127 | 821861 | 319004 | 641901 |
| 粘土砖瓦及建筑砌块制造 | 73 | 397108 | 132857 | 275999 | 89753 | 168344 |
| 建筑用石加工 | 95 | 980941 | 175559 | 357525 | 175889 | 261346 |
| 防水建筑材料制造 | 19 | 136647 | 49217 | 69109 | 19789 | 67032 |
| 隔热和隔音材料制造 | 5 | 24214 | 2028 | 4039 | 2011 | 14801 |
| 其他建筑材料制造 | 53 | 330254 | 75467 | 115189 | 31562 | 130379 |
| 玻璃制造 | 35 | 302740 | 124474 | 217989 | 78561 | 133708 |
| 平板玻璃制造 | 7 | 176933 | 90409 | 166666 | 65281 | 63463 |
| 特种玻璃制造 | 13 | 76072 | 23479 | 32007 | 5116 | 38906 |
| 其他玻璃制造 | 15 | 49735 | 10585 | 19317 | 8165 | 31339 |
| 玻璃制品制造 | 54 | 744540 | 205079 | 431144 | 225350 | 429021 |
| 技术玻璃制品制造 | 20 | 464795 | 131623 | 284617 | 152994 | 273001 |
| 光学玻璃制造 | 11 | 48709 | 7921 | 21327 | 12690 | 38788 |
| 日用玻璃制品制造 | 11 | 45631 | 14083 | 22808 | 8725 | 24184 |
| 玻璃包装容器制造 | 4 | 53346 | 13746 | 28593 | 14847 | 29663 |
| 玻璃保温容器制造 | 1 | 19870 | 5130 | 6948 | 1817 | 2102 |
| 其他玻璃制品制造 | 7 | 112188 | 32577 | 66853 | 34276 | 61282 |
| 玻璃纤维和玻璃纤维增强塑料制品制造 | 43 | 984384 | 437155 | 646056 | 119903 | 268037 |
| 玻璃纤维及制品制造 | 36 | 794027 | 400746 | 590316 | 100648 | 191780 |
| 玻璃纤维增强塑料制品制造 | 7 | 190357 | 36409 | 55740 | 19254 | 76256 |
| 陶瓷制品制造 | 369 | 5803460 | 2119076 | 3717727 | 1332593 | 2417962 |
| 建筑陶瓷制品制造 | 100 | 3391427 | 1244341 | 2210521 | 853370 | 1442869 |
| 卫生陶瓷制品制造 | 10 | 125604 | 11636 | 114563 | 43032 | 58696 |
| 特种陶瓷制品制造 | 159 | 1502655 | 634481 | 963273 | 298826 | 627361 |
| 日用陶瓷制品制造 | 66 | 545481 | 167766 | 316514 | 102561 | 200301 |
| 陈设艺术陶瓷制造 | 31 | 194869 | 51585 | 98236 | 30611 | 80126 |
| 其他陶瓷制品制造 | 3 | 43423 | 9268 | 14620 | 4193 | 8609 |
| 耐火材料制品制造 | 22 | 323179 | 68692 | 140780 | 71902 | 118566 |
| 石棉制品制造 | 2 | 3291 | 706 | 1528 | 822 | 2447 |
| 耐火陶瓷制品及其他耐火材料制造 | 20 | 319888 | 67987 | 139253 | 71080 | 116119 |
| 石墨及其他非金属矿物制品制造 | 108 | 822209 | 202592 | 317518 | 110415 | 423374 |
| 石墨及碳素制品制造 | 17 | 408056 | 52449 | 79504 | 26688 | 290249 |
| 其他非金属矿物制品制造 | 91 | 414153 | 150144 | 238015 | 83726 | 133125 |
| 黑色金属冶炼和压延加工业 | 97 | 8908384 | 2662284 | 6041040 | 3361068 | 5199655 |
| 炼铁 | 4 | 43800 | 8215 | 19750 | 11535 | 32033 |

单位：万元

| 应收账款 | 存货 | 产成品 | 负债合计 | 流动负债合计 | 应付账款 | 所有者权益合计 | 实收资本 | 国家资本 | 集体资本 |
|---|---|---|---|---|---|---|---|---|---|
| 233724 | 234338 | 80157 | 1753832 | 1537194 | 352175 | 2681816 | 1167353 | 254740 | 58495 |
| 45393 | 15278 | 7424 | 117580 | 113755 | 35990 | 171111 | 46417 | 23890 | 919 |
| 1146979 | 280520 | 103865 | 2276556 | 2062540 | 857536 | 1941854 | 843966 | 116471 | 15497 |
| 970528 | 228209 | 89575 | 1785028 | 1632046 | 729607 | 1494752 | 677756 | 83871 | 14812 |
| 151305 | 28582 | 9471 | 338234 | 299241 | 101823 | 294008 | 119849 | 30800 | |
| 988 | 1294 | 1032 | 12118 | 3884 | 29 | 15914 | 3380 | | |
| 2649 | 3504 | 1770 | 53600 | 52634 | 4248 | 49232 | 6310 | | |
| 21510 | 18930 | 2017 | 87577 | 74735 | 21829 | 87949 | 36671 | 1800 | 685 |
| 152672 | 116591 | 74071 | 673706 | 494410 | 84612 | 1195457 | 294883 | 9277 | 4891 |
| 35430 | 23253 | 15582 | 145820 | 108570 | 18061 | 251288 | 81114 | 4000 | 1776 |
| 58844 | 46543 | 32799 | 320703 | 198642 | 17479 | 660238 | 114335 | 3257 | 100 |
| 14460 | 23684 | 16910 | 57109 | 49238 | 17337 | 79538 | 32831 | | |
| 5630 | 3826 | 1318 | 9067 | 8952 | 3636 | 15148 | 4214 | | |
| 38308 | 19287 | 7461 | 141008 | 129008 | 28099 | 189246 | 62389 | 2020 | 3015 |
| 32401 | 32532 | 18387 | 216697 | 182121 | 61970 | 86043 | 96482 | 53319 | |
| 12262 | 19471 | 13216 | 143997 | 120188 | 33542 | 32936 | 76021 | 53319 | |
| 16568 | 9307 | 3842 | 47696 | 41993 | 23671 | 28377 | 7633 | | |
| 3571 | 3754 | 1329 | 25004 | 19941 | 4757 | 24731 | 12828 | | |
| 134869 | 98106 | 26500 | 518262 | 399645 | 123465 | 226277 | 140258 | 4942 | 142 |
| 59758 | 59082 | 7014 | 365746 | 262530 | 90750 | 99049 | 53507 | | |
| 20054 | 9352 | 2324 | 35679 | 30943 | 18466 | 13030 | 10670 | 142 | 142 |
| 8648 | 7057 | 3190 | 24240 | 21702 | 5979 | 21391 | 11459 | | |
| 10033 | 14145 | 9828 | 52198 | 52198 | 3879 | 1148 | 8551 | 4800 | |
| 447 | 1283 | | 15830 | 15830 | 1128 | 4040 | 9580 | | |
| 35931 | 7187 | 4145 | 24569 | 16443 | 3262 | 87619 | 46493 | | |
| 82167 | 49378 | 29123 | 465755 | 317824 | 91467 | 518629 | 212576 | 4500 | |
| 43775 | 37452 | 23682 | 391248 | 245885 | 45466 | 402779 | 174670 | 1600 | |
| 38392 | 11925 | 5441 | 74507 | 71939 | 46001 | 115850 | 37906 | 2900 | |
| 474678 | 845074 | 514763 | 2636060 | 2299856 | 506244 | 3167398 | 1561366 | 51141 | 34861 |
| 155572 | 580057 | 351612 | 1620696 | 1418467 | 281398 | 1770730 | 746704 | 65 | 8845 |
| 9581 | 19974 | 4756 | 95261 | 91590 | 3189 | 30343 | 73155 | | |
| 248905 | 139479 | 73522 | 537048 | 488411 | 174995 | 965607 | 568475 | 20494 | 9052 |
| 46614 | 72463 | 61665 | 269285 | 215139 | 40353 | 276196 | 127469 | 30582 | 16964 |
| 13155 | 29330 | 19471 | 90851 | 73801 | 3572 | 104018 | 37484 | | |
| 850 | 3770 | 3737 | 22919 | 12447 | 2738 | 20504 | 8080 | | |
| 41024 | 24739 | 12811 | 117470 | 109753 | 17876 | 205710 | 73163 | 20750 | 1800 |
| 110 | 80 | 5 | 1352 | 1151 | 218 | 1939 | 800 | | |
| 40914 | 24659 | 12806 | 116117 | 108601 | 17657 | 203771 | 72363 | 20750 | 1800 |
| 111217 | 158768 | 37029 | 361163 | 295900 | 124998 | 461045 | 150929 | 3656 | 7200 |
| 74723 | 127506 | 20007 | 204103 | 169243 | 75313 | 203953 | 48564 | | |
| 36494 | 31261 | 17022 | 157060 | 126657 | 49685 | 257092 | 102364 | 3656 | 7200 |
| 277519 | 922515 | 242912 | 4386199 | 4251050 | 961706 | 4522183 | 1400492 | 437576 | 500 |
| 9542 | 11156 | 4610 | 31947 | 31947 | -5116 | 11853 | 6200 | | |

1-A-6 续表 9

| 行业 | 企业单位数（个） | 资产总计 | 固定资产净额 | 固定资产原价 | 累计折旧 | 流动资产合计 |
|---|---|---|---|---|---|---|
| 炼钢 | 3 | 44997 | 12603 | 22590 | 9987 | 25865 |
| 钢压延加工 | 84 | 8762415 | 2631083 | 5984761 | 3335990 | 5106488 |
| 铁合金冶炼 | 6 | 57172 | 10384 | 13939 | 3555 | 35268 |
| 有色金属冶炼和压延加工业 | 576 | 28053672 | 8173302 | 17825307 | 9314279 | 16570473 |
| 常用有色金属冶炼 | 97 | 16970126 | 4759308 | 11857141 | 6944005 | 11165167 |
| 铜冶炼 | 37 | 15121788 | 4247593 | 10915890 | 6532108 | 10135174 |
| 铅锌冶炼 | 11 | 521660 | 248608 | 376433 | 127825 | 225202 |
| 镍钴冶炼 | 8 | 419189 | 64635 | 114180 | 48710 | 267287 |
| 锡冶炼 | 11 | 191018 | 61650 | 177824 | 115893 | 115776 |
| 锑冶炼 | 2 | 30548 | 3100 | 4219 | 1119 | 6078 |
| 铝冶炼 | 6 | 83876 | 16486 | 113338 | 83462 | 51038 |
| 硅冶炼 | 4 | 42863 | 9431 | 16338 | 3847 | 26459 |
| 其他常用有色金属冶炼 | 18 | 559185 | 107805 | 138920 | 31042 | 338154 |
| 贵金属冶炼 | 12 | 159092 | 38290 | 64021 | 19988 | 108779 |
| 金冶炼 | 2 | 56132 | 9652 | 19891 | 7411 | 40447 |
| 银冶炼 | 1 | 5083 | 495 | 559 | 65 | 4201 |
| 其他贵金属冶炼 | 9 | 97877 | 28144 | 43571 | 12512 | 64131 |
| 稀有稀土金属冶炼 | 98 | 2375506 | 395208 | 679665 | 273331 | 1524920 |
| 钨钼冶炼 | 33 | 762455 | 209573 | 352156 | 137542 | 338438 |
| 稀土金属冶炼 | 57 | 1499443 | 173089 | 303738 | 124564 | 1112463 |
| 其他稀有金属冶炼 | 8 | 113608 | 12546 | 23771 | 11225 | 74020 |
| 有色金属合金制造 | 43 | 656246 | 183033 | 325612 | 139466 | 325524 |
| 有色金属压延加工 | 326 | 7892703 | 2797463 | 4898869 | 1937490 | 3446083 |
| 铜压延加工 | 155 | 4490816 | 1521908 | 3074912 | 1449249 | 1945537 |
| 铝压延加工 | 93 | 1303003 | 326819 | 614512 | 251247 | 772626 |
| 贵金属压延加工 | 10 | 858051 | 747370 | 856639 | 94345 | 79994 |
| 稀有稀土金属压延加工 | 51 | 1104236 | 165035 | 303274 | 130864 | 572679 |
| 其他有色金属压延加工 | 17 | 136597 | 36331 | 49532 | 11785 | 75248 |
| 金属制品业 | 417 | 4815948 | 1442317 | 2238747 | 700794 | 2117518 |
| 结构性金属制品制造 | 158 | 1889930 | 556406 | 844293 | 247452 | 873637 |
| 金属结构制造 | 116 | 1562613 | 442959 | 687682 | 210651 | 727378 |
| 金属门窗制造 | 42 | 327317 | 113447 | 156611 | 36802 | 146258 |
| 金属工具制造 | 29 | 225498 | 106856 | 157873 | 48072 | 95925 |
| 切削工具制造 | 16 | 163811 | 70640 | 113967 | 41135 | 76420 |
| 手工具制造 | 2 | 5373 | 2187 | 3301 | 1115 | 574 |
| 农用及园林用金属工具制造 | 1 | 3028 | 774 | 1194 | 420 | 2090 |
| 刀剪及类似日用金属工具制造 | 1 | 2861 | 46 | 50 | 5 | 2815 |
| 其他金属工具制造 | 9 | 50426 | 33210 | 39361 | 5397 | 14026 |
| 集装箱及金属包装容器制造 | 13 | 114789 | 53962 | 70755 | 15763 | 37895 |
| 集装箱制造 | 1 | 34875 | 18107 | 26242 | 8135 | 8604 |
| 金属压力容器制造 | 3 | 13181 | 1970 | 2561 | 591 | 8069 |
| 金属包装容器及材料制造 | 9 | 66733 | 33885 | 41952 | 7037 | 21223 |
| 金属丝绳及其制品制造 | 23 | 257407 | 55768 | 121649 | 65173 | 156271 |

单位：万元

| 应收账款 | 存货 | 产成品 | 负债合计 | 流动负债合计 | 应付账款 | 所有者权益合计 | 实收资本 | 国家资本 | 集体资本 |
|---|---|---|---|---|---|---|---|---|---|
| 7197 | 8963 | 7254 | 29212 | 29212 | 4837 | 15785 | 10518 | | |
| 258476 | 899612 | 230549 | 4282825 | 4153310 | 957295 | 4479588 | 1365265 | 437576 | 500 |
| 2304 | 2784 | 500 | 42215 | 36581 | 4689 | 14957 | 18509 | | |
| 2589567 | 5110428 | 1627948 | 15690755 | 13604992 | 3136322 | 12362914 | 3851699 | 1068782 | 14970 |
| 1297558 | 3074522 | 694720 | 10117704 | 8781924 | 1586082 | 6852421 | 1341486 | 706498 | |
| 1187316 | 2683721 | 592427 | 8992333 | 7949115 | 1394073 | 6129455 | 863999 | 673265 | |
| 15948 | 117534 | 15036 | 493764 | 282070 | 49008 | 27896 | 258480 | 33234 | |
| 23047 | 100955 | 13150 | 188612 | 170040 | 16322 | 230577 | 95145 | | |
| 5656 | 17287 | 5722 | 100692 | 100692 | 61763 | 90326 | 24003 | | |
| 48 | | | 15348 | | | 15200 | 10151 | | |
| 18800 | 14309 | 7656 | 38318 | 35507 | 7757 | 45558 | 15200 | | |
| 9654 | 14375 | 9157 | 21193 | 18324 | 6656 | 21670 | 12727 | | |
| 37090 | 126341 | 51572 | 267446 | 226176 | 50503 | 291739 | 61781 | | |
| 19481 | 39758 | 10625 | 84755 | 82844 | 20677 | 74338 | 24343 | 11091 | |
| 694 | 29740 | 2220 | 40763 | 40022 | 7484 | 15370 | 11691 | 11091 | |
| 379 | 356 | 341 | 1935 | 1935 | -1456 | 3148 | 2164 | | |
| 18408 | 9662 | 8065 | 42056 | 40886 | 14649 | 55820 | 10488 | | |
| 254422 | 805840 | 340103 | 1288612 | 1165346 | 296533 | 1086894 | 425568 | 78461 | 2609 |
| 70625 | 122899 | 48330 | 351676 | 297947 | 131283 | 410780 | 150873 | 35377 | |
| 174582 | 642771 | 275288 | 862716 | 817773 | 147104 | 636726 | 254266 | 39836 | 2609 |
| 9215 | 40170 | 16485 | 74220 | 49627 | 18146 | 39388 | 20429 | 3248 | |
| 80119 | 153732 | 76596 | 328370 | 293284 | 68163 | 327875 | 380089 | 54092 | 8930 |
| 937987 | 1036575 | 505904 | 3871315 | 3281595 | 1164868 | 4021387 | 1680214 | 218640 | 3431 |
| 506110 | 533847 | 218383 | 2416196 | 1983794 | 807968 | 2074621 | 1166907 | 160600 | 831 |
| 315748 | 235616 | 130018 | 750401 | 670989 | 264116 | 552601 | 172425 | 2200 | 1600 |
| 7922 | 30875 | 12030 | 115304 | 115204 | 5999 | 742748 | 47000 | 40000 | |
| 92458 | 214686 | 135505 | 534481 | 463521 | 66555 | 569755 | 278349 | 15841 | |
| 15749 | 21552 | 9968 | 54934 | 48088 | 20230 | 81663 | 15533 | | 1000 |
| 637875 | 578723 | 261109 | 1985325 | 1625861 | 475959 | 2830621 | 1215715 | 57048 | 32438 |
| 276982 | 233217 | 106209 | 752100 | 632965 | 206369 | 1137830 | 501348 | 33814 | 100 |
| 234060 | 198534 | 90284 | 630667 | 517477 | 164671 | 931946 | 380072 | 33454 | 100 |
| 42922 | 34683 | 15925 | 121433 | 115489 | 41698 | 205884 | 121275 | 360 | |
| 27465 | 20393 | 9510 | 59112 | 55576 | 15470 | 166386 | 128385 | | |
| 19869 | 14279 | 5004 | 42474 | 42474 | 12715 | 121337 | 88401 | | |
| 132 | 438 | 142 | 3322 | 1256 | | 2051 | 1168 | | |
| 689 | 1293 | 780 | 2672 | 2642 | 264 | 356 | 600 | | |
| | 1699 | 1699 | 2223 | 2223 | | 638 | 500 | | |
| 6776 | 2684 | 1886 | 8422 | 6982 | 2491 | 42004 | 37716 | | |
| 11478 | 5362 | 2104 | 28870 | 23874 | 6335 | 85919 | 16658 | | |
| 1314 | 164 | 69 | 3740 | | | 31135 | 2000 | | |
| 5537 | 706 | 435 | 6392 | 6392 | 1675 | 6788 | 4000 | | |
| 4627 | 4492 | 1600 | 18738 | 17482 | 4659 | 47995 | 10658 | | |
| 44876 | 34765 | 8831 | 133090 | 111563 | 20523 | 124317 | 90539 | | |

1-A-6 续表 10

| 行 业 | 企业单位数（个） | 资产总计 | 固定资产净额 | 固定资产原价 | 累计折旧 | 流动资产合计 |
|---|---|---|---|---|---|---|
| 建筑、安全用金属制品制造 | 66 | 966329 | 363535 | 522384 | 148037 | 416196 |
| 建筑、家具用金属配件制造 | 21 | 214652 | 97206 | 127698 | 30473 | 69410 |
| 建筑装饰及水暖管道零件制造 | 13 | 207493 | 44350 | 102774 | 47676 | 132355 |
| 安全、消防用金属制品制造 | 29 | 531712 | 215200 | 284531 | 69287 | 210549 |
| 其他建筑、安全用金属制品制造 | 3 | 12471 | 6779 | 7381 | 602 | 3882 |
| 金属表面处理及热处理加工 | 11 | 61764 | 19606 | 24172 | 4127 | 22732 |
| 搪瓷制品制造 | 3 | 13690 | 2555 | 3658 | 1103 | 9200 |
| 生产专用搪瓷制品制造 | 1 | 2950 | 309 | 529 | 220 | 1521 |
| 搪瓷卫生洁具制造 | 1 | 3667 | 1444 | 2164 | 721 | 1661 |
| 搪瓷日用品及其他搪瓷制品制造 | 1 | 7073 | 802 | 965 | 163 | 6018 |
| 金属制日用品制造 | 31 | 377107 | 93081 | 133870 | 40588 | 92199 |
| 金属制厨房用器具制造 | 6 | 34939 | 18400 | 19917 | 1517 | 11108 |
| 金属制餐具和器皿制造 | 4 | 177540 | 15759 | 19741 | 3880 | 14592 |
| 金属制卫生器具制造 | 5 | 64250 | 15907 | 34877 | 18969 | 36054 |
| 其他金属制日用品制造 | 16 | 100377 | 43014 | 59335 | 16223 | 30446 |
| 铸造及其他金属制品制造 | 83 | 909435 | 190548 | 360094 | 130480 | 413465 |
| 黑色金属铸造 | 26 | 514954 | 45014 | 146253 | 63536 | 235758 |
| 有色金属铸造 | 8 | 49674 | 9947 | 11881 | 1807 | 32412 |
| 锻件及粉末冶金制品制造 | 21 | 188944 | 74928 | 104981 | 30035 | 78262 |
| 交通及公共管理用金属标牌制造 | 1 | 498 |  | 84 | 25 | 76 |
| 其他未列明金属制品制造 | 27 | 155366 | 60660 | 96895 | 35078 | 66957 |
| 通用设备制造业 | 358 | 5379457 | 1355817 | 2345555 | 900980 | 2963248 |
| 锅炉及原动设备制造 | 16 | 271834 | 81852 | 121989 | 39590 | 134625 |
| 锅炉及辅助设备制造 | 8 | 147923 | 22892 | 33223 | 9909 | 105446 |
| 内燃机及配件制造 | 3 | 27532 | 12196 | 23149 | 10953 | 9977 |
| 水轮机及辅机制造 | 3 | 86001 | 45567 | 63946 | 18255 | 11047 |
| 风能原动设备制造 | 1 | 1168 | 824 | 880 | 56 | 50 |
| 其他原动设备制造 | 1 | 9211 | 374 | 792 | 418 | 8105 |
| 金属加工机械制造 | 42 | 452130 | 72571 | 142632 | 41853 | 258800 |
| 金属切削机床制造 | 11 | 171920 | 23413 | 35408 | 11982 | 104360 |
| 金属成形机床制造 | 2 | 11508 | 4055 | 5346 | 1291 | 2942 |
| 铸造机械制造 | 11 | 156946 | 15828 | 38968 | 18185 | 98318 |
| 金属切割及焊接设备制造 | 2 | 38318 | 9489 | 34324 | 2442 | 15673 |
| 机床功能部件及附件制造 | 2 | 26130 | 6133 | 8125 | 1719 | 7707 |
| 其他金属加工机械制造 | 14 | 47307 | 13653 | 20461 | 6235 | 29799 |
| 物料搬运设备制造 | 18 | 574507 | 97807 | 144190 | 44067 | 311475 |
| 轻小型起重设备制造 | 2 | 66627 | 17366 | 20817 | 3450 | 41903 |
| 生产专用起重机制造 | 5 | 284463 | 29380 | 49551 | 20169 | 128744 |
| 生产专用车辆制造 | 1 | 9603 | 517 | 563 | 46 | 8888 |
| 连续搬运设备制造 | 2 | 43627 | 11065 | 15436 | 4371 | 21963 |
| 电梯、自动扶梯及升降机制造 | 7 | 165309 | 39479 | 57823 | 16030 | 106513 |
| 其他物料搬运设备制造 | 1 | 4877 |  |  |  | 3464 |
| 泵、阀门、压缩机及类似机械制造 | 70 | 2076525 | 426679 | 800638 | 338324 | 1293639 |

单位：万元

| 应收账款 | 存货 | 产成品 | 负债合计 | 流动负债合计 | 应付账款 | 所有者权益合计 | 实收资本 | 国家资本 | 集体资本 |
|---|---|---|---|---|---|---|---|---|---|
| 118041 | 119368 | 56326 | 326628 | 290897 | 85191 | 639701 | 217460 | 9850 | 22166 |
| 27742 | 20573 | 11431 | 109763 | 106114 | 29918 | 104890 | 36538 | | 500 |
| 29659 | 43578 | 19355 | 71679 | 54240 | 24541 | 135814 | 32253 | 6600 | |
| 59962 | 52767 | 23320 | 136743 | 125081 | 30680 | 394970 | 144720 | 3250 | 21666 |
| 678 | 2450 | 2219 | 8444 | 5464 | 53 | 4028 | 3950 | | |
| 6166 | 3949 | 931 | 36675 | 35153 | 13476 | 25089 | 13693 | 1202 | 5 |
| 931 | 1557 | 120 | 7593 | 7174 | 447 | 6097 | 1701 | | |
| 311 | 360 | 75 | 2121 | 2121 | | 829 | 380 | | |
| 531 | 998 | 20 | 2115 | 2115 | 266 | 1553 | 521 | | |
| 89 | 199 | 25 | 3357 | 2938 | 181 | 3716 | 800 | | |
| 31813 | 25817 | 11031 | 167784 | 160348 | 20899 | 209322 | 67745 | | |
| 409 | 1146 | 832 | 8786 | 6449 | 1844 | 26154 | 9697 | | |
| 1348 | 3265 | 1747 | 82719 | 82719 | 155 | 94821 | 3100 | | |
| 17612 | 14866 | 5307 | 33387 | 32668 | 12732 | 30863 | 9568 | | |
| 12444 | 6541 | 3145 | 42893 | 38511 | 6169 | 57484 | 45380 | | |
| 120123 | 134296 | 66047 | 473474 | 308312 | 107250 | 435960 | 178186 | 12183 | 10167 |
| 67731 | 87415 | 45134 | 276077 | 129977 | 58792 | 238877 | 57305 | 12131 | 165 |
| 6807 | 8567 | 4942 | 35466 | 34378 | 8793 | 14207 | 9744 | | |
| 21601 | 21629 | 7705 | 95815 | 84893 | 21339 | 93129 | 48490 | 52 | 10002 |
| 48 | 3 | | 444 | 104 | 67 | 54 | 500 | | |
| 23937 | 16682 | 8267 | 65672 | 58960 | 18259 | 89694 | 62147 | | |
| 778546 | 668612 | 334183 | 2661399 | 2330914 | 695219 | 2718627 | 1204496 | 174080 | 6728 |
| 22195 | 48893 | 26381 | 192087 | 178227 | 12842 | 79747 | 84215 | 55627 | |
| 10386 | 40590 | 23448 | 148835 | 148075 | 9089 | -912 | 19505 | 8000 | |
| 2947 | 5412 | 1723 | 27466 | 26320 | 2542 | 66 | 55082 | 47627 | |
| 1212 | 2811 | 1210 | 14359 | 2652 | 1200 | 71642 | 4210 | | |
| | | | 1168 | 1168 | | | 18 | | |
| 7651 | 80 | | 260 | 12 | 11 | 8951 | 5400 | | |
| 63733 | 63760 | 26464 | 194265 | 147670 | 39607 | 257865 | 68068 | | 200 |
| 33658 | 40997 | 16004 | 98025 | 72885 | 19719 | 73895 | 16947 | | |
| 1239 | 934 | 341 | 5884 | 4640 | 690 | 5624 | 841 | | |
| 12679 | 5562 | 2266 | 34956 | 25703 | 4315 | 121990 | 22323 | | |
| 1749 | 8208 | 3713 | 22382 | 14853 | 916 | 15937 | 5500 | | |
| 2378 | 2713 | 1294 | 9304 | 8879 | 8114 | 16826 | 5760 | | |
| 12030 | 5346 | 2846 | 23714 | 20709 | 5852 | 23593 | 16697 | | 200 |
| 79910 | 53134 | 16896 | 273188 | 203350 | 29075 | 301319 | 81658 | 814 | |
| 8251 | 11226 | 870 | 19124 | 18964 | 577 | 47503 | 11114 | 814 | |
| 47111 | 22775 | 5414 | 134553 | 112039 | 21347 | 149910 | 11200 | | |
| 971 | 3 | | 3001 | 3001 | 1 | 6602 | 6600 | | |
| 5099 | 3479 | | 30252 | 7340 | 972 | 13374 | 10157 | | |
| 15015 | 15651 | 10612 | 86257 | 62007 | 6179 | 79052 | 37588 | | |
| 3462 | | | | | | 4877 | 5000 | | |
| 322585 | 285426 | 168294 | 1189789 | 1095329 | 358833 | 886736 | 382091 | 20364 | 384 |

1-A-6 续表 11

| 行业 | 企业单位数(个) | 资产总计 | 固定资产净额 | 固定资产原价 | 累计折旧 | 流动资产合计 |
|---|---|---|---|---|---|---|
| 泵及真空设备制造 | 21 | 163205 | 37199 | 65790 | 24065 | 88301 |
| 气体压缩机械制造 | 18 | 1671288 | 301960 | 589276 | 259781 | 1111852 |
| 阀门和旋塞制造 | 11 | 42502 | 7597 | 13528 | 2455 | 22966 |
| 液压动力机械及元件制造 | 20 | 199531 | 79924 | 132044 | 52022 | 70521 |
| 轴承、齿轮和传动部件制造 | 41 | 303562 | 90788 | 180181 | 82613 | 145349 |
| 滚动轴承制造 | 24 | 85294 | 22489 | 50743 | 27990 | 44405 |
| 滑动轴承制造 | 3 | 7709 | 143 | 2517 | 2374 | 6572 |
| 齿轮及齿轮减、变速箱制造 | 11 | 182022 | 55478 | 108560 | 46566 | 84866 |
| 其他传动部件制造 | 3 | 28537 | 12679 | 18361 | 5682 | 9505 |
| 烘炉、风机、包装等设备制造 | 43 | 524522 | 169940 | 343175 | 172074 | 240628 |
| 烘炉、熔炉及电炉制造 | 2 | 4150 | 384 | 1389 | 1005 | 3114 |
| 风机、风扇制造 | 6 | 72807 | 31729 | 51600 | 19580 | 11698 |
| 气体、液体分离及纯净设备制造 | 2 | 2575 | 769 | 1161 | 392 | 1636 |
| 制冷、空调设备制造 | 20 | 366907 | 113069 | 253781 | 140687 | 183159 |
| 风动和电动工具制造 | 3 | 11340 | 2760 | 4357 | 944 | 8423 |
| 喷枪及类似器具制造 | 3 | 14645 | 4639 | 6745 | 2023 | 9060 |
| 包装专用设备制造 | 7 | 52098 | 16590 | 24141 | 7443 | 23538 |
| 文化、办公用机械制造 | 10 | 273953 | 77206 | 144277 | 63690 | 168188 |
| 幻灯及投影设备制造 | 1 | 10248 | 3693 | 4020 | 327 | 6510 |
| 照相机及器材制造 | 8 | 261170 | 73368 | 139781 | 63033 | 160497 |
| 计算器及货币专用设备制造 | 1 | 2535 | 146 | 477 | 330 | 1181 |
| 通用零部件制造 | 96 | 722208 | 298956 | 399815 | 97819 | 303519 |
| 金属密封件制造 | 10 | 122255 | 76902 | 104229 | 27098 | 37330 |
| 紧固件制造 | 29 | 252170 | 137576 | 159710 | 22123 | 96592 |
| 弹簧制造 | 4 | 55411 | 9399 | 18035 | 8636 | 25122 |
| 机械零部件加工 | 41 | 202403 | 48691 | 77731 | 27295 | 104718 |
| 其他通用零部件制造 | 12 | 89969 | 26387 | 40109 | 12668 | 39758 |
| 其他通用设备制造业 | 22 | 180217 | 40018 | 68659 | 20949 | 107026 |
| 工业机器人制造 | 4 | 23492 | 1386 | 1885 | 455 | 20917 |
| 增材制造装备制造 | 1 | 9531 | 1825 | 7038 | 5213 | 5096 |
| 其他未列明通用设备制造业 | 17 | 147194 | 36807 | 59736 | 15281 | 81012 |
| 专用设备制造业 | 323 | 4171203 | 1071829 | 1725296 | 610233 | 2246306 |
| 采矿、冶金、建筑专用设备制造 | 53 | 481899 | 122537 | 208619 | 84284 | 291006 |
| 矿山机械制造 | 33 | 300910 | 80459 | 148502 | 66274 | 172617 |
| 石油钻采专用设备制造 | 2 | 12437 | 2213 | 5293 | 3049 | 8277 |
| 建筑工程用机械制造 | 10 | 110878 | 27665 | 37811 | 10147 | 68423 |
| 建筑材料生产专用机械制造 | 2 | 5210 | 1745 | 2148 | 403 | 3359 |
| 冶金专用设备制造 | 6 | 52464 | 10455 | 14865 | 4410 | 38330 |
| 化工、木材、非金属加工专用设备制造 | 47 | 843217 | 297158 | 424455 | 113220 | 443800 |
| 炼油、化工生产专用设备制造 | 6 | 137846 | 86950 | 114834 | 24576 | 27009 |
| 橡胶加工专用设备制造 | 1 | 4190 | 1183 | 1314 | 131 | 1394 |
| 塑料加工专用设备制造 | 1 | 27090 | 4991 | 6570 | 1578 | 17026 |
| 木竹材加工机械制造 | 2 | 12419 | 2850 | 3789 | 938 | 8070 |

单位：万元

| 应收账款 | 存货 | 产成品 | 负债合计 | 流动负债合计 | 应付账款 | 所有者权益合计 | 实收资本 | 国家资本 | 集体资本 |
|---|---|---|---|---|---|---|---|---|---|
| 22739 | 22885 | 9076 | 79548 | 60720 | 16893 | 83656 | 19020 | | |
| 269878 | 222284 | 146263 | 992430 | 948573 | 303110 | 678858 | 287284 | 9587 | |
| 10791 | 8424 | 6146 | 19739 | 16327 | 6536 | 22763 | 7581 | 577 | 384 |
| 19176 | 31833 | 6808 | 98073 | 69710 | 32294 | 101458 | 68205 | 10200 | |
| 39794 | 33022 | 12568 | 108499 | 95553 | 35310 | 195633 | 71495 | 8138 | 652 |
| 12267 | 9134 | 3505 | 36738 | 34006 | 7560 | 49126 | 12071 | | 652 |
| 1208 | 1886 | 1140 | 4828 | 4828 | 712 | 2881 | 1569 | | |
| 22367 | 21318 | 7300 | 57939 | 49825 | 25511 | 124083 | 47928 | 8138 | |
| 3951 | 684 | 623 | 8994 | 6894 | 1527 | 19543 | 9927 | | |
| 87145 | 73331 | 31855 | 224286 | 199442 | 80314 | 300237 | 133297 | | 200 |
| 991 | 381 | 320 | 1105 | 287 | 100 | 3045 | 400 | | |
| 4247 | 4583 | 1286 | 25109 | 11582 | 6758 | 47698 | 42674 | | 200 |
| 840 | 618 | 331 | 1781 | 1781 | | 795 | 550 | | |
| 71775 | 53452 | 24809 | 160095 | 159305 | 67714 | 206811 | 75206 | | |
| 1218 | 3939 | 1832 | 7205 | 4400 | 507 | 4135 | 2000 | | |
| 3056 | 2269 | 1495 | 7139 | 7139 | 1345 | 7506 | 3800 | | |
| 5018 | 8088 | 1782 | 21852 | 14948 | 3890 | 30247 | 8667 | | |
| 53056 | 32920 | 13821 | 115154 | 85091 | 37224 | 158799 | 108676 | 86376 | |
| 3906 | 2409 | 1325 | 3892 | 3892 | 2141 | 6356 | 1000 | | |
| 48762 | 30274 | 12496 | 109591 | 79527 | 34251 | 151579 | 106813 | 86376 | |
| 388 | 237 | | 1672 | 1672 | 832 | 863 | 863 | | |
| 93195 | 57093 | 30884 | 315818 | 288043 | 82285 | 406389 | 222787 | 1441 | 5291 |
| 12171 | 9514 | 4057 | 35731 | 27506 | 17044 | 86524 | 12591 | | |
| 25523 | 10528 | 6133 | 118392 | 116238 | 36288 | 133779 | 120518 | | |
| 6693 | 4787 | 3028 | 21852 | 14443 | 1787 | 33559 | 6993 | | 3183 |
| 30662 | 24216 | 15071 | 97188 | 91673 | 18876 | 105216 | 60417 | 1441 | 2108 |
| 18145 | 8049 | 2595 | 42657 | 38182 | 8290 | 47313 | 22267 | | |
| 16935 | 21034 | 7023 | 48313 | 38210 | 19729 | 131903 | 52210 | 1320 | |
| 3486 | 7427 | 1968 | 12612 | 7508 | 3853 | 10880 | 7364 | 1320 | |
| 498 | 234 | 234 | 5001 | 3013 | | 4530 | 4530 | | |
| 12951 | 13373 | 4821 | 30700 | 27689 | 15876 | 116494 | 40316 | | |
| 956296 | 440047 | 209804 | 2056826 | 1433554 | 441750 | 2114377 | 973283 | 51628 | 9982 |
| 120402 | 82705 | 45051 | 225528 | 207078 | 49992 | 256371 | 139249 | 30000 | 1109 |
| 65211 | 47078 | 23974 | 124111 | 106323 | 25448 | 176799 | 102528 | 30000 | 309 |
| 1419 | 5247 | 2608 | 7337 | 7176 | 2460 | 5100 | 7500 | | |
| 39029 | 15648 | 9104 | 61473 | 60973 | 13737 | 49404 | 19542 | | |
| 639 | 561 | 37 | 1116 | 1116 | 259 | 4094 | 400 | | |
| 14104 | 14171 | 9329 | 31490 | 31490 | 8088 | 20974 | 9278 | | 800 |
| 288955 | 31447 | 18098 | 525214 | 147849 | 33980 | 318003 | 71639 | 113 | 123 |
| 18427 | 3655 | 897 | 33578 | 22441 | 6144 | 104268 | 13367 | | |
| 197 | 1038 | 490 | 1255 | 1255 | 71 | 2935 | 2426 | | |
| 1006 | 1569 | 799 | 9468 | 5973 | 2104 | 17622 | 1550 | | |
| 1125 | 828 | 677 | 2311 | 2309 | 574 | 10108 | 9066 | | |

1-A-6 续表 12

| 行业 | 企业单位数（个） | 资产总计 | 固定资产净额 | 固定资产原价 | 累计折旧 | 流动资产合计 |
|---|---|---|---|---|---|---|
| 模具制造 | 35 | 641519 | 199831 | 295789 | 85317 | 376407 |
| 其他非金属加工专用设备制造 | 2 | 20153 | 1353 | 2160 | 679 | 13895 |
| 食品、饮料、烟草及饲料生产专用设备制造 | 7 | 43082 | 13519 | 17646 | 3825 | 21372 |
| 食品、酒、饮料及茶生产专用设备制造 | 2 | 19737 | 6931 | 9039 | 2108 | 9594 |
| 农副食品加工专用设备制造 | 3 | 12891 | 3496 | 4280 | 656 | 4816 |
| 饲料生产专用设备制造 | 2 | 10454 | 3092 | 4327 | 1060 | 6962 |
| 印刷、制药、日化及日用品生产专用设备制 | 18 | 156679 | 40647 | 53443 | 12730 | 95705 |
| 制浆和造纸专用设备制造 | 1 | 5613 | 325 | 458 | 67 | 1105 |
| 印刷专用设备制造 | 6 | 73072 | 9598 | 16016 | 6418 | 59528 |
| 日用化工专用设备制造 | 2 | 2624 | 559 | 1313 | 755 | 2064 |
| 制药专用设备制造 | 3 | 15403 | 4262 | 4720 | 458 | 7398 |
| 照明器具生产专用设备制造 | 2 | 15206 | 6666 | 7261 | 596 | 4645 |
| 玻璃、陶瓷和搪瓷制品生产专用设备制造 | 3 | 34800 | 12813 | 15843 | 3030 | 17980 |
| 其他日用品生产专用设备制造 | 1 | 9962 | 6425 | 7832 | 1407 | 2986 |
| 纺织、服装和皮革加工专用设备制造 | 15 | 145021 | 39946 | 71498 | 22750 | 48347 |
| 纺织专用设备制造 | 6 | 64049 | 23935 | 40363 | 16428 | 15316 |
| 缝制机械制造 | 9 | 80972 | 16010 | 31135 | 6322 | 33031 |
| 电子和电工机械专用设备制造 | 31 | 628478 | 126275 | 193454 | 64009 | 279353 |
| 电工机械专用设备制造 | 4 | 9379 | 475 | 879 | 392 | 7402 |
| 半导体器件专用设备制造 | 9 | 140563 | 14222 | 20690 | 6468 | 111871 |
| 电子元器件与机电组件设备制造 | 9 | 424101 | 99430 | 149072 | 49594 | 126568 |
| 其他电子专用设备制造 | 9 | 54435 | 12148 | 22813 | 7555 | 33512 |
| 农、林、牧、渔专用机械制造 | 14 | 110738 | 15381 | 67680 | 51461 | 74292 |
| 拖拉机制造 | 2 | 11662 | 4133 | 7110 | 2978 | 5758 |
| 机械化农业及园艺机具制造 | 6 | 28283 | 2235 | 45133 | 42060 | 14559 |
| 营林及木竹采伐机械制造 | 1 | 4562 | 2734 | 5608 | 2874 | 1070 |
| 畜牧机械制造 | 2 | 55813 | 4052 | 6335 | 2283 | 47609 |
| 农林牧渔机械配件制造 | 1 | 1824 | 532 | 1017 | 485 | 885 |
| 其他农、林、牧、渔业机械制造 | 2 | 8594 | 1695 | 2476 | 781 | 4411 |
| 医疗仪器设备及器械制造 | 77 | 1124084 | 301645 | 492053 | 184699 | 594509 |
| 医疗诊断、监护及治疗设备制造 | 8 | 98221 | 18976 | 26128 | 6552 | 63050 |
| 医疗实验室及医用消毒设备和器具制造 | 4 | 30489 | 11207 | 13642 | 1797 | 12861 |
| 医疗、外科及兽医用器械制造 | 24 | 533954 | 159998 | 260073 | 99637 | 269813 |
| 机械治疗及病房护理设备制造 | 2 | 22924 | 8832 | 15372 | 6540 | 4382 |
| 眼镜制造 | 29 | 190631 | 65597 | 104215 | 37006 | 70213 |
| 其他医疗设备及器械制造 | 10 | 247864 | 37035 | 72624 | 33167 | 174190 |
| 环保、邮政、社会公共服务及其他专用设备 | 61 | 638006 | 114722 | 196448 | 73257 | 397921 |
| 环境保护专用设备制造 | 19 | 313147 | 45169 | 75674 | 30070 | 198505 |
| 社会公共安全设备及器材制造 | 16 | 159374 | 27982 | 52605 | 24106 | 113172 |
| 交通安全、管制及类似专用设备制造 | 6 | 26606 | 5154 | 10294 | 2173 | 11990 |
| 水资源专用机械制造 | 2 | 24062 | 6718 | 11392 | 4674 | 7933 |
| 其他专用设备制造 | 18 | 114818 | 29700 | 46481 | 12234 | 66322 |

单位：万元

| 应收账款 | 存货 | 产成品 | 负债合计 | 流动负债合计 | 应付账款 | 所有者权益合计 | 实收资本 | 国家资本 | 集体资本 |
|---|---|---|---|---|---|---|---|---|---|
| 263846 | 23356 | 14807 | 469051 | 107985 | 21619 | 172468 | 39599 | 113 | 123 |
| 4354 | 1001 | 428 | 9552 | 7886 | 3468 | 10602 | 5632 | | |
| 3730 | 3923 | 1535 | 18615 | 13319 | -325 | 24467 | 5462 | | |
| 816 | 949 | 829 | 4734 | 507 | 152 | 15003 | 200 | | |
| 565 | 1739 | 173 | 6047 | 4978 | 2 | 6844 | 2750 | | |
| 2348 | 1235 | 532 | 7834 | 7834 | -480 | 2620 | 2512 | | |
| 28512 | 16897 | 4952 | 92682 | 82780 | 17304 | 63997 | 47223 | | 500 |
| 552 | 422 | 301 | 2654 | 1246 | | 2958 | 2958 | | |
| 9832 | 10163 | 3238 | 58748 | 58748 | 14564 | 14324 | 17200 | | |
| -93 | 717 | 29 | 1376 | 1376 | 543 | 1247 | 675 | | 500 |
| 2651 | 1211 | 349 | 9406 | 6011 | 807 | 5997 | 2439 | | |
| 1253 | 1473 | 597 | 3636 | 3636 | 116 | 11570 | 2235 | | |
| 13558 | 2742 | 309 | 12747 | 7648 | | 22053 | 15869 | | |
| 760 | 169 | 130 | 4115 | 4115 | 1274 | 5847 | 5847 | | |
| 20727 | 9962 | 5486 | 57581 | 41374 | 24334 | 87439 | 57343 | | |
| 5967 | 5015 | 2121 | 17908 | 6819 | 2454 | 46141 | 42944 | | |
| 14761 | 4947 | 3365 | 39673 | 34555 | 21880 | 41298 | 14399 | | |
| 74319 | 44760 | 17724 | 342123 | 211798 | 95582 | 286356 | 218774 | 8350 | 150 |
| 744 | 1250 | 389 | 3374 | 3374 | 100 | 6005 | 2374 | | |
| 29015 | 15240 | 3827 | 108714 | 105907 | 24841 | 31849 | 17977 | | |
| 34016 | 16828 | 7615 | 205737 | 85183 | 66775 | 218365 | 184665 | 8350 | 150 |
| 10544 | 11442 | 5894 | 24299 | 17335 | 3867 | 30137 | 13759 | | |
| 15371 | 47237 | 6171 | 66693 | 61815 | 6573 | 44045 | 24787 | | |
| 2093 | 3370 | 551 | 7398 | 7398 | 506 | 4264 | 3097 | | |
| 3232 | 8465 | 560 | 10177 | 10039 | 557 | 18107 | 11419 | | |
| 230 | 632 | 296 | 3326 | | | 1236 | 600 | | |
| 6484 | 33967 | 4397 | 42851 | 41960 | 4036 | 12963 | 8900 | | |
| 760 | 13 | 10 | 1449 | 1449 | 728 | 375 | 300 | | |
| 2572 | 791 | 357 | 1492 | 968 | 746 | 7102 | 471 | | |
| 253370 | 134219 | 77814 | 473947 | 439247 | 126857 | 650136 | 261160 | 2557 | 8100 |
| 28513 | 23252 | 16923 | 11048 | 10992 | 2157 | 87174 | 26375 | | |
| 2992 | 4188 | 2075 | 13973 | 12644 | 5928 | 16516 | 13380 | | 8000 |
| 111833 | 78121 | 43830 | 197600 | 187409 | 50644 | 336354 | 112309 | 1257 | 100 |
| 1474 | 1667 | 723 | 11830 | 2807 | 920 | 11094 | 11094 | | |
| 24465 | 22026 | 12061 | 66694 | 58733 | 25992 | 123936 | 48433 | | |
| 84093 | 4965 | 2201 | 172802 | 166662 | 41217 | 75062 | 49568 | 1300 | |
| 150910 | 68897 | 32974 | 254443 | 228295 | 87453 | 383562 | 147648 | 10608 | |
| 94132 | 36531 | 15667 | 117539 | 110033 | 36810 | 195608 | 60220 | 318 | |
| 33646 | 11471 | 7068 | 68542 | 58535 | 37044 | 90831 | 24662 | 5633 | |
| 4694 | 2775 | 1406 | 13176 | 12840 | 1187 | 13430 | 11619 | 3068 | |
| 1342 | 2158 | 792 | 5323 | 2685 | 1405 | 18738 | 13480 | | |
| 17096 | 15963 | 8041 | 49863 | 44203 | 11008 | 64955 | 37667 | 1589 | |

1-A-6 续表 13

| 行业 | 企业单位数（个） | 资产总计 | 固定资产净额 | 固定资产原价 | 累计折旧 | 流动资产合计 |
|---|---|---|---|---|---|---|
| 汽车制造业 | 292 | 14546571 | 3085790 | 5340864 | 2148276 | 8498524 |
| 汽车整车制造 | 10 | 10367855 | 1657948 | 3015817 | 1327553 | 6590274 |
| 汽柴油车整车制造 | 5 | 9713296 | 1631785 | 2978617 | 1316516 | 6258228 |
| 新能源车整车制造 | 5 | 654558 | 26163 | 37200 | 11037 | 332046 |
| 汽车用发动机制造 | 1 | 100307 | 20319 | 21742 | 1423 | 30856 |
| 改装汽车制造 | 7 | 316348 | 101921 | 169027 | 65309 | 135139 |
| 电车制造 | 1 | 1026 | 320 | 908 | 588 | 706 |
| 汽车车身、挂车制造 | 20 | 161924 | 33875 | 53030 | 17094 | 87772 |
| 汽车零部件及配件制造 | 253 | 3599112 | 1271406 | 2080341 | 736310 | 1653778 |
| 铁路、船舶、航空航天和其他运输设备制造业 | 61 | 6673543 | 1005960 | 1845893 | 809917 | 4411945 |
| 铁路运输设备制造 | 5 | 68725 | 8152 | 15369 | 7218 | 21650 |
| 高铁设备、配件制造 | 1 | 1021 | 86 | 104 | 18 | 917 |
| 铁路机车车辆配件制造 | 2 | 10686 | 3651 | 4289 | 638 | 6942 |
| 铁路专用设备及器材、配件制造 | 2 | 57018 | 4415 | 10976 | 6561 | 13792 |
| 城市轨道交通设备制造 | 3 | 46756 | 21593 | 24049 | 2457 | 18811 |
| 船舶及相关装置制造 | 20 | 594757 | 139928 | 234991 | 95052 | 369016 |
| 金属船舶制造 | 10 | 463181 | 88174 | 145067 | 56893 | 307605 |
| 娱乐船和运动船制造 | 1 | 16250 | 6429 | 9411 | 2982 | 8742 |
| 船用配套设备制造 | 8 | 114643 | 45225 | 80393 | 35157 | 52641 |
| 船舶改装 | 1 | 684 | 100 | 120 | 20 | 29 |
| 航空、航天器及设备制造 | 19 | 5835460 | 787038 | 1307924 | 519353 | 3961208 |
| 飞机制造 | 13 | 5791381 | 780628 | 1295224 | 514463 | 3937186 |
| 航天相关设备制造 | 1 | 10426 | 155 | 1900 | 345 | 8094 |
| 航空相关设备制造 | 4 | 22246 | 4404 | 5974 | 1570 | 6798 |
| 其他航空航天器制造 | 1 | 11407 | 1851 | 4825 | 2975 | 9130 |
| 摩托车制造 | 5 | 48478 | 33683 | 194109 | 159744 | 13460 |
| 摩托车零部件及配件制造 | 5 | 48478 | 33683 | 194109 | 159744 | 13460 |
| 自行车和残疾人座车制造 | 1 | 29900 | 234 | 49790 | 22454 | 10511 |
| 残疾人座车制造 | 1 | 29900 | 234 | 49790 | 22454 | 10511 |
| 助动车制造 | 5 | 11911 | 3212 | 3794 | 582 | 5479 |
| 非公路休闲车及零配件制造 | 2 | 36466 | 11534 | 14653 | 2793 | 11550 |
| 潜水救捞及其他未列明运输设备制造 | 1 | 1090 | 586 | 1216 | 263 | 260 |
| 其他未列明运输设备制造 | 1 | 1090 | 586 | 1216 | 263 | 260 |
| 电气机械和器材制造业 | 698 | 19143350 | 4679890 | 9519672 | 3478341 | 10519138 |
| 电机制造 | 44 | 3114980 | 327692 | 489563 | 159953 | 1746630 |
| 发电机及发电机组制造 | 12 | 1840533 | 125772 | 199016 | 73153 | 1339948 |
| 电动机制造 | 21 | 1040185 | 125919 | 193466 | 65802 | 288907 |
| 微特电机及组件制造 | 7 | 206340 | 70290 | 87551 | 17180 | 104585 |
| 其他电机制造 | 4 | 27923 | 5712 | 9530 | 3818 | 13191 |
| 输配电及控制设备制造 | 237 | 7643789 | 1689730 | 4526478 | 1516698 | 4506039 |
| 变压器、整流器和电感器制造 | 61 | 1595348 | 601164 | 1055524 | 445590 | 790209 |
| 电容器及其配套设备制造 | 4 | 32664 | 9383 | 14130 | 4747 | 17468 |

单位：万元

| 应收账款 | 存货 | 产成品 | 负债合计 | 流动负债合计 | 应付账款 | 所有者权益合计 | 实收资本 | 国家资本 | 集体资本 |
|---|---|---|---|---|---|---|---|---|---|
| 2351870 | 1593314 | 556594 | 9429126 | 7788687 | 3055269 | 5117443 | 2221223 | 737615 | 22199 |
| 1662598 | 1127024 | 346491 | 7512462 | 6251669 | 2441474 | 2855393 | 1078497 | 648097 | 7499 |
| 1518462 | 1091292 | 340861 | 7028407 | 5956841 | 2309478 | 2684890 | 908972 | 643806 | |
| 144136 | 35732 | 5630 | 484055 | 294828 | 131996 | 170503 | 169525 | 4291 | 7499 |
| 16278 | 4591 | 3559 | 50241 | 43564 | 27295 | 50065 | 50000 | | |
| 22686 | 35065 | 11665 | 156003 | 96681 | 32004 | 160345 | 175004 | 26278 | |
| 381 | 232 | 232 | 589 | 589 | 259 | 437 | 100 | | |
| 23082 | 23911 | 18852 | 88290 | 70372 | 25294 | 73634 | 44625 | 800 | 3000 |
| 626846 | 402491 | 175796 | 1621541 | 1325812 | 528944 | 1977569 | 872997 | 62441 | 11700 |
| 290886 | 1781660 | 224095 | 4962846 | 4654479 | 875310 | 1710697 | 670445 | 358626 | 37283 |
| 6350 | 5056 | 2410 | 18882 | 17926 | 3602 | 49844 | 46195 | 42868 | |
| 345 | 405 | 347 | 670 | 670 | | 351 | 128 | | |
| 413 | 1092 | 655 | 3286 | 2517 | 98 | 7401 | 4418 | 2418 | |
| 5592 | 3559 | 1408 | 14926 | 14739 | 3505 | 42092 | 41650 | 40450 | |
| 13526 | 984 | 36 | 32502 | 26551 | 24113 | 14254 | 17595 | 10000 | |
| 66308 | 122510 | 86118 | 311850 | 282344 | 39693 | 282907 | 142082 | 37514 | |
| 46038 | 100450 | 83414 | 246882 | 233125 | 27748 | 216299 | 117961 | 29911 | |
| 192 | 5469 | 1568 | 11008 | 11008 | 1796 | 5241 | 11635 | | |
| 20078 | 16592 | 1136 | 53847 | 38211 | 10149 | 60795 | 12336 | 7603 | |
| | | | 112 | | | 572 | 150 | | |
| 195045 | 1644071 | 130988 | 4552129 | 4281312 | 802058 | 1283331 | 415182 | 268245 | 37283 |
| 185852 | 1640740 | 130601 | 4539083 | 4270670 | 799281 | 1252299 | 402375 | 268245 | 37283 |
| 2995 | 2885 | 62 | 4002 | 3687 | 1315 | 6424 | 3300 | | |
| 1966 | 370 | 320 | 6537 | 4448 | 1435 | 15710 | 3137 | | |
| 4232 | 75 | 5 | 2508 | 2508 | 27 | 8899 | 6370 | | |
| 3460 | 5360 | 2860 | 5520 | 5267 | 2512 | 42958 | 6470 | | |
| 3460 | 5360 | 2860 | 5520 | 5267 | 2512 | 42958 | 6470 | | |
| | | | 89 | 11 | | 29811 | 29811 | | |
| | | | 89 | 11 | | 29811 | 29811 | | |
| 3010 | 1382 | 811 | 6337 | 6215 | 880 | 5575 | 2610 | | |
| 3137 | 2148 | 771 | 35318 | 34755 | 2422 | 1148 | 10000 | | |
| 50 | 150 | 100 | 220 | 100 | 30 | 870 | 500 | | |
| 50 | 150 | 100 | 220 | 100 | 30 | 870 | 500 | | |
| 3631567 | 2087866 | 865233 | 10373162 | 8812135 | 2782941 | 8770162 | 3913849 | 44584 | 103748 |
| 705906 | 299444 | 103382 | 1782602 | 1479829 | 410017 | 1332378 | 525820 | | 1000 |
| 615390 | 226747 | 67787 | 1255676 | 1056513 | 330296 | 584857 | 134324 | | |
| 50699 | 48654 | 23705 | 407095 | 350504 | 47598 | 633090 | 297539 | | |
| 35622 | 22093 | 10732 | 111460 | 66423 | 28292 | 94880 | 77298 | | |
| 4196 | 1950 | 1157 | 8372 | 6389 | 3831 | 19551 | 16659 | | 1000 |
| 1574304 | 752762 | 292013 | 4542715 | 3980259 | 1214579 | 3101072 | 1400502 | 28541 | 36657 |
| 187279 | 130372 | 72547 | 627487 | 524360 | 199717 | 967860 | 226679 | 12802 | 8988 |
| 4039 | 11368 | 7631 | 19537 | 19269 | 12929 | 13127 | 6598 | 300 | 500 |

1-A-6 续表 14

| 行业 | 企业单位数（个） | 资产总计 | 固定资产净额 | 固定资产原价 | 累计折旧 | 流动资产合计 |
|---|---|---|---|---|---|---|
| 配电开关控制设备制造 | 41 | 477690 | 83914 | 134581 | 48548 | 249768 |
| 电力电子元器件制造 | 50 | 459179 | 132721 | 256058 | 121056 | 221982 |
| 光伏设备及元器件制造 | 48 | 4579996 | 798068 | 2930797 | 858736 | 2839147 |
| 其他输配电及控制设备制造 | 33 | 498912 | 64478 | 135388 | 38022 | 387465 |
| 电线、电缆、光缆及电工器材制造 | 160 | 2827868 | 1079207 | 1941418 | 845310 | 1383123 |
| 电线、电缆制造 | 134 | 2673865 | 1032744 | 1827761 | 778976 | 1316427 |
| 光纤制造 | 5 | 24589 | 7375 | 9768 | 2393 | 13149 |
| 光缆制造 | 1 | 3349 | 752 | 891 | 140 | 2376 |
| 绝缘制品制造 | 11 | 94580 | 32204 | 47633 | 15424 | 31492 |
| 其他电工器材制造 | 9 | 31484 | 6133 | 55365 | 48376 | 19680 |
| 电池制造 | 115 | 3243397 | 960198 | 1422412 | 446990 | 1778921 |
| 锂离子电池制造 | 78 | 2234647 | 624750 | 897824 | 268294 | 1313666 |
| 镍氢电池制造 | 3 | 62985 | 17617 | 25265 | 7649 | 43348 |
| 铅蓄电池制造 | 21 | 411352 | 115671 | 180654 | 57309 | 234155 |
| 其他电池制造 | 13 | 534413 | 202160 | 318669 | 113738 | 187751 |
| 家用电力器具制造 | 28 | 692367 | 167303 | 271705 | 101453 | 425592 |
| 家用制冷电器具制造 | 3 | 81174 | 28556 | 37692 | 9136 | 44607 |
| 家用空气调节器制造 | 3 | 330243 | 71132 | 101525 | 30393 | 242016 |
| 家用通风电器具制造 | 2 | 126937 | 38347 | 55397 | 17050 | 85409 |
| 家用厨房电器具制造 | 5 | 12495 | 3869 | 4068 | 180 | 7966 |
| 家用清洁卫生电器具制造 | 1 | 7013 | 277 | 499 | 221 | 6736 |
| 家用美容、保健护理电器具制造 | 2 | 34192 | 3745 | 3915 | 170 | 6841 |
| 家用电力器具专用配件制造 | 9 | 66674 | 10713 | 52346 | 41622 | 14941 |
| 其他家用电力器具制造 | 3 | 33640 | 10664 | 16264 | 2680 | 17076 |
| 非电力家用器具制造 | 1 | 4015 | 151 | 197 | 46 | 3865 |
| 燃气及类似能源家用器具制造 | 1 | 4015 | 151 | 197 | 46 | 3865 |
| 照明器具制造 | 102 | 1570647 | 448286 | 846351 | 393969 | 649163 |
| 电光源制造 | 32 | 427727 | 133221 | 312989 | 177664 | 209911 |
| 照明灯具制造 | 54 | 974515 | 246401 | 347645 | 99262 | 367851 |
| 舞台及场地用灯制造 | 9 | 73778 | 30868 | 137391 | 106522 | 28543 |
| 智能照明器具制造 | 1 | 1935 | 289 | 320 | 31 | 1516 |
| 灯用电器附件及其他照明器具制造 | 6 | 92691 | 37507 | 48006 | 10490 | 41342 |
| 其他电气机械及器材制造 | 11 | 46288 | 7325 | 21549 | 13923 | 25807 |
| 电气信号设备装置制造 | 3 | 25958 | 5402 | 17360 | 11958 | 9928 |
| 其他未列明电气机械及器材制造 | 8 | 20330 | 1922 | 4189 | 1964 | 15878 |
| 计算机、通信和其他电子设备制造业 | 641 | 25563168 | 4925576 | 8891960 | 3048017 | 14955239 |
| 计算机制造 | 49 | 1169015 | 191747 | 527245 | 185414 | 840643 |
| 计算机整机制造 | 2 | 14686 | 1947 | 2172 | 224 | 9281 |
| 计算机零部件制造 | 26 | 718411 | 115678 | 240129 | 118883 | 547337 |
| 计算机外围设备制造 | 14 | 402846 | 72480 | 281906 | 65799 | 266115 |
| 工业控制计算机及系统制造 | 3 | 27013 | 685 | 1884 | 309 | 13368 |
| 其他计算机制造 | 4 | 6059 | 956 | 1155 | 198 | 4542 |

单位：万元

| 应收账款 | 存货 | | 负债合计 | 流动负债合计 | | 所有者权益合计 | 实收资本 | | |
|---|---|---|---|---|---|---|---|---|---|
| | | 产成品 | | | 应付账款 | | | 国家资本 | 集体资本 |
| 78101 | 32999 | 19595 | 200756 | 163684 | 33091 | 276934 | 109303 | 1835 | 3000 |
| 67155 | 45750 | 29970 | 231398 | 194345 | 61053 | 227780 | 163543 | 1530 | 2845 |
| 1160908 | 396522 | 144664 | 3176467 | 2795923 | 826497 | 1403530 | 831066 | 11000 | 13320 |
| 76822 | 135752 | 17607 | 287070 | 282679 | 81294 | 211842 | 63314 | 1074 | 8005 |
| 460650 | 307497 | 122385 | 1189302 | 1105227 | 277138 | 1638566 | 696807 | 11037 | 5102 |
| 435476 | 291041 | 114569 | 1118524 | 1044684 | 254363 | 1555343 | 642590 | 11037 | 3602 |
| 3905 | 3746 | 1419 | 15167 | 14925 | 6518 | 9422 | 7592 | | |
| 1135 | 1195 | | 1407 | 1407 | 375 | 1943 | 1961 | | |
| 12101 | 8113 | 5095 | 32569 | 22579 | 8403 | 62011 | 36798 | | 1500 |
| 8034 | 3403 | 1302 | 21635 | 21633 | 7478 | 9849 | 7867 | | |
| 566706 | 509042 | 247857 | 1743012 | 1360828 | 577875 | 1500384 | 750496 | 6 | 57489 |
| 422519 | 381930 | 192099 | 1240996 | 971346 | 495683 | 993651 | 426210 | | 57485 |
| 4178 | 9230 | 2908 | 45897 | 37138 | 5327 | 17087 | 6780 | | |
| 63804 | 67145 | 35392 | 198192 | 180602 | 45709 | 213159 | 65124 | | |
| 76206 | 50737 | 17459 | 257927 | 171743 | 31156 | 276486 | 252382 | 6 | 4 |
| 133290 | 72551 | 47262 | 441283 | 357732 | 99743 | 251060 | 151017 | | |
| 29259 | 8059 | 6815 | 68087 | 67691 | 5721 | 13087 | 8600 | | |
| 68935 | 15052 | 5574 | 233174 | 199583 | 64122 | 97069 | 75078 | | |
| 18459 | 31074 | 23851 | 66731 | 51945 | 15788 | 60205 | 53935 | | |
| 2226 | 2552 | 1044 | 7703 | 7639 | 3588 | 4768 | 3364 | | |
| 541 | 5947 | 5301 | 8083 | 8083 | 3313 | -1070 | 96 | | |
| 1838 | 2872 | | 26354 | 6395 | 2861 | 7838 | 1000 | | |
| 4574 | 2857 | 1301 | 11052 | 9405 | 1269 | 55622 | 2606 | | |
| 7459 | 4138 | 3376 | 20100 | 6990 | 3082 | 13540 | 6338 | | |
| 1042 | 265 | 189 | 2133 | 2133 | 164 | 1883 | 250 | | |
| 1042 | 265 | 189 | 2133 | 2133 | 164 | 1883 | 250 | | |
| 181840 | 142604 | 49724 | 655167 | 511897 | 196019 | 915480 | 365235 | 5000 | 3500 |
| 64233 | 37609 | 21487 | 173454 | 117070 | 58712 | 254273 | 119054 | | |
| 105060 | 91711 | 23334 | 397179 | 319753 | 122398 | 577337 | 212551 | 5000 | 3500 |
| 4851 | 4712 | 1705 | 19060 | 14213 | 2427 | 54719 | 20736 | | |
| 130 | 128 | 16 | 910 | 764 | 218 | 1025 | 300 | | |
| 7565 | 8443 | 3182 | 64564 | 60097 | 12263 | 28126 | 12596 | | |
| 7831 | 3702 | 2422 | 16948 | 14231 | 7407 | 29339 | 23723 | | |
| 1113 | 1410 | 1405 | 4600 | 3234 | 195 | 21358 | 20994 | | |
| 6718 | 2292 | 1017 | 12348 | 10997 | 7212 | 7981 | 2729 | | |
| 5607794 | 2788190 | 2271946 | 14856099 | 12865148 | 4800610 | 10707067 | 5605864 | 278918 | 16380 |
| 438352 | 88951 | 49559 | 615116 | 511975 | 371512 | 553898 | 384172 | | |
| 4889 | 3422 | 2438 | 7935 | 7875 | 1857 | 6751 | 1200 | | |
| 392181 | 52855 | 31125 | 454472 | 384933 | 314110 | 263940 | 122098 | | |
| 33810 | 29883 | 14753 | 133141 | 99597 | 46715 | 269704 | 250828 | | |
| 5792 | 1560 | 928 | 15433 | 15433 | 6649 | 11580 | 7647 | | |
| 1680 | 1231 | 316 | 4136 | 4136 | 2181 | 1924 | 2400 | | |

1-A-6 续表 15

| 行业 | 企业单位数（个） | 资产总计 | 固定资产净额 | 固定资产原价 | 累计折旧 | 流动资产合计 |
|---|---|---|---|---|---|---|
| 通信设备制造 | 67 | 4483449 | 225577 | 354948 | 84598 | 3880292 |
| 通信系统设备制造 | 29 | 681826 | 84571 | 124713 | 39447 | 464951 |
| 通信终端设备制造 | 38 | 3801623 | 141006 | 230235 | 45151 | 3415341 |
| 广播电视设备制造 | 16 | 238841 | 59266 | 77205 | 16361 | 65547 |
| 广播电视接收设备制造 | 11 | 72912 | 23060 | 32540 | 7902 | 25822 |
| 专业音响设备制造 | 1 | 129206 | 24695 | 28687 | 3992 | 19593 |
| 应用电视设备及其他广播电视设备制造 | 4 | 36724 | 11511 | 15978 | 4467 | 20132 |
| 非专业视听设备制造 | 51 | 774685 | 177259 | 250216 | 72868 | 407510 |
| 电视机制造 | 3 | 24965 | 95 | 1042 | 876 | 24335 |
| 音响设备制造 | 38 | 595336 | 149029 | 204121 | 55074 | 269074 |
| 影视录放设备制造 | 10 | 154384 | 28135 | 45053 | 16918 | 114102 |
| 智能消费设备制造 | 29 | 802509 | 133325 | 262826 | 60090 | 388739 |
| 可穿戴智能设备制造 | 4 | 169772 | 27002 | 32047 | 5045 | 69018 |
| 智能车载设备制造 | 8 | 157392 | 12560 | 68828 | 22034 | 62161 |
| 智能无人飞行器制造 | 1 | 2336 | 540 | 740 | 200 | 1796 |
| 服务消费机器人制造 | 1 | 3846 |  | 1333 | 131 | 3846 |
| 其他智能消费设备制造 | 15 | 469164 | 93222 | 159878 | 32681 | 251919 |
| 电子器件制造 | 141 | 8990590 | 1904552 | 3511871 | 980639 | 4975695 |
| 电子真空器件制造 | 24 | 361492 | 45618 | 61419 | 15800 | 291678 |
| 半导体分立器件制造 | 10 | 881062 | 331535 | 447354 | 111819 | 417597 |
| 集成电路制造 | 16 | 360324 | 115071 | 149980 | 32013 | 205787 |
| 显示器件制造 | 22 | 2603454 | 372578 | 1468650 | 502836 | 1065039 |
| 半导体照明器件制造 | 16 | 1115934 | 106255 | 245159 | 116403 | 743238 |
| 光电子器件制造 | 32 | 3004939 | 773405 | 898111 | 120822 | 1887897 |
| 其他电子器件制造 | 21 | 663385 | 160091 | 241198 | 80946 | 364460 |
| 电子元件及电子专用材料制造 | 248 | 8391618 | 2098919 | 3527129 | 1403671 | 4018892 |
| 电阻电容电感元件制造 | 43 | 369610 | 87674 | 136076 | 47307 | 237076 |
| 电子电路制造 | 76 | 2458322 | 720349 | 909090 | 183825 | 836182 |
| 敏感元件及传感器制造 | 12 | 2054275 | 335005 | 428448 | 92450 | 1625748 |
| 电声器件及零件制造 | 13 | 200075 | 39525 | 56046 | 16339 | 141486 |
| 电子专用材料制造 | 36 | 2802653 | 721662 | 1686157 | 953381 | 970491 |
| 其他电子元件制造 | 68 | 506682 | 194703 | 311312 | 110370 | 207910 |
| 其他电子设备制造 | 40 | 712461 | 134932 | 380520 | 244376 | 377921 |
| 仪器仪表制造业 | 93 | 1445923 | 287680 | 455191 | 150838 | 745001 |
| 通用仪器仪表制造 | 37 | 981620 | 155026 | 254717 | 85355 | 485660 |
| 工业自动控制系统装置制造 | 22 | 207213 | 46889 | 77556 | 25438 | 98090 |
| 电工仪器仪表制造 | 5 | 324759 | 34739 | 51286 | 7695 | 244446 |
| 绘图、计算及测量仪器制造 | 6 | 125886 | 44258 | 67929 | 23671 | 34327 |
| 实验分析仪器制造 | 1 | 15563 | 11403 | 11924 | 269 | 3907 |
| 供应用仪器仪表制造 | 2 | 305272 | 17370 | 45370 | 28000 | 102331 |
| 其他通用仪器制造 | 1 | 2928 | 368 | 650 | 283 | 2560 |
| 专用仪器仪表制造 | 10 | 186133 | 41178 | 65049 | 23784 | 117956 |

单位：万元

| 应收账款 | 存货 | | 负债合计 | 流动负债合计 | 应付账款 | 所有者权益合计 | 实收资本 | 国家资本 | 集体资本 |
|---|---|---|---|---|---|---|---|---|---|
| | | 产成品 | | | | | | | |
| 1872260 | 376643 | 77310 | 2617878 | 2421523 | 1028144 | 1865571 | 1285022 | 65715 | 2550 |
| 207281 | 99534 | 23717 | 326718 | 303433 | 237712 | 355108 | 217687 | 2951 | 2450 |
| 1664979 | 277109 | 53593 | 2291160 | 2118090 | 790432 | 1510463 | 1067335 | 62764 | 100 |
| 36548 | 11555 | 6474 | 151515 | 49873 | 20690 | 87326 | 35170 | 3000 | |
| 7806 | 4860 | 2467 | 34237 | 26077 | 9446 | 38675 | 9290 | | |
| 15726 | 3460 | 2547 | 105641 | 12202 | 3660 | 23564 | 7500 | | |
| 13016 | 3236 | 1460 | 11637 | 11595 | 7584 | 25087 | 18380 | 3000 | |
| 131959 | 73658 | 28211 | 413307 | 355081 | 158022 | 361378 | 100005 | | |
| 13945 | 1510 | 1347 | 13004 | 9343 | 4864 | 11962 | 4500 | | |
| 83117 | 46491 | 12161 | 276799 | 225396 | 81697 | 318537 | 68997 | | |
| 34897 | 25657 | 14704 | 123504 | 120342 | 71461 | 30879 | 26508 | | |
| 135465 | 50764 | 28490 | 308198 | 193338 | 73140 | 494311 | 151452 | | |
| 38593 | 16998 | 8114 | 96338 | 9181 | 7130 | 73434 | 4410 | | |
| 22884 | 10174 | 3609 | 62620 | 62288 | 6389 | 94772 | 9284 | | |
| 393 | 153 | 153 | 400 | 400 | 400 | 1936 | 3000 | | |
| 68 | 10 | | 2945 | 2945 | | 900 | 400 | | |
| 73527 | 23428 | 16614 | 145895 | 118523 | 59221 | 323269 | 134359 | | |
| 1609955 | 1248087 | 344242 | 5610726 | 4955146 | 1688069 | 3379862 | 1633183 | 128205 | 12797 |
| 158016 | 9574 | 6664 | 250808 | 246592 | 159589 | 110684 | 83404 | | |
| 71091 | 73299 | 38460 | 587112 | 490999 | 109611 | 293950 | 208683 | 6650 | |
| 103488 | 50772 | 27979 | 214983 | 194206 | 137932 | 145341 | 106280 | 8000 | |
| 348230 | 212552 | 78418 | 1551483 | 1452347 | 405410 | 1051971 | 353786 | 50000 | |
| 232871 | 142654 | 92324 | 558855 | 551394 | 164493 | 557079 | 266091 | 25440 | 4700 |
| 620232 | 601237 | 85795 | 2071438 | 1686803 | 608402 | 933501 | 519471 | 38000 | 6830 |
| 76027 | 158000 | 14602 | 376047 | 332805 | 102632 | 287337 | 95470 | 115 | 1266 |
| 1294200 | 887682 | 1709895 | 4807679 | 4104434 | 1309275 | 3583939 | 1781761 | 81998 | 1033 |
| 98012 | 57106 | 21726 | 193993 | 176768 | 90134 | 175617 | 56986 | 506 | 33 |
| 331898 | 144548 | 56039 | 1199461 | 1027201 | 324975 | 1258861 | 328151 | 20 | 1000 |
| 484129 | 352224 | 233102 | 1561706 | 1422287 | 505851 | 492570 | 183056 | | |
| 56120 | 57154 | 34598 | 126875 | 114859 | 58039 | 73200 | 22628 | | |
| 252850 | 227494 | 1339655 | 1498544 | 1187273 | 262747 | 1304109 | 1081460 | 81472 | |
| 71190 | 49156 | 24775 | 227101 | 176046 | 67528 | 279581 | 109481 | | |
| 89056 | 50851 | 27766 | 331678 | 273779 | 151757 | 380783 | 235098 | | |
| 255167 | 106367 | 48262 | 586288 | 504465 | 175106 | 859635 | 4353288 | 25488 | 1240 |
| 152173 | 53034 | 17228 | 312108 | 242461 | 110406 | 669512 | 4272526 | 12000 | |
| 35451 | 16566 | 4619 | 115109 | 101061 | 16866 | 92104 | 35361 | | |
| 72671 | 13250 | 5747 | 133429 | 106704 | 81538 | 191331 | 177127 | | |
| 11804 | 9214 | 2588 | 39177 | 21401 | 4440 | 86709 | 3943675 | | |
| 1336 | 12 | 12 | 1803 | 903 | 438 | 13759 | 12000 | 12000 | |
| 30621 | 13233 | 4123 | 22066 | 11868 | 6980 | 283206 | 104003 | | |
| 291 | 760 | 139 | 524 | 524 | 145 | 2404 | 360 | | |
| 37948 | 15354 | 7609 | 89332 | 83118 | 18478 | 96801 | 32994 | | 1240 |

1-A-6 续表 16

| 行 业 | 企 业<br>单位数<br>(个) | 资产总计 | 固定资产<br>净 额 | 固定资产<br>原 价 | 累计折旧 | 流动资产<br>合 计 |
|---|---|---|---|---|---|---|
| 环境监测专用仪器仪表制造 | 1 | 3532 | 149 | 362 | 214 | 606 |
| 运输设备及生产用计数仪表制造 | 1 | 76618 | 15570 | 26590 | 10935 | 49788 |
| 导航、测绘、气象及海洋专用仪器制造 | 1 | 30440 | 6641 | 13881 | 7240 | 19501 |
| 教学专用仪器制造 | 1 | 1385 | 32 | 34 | 1 | 1354 |
| 电子测量仪器制造 | 2 | 6554 | 1939 | 3579 | 1640 | 2204 |
| 其他专用仪器制造 | 4 | 67604 | 16848 | 20602 | 3754 | 44504 |
| 钟表与计时仪器制造 | 2 | 18592 | 2876 | 6328 | 2021 | 11273 |
| 光学仪器制造 | 37 | 208196 | 75106 | 109988 | 34062 | 104947 |
| 衡器制造 | 4 | 43279 | 12829 | 16776 | 3948 | 20562 |
| 其他仪器仪表制造业 | 3 | 8103 | 666 | 2334 | 1668 | 4603 |
| 其他制造业 | 75 | 487211 | 125559 | 177430 | 46748 | 221105 |
| 日用杂品制造 | 36 | 240333 | 64790 | 101427 | 35722 | 146104 |
| 鬃毛加工、制刷及清扫工具制造 | 3 | 5036 | 1308 | 1832 | 447 | 3420 |
| 其他日用杂品制造 | 33 | 235297 | 63482 | 99595 | 35275 | 142684 |
| 其他未列明制造业 | 39 | 246878 | 60769 | 76003 | 11026 | 75001 |
| 废弃资源综合利用业 | 138 | 1724785 | 565513 | 905910 | 305277 | 876123 |
| 金属废料和碎屑加工处理 | 78 | 1443373 | 498297 | 764265 | 259221 | 712639 |
| 非金属废料和碎屑加工处理 | 60 | 281411 | 67216 | 141645 | 46056 | 163484 |
| 金属制品、机械和设备修理业 | 1 | 2264 | 7 | 14 | 6 | 1808 |
| 其他机械和设备修理业 | 1 | 2264 | 7 | 14 | 6 | 1808 |
| **电力、热力、燃气及水生产和供应业** | **308** | **23894703** | **14541310** | **25745736** | **10647498** | **4837367** |
| 电力、热力生产和供应业 | 172 | 18953007 | 13158755 | 23456756 | 9854277 | 3104259 |
| 电力生产 | 159 | 11699743 | 7047208 | 11180576 | 3689643 | 2872617 |
| 火力发电 | 22 | 5231481 | 3998250 | 6831013 | 2816434 | 903708 |
| 热电联产 | 3 | 44478 | 18587 | 30900 | 12313 | 20552 |
| 水力发电 | 51 | 1601778 | 851415 | 1448970 | 558963 | 167300 |
| 风力发电 | 18 | 1135161 | 556058 | 889194 | 97730 | 192168 |
| 太阳能发电 | 48 | 3118764 | 1410536 | 1714397 | 150465 | 1377490 |
| 生物质能发电 | 8 | 296692 | 138485 | 168512 | 30028 | 104453 |
| 其他电力生产 | 9 | 271388 | 73879 | 97589 | 23710 | 106946 |
| 电力供应 | 1 | 7140650 | 6045894 | 12196126 | 6150232 | 201524 |
| 热力生产和供应 | 12 | 112614 | 65652 | 80054 | 14402 | 30119 |
| 燃气生产和供应业 | 60 | 1553264 | 643720 | 982431 | 320220 | 486372 |
| 燃气生产和供应业 | 59 | 1552930 | 643709 | 982417 | 320217 | 486064 |
| 天然气生产和供应业 | 55 | 1517112 | 637886 | 961538 | 314000 | 475146 |
| 液化石油气生产和供应业 | 3 | 26601 | 1051 | 11355 | 1464 | 10754 |
| 煤气生产和供应业 | 1 | 9217 | 4772 | 9525 | 4753 | 164 |
| 生物质燃气生产和供应业 | 1 | 334 | 11 | 14 | 3 | 308 |
| 水的生产和供应业 | 76 | 3388432 | 738835 | 1306549 | 473002 | 1246736 |
| 自来水生产和供应 | 62 | 3191560 | 665550 | 1183426 | 423532 | 1173564 |
| 污水处理及其再生利用 | 14 | 196872 | 73285 | 123123 | 49469 | 73172 |

单位：万元

| 应收账款 | 存货 | 产成品 | 负债合计 | 流动负债合计 | 应付账款 | 所有者权益合计 | 实收资本 | 国家资本 | 集体资本 |
|---|---|---|---|---|---|---|---|---|---|
| 290 | 125 | 64 | 514 | 514 | 231 | 3019 | 300 | | |
| 19666 | 7616 | 5139 | 44891 | 41171 | | 31727 | 11144 | | |
| 1530 | 5683 | 1335 | 14723 | 13512 | 8810 | 15717 | 7329 | | |
| 1354 | | | 1375 | 1375 | 1375 | 10 | 10 | | |
| 461 | 157 | 123 | 2497 | 1581 | 1446 | 4057 | 640 | | |
| 14647 | 1772 | 948 | 25333 | 24966 | 6616 | 42271 | 13571 | | 1240 |
| 2749 | 7026 | 6841 | 16287 | 15087 | 2857 | 2305 | 2265 | | |
| 49591 | 27679 | 14245 | 154317 | 151079 | 36859 | 53879 | 39956 | 13488 | |
| 10110 | 2862 | 2139 | 10052 | 8528 | 5231 | 33228 | 5046 | | |
| 2595 | 412 | 201 | 4192 | 4192 | 1275 | 3911 | 500 | | |
| 52635 | 42586 | 15003 | 177503 | 115241 | 33158 | 309707 | 195572 | 6053 | 504 |
| 28911 | 27465 | 7090 | 101308 | 47932 | 16266 | 139025 | 81353 | 288 | 504 |
| 1298 | 902 | 289 | 1708 | 1708 | 423 | 3327 | 810 | | |
| 27613 | 26563 | 6801 | 99599 | 46223 | 15843 | 135698 | 80543 | 288 | 504 |
| 23724 | 15121 | 7914 | 76196 | 67309 | 16893 | 170682 | 114219 | 5765 | |
| 232497 | 265730 | 151995 | 826660 | 738545 | 147500 | 898124 | 331173 | 107709 | 3780 |
| 162829 | 245516 | 143250 | 665405 | 582861 | 117940 | 777967 | 274086 | 107709 | 60 |
| 69669 | 20214 | 8745 | 161255 | 155685 | 29561 | 120157 | 57087 | | 3720 |
| 183 | 19 | 19 | 1433 | 831 | | 831 | 100 | | |
| 183 | 19 | 19 | 1433 | 831 | | 831 | 100 | | |
| **1310747** | **330415** | **35938** | **15814788** | **9227347** | **2745261** | **8079912** | **5028320** | **1716115** | **28976** |
| 1147775 | 235955 | 3619 | 12702903 | 6870667 | 2448420 | 6250101 | 4240370 | 1305314 | 17446 |
| 1106960 | 189799 | 3296 | 7628473 | 3828118 | 934316 | 4071267 | 2515370 | 1303314 | 17446 |
| 273240 | 172384 | 2 | 3306610 | 1776369 | 267425 | 1924871 | 1332782 | 915739 | 600 |
| 18328 | 476 | | 24215 | 13749 | 7586 | 20263 | 12243 | 3943 | |
| 27949 | 7832 | 527 | 1119754 | 258079 | 33875 | 482023 | 396224 | 146551 | 6933 |
| 83650 | 350 | 248 | 771522 | 213578 | 49686 | 363639 | 197321 | 120273 | |
| 630072 | 4550 | 764 | 2065065 | 1369618 | 529836 | 1053699 | 457389 | 81503 | 9913 |
| 31595 | 3516 | 1046 | 175815 | 105826 | 15742 | 120877 | 61250 | 13600 | |
| 42127 | 692 | 709 | 165491 | 90900 | 30166 | 105897 | 58161 | 21706 | |
| 28706 | 44308 | 233 | 5004478 | 3003549 | 1496752 | 2136173 | 1708487 | | |
| 12109 | 1848 | 90 | 69953 | 39000 | 17352 | 42661 | 16513 | 2000 | |
| 80198 | 40194 | 15511 | 1003918 | 812006 | 150905 | 549346 | 317691 | 162697 | 9870 |
| 80138 | 40124 | 15511 | 1003815 | 811924 | 150873 | 549115 | 317677 | 162697 | 9870 |
| 73539 | 38782 | 15492 | 984017 | 796536 | 150244 | 533094 | 306026 | 157692 | 9250 |
| 6505 | 1342 | 19 | 14131 | 9721 | 629 | 12470 | 11251 | 5005 | 620 |
| 94 | | | 5666 | 5666 | | 3551 | 400 | | |
| 60 | 70 | | 103 | 82 | 32 | 231 | 14 | | |
| 82775 | 54266 | 16809 | 2107966 | 1544674 | 145936 | 1280465 | 470259 | 248104 | 1660 |
| 71063 | 53684 | 16494 | 2012185 | 1479758 | 139195 | 1179375 | 391162 | 239456 | 1660 |
| 11712 | 582 | 315 | 95781 | 64916 | 6741 | 101091 | 79097 | 8648 | |

1-A-6 续表 17

| 行业 | 法人资本 | 个人资本 | 港澳台资本 | 外商资本 | 营业收入 | 营业成本 |
|---|---|---|---|---|---|---|
| **总　计** | **31879569** | **14299346** | **2596412** | **1726668** | **328188944** | **282708043** |
| **采矿业** | **411860** | **293444** | **28202** | **1180** | **6711709** | **5594653** |
| 煤炭开采和洗选业 | 50941 | 56631 | | | 626328 | 495810 |
| 烟煤和无烟煤开采洗选 | 49560 | 30666 | | | 543448 | 428799 |
| 其他煤炭采选 | 1381 | 25965 | | | 82880 | 67011 |
| 黑色金属矿采选业 | 23169 | 15204 | | | 519800 | 462792 |
| 铁矿采选 | 19079 | 14004 | | | 467779 | 421468 |
| 锰矿、铬矿采选 | | 200 | | | 14906 | 12602 |
| 其他黑色金属矿采选 | 4090 | 1000 | | | 37115 | 28722 |
| 有色金属矿采选业 | 64909 | 94106 | 28083 | | 2716209 | 2294764 |
| 常用有色金属矿采选 | 16360 | 27392 | 27583 | | 950093 | 806409 |
| 铜矿采选 | 9641 | 17394 | 24883 | | 523532 | 461779 |
| 铅锌矿采选 | 5297 | 3898 | 2700 | | 379627 | 305219 |
| 镍钴矿采选 | 250 | | | | 11082 | 10919 |
| 锡矿采选 | 500 | 5000 | | | 16883 | 11401 |
| 其他常用有色金属矿采选 | 673 | 1100 | | | 18970 | 17090 |
| 贵金属矿采选 | 300 | 8790 | | | 211663 | 174770 |
| 金矿采选 | 300 | 8790 | | | 211663 | 174770 |
| 稀有稀土金属矿采选 | 48249 | 57924 | 500 | | 1554452 | 1313586 |
| 钨钼矿采选 | 37553 | 56421 | 500 | | 1388931 | 1194034 |
| 稀土金属矿采选 | | 1000 | | | 69474 | 61107 |
| 其他稀有金属矿采选 | 10696 | 503 | | | 96047 | 58446 |
| 非金属矿采选业 | 272840 | 127502 | 119 | 1180 | 2849372 | 2341287 |
| 土砂石开采 | 148941 | 122261 | 119 | 1180 | 2443640 | 2028013 |
| 石灰石、石膏开采 | 18490 | 14220 | | | 359018 | 285038 |
| 建筑装饰用石开采 | 29982 | 19678 | 119 | | 483939 | 395662 |
| 耐火土石开采 | 19253 | 22957 | | | 497482 | 412962 |
| 粘土及其他土砂石开采 | 81216 | 65407 | | 1180 | 1103201 | 934352 |
| 化学矿开采 | 1600 | | | | 34385 | 28552 |
| 采盐 | 79679 | 1250 | | | 98008 | 60269 |
| 石棉及其他非金属矿采选 | 42620 | 3991 | | | 273340 | 224452 |
| 石棉、云母矿采选 | 8632 | | | | 28252 | 24025 |
| 石墨、滑石采选 | 6820 | | | | 15687 | 13073 |
| 其他未列明非金属矿采选 | 27169 | 3991 | | | 229401 | 187354 |
| **制造业** | **28548072** | **13864321** | **2474514** | **1597174** | **306852045** | **263887799** |
| 农副食品加工业 | 787753 | 896191 | 8815 | 84222 | 17301557 | 15240900 |
| 谷物磨制 | 90262 | 269277 | 10 | 10 | 2962020 | 2659105 |
| 稻谷加工 | 89840 | 263707 | 10 | 10 | 2914266 | 2618141 |
| 杂粮加工 | | 1520 | | | 12726 | 10093 |
| 其他谷物磨制 | 422 | 4050 | | | 35028 | 30871 |
| 饲料加工 | 379869 | 142612 | 2975 | 31023 | 8503033 | 7623312 |
| 宠物饲料加工 | 15073 | 3076 | | 1211 | 362160 | 330223 |
| 其他饲料加工 | 364796 | 139536 | 2975 | 29812 | 8140873 | 7293089 |

单位：万元

| 销售费用 | 管理费用 | 财务费用 | | | 投资收益(损失以"–"号记) | 营业利润 | 利润总额 | 亏损企业亏损额 | 平均用工人数(人) |
|---|---|---|---|---|---|---|---|---|---|
| | | | 利息收入 | 利息支出 | | | | | |
| **6709317** | **10593083** | **2249044** | **254263** | **2057908** | **259082** | **22178532** | **22800249** | **815229** | **2362782** |
| **146364** | **250199** | **53183** | **3428** | **51113** | **15250** | **611012** | **632564** | **12110** | **70746** |
| 10515 | 34665 | 9387 | 221 | 8503 | 8400 | 86347 | 87402 | 342 | 23912 |
| 7642 | 32985 | 7437 | 198 | 6673 | 8400 | 77532 | 78614 | 325 | 23365 |
| 2873 | 1681 | 1950 | 23 | 1830 | | 8815 | 8789 | 16 | 547 |
| 10373 | 13528 | 1106 | 430 | 1159 | 2977 | 26728 | 26823 | 2717 | 4110 |
| 9951 | 11432 | 946 | 430 | 999 | 2977 | 18884 | 18857 | 2717 | 3696 |
| 59 | 776 | 48 | | 48 | | 1374 | 1374 | | 106 |
| 362 | 1320 | 112 | 1 | 112 | | 6471 | 6593 | | 308 |
| 31162 | 110819 | 23575 | 2686 | 24008 | 3313 | 233969 | 250748 | 8523 | 22674 |
| 5883 | 24979 | 3550 | 254 | 3744 | 645 | 92904 | 94096 | 6600 | 5948 |
| 2852 | 14533 | 3013 | -7 | 2955 | 1 | 31384 | 34001 | 6475 | 3722 |
| 2593 | 8207 | 8 | 255 | 289 | 644 | 57754 | 56084 | 11 | 1276 |
| 6 | 24 | 4 | | 4 | | -10 | 188 | | 41 |
| 91 | 1990 | 232 | 6 | 239 | | 2945 | 2912 | | 833 |
| 341 | 226 | 292 | | 256 | | 832 | 911 | 115 | 76 |
| 1913 | 24630 | 3250 | 301 | 1598 | 1166 | 5404 | 5502 | | 1244 |
| 1913 | 24630 | 3250 | 301 | 1598 | 1166 | 5404 | 5502 | | 1244 |
| 23366 | 61210 | 16775 | 2131 | 18667 | 1502 | 135661 | 151151 | 1923 | 15482 |
| 16474 | 50189 | 12201 | 121 | 12609 | 864 | 112790 | 128626 | 1923 | 14089 |
| 147 | 3013 | 3497 | 1711 | 4727 | 638 | 2217 | 2064 | | 177 |
| 6746 | 8008 | 1077 | 299 | 1331 | | 20654 | 20460 | | 1216 |
| 94314 | 91187 | 19116 | 91 | 17443 | 560 | 263968 | 267590 | 528 | 20050 |
| 79398 | 74354 | 14038 | 110 | 12471 | 560 | 214548 | 217786 | 528 | 16189 |
| 17581 | 13095 | 5037 | 23 | 4802 | | 30060 | 30189 | | 3386 |
| 15220 | 15098 | 3496 | 27 | 2938 | | 45320 | 47652 | 82 | 3744 |
| 10752 | 17693 | 2252 | -1 | 2024 | 560 | 48865 | 49023 | 54 | 3382 |
| 35845 | 28468 | 3252 | 60 | 2708 | | 90303 | 90922 | 392 | 5677 |
| 1354 | 1591 | 49 | 1 | 50 | | 2724 | 2724 | | 347 |
| 7485 | 7380 | 3021 | -47 | 3064 | | 15768 | 16321 | | 1582 |
| 6078 | 7862 | 2008 | 27 | 1858 | | 30928 | 30759 | | 1932 |
| 361 | 727 | 203 | | 203 | | 2909 | 2903 | | 206 |
| 821 | 1028 | 251 | | 251 | | 467 | 467 | | 98 |
| 4896 | 6108 | 1555 | 27 | 1404 | | 27553 | 27390 | | 1628 |
| **6469067** | **10108811** | **1826187** | **233147** | **1683549** | **221311** | **20939669** | **21500580** | **684120** | **2207891** |
| 386378 | 428660 | 116367 | 12800 | 115643 | 34953 | 1117656 | 1141116 | 8784 | 83117 |
| 60897 | 64442 | 21133 | 266 | 17989 | 412 | 145103 | 149262 | 602 | 20662 |
| 59584 | 62589 | 20626 | 255 | 17501 | 412 | 142136 | 146174 | 602 | 20092 |
| 833 | 707 | 46 | 10 | 27 | | 933 | 933 | | 143 |
| 480 | 1145 | 462 | 1 | 461 | | 2034 | 2155 | | 427 |
| 165521 | 213395 | 43684 | 12576 | 54661 | 30060 | 485541 | 485493 | 2808 | 24019 |
| 10344 | 8690 | 1024 | 283 | 569 | 155 | 11321 | 11507 | | 2171 |
| 155177 | 204704 | 42660 | 12293 | 54092 | 29905 | 474219 | 473986 | 2808 | 21848 |

1-A-6 续表 18

| 行　　业 | | | | | 营业收入 | 营业成本 |
|---|---|---|---|---|---|---|
| | | | | | | |
| | 法人资本 | 个人资本 | 港澳台资本 | 外商资本 | | |
| 植物油加工 | 113376 | 313733 | | | 2057900 | 1826777 |
| 　食用植物油加工 | 110176 | 309663 | | | 2012247 | 1783262 |
| 　非食用植物油加工 | 3200 | 4071 | | | 45653 | 43515 |
| 制糖业 | 1801 | | | | 6471 | 5807 |
| 屠宰及肉类加工 | 88233 | 28243 | 3803 | 46848 | 2298995 | 1900898 |
| 　牲畜屠宰 | 37716 | 15091 | | 46848 | 1075306 | 926354 |
| 　禽类屠宰 | 4300 | 600 | | | 69748 | 54199 |
| 　肉制品及副产品加工 | 46217 | 12552 | 3803 | | 1153942 | 920345 |
| 水产品加工 | 12963 | 4770 | | 6340 | 358254 | 317544 |
| 　水产品冷冻加工 | 380 | 270 | | | 12825 | 11883 |
| 　鱼糜制品及水产品干腌制加工 | 11673 | | | | 211624 | 196246 |
| 　其他水产品加工 | 910 | 4500 | | 6340 | 133805 | 109415 |
| 蔬菜、菌类、水果和坚果加工 | 67842 | 81431 | 2027 | | 360285 | 283894 |
| 　蔬菜加工 | 29769 | 6814 | 1206 | | 118656 | 91734 |
| 　食用菌加工 | 3700 | 11938 | 821 | | 36319 | 30773 |
| 　水果和坚果加工 | 34374 | 62679 | | | 205309 | 161388 |
| 其他农副食品加工 | 33409 | 56126 | | | 754600 | 623563 |
| 　淀粉及淀粉制品制造 | 9568 | 18635 | | | 207025 | 173487 |
| 　豆制品制造 | 4714 | 4722 | | | 205742 | 166969 |
| 　蛋品加工 | 600 | 15896 | | | 74819 | 51688 |
| 　其他未列明农副食品加工 | 18527 | 16873 | | | 267014 | 231420 |
| 食品制造业 | 219621 | 265714 | 10571 | 57016 | 3293377 | 2607745 |
| 焙烤食品制造 | 31860 | 38702 | | 26799 | 441479 | 337538 |
| 　糕点、面包制造 | 27514 | 13606 | | 8671 | 145660 | 121110 |
| 　饼干及其他焙烤食品制造 | 4346 | 25096 | | 18128 | 295819 | 216428 |
| 糖果、巧克力及蜜饯制造 | 3155 | 6351 | 129 | | 274578 | 206829 |
| 　糖果、巧克力制造 | 1135 | 1065 | | | 143452 | 106392 |
| 　蜜饯制作 | 2020 | 5286 | 129 | | 131126 | 100437 |
| 方便食品制造 | 39723 | 29896 | 4428 | | 709709 | 576998 |
| 　米、面制品制造 | 36967 | 25816 | 4428 | | 551600 | 460433 |
| 　速冻食品制造 | 2156 | 4080 | | | 155598 | 114480 |
| 　其他方便食品制造 | 600 | | | | 2511 | 2085 |
| 乳制品制造 | 20121 | 11909 | | | 222569 | 163399 |
| 　液体乳制造 | 13721 | 4109 | | | 179021 | 132647 |
| 　乳粉制造 | 1400 | 7800 | | | 33987 | 22901 |
| 　其他乳制品制造 | 5000 | | | | 9562 | 7850 |
| 罐头食品制造 | 28180 | 14484 | 6013 | 6000 | 343314 | 299410 |
| 　肉、禽类罐头制造 | 1000 | 667 | | | 23590 | 21567 |
| 　水产品罐头制造 | | 94 | | | 4888 | 4580 |
| 　蔬菜、水果罐头制造 | 27180 | 13723 | 6013 | 6000 | 314836 | 273263 |
| 调味品、发酵制品制造 | 1740 | 3980 | | | 97233 | 87167 |
| 　酱油、食醋及类似制品制造 | 580 | 400 | | | 9091 | 6880 |
| 　其他调味品、发酵制品制造 | 1160 | 3580 | | | 88142 | 80287 |

单位：万元

| 销售费用 | 管理费用 | 财务费用 | | | 投资收益(损失以“-”号记) | 营业利润 | 利润总额 | 亏损企业亏损额 | 平均用工人数(人) |
|---|---|---|---|---|---|---|---|---|---|
| | | | 利息收入 | 利息支出 | | | | | |
| 29844 | 31287 | 28210 | 31 | 22272 | 5 | 136237 | 139684 | 2508 | 8005 |
| 29355 | 30236 | 27968 | 29 | 22147 | 5 | 135965 | 138668 | 2013 | 7172 |
| 489 | 1051 | 242 | 2 | 126 | | 272 | 1017 | 495 | 833 |
| 159 | 90 | 63 | | 64 | | 331 | 331 | 16 | 92 |
| 68985 | 64665 | 6704 | -239 | 5940 | 1998 | 244465 | 240946 | 310 | 15456 |
| 12343 | 9770 | 2069 | -203 | 1912 | | 120722 | 121219 | 29 | 6356 |
| 4865 | 6184 | 469 | | 112 | | 3609 | 3873 | | 1330 |
| 51778 | 48711 | 4166 | -36 | 3916 | 1998 | 120134 | 115854 | 281 | 7770 |
| 9740 | 8969 | 3705 | 11 | 3481 | 184 | 18050 | 31165 | 594 | 2968 |
| 358 | 453 | 351 | | 336 | | -245 | -230 | 343 | 218 |
| 681 | 2098 | 2842 | 2 | 2921 | 184 | 9684 | 22760 | 252 | 1365 |
| 8702 | 6418 | 513 | 9 | 225 | | 8612 | 8636 | | 1385 |
| 17748 | 10821 | 5954 | 80 | 5211 | 2283 | 37480 | 37592 | 25 | 5156 |
| 4748 | 3155 | 1008 | 2 | 998 | 2283 | 14757 | 14796 | 12 | 2439 |
| 975 | 1642 | 689 | 16 | 561 | | 2158 | 2209 | 14 | 765 |
| 12025 | 6023 | 4257 | 62 | 3652 | | 20565 | 20587 | | 1952 |
| 33485 | 34993 | 6913 | 76 | 6025 | 11 | 50450 | 56643 | 1921 | 6759 |
| 8804 | 8284 | 3535 | 64 | 3216 | | 10570 | 10734 | | 2030 |
| 11305 | 9218 | 1368 | 7 | 1174 | | 15435 | 15415 | 1573 | 2173 |
| 8556 | 8164 | 1418 | 4 | 1167 | | 4203 | 4267 | | 610 |
| 4820 | 9327 | 592 | 1 | 468 | 11 | 20242 | 26227 | 347 | 1946 |
| 175664 | 159763 | 26610 | 1052 | 23677 | 12 | 295138 | 300052 | 5354 | 36925 |
| 35530 | 21151 | 1590 | 495 | 1824 | 920 | 43091 | 46570 | 548 | 7632 |
| 5932 | 6470 | 694 | 7 | 430 | 14 | 10568 | 10697 | 497 | 2615 |
| 29598 | 14681 | 896 | 488 | 1395 | 907 | 32523 | 35872 | 50 | 5017 |
| 17935 | 14502 | 2329 | 33 | 2474 | -421 | 30928 | 30356 | | 2655 |
| 7639 | 7876 | 1729 | 1 | 1854 | | 19063 | 19075 | | 1077 |
| 10296 | 6626 | 600 | 32 | 620 | -421 | 11865 | 11281 | | 1578 |
| 28626 | 22034 | 6452 | -7 | 5928 | | 65466 | 64854 | 517 | 6636 |
| 17881 | 17379 | 1806 | -7 | 1752 | | 50550 | 49879 | 517 | 5392 |
| 10509 | 4498 | 4645 | | 4175 | | 14882 | 14941 | | 1149 |
| 235 | 157 | | | | | 35 | 35 | | 95 |
| 18079 | 14465 | 573 | 345 | 965 | 2005 | 26712 | 28283 | 34 | 3480 |
| 12241 | 11655 | 701 | 340 | 965 | 1728 | 22409 | 21995 | 34 | 2805 |
| 5824 | 2600 | -124 | | | 274 | 2822 | 4807 | | 603 |
| 14 | 210 | -4 | 6 | | 3 | 1481 | 1481 | | 72 |
| 4210 | 6895 | 3567 | 81 | 2802 | -2933 | 26263 | 26315 | 807 | 3292 |
| 186 | 372 | 26 | 18 | 7 | | 1229 | 1107 | | 743 |
| 75 | 84 | 54 | | 54 | | 58 | 58 | | 52 |
| 3949 | 6440 | 3487 | 63 | 2740 | -2933 | 24976 | 25150 | 807 | 2497 |
| 2640 | 2725 | 549 | | 120 | | 3721 | 3719 | | 984 |
| 889 | 649 | 299 | | 20 | | 364 | 364 | | 127 |
| 1752 | 2076 | 250 | | 100 | | 3356 | 3354 | | 857 |

1-A-6 续表 19

| 行业 | 法人资本 | 个人资本 | 港澳台资本 | 外商资本 | 营业收入 | 营业成本 |
|---|---|---|---|---|---|---|
| 其他食品制造 | 94841 | 160391 | 2 | 24217 | 1204495 | 936405 |
| 营养食品制造 | 8183 | 48300 | | | 213987 | 143779 |
| 保健食品制造 | 7214 | 56396 | 2 | 2 | 270391 | 224121 |
| 冷冻饮品及食用冰制造 | 4173 | 1311 | | | 74665 | 60598 |
| 盐加工 | 28463 | 888 | | | 54011 | 33335 |
| 食品及饲料添加剂制造 | 42128 | 31299 | | 24215 | 420215 | 350772 |
| 其他未列明食品制造 | 4680 | 22198 | | | 171226 | 123800 |
| 酒、饮料和精制茶制造业 | 818574 | 165737 | 2500 | 87281 | 2763285 | 1967387 |
| 酒的制造 | 580514 | 97940 | 2500 | 53845 | 1131106 | 713882 |
| 酒精制造 | 6200 | 2225 | | | 138120 | 112890 |
| 白酒制造 | 6725 | 21121 | 2500 | | 770090 | 431293 |
| 啤酒制造 | 558951 | 67299 | | 53845 | 180108 | 137304 |
| 黄酒制造 | 638 | 3152 | | | 11991 | 8703 |
| 葡萄酒制造 | 6000 | 2000 | | | 11171 | 6937 |
| 其他酒制造 | 2000 | 2143 | | | 19626 | 16754 |
| 饮料制造 | 215077 | 44297 | | 33436 | 1325694 | 991752 |
| 碳酸饮料制造 | 4000 | | | 4249 | 116538 | 76227 |
| 瓶(罐)装饮用水制造 | 42905 | 6215 | | 100 | 274865 | 197840 |
| 果菜汁及果菜汁饮料制造 | 12133 | 18000 | | 20000 | 257007 | 195289 |
| 含乳饮料和植物蛋白饮料制造 | 70928 | 12272 | | 9087 | 434965 | 331980 |
| 固体饮料制造 | 29252 | 2811 | | | 39801 | 31994 |
| 茶饮料及其他饮料制造 | 55859 | 5000 | | | 202518 | 158422 |
| 精制茶加工 | 22983 | 23499 | | | 306485 | 261753 |
| 烟草制品业 | 85129 | | | | 2044387 | 672808 |
| 烟叶复烤 | 85129 | | | | 8041 | 5271 |
| 卷烟制造 | | | | | 2036346 | 667537 |
| 纺织业 | 251075 | 491372 | 98831 | 18179 | 8613106 | 7572153 |
| 棉纺织及印染精加工 | 163739 | 355243 | 61611 | 17453 | 6131853 | 5473696 |
| 棉纺纱加工 | 109154 | 268812 | 55422 | 17453 | 5098769 | 4577667 |
| 棉织造加工 | 50428 | 77331 | 4431 | | 913565 | 788200 |
| 棉印染精加工 | 4157 | 9100 | 1758 | | 119519 | 107830 |
| 毛纺织及染整精加工 | 1400 | 100 | 2589 | | 34487 | 30478 |
| 毛织造加工 | 1400 | 100 | 2589 | | 34487 | 30478 |
| 麻纺织及染整精加工 | 5374 | 8750 | | | 256483 | 220681 |
| 麻纤维纺前加工和纺纱 | 1950 | 1265 | | | 186373 | 158142 |
| 麻织造加工 | 3424 | 7485 | | | 70110 | 62539 |
| 丝绢纺织及印染精加工 | 1360 | 31257 | | 500 | 439078 | 348624 |
| 缫丝加工 | 1360 | 8975 | | 500 | 229763 | 198736 |
| 绢纺和丝织加工 | | 22182 | | | 205138 | 146329 |
| 丝印染精加工 | | 100 | | | 4177 | 3559 |
| 化纤织造及印染精加工 | 7220 | 46514 | | | 352234 | 307614 |
| 化纤织造加工 | 3139 | 46514 | | | 342917 | 299431 |
| 化纤织物染整精加工 | 4081 | | | | 9317 | 8183 |

单位：万元

| 销售费用 | 管理费用 | 财务费用 | | | 投资收益（损失以“-”号记） | 营业利润 | 利润总额 | 亏损企业亏损额 | 平均用工人数（人） |
|---|---|---|---|---|---|---|---|---|---|
| | | | 利息收入 | 利息支出 | | | | | |
| 68644 | 77992 | 11550 | 105 | 9565 | 441 | 98957 | 99956 | 3448 | 12246 |
| 32047 | 22924 | 2808 | 43 | 2283 | 322 | 8648 | 8674 | 2813 | 1634 |
| 6922 | 9487 | 1719 | 43 | 1304 | 5 | 26220 | 26592 | 508 | 2328 |
| 3594 | 3199 | 1150 | 5 | 1149 | | 5514 | 5524 | | 1399 |
| 6690 | 6005 | 1086 | 6 | 1050 | 33 | 4798 | 4602 | | 1044 |
| 12629 | 23363 | 2248 | 12 | 1366 | 80 | 29489 | 29791 | 126 | 4300 |
| 6761 | 13013 | 2540 | -3 | 2413 | 1 | 24287 | 24773 | | 1541 |
| 170287 | 110954 | 8950 | -6735 | 14044 | -3714 | 444656 | 450683 | 14052 | 25890 |
| 51663 | 44878 | -49 | -6049 | 6088 | -4410 | 261457 | 263391 | 12164 | 8748 |
| 1037 | 3205 | 537 | 89 | 626 | -3613 | 13861 | 13880 | | 470 |
| 38880 | 22473 | -4111 | -6144 | 1867 | -797 | 247848 | 247672 | | 4899 |
| 8743 | 16942 | 2901 | -1 | 3146 | | -3549 | -1843 | 12164 | 2650 |
| 840 | 732 | 124 | | 109 | | 1567 | 1565 | | 239 |
| 1049 | 1157 | 339 | | 240 | | 635 | 805 | | 160 |
| 1114 | 370 | 162 | 6 | 100 | | 1095 | 1312 | | 330 |
| 109168 | 56596 | 5861 | -711 | 5133 | 696 | 161733 | 165320 | 1888 | 12008 |
| 30345 | 3788 | 502 | 80 | 546 | | 4757 | 4509 | | 1399 |
| 26815 | 7898 | 3159 | -16 | 2926 | 419 | 38908 | 41915 | 12 | 3653 |
| 13261 | 22288 | 1468 | 37 | 403 | | 22348 | 22375 | 1874 | 1304 |
| 21406 | 15598 | 826 | 35 | 831 | 12 | 69011 | 69195 | 3 | 2443 |
| 2401 | 2529 | 18 | 10 | 38 | | 2729 | 2733 | | 596 |
| 14941 | 4496 | -113 | -856 | 388 | 265 | 23981 | 24594 | | 2613 |
| 9456 | 9479 | 3138 | 25 | 2824 | | 21466 | 21972 | | 5134 |
| 34177 | 106361 | -3926 | 4111 | 2245 | 620 | 33252 | 31361 | | 5351 |
| 59 | 2896 | -1059 | -1060 | 1 | | 357 | 339 | | 113 |
| 34118 | 103465 | -2867 | 5171 | 2245 | 620 | 32895 | 31022 | | 5238 |
| 159063 | 248489 | 50304 | 1928 | 43269 | 173 | 547982 | 572806 | 18828 | 89405 |
| 82034 | 149974 | 37619 | 1459 | 32937 | 126 | 366661 | 393537 | 13801 | 59497 |
| 52692 | 109741 | 29948 | 602 | 25801 | 126 | 311423 | 337059 | 11004 | 49168 |
| 27843 | 35540 | 6725 | 842 | 6271 | | 51762 | 52967 | 2541 | 8359 |
| 1499 | 4694 | 945 | 15 | 864 | | 3476 | 3511 | 255 | 1970 |
| 737 | 672 | 55 | 5 | 38 | | 2039 | 2091 | 2 | 466 |
| 737 | 672 | 55 | 5 | 38 | | 2039 | 2091 | 2 | 466 |
| 3553 | 12163 | 1376 | -14 | 561 | 14 | 17302 | 17429 | 137 | 3743 |
| 1647 | 10284 | 920 | 1 | 150 | 14 | 14436 | 14437 | 27 | 1672 |
| 1907 | 1879 | 455 | -15 | 411 | | 2866 | 2992 | 110 | 2071 |
| 11825 | 16790 | 1795 | 41 | 1266 | | 57305 | 53078 | 58 | 2758 |
| 3998 | 5857 | 785 | | 616 | | 19222 | 19446 | 58 | 1401 |
| 7749 | 10851 | 994 | 40 | 634 | | 37688 | 33238 | | 1262 |
| 79 | 82 | 16 | | 16 | | 395 | 395 | | 95 |
| 11719 | 13290 | 2509 | 53 | 2623 | 30 | 15645 | 15845 | 4750 | 3893 |
| 11719 | 12496 | 2274 | 53 | 2388 | 30 | 15631 | 15832 | 4750 | 3683 |
| | 793 | 235 | | 235 | | 13 | 13 | | 210 |

1-A-6 续表 20

| 行业 | | | | | 营业收入 | 营业成本 |
|---|---|---|---|---|---|---|
| | | | | | | |
| | 法人资本 | 个人资本 | 港澳台资本 | 外商资本 | | |
| 针织或钩针编织物及其制品制造 | 50151 | 8104 | 4065 | 226 | 555712 | 489951 |
| 针织或钩针编织物织造 | 47251 | 6904 | 4065 | 226 | 501216 | 443359 |
| 针织或钩针编织物印染精加工 | 2100 | | | | 15504 | 12187 |
| 针织或钩针编织品制造 | 800 | 1200 | | | 38992 | 34405 |
| 家用纺织制成品制造 | 10395 | 21752 | | | 214156 | 168644 |
| 床上用品制造 | 2800 | 12895 | | | 64093 | 47702 |
| 毛巾类制品制造 | | 118 | | | 5511 | 4407 |
| 窗帘、布艺类产品制造 | 1995 | 2900 | | | 16760 | 14300 |
| 其他家用纺织制成品制造 | 5600 | 5838 | | | 127792 | 102235 |
| 产业用纺织制成品制造 | 11436 | 19653 | 30566 | | 629104 | 532465 |
| 非织造布制造 | 1005 | 8368 | 980 | | 305012 | 267980 |
| 绳、索、缆制造 | | | 24581 | | 33322 | 29700 |
| 纺织带和帘子布制造 | 6565 | 5965 | 1872 | | 115162 | 91410 |
| 篷、帆布制造 | 1000 | 4570 | 3134 | | 84682 | 65121 |
| 其他产业用纺织制成品制造 | 2866 | 750 | | | 90927 | 78254 |
| 纺织服装、服饰业 | 302086 | 454083 | 59438 | 44491 | 9379976 | 8126373 |
| 机织服装制造 | 180040 | 354899 | 39471 | 24707 | 6046561 | 5207586 |
| 运动机织服装制造 | 36256 | 109613 | 18706 | 9041 | 1767884 | 1511679 |
| 其他机织服装制造 | 143784 | 245286 | 20766 | 15666 | 4278677 | 3695907 |
| 针织或钩针编织服装制造 | 83572 | 55158 | 17686 | 12885 | 2323791 | 2045985 |
| 运动休闲针织服装制造 | 5892 | 16107 | 6248 | 30 | 992890 | 858460 |
| 其他针织或钩针编织服装制造 | 77680 | 39052 | 11438 | 12855 | 1330902 | 1187525 |
| 服饰制造 | 38475 | 44026 | 2281 | 6899 | 1009623 | 872802 |
| 皮革、毛皮、羽毛及其制品和制鞋业 | 203164 | 346165 | 269943 | 75466 | 4980192 | 4298472 |
| 皮革鞣制加工 | 3423 | 20126 | | | 330537 | 297664 |
| 皮革制品制造 | 121930 | 148798 | 17250 | 2049 | 1352893 | 1155443 |
| 皮革服装制造 | 3717 | 580 | | | 117571 | 90242 |
| 皮箱、包(袋)制造 | 73691 | 146928 | 14911 | 2049 | 1148657 | 992619 |
| 皮手套及皮装饰制品制造 | 40322 | 1090 | 1413 | | 64844 | 53805 |
| 其他皮革制品制造 | 4200 | 200 | 927 | | 21821 | 18777 |
| 毛皮鞣制及制品加工 | 691 | 2500 | | | 96124 | 90937 |
| 毛皮鞣制加工 | | 1200 | | | 39974 | 36951 |
| 毛皮服装加工 | 691 | 300 | | | 39221 | 37215 |
| 其他毛皮制品加工 | | 1000 | | | 16929 | 16772 |
| 羽毛(绒)加工及制品制造 | 4955 | 28521 | | | 952443 | 863259 |
| 羽毛(绒)加工 | 3745 | 15230 | | | 412631 | 374751 |
| 羽毛(绒)制品加工 | 1210 | 13291 | | | 539811 | 488508 |
| 制鞋业 | 72164 | 146221 | 252692 | 73417 | 2248196 | 1891168 |
| 纺织面料鞋制造 | 10649 | 23056 | 201932 | 1082 | 607309 | 495850 |
| 皮鞋制造 | 15499 | 101809 | 31471 | 72335 | 887197 | 751714 |
| 塑料鞋制造 | 9453 | 1441 | 4868 | | 146947 | 128212 |
| 橡胶鞋制造 | 25626 | 14784 | | | 436245 | 374605 |
| 其他制鞋业 | 10938 | 5133 | 14421 | | 170498 | 140788 |

单位：万元

| 销售费用 | 管理费用 | 财务费用 | | | 投资收益（损失以“-”号记） | 营业利润 | 利润总额 | 亏损企业亏损额 | 平均用工人数（人） |
|---|---|---|---|---|---|---|---|---|---|
| | | | 利息收入 | 利息支出 | | | | | |
| 10123 | 14307 | 1936 | 182 | 1615 | | 36313 | 36502 | 13 | 8572 |
| 9266 | 12690 | 1744 | 181 | 1434 | | 31212 | 31334 | 13 | 7795 |
| 479 | 683 | 116 | | 115 | | 1953 | 2020 | | 145 |
| 378 | 934 | 77 | 1 | 66 | | 3148 | 3149 | | 632 |
| 17053 | 13358 | 1211 | 183 | 929 | 3 | 12513 | 13575 | | 4496 |
| 7771 | 3461 | 503 | 7 | 466 | 3 | 4397 | 5234 | | 1589 |
| 453 | 483 | 1 | | | | 120 | 181 | | 245 |
| 373 | 621 | 151 | 1 | 117 | | 1277 | 1277 | | 591 |
| 8457 | 8793 | 557 | 176 | 346 | | 6720 | 6883 | | 2071 |
| 22020 | 27936 | 3804 | 20 | 3300 | | 40204 | 40749 | 68 | 5980 |
| 7327 | 9315 | 2502 | 8 | 2397 | | 16770 | 17024 | 68 | 1912 |
| 219 | 1678 | -69 | 4 | 19 | | 1708 | 1772 | | 1113 |
| 3429 | 7287 | 455 | 4 | 251 | | 11979 | 12040 | | 1065 |
| 8231 | 5331 | 514 | | 254 | | 5171 | 5259 | | 677 |
| 2814 | 4326 | 402 | 4 | 379 | | 4577 | 4654 | | 1213 |
| 162647 | 268754 | 28769 | 5155 | 19767 | -1654 | 737855 | 694143 | 3556 | 151997 |
| 93647 | 163316 | 15817 | 4721 | 10409 | -2455 | 531213 | 489815 | 2693 | 87062 |
| 21515 | 58194 | 3649 | 1362 | 2776 | -2732 | 155484 | 138371 | 2058 | 31903 |
| 72132 | 105123 | 12168 | 3358 | 7633 | 277 | 375729 | 351444 | 635 | 55159 |
| 49376 | 77848 | 7771 | 281 | 5627 | | 126924 | 130303 | 751 | 47237 |
| 19421 | 29303 | 2733 | 157 | 667 | | 72960 | 74860 | 670 | 9365 |
| 29955 | 48545 | 5038 | 124 | 4960 | | 53964 | 55443 | 82 | 37872 |
| 19624 | 27590 | 5181 | 154 | 3732 | 801 | 79718 | 74024 | 112 | 17698 |
| 89684 | 159873 | 16266 | 2078 | 12513 | -3558 | 393863 | 389842 | 5127 | 94494 |
| 3847 | 8193 | 754 | 25 | 650 | | 19372 | 19678 | | 2373 |
| 26810 | 30955 | 3875 | 402 | 3131 | -1203 | 128199 | 128026 | 318 | 18738 |
| 851 | 934 | 173 | 3 | 154 | | 24392 | 24392 | | 825 |
| 24201 | 25666 | 3469 | 377 | 2860 | -1204 | 96448 | 96221 | 152 | 15478 |
| 1665 | 3322 | 184 | 21 | 87 | | 5534 | 5587 | | 1797 |
| 93 | 1034 | 49 | | 31 | | 1826 | 1826 | 165 | 638 |
| 1120 | 620 | 146 | | 145 | | 2316 | 2915 | | 831 |
| 441 | 440 | 88 | | 88 | | 1228 | 1259 | | 211 |
| 661 | 167 | 54 | | 53 | | 1032 | 1600 | | 442 |
| 19 | 13 | 4 | | 4 | | 57 | 57 | | 178 |
| 7707 | 12107 | 2706 | 2 | 1423 | 7 | 64774 | 62494 | 199 | 5290 |
| 3221 | 4198 | 1705 | 1 | 799 | 7 | 27768 | 26748 | 199 | 2360 |
| 4487 | 7909 | 1001 | 1 | 624 | | 37006 | 35746 | | 2930 |
| 50200 | 107998 | 8785 | 1649 | 7164 | -2361 | 179202 | 176730 | 4610 | 67262 |
| 9070 | 22658 | 1792 | 52 | 1488 | -2898 | 76176 | 76348 | 766 | 21648 |
| 20654 | 49710 | 4479 | 1741 | 4467 | 537 | 54896 | 55559 | 2936 | 33622 |
| 2247 | 4894 | 557 | 50 | 520 | | 9894 | 9898 | 422 | 3028 |
| 14360 | 18664 | 2013 | | 439 | | 25220 | 25512 | 483 | 4646 |
| 3870 | 12073 | -56 | -194 | 249 | | 13016 | 9413 | 4 | 4318 |

1-A-6 续表 21

| 行业 | | | | | 营业收入 | 营业成本 |
|---|---|---|---|---|---|---|
| | 法人资本 | 个人资本 | 港澳台资本 | 外商资本 | | |
| 木材加工和木、竹、藤、棕、草制品业 | 140396 | 1824975 | 63505 | 8107 | 3411269 | 2980807 |
| 木材加工 | 44103 | 30897 | | 6804 | 718336 | 641232 |
| 锯材加工 | 31697 | 13483 | | | 355355 | 322980 |
| 木片加工 | 18 | 5185 | | | 78530 | 70747 |
| 单板加工 | 7344 | 3820 | | 6804 | 161514 | 135741 |
| 其他木材加工 | 5045 | 8409 | | | 122937 | 111764 |
| 人造板制造 | 47227 | 59978 | 48276 | | 1369262 | 1160983 |
| 胶合板制造 | 8350 | 33722 | 900 | | 483120 | 427844 |
| 纤维板制造 | 27676 | 10474 | 4939 | | 555797 | 442179 |
| 刨花板制造 | 6000 | 5550 | | | 122488 | 106846 |
| 其他人造板制造 | 5201 | 10233 | 42437 | | 207858 | 184114 |
| 木质制品制造 | 21930 | 26926 | 6829 | 1303 | 724127 | 650658 |
| 建筑用木料及木材组件加工 | 3250 | 12446 | | | 117590 | 98694 |
| 木门窗制造 | 3510 | 4800 | | | 124430 | 113543 |
| 木楼梯制造 | | 330 | 6829 | | 36063 | 32743 |
| 木地板制造 | | 3900 | | | 117020 | 109840 |
| 木制容器制造 | 50 | 2280 | | | 15957 | 14478 |
| 软木制品及其他木制品制造 | 15121 | 3170 | | 1303 | 313067 | 281360 |
| 竹、藤、棕、草等制品制造 | 27136 | 1707174 | 8400 | | 599544 | 527934 |
| 竹制品制造 | 26736 | 1679174 | 8400 | | 519987 | 455969 |
| 藤制品制造 | 400 | | | | 2239 | 1785 |
| 草及其他制品制造 | | 28000 | | | 77319 | 70181 |
| 家具制造业 | 251843 | 227652 | 2571 | 1410 | 3939869 | 3294534 |
| 木质家具制造 | 240443 | 188073 | 2071 | | 3374409 | 2816061 |
| 竹、藤家具制造 | 1700 | 400 | | | 28100 | 23146 |
| 金属家具制造 | 3142 | 26849 | | 1410 | 164658 | 137845 |
| 其他家具制造 | 6559 | 12330 | 500 | | 372702 | 317482 |
| 造纸和纸制品业 | 212962 | 143077 | 260085 | | 3407461 | 2912295 |
| 纸浆制造 | 100 | 2000 | | | 14342 | 13408 |
| 木竹浆制造 | 100 | 2000 | | | 14342 | 13408 |
| 造纸 | 146146 | 55039 | 200252 | | 1931881 | 1645810 |
| 机制纸及纸板制造 | 146096 | 54149 | 200252 | | 1921734 | 1636154 |
| 加工纸制造 | 50 | 890 | | | 10147 | 9656 |
| 纸制品制造 | 66716 | 86039 | 59833 | | 1461239 | 1253077 |
| 纸和纸板容器制造 | 24276 | 43937 | 7667 | | 929395 | 806557 |
| 其他纸制品制造 | 42440 | 42101 | 52167 | | 531844 | 446520 |
| 印刷和记录媒介复制业 | 95102 | 259135 | 30640 | | 2480465 | 2070164 |
| 印刷 | 95102 | 258935 | 30640 | | 2477214 | 2067563 |
| 书、报刊印刷 | 8926 | 102728 | 7350 | | 328431 | 257410 |
| 本册印制 | 1000 | 2080 | | | 22761 | 19984 |
| 包装装潢及其他印刷 | 85176 | 154127 | 23290 | | 2126023 | 1790169 |
| 装订及印刷相关服务 | | 200 | | | 3251 | 2601 |

单位：万元

| 销售费用 | 管理费用 | 财务费用 | | | 投资收益（损失以"-"号记） | 营业利润 | 利润总额 | 亏损企业亏损额 | 平均用工人数（人） |
|---|---|---|---|---|---|---|---|---|---|
| | | | 利息收入 | 利息支出 | | | | | |
| 75187 | 96622 | 24328 | 408 | 22520 | -17 | 210109 | 217256 | 3965 | 35880 |
| 12797 | 16656 | 6905 | -34 | 6647 | -105 | 37285 | 39719 | 1957 | 6870 |
| 3491 | 8728 | 4280 | -46 | 4144 | -105 | 13970 | 14642 | 1604 | 2275 |
| 4023 | 1080 | 1062 | 3 | 1018 | | 1461 | 1725 | 8 | 796 |
| 3342 | 4352 | 829 | 3 | 824 | | 16532 | 17012 | | 2339 |
| 1940 | 2496 | 735 | 6 | 661 | | 5322 | 6341 | 344 | 1460 |
| 41710 | 51868 | 10564 | 128 | 10223 | 82 | 90419 | 92109 | 1485 | 13478 |
| 9798 | 12594 | 2637 | -134 | 2500 | 69 | 28815 | 29230 | 132 | 6635 |
| 25358 | 30158 | 2972 | 24 | 2876 | | 43993 | 44735 | 470 | 3066 |
| 2200 | 2729 | 3404 | 8 | 3444 | | 6811 | 7272 | | 1377 |
| 4354 | 6388 | 1551 | 230 | 1404 | 14 | 10800 | 10871 | 882 | 2400 |
| 9139 | 12265 | 1799 | 82 | 1474 | | 47045 | 46962 | 27 | 6112 |
| 2577 | 3690 | 322 | 4 | 291 | | 11817 | 11817 | | 1356 |
| 2862 | 2702 | 338 | 1 | 287 | | 4640 | 4449 | 27 | 1104 |
| 79 | 779 | 97 | -5 | 102 | | 2021 | 2005 | | 405 |
| 404 | 865 | 202 | | 202 | | 5513 | 5513 | | 571 |
| 326 | 397 | 198 | | 198 | | 510 | 631 | | 350 |
| 2890 | 3832 | 641 | 82 | 393 | | 22544 | 22548 | | 2326 |
| 11542 | 15833 | 5060 | 232 | 4176 | 6 | 35360 | 38466 | 497 | 9420 |
| 10337 | 12995 | 4820 | 232 | 3936 | 6 | 32164 | 35271 | 497 | 8983 |
| 31 | 228 | 57 | | 57 | | 129 | 129 | | 104 |
| 1174 | 2611 | 184 | | 184 | | 3067 | 3067 | | 333 |
| 129309 | 160084 | 29212 | 891 | 17004 | -223 | 302239 | 303369 | 2344 | 68897 |
| 112379 | 133717 | 23720 | 825 | 15475 | -223 | 265741 | 266253 | 2130 | 63722 |
| 195 | 743 | 303 | 6 | 70 | | 3615 | 3652 | | 245 |
| 7069 | 9035 | 778 | 34 | 756 | | 9172 | 9724 | 105 | 1778 |
| 9666 | 16590 | 4411 | 27 | 703 | | 23712 | 23740 | 109 | 3152 |
| 61973 | 107274 | 39061 | 3826 | 33589 | 780 | 260184 | 271932 | 6511 | 27886 |
| 127 | 127 | 25 | 1 | 21 | | 610 | 664 | | 115 |
| 127 | 127 | 25 | 1 | 21 | | 610 | 664 | | 115 |
| 34011 | 56486 | 30066 | 3696 | 27605 | 770 | 147554 | 155193 | 3236 | 14895 |
| 33941 | 56314 | 29974 | 3696 | 27576 | 770 | 147408 | 155044 | 3150 | 14794 |
| 70 | 172 | 92 | 1 | 29 | | 146 | 149 | 86 | 101 |
| 27835 | 50660 | 8970 | 128 | 5963 | 10 | 112020 | 116074 | 3274 | 12876 |
| 16633 | 33272 | 5691 | 97 | 4478 | | 62138 | 64663 | 2363 | 8096 |
| 11201 | 17389 | 3279 | 31 | 1485 | 10 | 49882 | 51411 | 911 | 4780 |
| 47508 | 104700 | 16518 | 3263 | 11552 | -944 | 230909 | 231978 | 4959 | 22399 |
| 47280 | 104569 | 16413 | 3262 | 11449 | -944 | 230734 | 231803 | 4959 | 22222 |
| 4804 | 29021 | 6410 | 11 | 1911 | -1502 | 26586 | 26893 | 1702 | 3500 |
| 208 | 529 | 384 | | 384 | | 1378 | 1378 | 51 | 456 |
| 42268 | 75019 | 9619 | 3250 | 9154 | 559 | 202771 | 203533 | 3206 | 18266 |
| 228 | 132 | 104 | 1 | 103 | | 175 | 175 | | 177 |

1-A-6 续表 22

| 行业 | 法人资本 | 个人资本 | 港澳台资本 | 外商资本 | 营业收入 | 营业成本 |
|---|---|---|---|---|---|---|
| 文教、工美、体育和娱乐用品制造业 | 138177 | 223803 | 108799 | 96434 | 4289757 | 3656772 |
| 文教办公用品制造 | 18171 | 12349 | | 125 | 506710 | 435319 |
| 文具制造 | 11266 | 8618 | | 125 | 305922 | 265415 |
| 笔的制造 | 4576 | 620 | | | 75532 | 63106 |
| 教学用模型及教具制造 | 2330 | 2712 | | | 115243 | 97790 |
| 墨水、墨汁制造 | | 100 | | | 6767 | 6295 |
| 其他文教办公用品制造 | | 300 | | | 3246 | 2714 |
| 工艺美术及礼仪用品制造 | 94179 | 143891 | 31627 | 17924 | 2083779 | 1734496 |
| 雕塑工艺品制造 | 12274 | 24265 | 2912 | 6355 | 662921 | 522209 |
| 金属工艺品制造 | 4600 | 7300 | | | 117405 | 105931 |
| 漆器工艺品制造 | 15000 | 5931 | | | 243926 | 193498 |
| 花画工艺品制造 | 181 | | 9959 | | 62085 | 53634 |
| 天然植物纤维编织工艺品制造 | 780 | 2381 | 3029 | | 72500 | 65268 |
| 抽纱刺绣工艺品制造 | 5332 | 1968 | | | 59439 | 54248 |
| 地毯、挂毯制造 | | 6800 | | | 51994 | 42353 |
| 珠宝首饰及有关物品制造 | 33556 | 29199 | | | 282655 | 245735 |
| 其他工艺美术及礼仪用品制造 | 22457 | 66048 | 15727 | 11569 | 530854 | 451621 |
| 体育用品制造 | 4182 | 33034 | 5946 | 74286 | 802371 | 711613 |
| 球类制造 | 500 | 4465 | | 46231 | 364763 | 324642 |
| 专项运动器材及配件制造 | 1300 | 5533 | | 25707 | 234333 | 203871 |
| 健身器材制造 | | 6767 | | | 30613 | 25227 |
| 运动防护用具制造 | 37 | 4089 | 5946 | | 97404 | 87276 |
| 其他体育用品制造 | 2345 | 12181 | | 2349 | 75259 | 70597 |
| 玩具制造 | 21645 | 27194 | 71063 | 4099 | 499523 | 441655 |
| 电玩具制造 | 7000 | 650 | 50692 | | 110440 | 101859 |
| 塑胶玩具制造 | 6700 | 16055 | 20370 | 2628 | 257380 | 223839 |
| 金属玩具制造 | | 200 | | | 1997 | 1702 |
| 娃娃玩具制造 | 150 | 444 | | | 5022 | 4249 |
| 其他玩具制造 | 7795 | 9846 | | 1470 | 124683 | 110006 |
| 游艺器材及娱乐用品制造 | | 7334 | 163 | | 397375 | 333690 |
| 露天游乐场所游乐设备制造 | | | 163 | | 28892 | 22035 |
| 游艺用品及室内游艺器材制造 | | 643 | | | 325487 | 275994 |
| 其他娱乐用品制造 | | 6692 | | | 42996 | 35660 |
| 石油、煤炭及其他燃料加工业 | 33714 | 53422 | 18550 | | 6591018 | 5014291 |
| 精炼石油产品制造 | 12743 | 33283 | | | 4785978 | 3455417 |
| 原油加工及石油制品制造 | 12743 | 33283 | | | 4785978 | 3455417 |
| 煤炭加工 | 1868 | 13688 | 18550 | | 1642316 | 1411015 |
| 炼焦 | 100 | 8800 | 18550 | | 1584467 | 1359370 |
| 煤制品制造 | 1768 | 4888 | | | 57849 | 51645 |
| 生物质燃料加工 | 19103 | 6450 | | | 162725 | 147860 |
| 生物质致密成型燃料加工 | 19103 | 6450 | | | 162725 | 147860 |
| 化学原料和化学制品制造业 | 5610086 | 825609 | 347399 | 192068 | 16481464 | 13351394 |
| 基础化学原料制造 | 268533 | 296331 | 196640 | 91546 | 6319726 | 5101705 |

单位：万元

| 销售费用 | 管理费用 | 财务费用 | | | 投资收益（损失以“-”号记） | 营业利润 | 利润总额 | 亏损企业亏损额 | 平均用工人数（人） |
|---|---|---|---|---|---|---|---|---|---|
| | | | 利息收入 | 利息支出 | | | | | |
| 99452 | 129247 | 31121 | 698 | 18449 | -490 | 347817 | 350993 | 4582 | 57964 |
| 9735 | 14051 | 1891 | 29 | 1076 | | 43701 | 42725 | 205 | 5292 |
| 3209 | 3945 | 991 | 2 | 526 | | 31671 | 30802 | 205 | 2859 |
| 1732 | 3048 | 395 | 5 | 338 | | 6955 | 6960 | | 878 |
| 4542 | 6824 | 499 | 21 | 212 | | 4620 | 4475 | | 1460 |
| 234 | 209 | 1 | 1 | | | 14 | 46 | | 60 |
| 19 | 26 | 6 | | | | 441 | 442 | | 35 |
| 62190 | 74861 | 22577 | 418 | 15049 | 83 | 172913 | 176522 | 1490 | 24084 |
| 21667 | 23570 | 7051 | 380 | 5094 | 104 | 83119 | 82754 | | 6054 |
| 1569 | 1997 | 1584 | 1 | 667 | | 5930 | 5230 | | 461 |
| 4196 | 15894 | 4799 | 1 | 4394 | 25 | 21668 | 21674 | | 4122 |
| 1733 | 1958 | 340 | 32 | 20 | | 3179 | 3222 | | 1449 |
| 866 | 818 | 369 | | 42 | | 4873 | 4905 | | 951 |
| 1030 | 2124 | 1554 | | 1276 | 64 | 427 | 743 | | 1343 |
| 3871 | 2652 | 141 | -9 | 282 | 118 | 2882 | 3016 | 11 | 704 |
| 10932 | 4320 | 2892 | 2 | 2028 | -228 | 17200 | 20945 | 373 | 1728 |
| 16326 | 21529 | 3848 | 12 | 1246 | | 33636 | 34033 | 1107 | 7272 |
| 10461 | 13180 | 4739 | 22 | 1028 | | 60399 | 60145 | 2219 | 12724 |
| 2703 | 3224 | 2864 | 3 | 7 | | 30672 | 30672 | | 5463 |
| 5601 | 6245 | 1275 | 16 | 552 | | 16621 | 16158 | 847 | 4044 |
| 1217 | 1787 | 315 | 2 | 303 | | 1977 | 1987 | 125 | 858 |
| 587 | 978 | 150 | 1 | 138 | | 8060 | 8256 | 1246 | 1381 |
| 352 | 946 | 136 | | 28 | | 3070 | 3071 | | 978 |
| 10711 | 21403 | 1172 | 229 | 999 | -572 | 21483 | 22250 | 668 | 14020 |
| 1394 | 6286 | 472 | 1 | 628 | | -62 | 186 | 475 | 5796 |
| 6749 | 12401 | 300 | 57 | 258 | | 11932 | 12451 | 193 | 6624 |
| 34 | 21 | 10 | | 10 | 105 | 195 | 195 | | 56 |
| 38 | 240 | 1 | | | | 479 | 478 | | 161 |
| 2497 | 2456 | 389 | 172 | 102 | -677 | 8939 | 8940 | | 1383 |
| 6354 | 5751 | 742 | | 298 | | 49321 | 49351 | | 1844 |
| 2203 | 1358 | 138 | | 78 | | 3127 | 3157 | | 96 |
| 2578 | 2691 | 581 | | 197 | | 42217 | 42217 | | 1350 |
| 1573 | 1702 | 22 | | 23 | | 3977 | 3977 | | 398 |
| 52178 | 133215 | 46783 | 9407 | 41357 | 1767 | 288629 | 289977 | 638 | 15783 |
| 11119 | 69650 | -6600 | 9399 | 2419 | -3 | 212778 | 214442 | 423 | 3395 |
| 11119 | 69650 | -6600 | 9399 | 2419 | -3 | 212778 | 214442 | 423 | 3395 |
| 36891 | 60766 | 53011 | 2 | 38657 | 1770 | 69029 | 66991 | | 10920 |
| 34895 | 59258 | 52893 | -5 | 38657 | 1770 | 67078 | 64957 | | 10732 |
| 1996 | 1509 | 118 | 7 | | | 1951 | 2033 | | 188 |
| 4169 | 2798 | 373 | 7 | 281 | | 6821 | 8545 | 214 | 1468 |
| 4169 | 2798 | 373 | 7 | 281 | | 6821 | 8545 | 214 | 1468 |
| 398236 | 596327 | 128328 | -964 | 91379 | 13557 | 1874930 | 1893483 | 34590 | 135074 |
| 131094 | 204248 | 73783 | -1289 | 48282 | 12171 | 769947 | 773453 | 11734 | 32179 |

1-A-6 续表 23

| 行 业 | | | | | 营业收入 | 营业成本 |
|---|---|---|---|---|---|---|
| | | | | | | |
| | 法人资本 | 个人资本 | 港澳台资本 | 外商资本 | | |
| 无机酸制造 | 33633 | 13300 | 798 | | 395246 | 308993 |
| 无机碱制造 | 300 | 300 | 4014 | | 126336 | 109298 |
| 无机盐制造 | 72528 | 199154 | | 2376 | 1722512 | 1395766 |
| 有机化学原料制造 | 88168 | 41210 | 5062 | 38680 | 1634540 | 1406662 |
| 其他基础化学原料制造 | 73903 | 42366 | 186766 | 50490 | 2441092 | 1880987 |
| 肥料制造 | 168864 | 23827 | 50000 | | 404129 | 365474 |
| 氮肥制造 | 164 | 36 | | | 11121 | 9776 |
| 磷肥制造 | 50 | 300 | | | 15947 | 14748 |
| 复混肥料制造 | 166926 | 16991 | 50000 | | 351749 | 320524 |
| 有机肥料及微生物肥料制造 | 1724 | 6300 | | | 22953 | 18729 |
| 其他肥料制造 | | 200 | | | 2359 | 1698 |
| 农药制造 | 56302 | 31870 | | 20000 | 509741 | 408978 |
| 化学农药制造 | 29598 | 28356 | | 20000 | 470455 | 378568 |
| 生物化学农药及微生物农药制造 | 26704 | 3514 | | | 39287 | 30410 |
| 涂料、油墨、颜料及类似产品制造 | 45446 | 96199 | 48107 | 1741 | 1372535 | 1107549 |
| 涂料制造 | 13062 | 38515 | 5504 | | 503614 | 432385 |
| 油墨及类似产品制造 | 5510 | 13520 | 5037 | | 125864 | 93930 |
| 工业颜料制造 | 3860 | 10046 | 35470 | | 123701 | 99352 |
| 工艺美术颜料制造 | 2013 | 1710 | | 1741 | 165842 | 133585 |
| 染料制造 | 20500 | 12736 | | | 232450 | 170380 |
| 密封用填料及类似品制造 | 500 | 19672 | 2096 | | 221066 | 177918 |
| 合成材料制造 | 26331 | 27130 | 2074 | 71809 | 689765 | 596539 |
| 初级形态塑料及合成树脂制造 | 17419 | 20190 | 1336 | 1159 | 513872 | 446731 |
| 合成橡胶制造 | | 1280 | | | 40504 | 36854 |
| 合成纤维单(聚合)体制造 | 1509 | 1500 | | | 43670 | 39683 |
| 其他合成材料制造 | 7403 | 4160 | 739 | 70650 | 91720 | 73272 |
| 专用化学产品制造 | 3242479 | 215545 | 47866 | 6837 | 4250474 | 3486246 |
| 化学试剂和助剂制造 | 3154613 | 109345 | 2000 | | 2075080 | 1651906 |
| 专项化学用品制造 | 31801 | 45265 | 4156 | | 780209 | 664713 |
| 林产化学产品制造 | 31887 | 32584 | | 4245 | 631230 | 534762 |
| 文化用信息化学品制造 | 13585 | 5425 | 3246 | | 154809 | 132186 |
| 医学生产用信息化学品制造 | | 1100 | 3500 | | 90474 | 79196 |
| 环境污染处理专用药剂材料制造 | 1000 | 240 | | | 8690 | 5130 |
| 动物胶制造 | | 280 | | | 8963 | 8288 |
| 其他专用化学产品制造 | 9593 | 21306 | 34964 | 2592 | 501020 | 410065 |
| 炸药、火工及焰火产品制造 | 254557 | 81623 | 604 | 136 | 1477638 | 1187797 |
| 炸药及火工产品制造 | 42046 | 16109 | | | 240056 | 153815 |
| 焰火、鞭炮产品制造 | 212511 | 65514 | 604 | 136 | 1237581 | 1033982 |
| 日用化学产品制造 | 1547575 | 53085 | 2109 | | 1457455 | 1097106 |
| 肥皂及洗涤剂制造 | 1502122 | 5350 | 3 | | 100081 | 78377 |
| 化妆品制造 | 5210 | 10031 | | | 354021 | 279958 |
| 口腔清洁用品制造 | 10000 | | | | 30300 | 25101 |
| 香料、香精制造 | 24420 | 18832 | 126 | | 507228 | 336264 |
| 其他日用化学产品制造 | 5823 | 18872 | 1980 | | 465825 | 377407 |

单位：万元

| 销售费用 | 管理费用 | 财务费用 | | | 投资收益（损失以“–”号记） | 营业利润 | 利润总额 | 亏损企业亏损额 | 平均用工人数（人） |
|---|---|---|---|---|---|---|---|---|---|
| | | | 利息收入 | 利息支出 | | | | | |
| 9278 | 14298 | 1719 | 69 | 1827 | | 52986 | 52900 | 1723 | 1809 |
| 917 | 3164 | 3333 | | 3333 | | 9032 | 9297 | | 559 |
| 27688 | 51111 | 11480 | -3069 | 11079 | 10148 | 253844 | 254323 | 1631 | 10778 |
| 29396 | 53245 | 14483 | 368 | 5753 | 18 | 114850 | 115358 | 3246 | 7727 |
| 63816 | 82430 | 42768 | 1344 | 26290 | 2006 | 339235 | 341575 | 5133 | 11306 |
| 11306 | 16273 | 4382 | 8 | 3420 | 8 | 4044 | 8331 | 12859 | 4747 |
| 521 | 451 | | | | | 301 | 124 | | 85 |
| 391 | 272 | 70 | 1 | 71 | | 451 | 451 | | 157 |
| 9619 | 14283 | 4064 | 5 | 3172 | 8 | 951 | 4717 | 12844 | 3739 |
| 726 | 1189 | 231 | 2 | 160 | | 1839 | 2537 | 15 | 744 |
| 49 | 78 | 17 | | 18 | | 502 | 502 | | 22 |
| 13979 | 21731 | 2829 | 67 | 2367 | 2353 | 59053 | 59586 | 3433 | 3725 |
| 13099 | 18367 | 2344 | 98 | 1856 | 2353 | 58284 | 58498 | 509 | 3331 |
| 879 | 3363 | 486 | -31 | 511 | | 769 | 1088 | 2924 | 394 |
| 38817 | 49509 | 10639 | 371 | 4887 | -3140 | 144959 | 156356 | 654 | 10185 |
| 9173 | 13410 | 4141 | 8 | 667 | | 34019 | 44641 | 375 | 3304 |
| 7354 | 5142 | 690 | 2 | 594 | | 18198 | 18158 | | 1266 |
| 4630 | 4732 | 1131 | -14 | 1490 | | 12641 | 12783 | | 1427 |
| 5715 | 7170 | 3341 | | 225 | | 7773 | 7778 | | 1181 |
| 4552 | 11500 | -108 | 363 | 455 | -3140 | 46287 | 46933 | 278 | 1712 |
| 7392 | 7555 | 1444 | 11 | 1456 | | 26042 | 26063 | | 1295 |
| 11275 | 19852 | 1859 | 77 | 1615 | 60 | 56818 | 58555 | 789 | 4503 |
| 5798 | 10169 | 1576 | 110 | 1269 | 60 | 46917 | 48632 | 789 | 3294 |
| 1007 | 1259 | 42 | 2 | 26 | | 1171 | 1225 | | 179 |
| 753 | 723 | 313 | 1 | 172 | | 2082 | 2082 | | 97 |
| 3717 | 7701 | -72 | -35 | 147 | | 6648 | 6615 | | 933 |
| 104245 | 165737 | 22043 | 2855 | 16243 | 3265 | 445895 | 457938 | 4286 | 32718 |
| 57279 | 88684 | 6110 | -1432 | 7324 | 5375 | 259818 | 272940 | 2579 | 14166 |
| 20657 | 29423 | 4959 | 188 | 3670 | 85 | 56043 | 58979 | 35 | 6205 |
| 14783 | 25211 | 4236 | 48 | 2598 | -1772 | 47184 | 47790 | 483 | 6736 |
| 2539 | 6401 | 1190 | 79 | 643 | | 10815 | 13633 | | 1211 |
| 719 | 237 | 52 | 10 | 26 | | 10036 | 3014 | | 318 |
| 160 | 156 | 14 | 18 | 11 | | 3118 | 3127 | | 120 |
| 167 | 188 | 73 | 3 | 76 | | 241 | 241 | | 191 |
| 7941 | 15437 | 5408 | 3943 | 1896 | -422 | 58640 | 58215 | 1189 | 3771 |
| 29379 | 53090 | 6559 | 66 | 6205 | -1104 | 159864 | 160600 | 453 | 37025 |
| 15295 | 35170 | 1573 | 43 | 1686 | 1422 | 39498 | 39860 | | 4928 |
| 14084 | 17920 | 4986 | 23 | 4520 | -2526 | 120365 | 120740 | 453 | 32097 |
| 58141 | 65887 | 6234 | -3117 | 8359 | -56 | 234351 | 218664 | 383 | 9992 |
| 2962 | 2236 | 907 | 1 | 556 | | 15134 | 15214 | | 1421 |
| 17522 | 16677 | 2737 | 3 | 2692 | | 35350 | 16226 | 118 | 2196 |
| 3246 | 2310 | -485 | | | -56 | -151 | -101 | 136 | 301 |
| 18004 | 27214 | 314 | -3135 | 3413 | | 134153 | 137575 | 129 | 2830 |
| 16408 | 17450 | 2762 | 15 | 1698 | | 49865 | 49750 | | 3244 |

1-A-6 续表 24

| 行业 | 法人资本 | 个人资本 | 港澳台资本 | 外商资本 | 营业收入 | 营业成本 |
|---|---|---|---|---|---|---|
| 医药制造业 | 991953 | 831616 | 20926 | 14008 | 10782744 | 7695720 |
| 化学药品原料药制造 | 312370 | 149875 | | 1673 | 2979705 | 2373995 |
| 化学药品制剂制造 | 99304 | 185701 | 3118 | | 1485559 | 1018931 |
| 中药饮片加工 | 38619 | 260056 | | | 1003844 | 855995 |
| 中成药生产 | 273046 | 137290 | 5450 | 5 | 3281164 | 1905376 |
| 兽用药品制造 | 31916 | 23429 | 390 | | 343823 | 285147 |
| 生物药品制品制造 | 198646 | 17167 | | 9514 | 869522 | 555055 |
| 生物药品制造 | 198646 | 17167 | | 9514 | 869522 | 555055 |
| 卫生材料及医药用品制造 | 26384 | 50981 | | 2816 | 710461 | 616475 |
| 药用辅料及包装材料 | 11668 | 7118 | 11969 | | 108667 | 84747 |
| 化学纤维制造业 | 33668 | 32036 | 103700 | 92754 | 982891 | 858842 |
| 纤维素纤维原料及纤维制造 | 25813 | 24700 | 101700 | 88845 | 718401 | 625481 |
| 化纤浆粕制造 | 9897 | 1700 | | | 23612 | 21216 |
| 人造纤维(纤维素纤维)制造 | 15917 | 23000 | 101700 | 88845 | 694788 | 604265 |
| 合成纤维制造 | 7855 | 5336 | 2000 | 3909 | 261270 | 230742 |
| 锦纶纤维制造 | | 500 | | | 23190 | 18692 |
| 涤纶纤维制造 | 7855 | 3370 | | | 213016 | 190075 |
| 维纶纤维制造 | | 1350 | | | 13929 | 12116 |
| 丙纶纤维制造 | | 116 | 2000 | | 5032 | 4474 |
| 其他合成纤维制造 | | | | 3909 | 6102 | 5385 |
| 生物基材料制造 | | 2000 | | | 3221 | 2619 |
| 生物基、淀粉基新材料制造 | | 2000 | | | 3221 | 2619 |
| 橡胶和塑料制品业 | 433667 | 376319 | 11692 | 8561 | 6149344 | 5278664 |
| 橡胶制品业 | 112040 | 74599 | 2000 | | 1302104 | 1104840 |
| 轮胎制造 | 5818 | 7000 | | | 102121 | 94700 |
| 橡胶板、管、带制造 | 27045 | 38250 | | | 628466 | 523100 |
| 橡胶零件制造 | 26705 | 150 | | | 83832 | 71892 |
| 再生橡胶制造 | 100 | 7665 | | | 149179 | 136512 |
| 日用及医用橡胶制品制造 | | 14466 | | | 22660 | 19130 |
| 运动场地用塑胶制造 | 437 | 500 | | | 37105 | 21348 |
| 其他橡胶制品制造 | 51934 | 6568 | 2000 | | 278742 | 238158 |
| 塑料制品业 | 321627 | 301720 | 9692 | 8561 | 4847240 | 4173824 |
| 塑料薄膜制造 | 32797 | 10115 | 2170 | 5999 | 162942 | 134174 |
| 塑料板、管、型材制造 | 137982 | 142977 | 3060 | | 1374851 | 1145931 |
| 塑料丝、绳及编织品制造 | 33898 | 37445 | | | 1228472 | 1095955 |
| 泡沫塑料制造 | 2443 | 4683 | 1985 | | 295714 | 256344 |
| 塑料人造革、合成革制造 | 2384 | 23810 | | | 73041 | 55212 |
| 塑料包装箱及容器制造 | 33333 | 27835 | | 512 | 623165 | 536667 |
| 日用塑料制品制造 | 18871 | 12805 | 2161 | | 253244 | 224330 |
| 塑料零件及其他塑料制品制造 | 59919 | 42049 | 317 | 2051 | 835811 | 725210 |
| 非金属矿物制品业 | 1998045 | 1580382 | 269605 | 72870 | 25476375 | 20790419 |
| 水泥、石灰和石膏制造 | 436557 | 190215 | 248955 | | 4844819 | 3531265 |

单位：万元

| 销售费用 | 管理费用 | 财务费用 | | | 投资收益(损失以“–”号记) | 营业利润 | 利润总额 | 亏损企业亏损额 | 平均用工人数(人) |
|---|---|---|---|---|---|---|---|---|---|
| | | | 利息收入 | 利息支出 | | | | | |
| 1179647 | 661072 | 79694 | 18927 | 81354 | 62316 | 1140357 | 1120943 | 20148 | 93743 |
| 52969 | 178697 | 28967 | -432 | 20819 | 38860 | 343680 | 344389 | 12977 | 19642 |
| 197015 | 81832 | 5728 | 4847 | 9786 | 4161 | 180030 | 170784 | 264 | 13762 |
| 39518 | 29934 | 4744 | 193 | 3587 | -13302 | 69537 | 75399 | 323 | 7471 |
| 803693 | 231578 | 12307 | 6374 | 16056 | 2052 | 304964 | 285393 | 4278 | 34546 |
| 14484 | 17014 | 3822 | 88 | 2489 | -70 | 21726 | 21901 | 137 | 2779 |
| 37627 | 95738 | 18304 | 7802 | 23920 | 30269 | 172666 | 174474 | 646 | 7181 |
| 37627 | 95738 | 18304 | 7802 | 23920 | 30269 | 172666 | 174474 | 646 | 7181 |
| 28472 | 19843 | 4164 | 54 | 3137 | 331 | 39204 | 39741 | 1132 | 6738 |
| 5870 | 6436 | 1659 | 2 | 1561 | 15 | 8550 | 8864 | 391 | 1624 |
| 15561 | 66168 | 15990 | 379 | 12099 | | 22542 | 29112 | 1052 | 5298 |
| 10865 | 60993 | 14694 | 371 | 11273 | | 3659 | 6741 | 845 | 3554 |
| 565 | 668 | 343 | 120 | 223 | | 799 | 799 | | 160 |
| 10300 | 60325 | 14351 | 251 | 11051 | | 2860 | 5942 | 845 | 3394 |
| 4554 | 4995 | 1292 | 8 | 822 | | 18646 | 22133 | 206 | 1695 |
| 1882 | 2093 | 413 | | 412 | | 99 | 99 | | 90 |
| 1994 | 1930 | 685 | 7 | 365 | | 17492 | 20950 | | 1117 |
| 423 | 127 | 41 | 1 | 41 | | 1116 | 1128 | | 204 |
| 84 | 508 | 23 | | 3 | | -84 | -79 | 206 | 79 |
| 170 | 337 | 130 | | | | 23 | 36 | | 205 |
| 142 | 180 | 4 | | 4 | | 237 | 237 | | 49 |
| 142 | 180 | 4 | | 4 | | 237 | 237 | | 49 |
| 119973 | 164680 | 36171 | 1406 | 26876 | 1626 | 514480 | 536429 | 4146 | 52188 |
| 24963 | 35234 | 6724 | 118 | 6051 | 3688 | 121928 | 119346 | 27 | 10155 |
| 1419 | 1541 | 247 | 10 | 229 | -69 | 4029 | 4047 | 27 | 1256 |
| 13660 | 16076 | 2144 | -33 | 2618 | 3757 | 69071 | 69467 | | 3378 |
| 2179 | 2305 | 223 | 60 | 242 | | 6580 | 6622 | | 576 |
| 1985 | 2436 | 1759 | 11 | 1431 | | 5561 | 5770 | | 1139 |
| 662 | 792 | 385 | 4 | 141 | | 1600 | 1600 | | 402 |
| 1339 | 4193 | 654 | | | | 8704 | 8704 | | 756 |
| 3720 | 7890 | 1313 | 67 | 1390 | | 26385 | 23135 | | 2648 |
| 95010 | 129446 | 29447 | 1289 | 20825 | -2062 | 392552 | 417083 | 4119 | 42033 |
| 2985 | 7670 | 537 | 25 | 806 | 131 | 16877 | 17424 | 61 | 2325 |
| 24169 | 43500 | 8416 | 716 | 4991 | -168 | 148873 | 151411 | 374 | 10307 |
| 20898 | 23606 | 7376 | 67 | 5665 | -1388 | 73770 | 81072 | 1112 | 11864 |
| 5673 | 4227 | 897 | 7 | 360 | | 26791 | 26843 | | 2428 |
| 6176 | 7424 | 1185 | 30 | 1097 | | 2453 | 2571 | 45 | 865 |
| 9321 | 12780 | 4458 | 51 | 3659 | | 56072 | 57929 | 486 | 4767 |
| 4805 | 5133 | 1348 | 35 | 643 | | 15588 | 16184 | | 2497 |
| 20983 | 25107 | 5231 | 358 | 3605 | -637 | 52130 | 63649 | 2042 | 6980 |
| 694510 | 834692 | 200894 | 9786 | 149084 | -30833 | 2710838 | 2720984 | 35404 | 228329 |
| 125486 | 141727 | 37339 | 4593 | 40183 | 1944 | 952824 | 948283 | 8654 | 26563 |

1-A-6 续表 25

| 行业 | | | | | 营业收入 | 营业成本 |
|---|---|---|---|---|---|---|
| | 法人资本 | 个人资本 | 港澳台资本 | 外商资本 | | |
| 水泥制造 | 425853 | 179311 | 248955 | | 4246291 | 3033832 |
| 石灰和石膏制造 | 10704 | 10904 | | | 598529 | 497433 |
| 石膏、水泥制品及类似制品制造 | 390754 | 318886 | 349 | 2010 | 6157385 | 5231214 |
| 水泥制品制造 | 321593 | 255421 | 49 | 2010 | 4697934 | 3998104 |
| 砼结构构件制造 | 44698 | 44051 | 300 | | 1039378 | 879554 |
| 石棉水泥制品制造 | 2080 | 1300 | | | 13857 | 10784 |
| 轻质建筑材料制造 | 3800 | 2510 | | | 69823 | 56908 |
| 其他水泥类似制品制造 | 18583 | 15604 | | | 336393 | 285865 |
| 砖瓦、石材等建筑材料制造 | 116110 | 161800 | 2806 | | 2590268 | 2156140 |
| 粘土砖瓦及建筑砌块制造 | 43446 | 31892 | | | 528498 | 444758 |
| 建筑用石加工 | 27757 | 81449 | 1771 | | 1442373 | 1186871 |
| 防水建筑材料制造 | 14412 | 18419 | | | 179743 | 145262 |
| 隔热和隔音材料制造 | 3926 | 288 | | | 16862 | 11563 |
| 其他建筑材料制造 | 26568 | 29751 | 1035 | | 422793 | 367686 |
| 玻璃制造 | 24578 | 18585 | | | 332574 | 290002 |
| 平板玻璃制造 | 17100 | 5602 | | | 145830 | 126619 |
| 特种玻璃制造 | 2850 | 4783 | | | 120240 | 105130 |
| 其他玻璃制造 | 4628 | 8200 | | | 66504 | 58253 |
| 玻璃制品制造 | 46690 | 88201 | 142 | 142 | 885724 | 743141 |
| 技术玻璃制品制造 | 18190 | 35317 | | | 553957 | 463386 |
| 光学玻璃制造 | 4322 | 5781 | 142 | 142 | 67602 | 61849 |
| 日用玻璃制品制造 | 853 | 10606 | | | 77095 | 67813 |
| 玻璃包装容器制造 | 2000 | 1751 | | | 71934 | 57632 |
| 玻璃保温容器制造 | 9580 | | | | 2543 | 2016 |
| 其他玻璃制品制造 | 11746 | 34746 | | | 112594 | 90445 |
| 玻璃纤维和玻璃纤维增强塑料制品制造 | 116451 | 91125 | 500 | | 1188005 | 990165 |
| 玻璃纤维及制品制造 | 87594 | 84976 | 500 | | 1052945 | 879932 |
| 玻璃纤维增强塑料制品制造 | 28857 | 6150 | | | 135060 | 110233 |
| 陶瓷制品制造 | 779457 | 608335 | 16854 | 70718 | 7738688 | 6396258 |
| 建筑陶瓷制品制造 | 444376 | 224984 | 13770 | 54664 | 3696629 | 3111898 |
| 卫生陶瓷制品制造 | 40750 | 32405 | | | 99603 | 79662 |
| 特种陶瓷制品制造 | 246941 | 290476 | 1512 | | 2748801 | 2212693 |
| 日用陶瓷制品制造 | 21622 | 56109 | 518 | 1674 | 771301 | 634207 |
| 陈设艺术陶瓷制造 | 18767 | 3282 | 1054 | 14381 | 363354 | 307454 |
| 其他陶瓷制品制造 | 7000 | 1080 | | | 59000 | 50345 |
| 耐火材料制品制造 | 8337 | 42275 | | | 367282 | 319198 |
| 石棉制品制造 | 200 | 600 | | | 2680 | 2391 |
| 耐火陶瓷制品及其他耐火材料制造 | 8137 | 41675 | | | 364603 | 316807 |
| 石墨及其他非金属矿物制品制造 | 79112 | 60961 | | | 1371629 | 1133036 |
| 石墨及碳素制品制造 | 29892 | 18672 | | | 473161 | 366510 |
| 其他非金属矿物制品制造 | 49220 | 42289 | | | 898468 | 766525 |
| 黑色金属冶炼和压延加工业 | 840447 | 112525 | | 9445 | 14980832 | 12557808 |
| 炼铁 | | 6200 | | | 76182 | 68955 |

单位：万元

| 销售费用 | 管理费用 | 财务费用 | | | 投资收益（损失以“–”号记） | 营业利润 | 利润总额 | 亏损企业亏损额 | 平均用工人数（人） |
|---|---|---|---|---|---|---|---|---|---|
| | | | 利息收入 | 利息支出 | | | | | |
| 106968 | 126020 | 33765 | 4442 | 38302 | 1930 | 899350 | 894399 | 8085 | 22628 |
| 18518 | 15708 | 3574 | 151 | 1881 | 14 | 53475 | 53885 | 569 | 3935 |
| 197044 | 195641 | 38711 | 2216 | 27494 | -136 | 455471 | 452053 | 8427 | 36152 |
| 155665 | 146896 | 29517 | 1854 | 22414 | -144 | 340592 | 337700 | 5202 | 27781 |
| 26996 | 31837 | 6274 | 329 | 2959 | 8 | 85301 | 84802 | 2653 | 5600 |
| 487 | 983 | 151 | 2 | 155 | | 1154 | 1311 | | 294 |
| 3200 | 2510 | 646 | 9 | 398 | | 6031 | 6418 | | 680 |
| 10696 | 13415 | 2123 | 23 | 1568 | | 22394 | 21823 | 572 | 1797 |
| 60986 | 81450 | 18122 | 1664 | 6923 | 91 | 251251 | 251435 | 1385 | 20895 |
| 17362 | 19297 | 2917 | 133 | 1824 | 6 | 38174 | 38650 | 51 | 6103 |
| 26753 | 33007 | 11760 | 1508 | 2369 | 82 | 171282 | 170770 | 61 | 8455 |
| 5379 | 12524 | 1485 | 7 | 1039 | | 14110 | 13325 | 42 | 2428 |
| 1527 | 1595 | 149 | -1 | 145 | | 1793 | 2050 | 82 | 473 |
| 9965 | 15028 | 1812 | 16 | 1546 | 4 | 25892 | 26640 | 1149 | 3436 |
| 4857 | 12695 | 5685 | 177 | 3188 | -924 | 14890 | 8772 | 10282 | 5050 |
| 2267 | 6720 | 4027 | 117 | 2626 | -924 | 2733 | -3877 | 10238 | 2021 |
| 1527 | 4618 | 1091 | 46 | 359 | | 7111 | 7568 | 44 | 2090 |
| 1063 | 1357 | 568 | 15 | 203 | | 5047 | 5080 | | 939 |
| 28271 | 21946 | 16390 | 42 | 3909 | -9870 | 68872 | 70403 | 783 | 10385 |
| 14961 | 10897 | 13015 | 4 | 994 | -9877 | 46119 | 46990 | 42 | 3125 |
| 681 | 1546 | 188 | 1 | 122 | | 2880 | 2940 | 1 | 1492 |
| 2244 | 1864 | 657 | 3 | 614 | | 4196 | 4440 | 7 | 1780 |
| 4740 | 2290 | 1054 | -1 | 1046 | | 6116 | 6338 | 453 | 1171 |
| 199 | 553 | 20 | | 20 | 1 | -291 | -281 | 281 | 213 |
| 5447 | 4795 | 1456 | 35 | 1113 | 6 | 9852 | 9975 | | 2604 |
| 18639 | 37463 | 13601 | 219 | 10444 | 49 | 123562 | 140028 | 862 | 10587 |
| 16627 | 29195 | 13031 | 206 | 9820 | 49 | 110122 | 125679 | 861 | 8086 |
| 2012 | 8268 | 570 | 13 | 623 | | 13440 | 14349 | 1 | 2501 |
| 220184 | 292034 | 60916 | 361 | 48968 | -29422 | 661750 | 671581 | 3595 | 106789 |
| 86383 | 138280 | 41269 | 205 | 32003 | -9975 | 274074 | 281489 | 1672 | 52524 |
| 2446 | 5415 | 559 | -141 | 535 | -2483 | 5365 | 5797 | 675 | 2596 |
| 98048 | 103420 | 13010 | 259 | 11373 | -6149 | 288806 | 290790 | 225 | 31191 |
| 21277 | 28822 | 3914 | 41 | 3240 | -6008 | 69431 | 70491 | 460 | 13984 |
| 10794 | 12033 | 2104 | -4 | 1755 | -4807 | 20999 | 19939 | 562 | 6072 |
| 1236 | 4064 | 62 | | 62 | | 3075 | 3075 | | 422 |
| 7590 | 11694 | 2497 | 16 | 1829 | 7158 | 29613 | 29614 | | 3690 |
| 52 | 125 | 1 | | 1 | | 109 | 109 | | 66 |
| 7538 | 11569 | 2496 | 16 | 1827 | 7158 | 29503 | 29505 | | 3624 |
| 31454 | 40043 | 7633 | 499 | 6148 | 278 | 152605 | 148816 | 1416 | 8218 |
| 11503 | 15057 | 3533 | 112 | 3052 | 272 | 73058 | 76216 | | 1778 |
| 19951 | 24986 | 4100 | 387 | 3096 | 6 | 79547 | 72599 | 1416 | 6440 |
| 81434 | 432766 | -4394 | -11038 | 57032 | 10004 | 1836610 | 1827803 | 3567 | 52131 |
| 421 | 1739 | 1674 | 57 | 1634 | 7 | 3189 | 3246 | | 733 |

1-A-6 续表 26

| 行业 | | | | | 营业收入 | 营业成本 |
| --- | --- | --- | --- | --- | --- | --- |
| | 法人资本 | 个人资本 | 港澳台资本 | 外商资本 | | |
| 　炼钢 | | 10518 | | | 148026 | 132286 |
| 　钢压延加工 | 837793 | 79951 | | 9445 | 14671984 | 12280828 |
| 　铁合金冶炼 | 2654 | 15855 | | | 84640 | 75739 |
| 有色金属冶炼和压延加工业 | 1828774 | 873308 | 20716 | 45150 | 57878572 | 54066018 |
| 　常用有色金属冶炼 | 432620 | 185742 | 8534 | 8092 | 30846605 | 29154237 |
| 　　铜冶炼 | 115699 | 75036 | | | 27925356 | 26587183 |
| 　　铅锌冶炼 | 219346 | 5798 | 102 | | 880871 | 815310 |
| 　　镍钴冶炼 | 50279 | 28343 | 8432 | 8092 | 535495 | 442029 |
| 　　锡冶炼 | 4000 | 20003 | | | 728719 | 646690 |
| 　　锑冶炼 | | 10151 | | | 51258 | 41081 |
| 　　铝冶炼 | 500 | 14700 | | | 281042 | 235738 |
| 　　硅冶炼 | 12527 | 200 | | | 41984 | 34870 |
| 　　其他常用有色金属冶炼 | 30269 | 31511 | | | 401881 | 351336 |
| 　贵金属冶炼 | 5230 | 8022 | | | 896892 | 844103 |
| 　　金冶炼 | 600 | | | | 111927 | 105971 |
| 　　银冶炼 | 1530 | 634 | | | 27211 | 26898 |
| 　　其他贵金属冶炼 | 3100 | 7388 | | | 757755 | 711234 |
| 　稀有稀土金属冶炼 | 218280 | 102649 | | 23570 | 3387646 | 3013430 |
| 　　钨钼冶炼 | 67331 | 27095 | | 21070 | 1285469 | 1148003 |
| 　　稀土金属冶炼 | 142406 | 66915 | | 2500 | 1972469 | 1759105 |
| 　　其他稀有金属冶炼 | 8543 | 8638 | | | 129708 | 106322 |
| 　有色金属合金制造 | 214614 | 88965 | | 13488 | 915223 | 817477 |
| 　有色金属压延加工 | 958030 | 487931 | 12182 | | 21832207 | 20236771 |
| 　　铜压延加工 | 680095 | 313200 | 12182 | | 16567682 | 15515295 |
| 　　铝压延加工 | 88032 | 80593 | | | 2624076 | 2371485 |
| 　　贵金属压延加工 | 5400 | 1600 | | | 1182522 | 1070675 |
| 　　稀有稀土金属压延加工 | 181981 | 80527 | | | 1204136 | 1074506 |
| 　　其他有色金属压延加工 | 2522 | 12011 | | | 253791 | 204810 |
| 金属制品业 | 503417 | 529968 | 26028 | 66818 | 7697935 | 6676975 |
| 　结构性金属制品制造 | 246215 | 215913 | | 5307 | 2768382 | 2411009 |
| 　　金属结构制造 | 160456 | 180756 | | 5307 | 2303054 | 2012079 |
| 　　金属门窗制造 | 85759 | 35157 | | | 465328 | 398931 |
| 　金属工具制造 | 72269 | 53116 | 3000 | | 218605 | 173025 |
| 　　切削工具制造 | 49029 | 37872 | 1500 | | 128729 | 101035 |
| 　　手工具制造 | 1168 | | | | 10246 | 8878 |
| 　　农用及园林用金属工具制造 | | 600 | | | 2616 | 2380 |
| 　　刀剪及类似日用金属工具制造 | 500 | | | | 2833 | 2031 |
| 　　其他金属工具制造 | 21573 | 14644 | 1500 | | 74181 | 58701 |
| 　集装箱及金属包装容器制造 | 11150 | 4308 | 1200 | | 228226 | 195891 |
| 　　集装箱制造 | 2000 | | | | 63101 | 50315 |
| 　　金属压力容器制造 | 3500 | 500 | | | 16827 | 15137 |
| 　　金属包装容器及材料制造 | 5650 | 3808 | 1200 | | 148298 | 130440 |
| 　金属丝绳及其制品制造 | 37793 | 17393 | 14102 | 21250 | 521583 | 454590 |

单位：万元

| 销售费用 | 管理费用 | 财务费用 | | | 投资收益(损失以“-”号记) | 营业利润 | 利润总额 | 亏损企业亏损额 | 平均用工人数(人) |
|---|---|---|---|---|---|---|---|---|---|
| | | | 利息收入 | 利息支出 | | | | | |
| 3101 | 4093 | 637 | 47 | 590 | | 7651 | 7708 | 202 | 388 |
| 76856 | 424016 | -6838 | -11148 | 54713 | 9996 | 1821628 | 1812708 | 3262 | 50159 |
| 1056 | 2919 | 133 | 6 | 95 | | 4141 | 4141 | 103 | 851 |
| 320111 | 830909 | 307838 | 110834 | 375823 | 50924 | 2087557 | 2272495 | 95153 | 115438 |
| 97815 | 417430 | 153386 | 104480 | 249879 | 61375 | 908419 | 982392 | 7321 | 42785 |
| 79299 | 350572 | 116793 | 104404 | 218760 | 67529 | 701721 | 771076 | 577 | 31927 |
| 2422 | 21653 | 17762 | 196 | 17897 | 633 | 21559 | 22264 | 2562 | 2700 |
| 3316 | 17358 | 8908 | -155 | 6717 | 14 | 53783 | 55898 | | 2076 |
| 3367 | 6129 | 2095 | 3 | 1575 | | 67037 | 66310 | 117 | 2319 |
| 2095 | 1411 | 566 | | 566 | | 5944 | 5944 | | 367 |
| 1044 | 1301 | 1125 | 13 | 1095 | -6962 | 33354 | 35332 | | 448 |
| 1244 | 2553 | 818 | 7 | 598 | | 2090 | 2083 | 457 | 399 |
| 5029 | 16453 | 5318 | 12 | 2671 | 161 | 22930 | 23484 | 3608 | 2549 |
| 1238 | 6086 | 2286 | 20 | 2275 | | 36594 | 55562 | | 1666 |
| 113 | 3527 | 1373 | 9 | 1378 | | 1453 | 1423 | | 412 |
| | 267 | 2 | | | | -197 | 1328 | | 34 |
| 1125 | 2292 | 912 | 10 | 897 | | 35338 | 52812 | | 1220 |
| 24394 | 103966 | 37076 | 2386 | 34805 | 3964 | 197044 | 200836 | 28267 | 14795 |
| 14717 | 29495 | 10181 | 1168 | 8645 | 415 | 77568 | 76398 | 6477 | 5484 |
| 8411 | 68143 | 22679 | 1194 | 22061 | 3454 | 108730 | 112567 | 21790 | 8533 |
| 1267 | 6329 | 4216 | 24 | 4099 | 95 | 10747 | 11871 | | 778 |
| 16054 | 39062 | 10561 | -17 | 8730 | 556 | 24769 | 26348 | 18329 | 4484 |
| 180610 | 264365 | 104528 | 3965 | 80135 | -14971 | 920731 | 1007356 | 41236 | 51708 |
| 143287 | 156332 | 56518 | 3892 | 42065 | -14359 | 586770 | 678290 | 26732 | 22769 |
| 20827 | 57553 | 19982 | 80 | 16654 | -2004 | 142650 | 146406 | 10450 | 17359 |
| 3401 | 13153 | 8373 | 8 | 3701 | | 82140 | 84708 | 434 | 1851 |
| 7925 | 29046 | 17980 | 257 | 17033 | 1062 | 74535 | 62750 | 3433 | 7992 |
| 5170 | 8280 | 1676 | -271 | 681 | 329 | 34636 | 35202 | 188 | 1737 |
| 164228 | 264055 | 42205 | 2159 | 29119 | -21823 | 502241 | 541606 | 7983 | 56672 |
| 51216 | 93453 | 14395 | 591 | 11255 | 887 | 181090 | 188308 | 4404 | 18290 |
| 38484 | 72441 | 11743 | 536 | 9021 | 887 | 153739 | 160753 | 3578 | 14139 |
| 12732 | 21012 | 2652 | 55 | 2234 | | 27352 | 27555 | 826 | 4151 |
| 9251 | 14182 | 2922 | 17 | 568 | 806 | 18106 | 19795 | 12 | 3943 |
| 3768 | 8331 | 1640 | 4 | 214 | 805 | 13794 | 15169 | | 2863 |
| 437 | 535 | 121 | | 121 | | 228 | 558 | | 177 |
| 52 | 138 | 46 | | 46 | | -7 | -7 | 7 | 102 |
| 257 | 403 | 4 | 4 | | | 138 | 138 | | 75 |
| 4737 | 4776 | 1111 | 10 | 186 | 1 | 3953 | 3936 | 5 | 726 |
| 4116 | 6597 | 1221 | 65 | 1019 | | 19882 | 19963 | | 1372 |
| 2507 | 2698 | 669 | 62 | 503 | | 6430 | 6460 | | 186 |
| 266 | 1028 | 56 | | 56 | | 307 | 307 | | 254 |
| 1343 | 2872 | 496 | 3 | 460 | | 13145 | 13196 | | 932 |
| 17903 | 18748 | 4462 | 216 | 3339 | 6 | 23294 | 21985 | 1551 | 2835 |

1-A-6 续表 27

| 行 业 | | | | | 营业收入 | 营业成本 |
|---|---|---|---|---|---|---|
| | 法人资本 | 个人资本 | 港澳台资本 | 外商资本 | | |
| 建筑、安全用金属制品制造 | 34773 | 130690 | | 19982 | 2136027 | 1823257 |
| 建筑、家具用金属配件制造 | 4617 | 31421 | | | 559552 | 478217 |
| 建筑装饰及水暖管道零件制造 | 3780 | 1891 | | 19982 | 500378 | 431608 |
| 安全、消防用金属制品制造 | 26376 | 93428 | | | 1064957 | 903324 |
| 其他建筑、安全用金属制品制造 | | 3950 | | | 11141 | 10108 |
| 金属表面处理及热处理加工 | 1355 | 954 | 1186 | 8992 | 79205 | 64042 |
| 搪瓷制品制造 | 1180 | 521 | | | 20516 | 19326 |
| 生产专用搪瓷制品制造 | 380 | | | | 3768 | 3307 |
| 搪瓷卫生洁具制造 | | 521 | | | 5384 | 5136 |
| 搪瓷日用品及其他搪瓷制品制造 | 800 | | | | 11364 | 10883 |
| 金属制日用品制造 | 39905 | 27100 | | 740 | 572138 | 489403 |
| 金属制厨房用器具制造 | 5633 | 4063 | | | 56468 | 48871 |
| 金属制餐具和器皿制造 | 3000 | 100 | | | 138200 | 125486 |
| 金属制卫生器具制造 | 1828 | 7000 | | 740 | 103803 | 79223 |
| 其他金属制日用品制造 | 29444 | 15937 | | | 273668 | 235823 |
| 铸造及其他金属制品制造 | 58777 | 79974 | 6539 | 10547 | 1153254 | 1046432 |
| 黑色金属铸造 | 25905 | 8558 | | 10546 | 318632 | 277332 |
| 有色金属铸造 | 7026 | 2718 | | | 265154 | 277080 |
| 锻件及粉末冶金制品制造 | 17119 | 21315 | 2 | 2 | 326262 | 273333 |
| 交通及公共管理用金属标牌制造 | 500 | | | | 3093 | 1598 |
| 其他未列明金属制品制造 | 8227 | 47383 | 6537 | | 240112 | 217090 |
| 通用设备制造业 | 549058 | 406170 | 48766 | 19696 | 7512525 | 6422661 |
| 锅炉及原动设备制造 | 10842 | 17746 | | | 139638 | 115871 |
| 锅炉及辅助设备制造 | 4142 | 7363 | | | 71981 | 60242 |
| 内燃机及配件制造 | 5500 | 1955 | | | 8461 | 6395 |
| 水轮机及辅机制造 | 1200 | 3010 | | | 29256 | 21983 |
| 风能原动设备制造 | | 18 | | | 3245 | 2531 |
| 其他原动设备制造 | | 5400 | | | 26695 | 24720 |
| 金属加工机械制造 | 29217 | 30899 | 712 | 7040 | 753875 | 622583 |
| 金属切削机床制造 | 8296 | 1611 | | 7040 | 233309 | 183402 |
| 金属成形机床制造 | 520 | 321 | | | 14594 | 12211 |
| 铸造机械制造 | 3800 | 17810 | 712 | | 275176 | 225854 |
| 金属切割及焊接设备制造 | | 5500 | | | 121426 | 111124 |
| 机床功能部件及附件制造 | 3300 | 2460 | | | 7293 | 5408 |
| 其他金属加工机械制造 | 13301 | 3196 | | | 102079 | 84583 |
| 物料搬运设备制造 | 44560 | 36284 | | | 513118 | 434714 |
| 轻小型起重设备制造 | 6600 | 3700 | | | 93860 | 78283 |
| 生产专用起重机制造 | | 11200 | | | 99458 | 72396 |
| 生产专用车辆制造 | 6600 | | | | 2014 | 1833 |
| 连续搬运设备制造 | 8246 | 1911 | | | 29186 | 24311 |
| 电梯、自动扶梯及升降机制造 | 23115 | 14473 | | | 286562 | 255790 |
| 其他物料搬运设备制造 | | 5000 | | | 2038 | 2101 |
| 泵、阀门、压缩机及类似机械制造 | 304431 | 50830 | | 6082 | 2587664 | 2243948 |

单位：万元

| 销售费用 | 管理费用 | 财务费用 | | | 投资收益（损失以“-”号记） | 营业利润 | 利润总额 | 亏损企业亏损额 | 平均用工人数（人） |
|---|---|---|---|---|---|---|---|---|---|
| | | | 利息收入 | 利息支出 | | | | | |
| 52020 | 67811 | 8564 | 498 | 6838 | -15404 | 168176 | 174825 | 218 | 13464 |
| 15356 | 18426 | 2007 | 35 | 1579 | | 43111 | 50914 | 218 | 4098 |
| 6604 | 18882 | 695 | 281 | 2116 | | 40262 | 37607 | | 3717 |
| 29956 | 30023 | 5835 | 181 | 3142 | -15404 | 84436 | 85937 | | 5261 |
| 105 | 480 | 26 | | 1 | | 367 | 367 | | 388 |
| 3304 | 4101 | 526 | 322 | 304 | | 6899 | 6584 | | 842 |
| 156 | 452 | 84 | 4 | 113 | 51 | 524 | 548 | | 304 |
| 5 | 18 | 5 | 1 | 6 | | 422 | 422 | | 58 |
| 60 | 168 | 66 | 1 | 91 | 51 | -8 | 16 | | 167 |
| 91 | 267 | 13 | 2 | 16 | | 110 | 110 | | 79 |
| 11754 | 19802 | 2618 | 179 | 1774 | 10 | 45761 | 45977 | 514 | 5353 |
| 901 | 1949 | 163 | | 132 | | 4435 | 4415 | 53 | 748 |
| 180 | 264 | 127 | | 126 | | 11975 | 11975 | | 737 |
| 4123 | 8116 | 1136 | 67 | 1034 | 10 | 10421 | 10517 | 35 | 1680 |
| 6550 | 9473 | 1191 | 112 | 482 | | 18930 | 19071 | 427 | 2188 |
| 14509 | 38909 | 7413 | 267 | 3909 | -8180 | 38509 | 63622 | 1284 | 10269 |
| 4529 | 14219 | 3633 | 130 | 1230 | 16 | 17724 | 18733 | 99 | 3528 |
| 1145 | 1775 | 438 | 10 | 262 | | -19657 | 4184 | | 570 |
| 5124 | 15701 | 1360 | 116 | 1118 | 38 | 29732 | 29786 | 94 | 3852 |
| 40 | 70 | 1 | | | | 1377 | 1373 | | 40 |
| 3671 | 7144 | 1982 | 11 | 1299 | -8234 | 9333 | 9547 | 1092 | 2279 |
| 163464 | 316773 | 45610 | 1877 | 40236 | 6313 | 521153 | 537616 | 12070 | 64792 |
| 3117 | 11823 | 6916 | 12 | 6814 | | 1145 | 817 | 5325 | 2042 |
| 1533 | 4716 | 4949 | 10 | 4847 | | 210 | -232 | 695 | 822 |
| 601 | 4889 | 1055 | 2 | 1057 | | -4632 | -4519 | 4613 | 575 |
| 870 | 1464 | 911 | | 910 | | 3889 | 3889 | 18 | 542 |
| 3 | 364 | 1 | | | | 269 | 269 | | 40 |
| 110 | 390 | | | | | 1410 | 1410 | | 63 |
| 12188 | 25094 | 3254 | -28 | 1743 | | 84175 | 85360 | 755 | 5218 |
| 4213 | 13514 | 712 | -224 | 289 | | 29252 | 29687 | | 1179 |
| 497 | 1125 | 155 | | 151 | | 530 | 552 | | 281 |
| 3928 | 5294 | 599 | 35 | 464 | | 35975 | 36119 | | 1667 |
| 471 | 1451 | 427 | | -115 | | 7600 | 8160 | 299 | 830 |
| 571 | 780 | 78 | 35 | 30 | | 303 | 331 | | 135 |
| 2509 | 2930 | 1284 | 126 | 924 | | 10516 | 10511 | 456 | 1126 |
| 18694 | 19950 | 6718 | 185 | 6174 | -24 | 32489 | 33368 | 94 | 3956 |
| 3593 | 1014 | 414 | 2 | 398 | | 10287 | 10299 | | 794 |
| 9381 | 8334 | 3992 | 19 | 3751 | -24 | 5898 | 5987 | | 1399 |
| | 131 | | | | | 24 | 24 | | 50 |
| 768 | 2154 | 129 | 153 | 32 | | 1515 | 2132 | | 449 |
| 4951 | 8291 | 2185 | 8 | 1993 | | 14860 | 15020 | | 1254 |
| 2 | 26 | -2 | 3 | | | -94 | -94 | 94 | 10 |
| 59324 | 141045 | 11288 | -1458 | 12881 | 5001 | 116758 | 126242 | 1912 | 21293 |

1-A-6 续表 28

| 行业 | | | | | 营业收入 | 营业成本 |
|---|---|---|---|---|---|---|
| | 法人资本 | 个人资本 | 港澳台资本 | 外商资本 | | |
| 泵及真空设备制造 | 7227 | 11793 | | | 305139 | 259417 |
| 气体压缩机械制造 | 268156 | 3459 | | 6082 | 1738429 | 1558449 |
| 阀门和旋塞制造 | 518 | 6102 | | | 53224 | 46733 |
| 液压动力机械及元件制造 | 28530 | 29475 | | | 490873 | 379349 |
| 轴承、齿轮和传动部件制造 | 39756 | 22949 | | | 725201 | 597005 |
| 滚动轴承制造 | 2560 | 8859 | | | 222678 | 188892 |
| 滑动轴承制造 | 1069 | 500 | | | 9175 | 7626 |
| 齿轮及齿轮减、变速箱制造 | 26200 | 13590 | | | 403344 | 328850 |
| 其他传动部件制造 | 9927 | | | | 90004 | 71637 |
| 烘炉、风机、包装等设备制造 | 54330 | 34294 | 40703 | 3770 | 1284510 | 1121637 |
| 烘炉、熔炉及电炉制造 | | 400 | | | 9192 | 8418 |
| 风机、风扇制造 | 25840 | 11633 | 5000 | | 176733 | 147764 |
| 气体、液体分离及纯净设备制造 | 50 | 500 | | | 5710 | 4893 |
| 制冷、空调设备制造 | 25139 | 13797 | 32500 | 3770 | 868888 | 773630 |
| 风动和电动工具制造 | 1500 | 500 | | | 37727 | 32707 |
| 喷枪及类似器具制造 | 1300 | 2500 | | | 21460 | 18550 |
| 包装专用设备制造 | 500 | 4964 | 3203 | | 164800 | 135675 |
| 文化、办公用机械制造 | 2130 | 12820 | 7350 | | 224468 | 193314 |
| 幻灯及投影设备制造 | | 1000 | | | 21914 | 17491 |
| 照相机及器材制造 | 2130 | 11820 | 6487 | | 194454 | 170006 |
| 计算器及货币专用设备制造 | | | 863 | | 8101 | 5817 |
| 通用零部件制造 | 50267 | 162983 | | 2805 | 911893 | 778682 |
| 金属密封件制造 | 1592 | 8195 | | 2805 | 165705 | 140274 |
| 紧固件制造 | 1931 | 118587 | | | 191590 | 164665 |
| 弹簧制造 | 130 | 3680 | | | 123386 | 107534 |
| 机械零部件加工 | 35509 | 21359 | | | 323130 | 278787 |
| 其他通用零部件制造 | 11105 | 11162 | | | 108083 | 87422 |
| 其他通用设备制造业 | 13525 | 37364 | | | 372157 | 314907 |
| 工业机器人制造 | 4944 | 1100 | | | 14444 | 10236 |
| 增材制造装备制造 | | 4530 | | | 19787 | 18945 |
| 其他未列明通用设备制造业 | 8581 | 31735 | | | 337926 | 285725 |
| 专用设备制造业 | 428748 | 380755 | 78620 | 23551 | 4383039 | 3603680 |
| 采矿、冶金、建筑专用设备制造 | 61976 | 46165 | | | 872997 | 746938 |
| 矿山机械制造 | 31435 | 40785 | | | 647913 | 559803 |
| 石油钻采专用设备制造 | 7000 | 500 | | | 15607 | 12761 |
| 建筑工程用机械制造 | 17962 | 1580 | | | 116900 | 98144 |
| 建筑材料生产专用机械制造 | 100 | 300 | | | 19862 | 17185 |
| 冶金专用设备制造 | 5478 | 3000 | | | 72715 | 59046 |
| 化工、木材、非金属加工专用设备制造 | 25140 | 42998 | 3166 | 100 | 708700 | 592065 |
| 炼油、化工生产专用设备制造 | 1800 | 11567 | | | 235163 | 206500 |
| 橡胶加工专用设备制造 | | 2426 | | | 6535 | 5327 |
| 塑料加工专用设备制造 | 1550 | | | | 29927 | 24186 |
| 木竹材加工机械制造 | 4066 | 5000 | | | 22144 | 17670 |

单位：万元

| 销售费用 | 管理费用 | 财务费用 | 利息收入 | 利息支出 | 投资收益(损失以"–"号记) | 营业利润 | 利润总额 | 亏损企业亏损额 | 平均用工人数(人) |
|---|---|---|---|---|---|---|---|---|---|
| 4808 | 14313 | 2066 | 111 | 859 | 12 | 22458 | 30101 | 895 | 2861 |
| 28946 | 92436 | 7767 | -1777 | 10658 | 4944 | 42540 | 43959 | 1001 | 13153 |
| 786 | 2237 | 101 |  | 91 |  | 2961 | 2938 |  | 853 |
| 24784 | 32059 | 1354 | 208 | 1274 | 45 | 48800 | 49244 | 16 | 4426 |
| 14672 | 23789 | 5020 | 2213 | 2004 |  | 79964 | 80350 | 80 | 5058 |
| 5170 | 10175 | 2770 | 2303 | 224 |  | 14521 | 14552 | 80 | 1651 |
| 243 | 293 | 132 |  | 132 |  | 777 | 815 |  | 264 |
| 6214 | 7813 | 1757 | -99 | 1596 |  | 55643 | 55930 |  | 2713 |
| 3046 | 5508 | 361 | 9 | 51 |  | 9023 | 9053 |  | 430 |
| 22760 | 31201 | 3069 | 541 | 3021 |  | 101311 | 102508 | 106 | 5849 |
| 119 | 121 | 30 |  | 29 |  | 225 | 225 |  | 66 |
| 5479 | 5852 | 409 | 61 | 459 |  | 15440 | 15440 |  | 988 |
| 157 | 133 |  |  |  |  | 517 | 520 |  | 58 |
| 10348 | 16833 | 1245 | 283 | 1521 |  | 65338 | 66333 | 106 | 3639 |
| 575 | 677 | 148 |  | 148 |  | 3564 | 3566 |  | 250 |
| 447 | 561 | 192 | 14 | 51 |  | 1571 | 1571 |  | 207 |
| 5635 | 7024 | 1045 | 183 | 813 |  | 14655 | 14852 |  | 641 |
| 4265 | 17029 | 733 | 327 | 1471 | 612 | 6890 | 7988 | 2053 | 5735 |
| 694 | 345 | 3 |  |  |  | 3288 | 3288 |  | 82 |
| 3450 | 15892 | 747 | 327 | 1470 | 612 | 2661 | 3754 | 2053 | 5007 |
| 121 | 792 | -17 |  | 1 |  | 941 | 946 |  | 646 |
| 21628 | 36104 | 7192 | 72 | 4994 | 723 | 62721 | 65174 | 769 | 12903 |
| 3405 | 6746 | 2170 | 38 | 881 |  | 11715 | 12623 |  | 2465 |
| 6734 | 6574 | 1347 | 8 | 1044 |  | 10532 | 11235 | 737 | 5004 |
| 1083 | 1411 | 732 |  | 720 |  | 12506 | 12531 |  | 352 |
| 7123 | 15727 | 1979 | 12 | 1564 | 721 | 18436 | 18708 | 30 | 4119 |
| 3282 | 5647 | 964 | 14 | 784 | 2 | 9533 | 10077 | 2 | 963 |
| 6817 | 10739 | 1420 | 12 | 1135 |  | 35700 | 35810 | 976 | 2738 |
| 1150 | 3410 | 80 | 3 | 68 |  | -487 | -407 | 973 | 251 |
| 106 | 136 | 42 |  | 3 |  | 533 | 533 |  | 335 |
| 5561 | 7192 | 1298 | 9 | 1065 |  | 35654 | 35684 | 3 | 2152 |
| 158428 | 221838 | 30114 | 1120 | 22335 | 2250 | 346147 | 352641 | 12246 | 52431 |
| 20718 | 37384 | 3734 | 231 | 3269 | 52 | 58994 | 59782 | 2855 | 7204 |
| 14682 | 23883 | 2422 | 144 | 2237 |  | 42814 | 43098 | 2515 | 4934 |
| 719 | 1727 | -19 |  | 50 |  | 211 | 359 | 340 | 539 |
| 4253 | 5379 | 1112 | 148 | 704 |  | 7607 | 7731 |  | 869 |
| 427 | 1191 | 3 |  |  |  | 1033 | 1033 |  | 247 |
| 637 | 5204 | 215 | -61 | 278 | 52 | 7329 | 7561 |  | 615 |
| 21775 | 30502 | 5140 | 227 | 1762 |  | 53639 | 53213 | 421 | 5332 |
| 7363 | 6234 | 589 | 1 | 476 |  | 13247 | 13247 | 298 | 893 |
| 239 | 454 | 2 |  |  |  | 509 | 509 |  | 115 |
| 2338 | 2351 | 112 |  | 115 |  | 878 | 878 |  | 250 |
| 266 | 1602 | -13 | -15 |  |  | 2375 | 2385 |  | 188 |

1-A-6 续表 29

| 行业 | | | | | 营业收入 | 营业成本 |
|---|---|---|---|---|---|---|
| | 法人资本 | 个人资本 | 港澳台资本 | 外商资本 | | |
| 模具制造 | 12724 | 23374 | 3166 | 100 | 406580 | 332137 |
| 其他非金属加工专用设备制造 | 5000 | 632 | | | 8352 | 6246 |
| 食品、饮料、烟草及饲料生产专用设备制造 | 3962 | 1500 | | | 100277 | 75333 |
| 食品、酒、饮料及茶生产专用设备制造 | 200 | | | | 54819 | 38215 |
| 农副食品加工专用设备制造 | 2250 | 500 | | | 34710 | 28044 |
| 饲料生产专用设备制造 | 1512 | 1000 | | | 10747 | 9074 |
| 印刷、制药、日化及日用品生产专用设备制 | 7273 | 39449 | | | 228203 | 194535 |
| 制浆和造纸专用设备制造 | | 2958 | | | 6972 | 5203 |
| 印刷专用设备制造 | 3000 | 14200 | | | 115954 | 99382 |
| 日用化工专用设备制造 | 175 | | | | 6942 | 5894 |
| 制药专用设备制造 | | 2439 | | | 16672 | 12975 |
| 照明器具生产专用设备制造 | | 2235 | | | 60087 | 52797 |
| 玻璃、陶瓷和搪瓷制品生产专用设备制造 | 4099 | 11770 | | | 18897 | 15823 |
| 其他日用品生产专用设备制造 | | 5847 | | | 2679 | 2461 |
| 纺织、服装和皮革加工专用设备制造 | 41491 | 15852 | | | 173186 | 146897 |
| 纺织专用设备制造 | 40774 | 2170 | | | 66523 | 55991 |
| 缝制机械制造 | 717 | 13682 | | | 106663 | 90906 |
| 电子和电工机械专用设备制造 | 153576 | 17772 | 38926 | | 447066 | 372716 |
| 电工机械专用设备制造 | 332 | 2042 | | | 27642 | 22874 |
| 半导体器件专用设备制造 | 17116 | 50 | 811 | | 107719 | 89105 |
| 电子元器件与机电组件设备制造 | 124324 | 13725 | 38115 | | 219081 | 186305 |
| 其他电子专用设备制造 | 11804 | 1955 | | | 92624 | 74433 |
| 农、林、牧、渔专用机械制造 | 6273 | 9854 | 8060 | 600 | 210400 | 169111 |
| 拖拉机制造 | 2022 | 1075 | | | 5244 | 4272 |
| 机械化农业及园艺机具制造 | 1060 | 2299 | 8060 | | 107798 | 92940 |
| 营林及木竹采伐机械制造 | | | | 600 | 25933 | 21018 |
| 畜牧机械制造 | 3020 | 5880 | | | 35548 | 26414 |
| 农林牧渔机械配件制造 | | 300 | | | 5141 | 4738 |
| 其他农、林、牧、渔业机械制造 | 171 | 300 | | | 30736 | 19729 |
| 医疗仪器设备及器械制造 | 62983 | 138361 | 26308 | 22851 | 949395 | 779648 |
| 医疗诊断、监护及治疗设备制造 | 8685 | 17690 | | | 66565 | 55594 |
| 医疗实验室及医用消毒设备和器具制造 | | 5380 | | | 17960 | 12623 |
| 医疗、外科及兽医用器械制造 | 33853 | 54248 | | 22851 | 442959 | 351691 |
| 机械治疗及病房护理设备制造 | 10513 | 582 | | | 54091 | 46941 |
| 眼镜制造 | 3892 | 18233 | 26308 | | 154544 | 136624 |
| 其他医疗设备及器械制造 | 6040 | 42228 | | | 213277 | 176175 |
| 环保、邮政、社会公共服务及其他专用设备 | 66075 | 68805 | 2160 | | 692814 | 526438 |
| 环境保护专用设备制造 | 27395 | 32506 | | | 263816 | 180179 |
| 社会公共安全设备及器材制造 | 7728 | 11301 | | | 204153 | 161192 |
| 交通安全、管制及类似专用设备制造 | 3902 | 4649 | | | 26691 | 22899 |
| 水资源专用机械制造 | 13430 | 50 | | | 32441 | 26981 |
| 其他专用设备制造 | 13620 | 20299 | 2160 | | 165714 | 135187 |

单位：万元

| 销售费用 | 管理费用 | 财务费用 | 利息收入 | 利息支出 | 投资收益（损失以“-”号记） | 营业利润 | 利润总额 | 亏损企业亏损额 | 平均用工人数（人） |
|---|---|---|---|---|---|---|---|---|---|
| 11317 | 19300 | 4327 | 242 | 1101 |  | 35633 | 35228 | 124 | 3726 |
| 253 | 563 | 124 | -2 | 70 |  | 997 | 967 |  | 160 |
| 8691 | 8801 | 448 | 2 | 120 |  | 6417 | 6474 |  | 896 |
| 7953 | 5523 | 339 |  | 23 |  | 2481 | 2479 |  | 373 |
| 440 | 2686 | 60 | 1 | 49 |  | 3226 | 3256 |  | 317 |
| 299 | 591 | 48 | 1 | 48 |  | 709 | 739 |  | 206 |
| 7782 | 10607 | 2606 | 26 | 2522 | 1 | 11816 | 11998 | 862 | 3065 |
| 125 | 164 | 102 | 102 |  |  | 1046 | 1046 |  | 125 |
| 4415 | 5718 | 1974 | -80 | 2127 |  | 4271 | 4140 | 862 | 1709 |
| 241 | 424 | 47 |  | 44 | 1 | 264 | 264 |  | 104 |
| 1337 | 1718 | 342 |  | 282 |  | 252 | 566 |  | 366 |
| 1269 | 1971 | 52 | 3 | 55 |  | 3888 | 3888 |  | 154 |
| 341 | 502 | 87 |  | 12 |  | 2046 | 2046 |  | 287 |
| 53 | 110 | 2 |  | 2 |  | 50 | 50 |  | 320 |
| 4742 | 4710 | 459 | 71 | 452 |  | 15235 | 15357 | 143 | 2153 |
| 2484 | 2182 | 172 | 60 | 194 |  | 5077 | 5163 | 143 | 724 |
| 2258 | 2528 | 288 | 11 | 258 |  | 10158 | 10195 |  | 1429 |
| 16234 | 25108 | 2365 | -101 | 1111 | 1 | 35889 | 43243 | 1552 | 5012 |
| 2106 | 599 | 47 |  | 4 |  | 1881 | 1881 | 83 | 227 |
| 4862 | 7214 | 155 | 32 | 111 |  | 5566 | 11520 | 822 | 636 |
| 4764 | 11079 | 1428 | -122 | 888 | 1 | 22019 | 23372 |  | 2377 |
| 4502 | 6216 | 736 | -11 | 108 |  | 6424 | 6470 | 647 | 1772 |
| 9025 | 10677 | 721 | -89 | 493 | 49 | 19473 | 14581 | 51 | 2154 |
| 102 | 487 | 312 |  |  |  | 69 | 71 | 49 | 169 |
| 2429 | 2227 | 289 |  | 285 | 45 | 9123 | 9115 |  | 518 |
| 1388 | 1396 | 1 |  | 1 |  | 2068 | 2068 |  | 159 |
| 3860 | 3828 | -1 | -89 | 88 |  | 1003 | 1085 | 1 | 742 |
| 1 | 261 | 73 |  | 73 |  | 56 | 55 |  | 66 |
| 1246 | 2480 | 47 |  | 47 | 4 | 7154 | 2186 |  | 500 |
| 40846 | 45495 | 10536 | 164 | 8782 | 222 | 67149 | 68729 | 4114 | 20579 |
| 2275 | 4149 | 575 | 45 | 574 |  | 3547 | 3873 |  | 937 |
| 1829 | 837 | 72 | 11 | 56 |  | 1466 | 1572 |  | 255 |
| 23443 | 19907 | 4620 | 14 | 3848 | 100 | 41378 | 42282 | 4000 | 9537 |
| 1364 | 1365 | 148 | 43 | 134 |  | 3839 | 3839 |  | 617 |
| 2368 | 5831 | 1128 | 10 | 652 |  | 8013 | 8068 | 115 | 3121 |
| 9567 | 13407 | 3994 | 41 | 3518 | 123 | 8905 | 9096 |  | 6112 |
| 28615 | 48554 | 4105 | 590 | 3823 | 1924 | 77536 | 79263 | 2248 | 6036 |
| 13076 | 19390 | 1635 | 372 | 1859 | 1829 | 45038 | 46387 | 1555 | 2052 |
| 6607 | 17488 | 1096 | 170 | 719 | 9 | 15747 | 15808 | 405 | 1620 |
| 779 | 1164 | 219 | 2 | 178 |  | 1407 | 1407 |  | 372 |
| 1141 | 1084 | 67 | 32 | 98 |  | 2759 | 2759 |  | 184 |
| 7013 | 9427 | 1088 | 14 | 968 | 86 | 12584 | 12902 | 288 | 1808 |

1-A-6 续表 30

| 行　业 | | | | | 营业收入 | 营业成本 |
|---|---|---|---|---|---|---|
| | 法人资本 | 个人资本 | 港澳台资本 | 外商资本 | | |
| 汽车制造业 | 1088011 | 275829 | 11890 | 85679 | 17680065 | 15491104 |
| 汽车整车制造 | 371026 | 51876 | | | 11081104 | 9923433 |
| 汽柴油车整车制造 | 214491 | 50676 | | | 10981039 | 9844378 |
| 新能源车整车制造 | 156535 | 1200 | | | 100065 | 79055 |
| 汽车用发动机制造 | 50000 | | | | 40456 | 35221 |
| 改装汽车制造 | 138770 | 9957 | | | 106974 | 94405 |
| 电车制造 | | 100 | | | 4366 | 3428 |
| 汽车车身、挂车制造 | 27277 | 13548 | | | 226814 | 189456 |
| 汽车零部件及配件制造 | 500938 | 200349 | 11890 | 85679 | 6220351 | 5245162 |
| 铁路、船舶、航空航天和其他运输设备制造业 | 163883 | 63645 | | 47008 | 3667436 | 3381200 |
| 铁路运输设备制造 | 1200 | 2128 | | | 28281 | 23896 |
| 高铁设备、配件制造 | | 128 | | | 2348 | 2052 |
| 铁路机车车辆配件制造 | | 2000 | | | 10333 | 7558 |
| 铁路专用设备及器材、配件制造 | 1200 | | | | 15599 | 14286 |
| 城市轨道交通设备制造 | 7595 | | | | 44987 | 43391 |
| 船舶及相关装置制造 | 48142 | 11354 | | 45072 | 537202 | 477200 |
| 金属船舶制造 | 32125 | 10854 | | 45072 | 345154 | 301961 |
| 娱乐船和运动船制造 | 11635 | | | | 54 | 13 |
| 船用配套设备制造 | 4233 | 500 | | | 178521 | 162784 |
| 船舶改装 | 150 | | | | 13472 | 12443 |
| 航空、航天器及设备制造 | 94745 | 12973 | | 1936 | 2727750 | 2549267 |
| 飞机制造 | 93911 | 1000 | | 1936 | 2681362 | 2511486 |
| 航天相关设备制造 | | 3300 | | | 25653 | 21754 |
| 航空相关设备制造 | 834 | 2303 | | | 16141 | 11832 |
| 其他航空航天器制造 | | 6370 | | | 4594 | 4195 |
| 摩托车制造 | 1700 | 4770 | | | 198784 | 174772 |
| 摩托车零部件及配件制造 | 1700 | 4770 | | | 198784 | 174772 |
| 自行车和残疾人座车制造 | | 29811 | | | 93628 | 83917 |
| 残疾人座车制造 | | 29811 | | | 93628 | 83917 |
| 助动车制造 | 500 | 2110 | | | 12949 | 11013 |
| 非公路休闲车及零配件制造 | 10000 | | | | 4889 | 4639 |
| 潜水救捞及其他未列明运输设备制造 | | 500 | | | 18968 | 13105 |
| 其他未列明运输设备制造 | | 500 | | | 18968 | 13105 |
| 电气机械和器材制造业 | 2372302 | 1061812 | 169914 | 161488 | 26043651 | 22734415 |
| 电机制造 | 132450 | 247778 | 41315 | 103277 | 1657780 | 1368893 |
| 发电机及发电机组制造 | 71232 | 63092 | | | 971001 | 792484 |
| 电动机制造 | 43532 | 179936 | 13771 | 60300 | 443254 | 367410 |
| 微特电机及组件制造 | 5726 | 1050 | 27544 | 42977 | 207747 | 178535 |
| 其他电机制造 | 11959 | 3700 | | | 35779 | 30464 |
| 输配电及控制设备制造 | 1000760 | 278081 | 36658 | 19805 | 8934753 | 7767052 |
| 变压器、整流器和电感器制造 | 130376 | 58404 | 4838 | 11272 | 2182218 | 1880564 |
| 电容器及其配套设备制造 | 5114 | 500 | | 184 | 54541 | 47636 |

单位：万元

| 销售费用 | 管理费用 | 财务费用 | | | 投资收益（损失以“–”号记） | 营业利润 | 利润总额 | 亏损企业亏损额 | 平均用工人数（人） |
|---|---|---|---|---|---|---|---|---|---|
| | | | 利息收入 | 利息支出 | | | | | |
| 533197 | 966370 | 96014 | 36355 | 115235 | 66752 | 536707 | 746787 | 129031 | 96870 |
| 379726 | 663161 | 61104 | 34512 | 84169 | 67522 | 31039 | 200650 | 116557 | 43678 |
| 374417 | 651869 | 56560 | 34043 | 80213 | 67522 | 31730 | 198102 | 115488 | 42566 |
| 5309 | 11292 | 4544 | 470 | 3956 | | -691 | 2548 | 1068 | 1112 |
| 284 | 4297 | 425 | 11 | 429 | | | 91 | | 595 |
| 4293 | 8058 | 1101 | 485 | 1792 | | -2056 | -721 | 3995 | 1122 |
| 251 | 249 | 1 | | | | 371 | 371 | | 66 |
| 12016 | 10940 | 997 | 98 | 363 | | 11452 | 12101 | 916 | 2215 |
| 136628 | 279665 | 32386 | 1249 | 28483 | -770 | 495900 | 534295 | 7563 | 49194 |
| 22268 | 196424 | 15505 | 13138 | 3148 | 21847 | 71008 | 86125 | 69987 | 30402 |
| 511 | 1976 | 87 | 49 | 89 | | 1632 | 1696 | | 518 |
| 9 | 51 | | | | | 236 | 236 | | 43 |
| 398 | 1081 | 55 | 21 | 59 | | 1203 | 1267 | | 173 |
| 104 | 844 | 32 | 28 | 30 | | 193 | 193 | | 302 |
| 252 | 1834 | 409 | 73 | 457 | 39 | -1095 | -1056 | 1378 | 191 |
| 4221 | 24087 | 7912 | 77 | 1929 | 10 | 22281 | 39751 | 3388 | 10061 |
| 3121 | 17802 | 6398 | 46 | 551 | 8 | 14813 | 16899 | 2250 | 3028 |
| 15 | 379 | 68 | | 68 | | -421 | -424 | 424 | 23 |
| 1078 | 5899 | 1436 | 32 | 1300 | 2 | 6890 | 22277 | 714 | 6700 |
| 7 | 7 | 10 | | 10 | | 999 | 999 | | 310 |
| 9369 | 161243 | 3261 | 12939 | 349 | 21768 | 33168 | 30655 | 61087 | 17335 |
| 8774 | 158595 | 3137 | 12938 | 247 | 21795 | 28411 | 25887 | 60730 | 16927 |
| 61 | 686 | 13 | | 13 | | 3061 | 3086 | | 78 |
| 471 | 1644 | 36 | 1 | 15 | -29 | 2054 | 2039 | | 262 |
| 63 | 318 | 75 | 1 | 73 | 2 | -359 | -357 | 357 | 68 |
| 4652 | 4628 | 3492 | | 168 | | 5077 | 5077 | | 1334 |
| 4652 | 4628 | 3492 | | 168 | | 5077 | 5077 | | 1334 |
| 26 | 32 | 8 | | | | 9644 | 9644 | | 70 |
| 26 | 32 | 8 | | | | 9644 | 9644 | | 70 |
| 364 | 625 | 184 | | 101 | | 742 | 739 | 8 | 360 |
| 398 | 1046 | 153 | 1 | 56 | 31 | -2335 | -2275 | 4126 | 261 |
| 2476 | 955 | | | | | 1895 | 1895 | | 272 |
| 2476 | 955 | | | | | 1895 | 1895 | | 272 |
| 541852 | 1024827 | 186637 | -6967 | 159327 | 387 | 1417355 | 1417506 | 116621 | 182234 |
| 48139 | 102142 | 32256 | 52 | 27365 | 6510 | 97149 | 101826 | 2555 | 17362 |
| 29245 | 62141 | 23245 | -358 | 22418 | 3510 | 52537 | 56978 | 1270 | 5999 |
| 13680 | 28886 | 3335 | 192 | 2534 | 3000 | 31673 | 31733 | 10 | 7871 |
| 4238 | 9917 | 5597 | 188 | 2312 | | 10266 | 10281 | 1276 | 3069 |
| 977 | 1198 | 80 | 30 | 101 | | 2673 | 2834 | | 423 |
| 210704 | 396518 | 63359 | -4270 | 55815 | -4058 | 470816 | 472476 | 63343 | 59724 |
| 55427 | 73472 | 11596 | 117 | 8536 | -1 | 150128 | 147367 | 14807 | 15941 |
| 632 | 1576 | 326 | 6 | 69 | | 4024 | 4476 | | 1071 |

1-A-6 续表 31

| 行业 | 法人资本 | 个人资本 | 港澳台资本 | 外商资本 | 营业收入 | 营业成本 |
|---|---|---|---|---|---|---|
| 配电开关控制设备制造 | 34394 | 69158 |  | 916 | 594296 | 503144 |
| 电力电子元器件制造 | 86863 | 38712 | 31821 | 1773 | 582734 | 500542 |
| 光伏设备及元器件制造 | 715832 | 90914 |  |  | 4799268 | 4229470 |
| 其他输配电及控制设备制造 | 28182 | 20393 |  | 5660 | 721697 | 605696 |
| 电线、电缆、光缆及电工器材制造 | 460921 | 188561 | 22245 | 8941 | 6653443 | 6062927 |
| 电线、电缆制造 | 423951 | 173452 | 22245 | 8304 | 6174484 | 5633541 |
| 光纤制造 | 4256 | 3336 |  |  | 34140 | 31145 |
| 光缆制造 |  | 1961 |  |  | 2078 | 1966 |
| 绝缘制品制造 | 30423 | 4237 |  | 638 | 186918 | 162405 |
| 其他电工器材制造 | 2291 | 5576 |  |  | 255823 | 233870 |
| 电池制造 | 454374 | 223162 | 10464 | 5000 | 4433640 | 3772734 |
| 锂离子电池制造 | 219994 | 146965 | 1766 |  | 2900980 | 2430586 |
| 镍氢电池制造 | 1900 | 4880 |  |  | 87801 | 77225 |
| 铅蓄电池制造 | 18771 | 32655 | 8698 | 5000 | 807915 | 700827 |
| 其他电池制造 | 213708 | 38663 |  |  | 636944 | 564097 |
| 家用电力器具制造 | 74742 | 19182 | 57093 |  | 1279493 | 1169673 |
| 家用制冷电器具制造 | 7600 | 1000 |  |  | 102121 | 99591 |
| 家用空气调节器制造 | 60420 | 4500 | 10158 |  | 716282 | 683978 |
| 家用通风电器具制造 | 3000 | 4000 | 46935 |  | 189310 | 148774 |
| 家用厨房电器具制造 | 170 | 3194 |  |  | 16905 | 13632 |
| 家用清洁卫生电器具制造 | 96 |  |  |  | 5334 | 4998 |
| 家用美容、保健护理电器具制造 | 1000 |  |  |  | 8192 | 6909 |
| 家用电力器具专用配件制造 | 1118 | 1488 |  |  | 179415 | 159490 |
| 其他家用电力器具制造 | 1338 | 5000 |  |  | 61933 | 52301 |
| 非电力家用器具制造 | 172 | 78 |  |  | 15610 | 15071 |
| 燃气及类似能源家用器具制造 | 172 | 78 |  |  | 15610 | 15071 |
| 照明器具制造 | 247255 | 82876 | 2139 | 24465 | 2968609 | 2486633 |
| 电光源制造 | 100092 | 18962 |  |  | 1215954 | 1024787 |
| 照明灯具制造 | 138707 | 52184 | 976 | 12184 | 1426619 | 1180291 |
| 舞台及场地用灯制造 |  | 7291 | 1163 | 12281 | 185004 | 167526 |
| 智能照明器具制造 |  | 300 |  |  | 3081 | 2880 |
| 灯用电器附件及其他照明器具制造 | 8456 | 4140 |  |  | 137951 | 111149 |
| 其他电气机械及器材制造 | 1628 | 22094 |  |  | 100323 | 91432 |
| 电气信号设备装置制造 |  | 20994 |  |  | 67267 | 62414 |
| 其他未列明电气机械及器材制造 | 1628 | 1101 |  |  | 33057 | 29018 |
| 计算机、通信和其他电子设备制造业 | 3680421 | 959472 | 394727 | 275947 | 28281068 | 24852002 |
| 计算机制造 | 278731 | 18858 | 54456 | 32127 | 1844121 | 1582837 |
| 计算机整机制造 | 1200 |  |  |  | 39854 | 34837 |
| 计算机零部件制造 | 32732 | 4600 | 52639 | 32127 | 819553 | 682607 |
| 计算机外围设备制造 | 236152 | 12858 | 1817 |  | 958581 | 842660 |
| 工业控制计算机及系统制造 | 6247 | 1400 |  |  | 14871 | 12394 |
| 其他计算机制造 | 2400 |  |  |  | 11263 | 10339 |

单位：万元

| 销售费用 | 管理费用 | 财务费用 | | | 投资收益（损失以“–”号记） | 营业利润 | 利润总额 | 亏损企业亏损额 | 平均用工人数（人） |
|---|---|---|---|---|---|---|---|---|---|
| | | | 利息收入 | 利息支出 | | | | | |
| 17469 | 23628 | 4068 | 718 | 3147 | 554 | 43492 | 40043 | 1550 | 5389 |
| 13423 | 28113 | 3019 | 425 | 2030 | -3644 | 32995 | 32716 | 2055 | 10199 |
| 115017 | 227211 | 43032 | -5748 | 40925 | -995 | 175509 | 182849 | 44931 | 19233 |
| 8736 | 42518 | 1319 | 213 | 1110 | 28 | 64668 | 65025 | | 7891 |
| 71532 | 140157 | 33341 | 556 | 25889 | -3261 | 302751 | 313211 | 2814 | 23425 |
| 64191 | 127323 | 30896 | 425 | 24145 | 752 | 281496 | 292478 | 2544 | 20949 |
| 452 | 975 | 321 | 12 | 341 | | 1138 | 1201 | 240 | 406 |
| 16 | 66 | 36 | | | | -13 | -13 | 13 | 7 |
| 3970 | 6984 | 1470 | 112 | 909 | | 11013 | 11178 | 16 | 1023 |
| 2903 | 4810 | 619 | 7 | 495 | -4012 | 9117 | 8367 | | 1040 |
| 88773 | 208188 | 38003 | 1291 | 31337 | 72 | 283822 | 252850 | 32725 | 38104 |
| 66777 | 156138 | 28830 | 1121 | 22236 | -8 | 204434 | 170631 | 30654 | 23932 |
| 1247 | 3044 | 560 | 34 | 528 | | 4873 | 5049 | | 1011 |
| 14463 | 29566 | 5397 | 90 | 5656 | 44 | 48299 | 49045 | 2035 | 7909 |
| 6286 | 19440 | 3216 | 45 | 2916 | 36 | 26216 | 28125 | 35 | 5252 |
| 29938 | 37323 | 1176 | -1675 | 3510 | | 32736 | 33688 | 1642 | 10709 |
| 68 | 1786 | 650 | -3 | 661 | | -1233 | -1154 | 1358 | 1022 |
| 3490 | 16561 | -1568 | -2471 | 609 | | 9178 | 9715 | | 4160 |
| 21482 | 10546 | 208 | 747 | 936 | | 6434 | 6949 | | 2760 |
| 1346 | 1286 | 180 | 11 | 192 | | 359 | 384 | 6 | 564 |
| 298 | 339 | -28 | 28 | | | -279 | -278 | 278 | 137 |
| 39 | 367 | 403 | | 53 | | 457 | 468 | | 525 |
| 898 | 3289 | 878 | 13 | 795 | | 14709 | 14402 | | 1063 |
| 2317 | 3151 | 453 | | 264 | | 3110 | 3201 | | 478 |
| 57 | 108 | 33 | 6 | 28 | | 301 | 301 | | 40 |
| 57 | 108 | 33 | 6 | 28 | | 301 | 301 | | 40 |
| 91618 | 138472 | 17916 | -2927 | 15143 | 1124 | 224777 | 238129 | 13542 | 30988 |
| 37106 | 57992 | 9073 | -167 | 5508 | | 81336 | 91366 | 183 | 10977 |
| 50544 | 65637 | 6381 | -2846 | 8747 | 1124 | 122280 | 125545 | 13359 | 15968 |
| 1676 | 4331 | 923 | 76 | 315 | | 10060 | 9803 | | 1985 |
| 18 | 173 | 6 | 1 | 7 | | 2 | 2 | | 76 |
| 2274 | 10339 | 1533 | 9 | 568 | | 11099 | 11413 | | 1982 |
| 1090 | 1918 | 552 | 1 | 240 | | 5004 | 5027 | | 1882 |
| 515 | 673 | 274 | | 10 | | 3163 | 3185 | | 1529 |
| 575 | 1245 | 278 | 1 | 230 | | 1841 | 1842 | | 353 |
| 325375 | 1132296 | 170604 | 14154 | 110216 | 9311 | 1836567 | 1812256 | 49095 | 286288 |
| 34119 | 52322 | 10288 | 80 | 10721 | | 155081 | 156650 | 2414 | 25403 |
| 247 | 1114 | 36 | 3 | 2 | | 3619 | 3637 | | 288 |
| 21683 | 34272 | 8565 | 14 | 9963 | | 65810 | 67332 | 822 | 13884 |
| 11018 | 15009 | 1620 | 68 | 717 | | 85549 | 85559 | 1237 | 10359 |
| 604 | 1347 | 24 | -4 | 19 | | 418 | 418 | | 237 |
| 568 | 579 | 44 | | 20 | | -314 | -295 | 355 | 635 |

1-A-6 续表 32

| 行业 | 法人资本 | 个人资本 | 港澳台资本 | 外商资本 | 营业收入 | 营业成本 |
|---|---|---|---|---|---|---|
| 通信设备制造 | 1009890 | 48124 | 158743 | | 5470749 | 5058594 |
| 通信系统设备制造 | 102074 | 26270 | 83943 | | 1206807 | 1060912 |
| 通信终端设备制造 | 907816 | 21855 | 74801 | | 4263942 | 3997682 |
| 广播电视设备制造 | 6839 | 17832 | 7500 | | 415424 | 353913 |
| 广播电视接收设备制造 | 6839 | 2452 | | | 239759 | 202473 |
| 专业音响设备制造 | | | 7500 | | 134152 | 113804 |
| 应用电视设备及其他广播电视设备制造 | | 15380 | | | 41513 | 37636 |
| 非专业视听设备制造 | 47675 | 39065 | 13264 | | 1133728 | 991924 |
| 电视机制造 | 2140 | 2360 | | | 31228 | 29599 |
| 音响设备制造 | 39329 | 17204 | 12464 | | 918996 | 793991 |
| 影视录放设备制造 | 6206 | 19502 | 800 | | 183504 | 168334 |
| 智能消费设备制造 | 85385 | 52743 | 10000 | 3324 | 1210308 | 1047292 |
| 可穿戴智能设备制造 | 1700 | 2710 | | | 290210 | 258337 |
| 智能车载设备制造 | 2060 | 5790 | | 1434 | 470163 | 409727 |
| 智能无人飞行器制造 | 3000 | | | | 6202 | 3737 |
| 服务消费机器人制造 | | 400 | | | 40845 | 39124 |
| 其他智能消费设备制造 | 78626 | 43843 | 10000 | 1890 | 402889 | 336368 |
| 电子器件制造 | 977536 | 276083 | 56595 | 181968 | 9228876 | 8095099 |
| 电子真空器件制造 | 25107 | 14631 | 825 | 42842 | 477026 | 394280 |
| 半导体分立器件制造 | 174972 | 7601 | | 19460 | 958799 | 751768 |
| 集成电路制造 | 39185 | 15500 | 28595 | 15000 | 282678 | 246350 |
| 显示器件制造 | 116256 | 174331 | 13199 | | 3480207 | 3212342 |
| 半导体照明器件制造 | 110189 | 33928 | 1637 | 90196 | 693117 | 603612 |
| 光电子器件制造 | 447702 | 26939 | | | 2731393 | 2395701 |
| 其他电子器件制造 | 64126 | 3153 | 12340 | 14470 | 605656 | 491046 |
| 电子元件及电子专用材料制造 | 1065082 | 481631 | 93489 | 58528 | 7737142 | 6708681 |
| 电阻电容电感元件制造 | 17291 | 25256 | 6782 | 7119 | 734070 | 653633 |
| 电子电路制造 | 175355 | 114529 | 35699 | 1548 | 1861178 | 1553471 |
| 敏感元件及传感器制造 | 142036 | 6296 | 21722 | 13002 | 1953895 | 1767090 |
| 电声器件及零件制造 | 16820 | 5808 | | | 248792 | 209000 |
| 电子专用材料制造 | 687990 | 279723 | 399 | 31876 | 2079613 | 1794407 |
| 其他电子元件制造 | 25591 | 50019 | 28888 | 4983 | 859594 | 731079 |
| 其他电子设备制造 | 209282 | 25136 | 680 | | 1240721 | 1013662 |
| 仪器仪表制造业 | 4285029 | 41257 | 275 | | 1475088 | 1236938 |
| 通用仪器仪表制造 | 4248530 | 11722 | 275 | | 810175 | 672022 |
| 工业自动控制系统装置制造 | 24400 | 10962 | | | 437824 | 368339 |
| 电工仪器仪表制造 | 176652 | 200 | 275 | | 161174 | 143605 |
| 绘图、计算及测量仪器制造 | 3943475 | 200 | | | 107191 | 86768 |
| 实验分析仪器制造 | | | | | 6317 | 4823 |
| 供应用仪器仪表制造 | 104003 | | | | 95183 | 67534 |
| 其他通用仪器制造 | | 360 | | | 2487 | 953 |
| 专用仪器仪表制造 | 22960 | 8794 | | | 282670 | 232990 |

单位：万元

| 销售费用 | 管理费用 | 财务费用 | | | 投资收益(损失以“-”号记) | 营业利润 | 利润总额 | 亏损企业亏损额 | 平均用工人数(人) |
|---|---|---|---|---|---|---|---|---|---|
| | | | 利息收入 | 利息支出 | | | | | |
| 30438 | 174586 | 14684 | 385 | 23512 | 99 | 210558 | 223618 | 9560 | 19535 |
| 9593 | 30079 | -634 | 1169 | 744 | 48 | 104796 | 105613 | 252 | 9289 |
| 20845 | 144508 | 15319 | -784 | 22768 | 51 | 105763 | 118005 | 9309 | 10246 |
| 9272 | 17178 | 1498 | -20 | 1303 | -955 | 29812 | 29370 | 112 | 10175 |
| 7901 | 14838 | 1222 | 20 | 1192 | | 12227 | 11764 | 112 | 3883 |
| 730 | 954 | | | | -955 | 16064 | 16064 | | 5901 |
| 640 | 1387 | 276 | -39 | 111 | | 1520 | 1542 | | 391 |
| 10831 | 34691 | 6968 | 42 | 5470 | -1 | 84700 | 85978 | 2893 | 18940 |
| 41 | 736 | 26 | | 1 | | 511 | 511 | 1 | 259 |
| 8413 | 27331 | 3876 | 124 | 2672 | -1 | 81803 | 82720 | 1308 | 16006 |
| 2377 | 6624 | 3066 | -82 | 2798 | 1 | 2386 | 2746 | 1585 | 2675 |
| 15174 | 38500 | 1094 | 1138 | 2743 | 254 | 101293 | 98752 | 348 | 10261 |
| 786 | 5603 | 385 | 52 | 359 | 46 | 24973 | 24983 | | 2774 |
| 8100 | 9916 | 1989 | 2 | 1128 | | 36726 | 37072 | 323 | 2279 |
| 879 | 820 | 57 | | 56 | | 651 | 706 | | 30 |
| 25 | 187 | 5 | | 3 | | 1503 | 1503 | | 43 |
| 5384 | 21974 | -1342 | 1084 | 1197 | 208 | 37440 | 34488 | 26 | 5135 |
| 107380 | 373726 | 79348 | 2354 | 26794 | 16383 | 620811 | 571768 | 10898 | 88456 |
| 5450 | 9687 | 1507 | 26 | 1429 | 27 | 59532 | 59909 | 8 | 4320 |
| 34227 | 58474 | 10052 | 75 | 3911 | 526 | 146058 | 90434 | | 9777 |
| 3019 | 10271 | 2154 | 639 | 701 | | 20158 | 23327 | 248 | 2398 |
| 15521 | 87795 | 13012 | -1158 | 6663 | -680 | 149978 | 148445 | 3323 | 29794 |
| 12964 | 53528 | 5008 | 581 | 4749 | 21907 | 35197 | 45158 | 2568 | 10259 |
| 8669 | 105111 | 43544 | 2135 | 7937 | -5682 | 179140 | 173346 | 1766 | 22697 |
| 27531 | 48860 | 4071 | 56 | 1404 | 285 | 30749 | 31149 | 2986 | 9211 |
| 94435 | 355937 | 53957 | 9940 | 37012 | -9335 | 513237 | 524881 | 21588 | 93576 |
| 9318 | 24099 | 603 | 68 | 1404 | 54 | 44021 | 44803 | 1452 | 16694 |
| 41058 | 96830 | 12581 | -4 | 10065 | 947 | 160577 | 163897 | 11934 | 24444 |
| 5106 | 75948 | 19540 | 9324 | 6250 | -10415 | 80834 | 81248 | 2222 | 16366 |
| 2324 | 17940 | 2696 | 86 | 2613 | -35 | 15707 | 14434 | | 7992 |
| 20777 | 93475 | 15034 | 399 | 13837 | 583 | 155918 | 162778 | 3501 | 14397 |
| 15852 | 47645 | 3504 | 67 | 2844 | -468 | 56180 | 57721 | 2479 | 13683 |
| 23726 | 85356 | 2766 | 234 | 2661 | 2865 | 121075 | 121239 | 1281 | 19942 |
| 42258 | 71407 | 8802 | 2029 | 8247 | 2890 | 111748 | 114808 | 5411 | 18890 |
| 28639 | 33825 | 6161 | 1314 | 5333 | 2863 | 67642 | 69154 | 4158 | 5792 |
| 14418 | 17277 | 3789 | 800 | 2208 | 17 | 32179 | 32540 | 367 | 2594 |
| 3793 | 6527 | 2307 | 425 | 2679 | | 4212 | 4332 | 3791 | 1225 |
| 3185 | 4336 | 374 | 70 | 446 | | 11393 | 11588 | | 890 |
| 266 | 165 | 8 | | | | 1008 | 1008 | | 165 |
| 6888 | 5016 | -317 | 19 | | 2846 | 17912 | 18749 | | 880 |
| 90 | 505 | | | | | 938 | 937 | | 38 |
| 3822 | 17059 | -42 | 679 | 439 | 19 | 28176 | 28764 | | 2613 |

1-A-6 续表 33

| 行　　业 | | | | | 营业收入 | 营业成本 |
|---|---|---|---|---|---|---|
| | 法人资本 | 个人资本 | 港澳台资本 | 外商资本 | | |
| 　　环境监测专用仪器仪表制造 | | 300 | | | 18694 | 14641 |
| 　　运输设备及生产用计数仪表制造 | 11144 | | | | 106974 | 90328 |
| 　　导航、测绘、气象及海洋专用仪器制造 | 7329 | | | | 27020 | 22176 |
| 　　教学专用仪器制造 | | 10 | | | 3022 | 2418 |
| 　　电子测量仪器制造 | 300 | 340 | | | 14204 | 12954 |
| 　　其他专用仪器制造 | 4187 | 8144 | | | 112755 | 90473 |
| 　钟表与计时仪器制造 | 500 | 1765 | | | 4615 | 3830 |
| 　光学仪器制造 | 11438 | 15030 | | | 262711 | 232232 |
| 　衡器制造 | 1500 | 3546 | | | 91455 | 76732 |
| 　其他仪器仪表制造业 | 100 | 400 | | | 23461 | 19133 |
| 其他制造业 | 74423 | 69054 | 36010 | 9529 | 775049 | 673542 |
| 　日用杂品制造 | 6900 | 28615 | 35518 | 9529 | 461612 | 401702 |
| 　　鬃毛加工、制刷及清扫工具制造 | | 810 | | | 14974 | 13223 |
| 　　其他日用杂品制造 | 6900 | 27805 | 35518 | 9529 | 446638 | 388479 |
| 　其他未列明制造业 | 67524 | 40438 | 492 | | 313437 | 271840 |
| 废弃资源综合利用业 | 126443 | 93241 | | | 4104171 | 3798788 |
| 　金属废料和碎屑加工处理 | 101707 | 64610 | | | 3442841 | 3203982 |
| 　非金属废料和碎屑加工处理 | 24736 | 28631 | | | 661330 | 594806 |
| 金属制品、机械和设备修理业 | 100 | | | | 4080 | 2929 |
| 　其他机械和设备修理业 | 100 | | | | 4080 | 2929 |
| **电力、热力、燃气及水生产和供应业** | **2919637** | **141582** | **93696** | **128313** | **14625191** | **13225591** |
| 电力、热力生产和供应业 | 2702502 | 90073 | 17988 | 107047 | 12083571 | 11183101 |
| 　电力生产 | 988885 | 80689 | 17988 | 107047 | 5138851 | 4400041 |
| 　　火力发电 | 307504 | 1800 | 4593 | 102547 | 3389352 | 3145830 |
| 　　热电联产 | 8300 | | | | 25909 | 20202 |
| 　　水力发电 | 186907 | 49937 | 2396 | 3500 | 364582 | 267152 |
| 　　风力发电 | 66048 | | 11000 | | 228771 | 123089 |
| 　　太阳能发电 | 352286 | 13687 | | | 807731 | 627668 |
| 　　生物质能发电 | 32385 | 15265 | | | 162323 | 110753 |
| 　　其他电力生产 | 35455 | | | 1000 | 160183 | 105348 |
| 　电力供应 | 1708487 | | | | 6881349 | 6731765 |
| 　热力生产和供应 | 5129 | 9384 | | | 63371 | 51295 |
| 燃气生产和供应业 | 95386 | 3521 | 38303 | 7914 | 1554085 | 1328598 |
| 　燃气生产和供应业 | 95386 | 3507 | 38303 | 7914 | 1551046 | 1326466 |
| 　　天然气生产和供应业 | 90090 | 2777 | 38303 | 7914 | 1460478 | 1242171 |
| 　　液化石油气生产和供应业 | 4896 | 730 | | | 88533 | 82416 |
| 　　煤气生产和供应业 | 400 | | | | 2036 | 1879 |
| 　生物质燃气生产和供应业 | | 14 | | | 3039 | 2132 |
| 水的生产和供应业 | 121749 | 47988 | 37405 | 13353 | 987535 | 713892 |
| 　自来水生产和供应 | 58733 | 43188 | 37405 | 10721 | 909482 | 661482 |
| 　污水处理及其再生利用 | 63017 | 4800 | | 2632 | 78053 | 52410 |

单位：万元

| 销售费用 | 管理费用 | 财务费用 | 利息收入 | 利息支出 | 投资收益（损失以"–"号记） | 营业利润 | 利润总额 | 亏损企业亏损额 | 平均用工人数（人） |
|---|---|---|---|---|---|---|---|---|---|
| 805 | 1422 | 157 | | | | 1636 | 1666 | | 62 |
| 1187 | 4034 | 324 | 13 | 338 | | 10926 | 11288 | | 1038 |
| 526 | 3389 | -253 | 310 | 53 | 19 | 1107 | 1212 | | 342 |
| | 101 | 2 | | | | 454 | 454 | | 20 |
| 256 | 636 | 30 | 1 | 30 | | 316 | 332 | | 160 |
| 1048 | 7477 | -301 | 355 | 20 | | 13737 | 13812 | | 991 |
| 39 | 651 | 243 | 21 | 164 | | -274 | -218 | 274 | 342 |
| 2890 | 13991 | 1115 | 8 | 996 | | 11388 | 12164 | 979 | 9226 |
| 5736 | 4758 | 1264 | 9 | 1260 | | 2822 | 2876 | | 614 |
| 1132 | 1122 | 61 | | 56 | 8 | 1994 | 2068 | | 303 |
| 13877 | 29517 | 7488 | 41 | 4102 | -6600 | 47400 | 49597 | 2166 | 8454 |
| 8701 | 13091 | 3637 | 19 | 1084 | 155 | 32802 | 33956 | 389 | 5597 |
| 438 | 677 | 90 | 2 | 27 | | 506 | 747 | | 284 |
| 8262 | 12414 | 3547 | 16 | 1058 | 155 | 32296 | 33210 | 389 | 5313 |
| 5176 | 16426 | 3851 | 22 | 3017 | -6755 | 14597 | 15641 | 1777 | 2857 |
| 50879 | 84296 | 28326 | 1029 | 22307 | 4683 | 151285 | 194424 | 6750 | 12613 |
| 37138 | 69116 | 26323 | 1011 | 21097 | 4620 | 120188 | 147229 | 5631 | 8153 |
| 13742 | 15180 | 2004 | 19 | 1211 | 63 | 31098 | 47196 | 1119 | 4460 |
| 264 | 402 | | | | | 458 | 458 | | 56 |
| 264 | 402 | | | | | 458 | 458 | | 56 |
| **93886** | **234073** | **369674** | **17687** | **323247** | **22522** | **627851** | **667105** | **118999** | **84145** |
| 13373 | 118749 | 325810 | 14221 | 276172 | 1757 | 359382 | 388845 | 109289 | 62456 |
| 12416 | 87654 | 246081 | 15796 | 195286 | -254 | 356385 | 367658 | 109026 | 18884 |
| 107 | 23965 | 119857 | 3094 | 92434 | -495 | 61364 | 66452 | 98203 | 10164 |
| 44 | 706 | 127 | | | 1 | 4730 | 5029 | | 183 |
| 908 | 16577 | 48642 | 323 | 48197 | 12 | 29035 | 29098 | 9209 | 4238 |
| 1501 | 12816 | 23166 | 1454 | 20856 | 4 | 67665 | 67815 | | 663 |
| 9214 | 27405 | 43727 | 3656 | 18512 | 225 | 102191 | 104828 | 715 | 2049 |
| 106 | 1832 | 4965 | 3 | 4049 | | 43361 | 44388 | 380 | 997 |
| 536 | 4356 | 5597 | 7265 | 11238 | | 48040 | 50047 | 518 | 590 |
| 548 | 28235 | 78164 | -1589 | 79409 | 1833 | -4237 | 13981 | | 42646 |
| 409 | 2860 | 1565 | 14 | 1478 | 177 | 7234 | 7206 | 263 | 926 |
| 42189 | 44937 | 13617 | 1323 | 11439 | 519 | 117639 | 117928 | 4183 | 6637 |
| 42166 | 44919 | 13617 | 1323 | 11439 | 519 | 116775 | 117032 | 4183 | 6618 |
| 41202 | 43807 | 12594 | 1323 | 11383 | 519 | 113960 | 114222 | 3615 | 6439 |
| 917 | 1073 | 1015 | | 56 | | 2773 | 2767 | 569 | 119 |
| 47 | 39 | 9 | | | | 42 | 42 | | 60 |
| 23 | 18 | | | | | 864 | 896 | | 19 |
| 38324 | 70387 | 30247 | 2143 | 35635 | 20245 | 150830 | 160332 | 5527 | 15052 |
| 37452 | 64956 | 28216 | 2080 | 34610 | 20164 | 134600 | 141041 | 4791 | 14499 |
| 872 | 5431 | 2031 | 63 | 1025 | 82 | 16230 | 19291 | 736 | 553 |

# 1-A-7　国有控股工业企业主要

| 行　　业 | 企　业<br>单位数<br>(个) | 资产总计 | 固定资产<br>净　　额 | 固定资产<br>原　　价 | 累计折旧 | 流动资产<br>合　　计 |
|---|---|---|---|---|---|---|
| **总　计** | **504** | **75920964** | **27000505** | **52908386** | **25280289** | **36482164** |
| 煤炭开采和洗选业 | 9 | 862534 | 346496 | 596467 | 220789 | 262209 |
| 烟煤和无烟煤开采洗选 | 9 | 862534 | 346496 | 596467 | 220789 | 262209 |
| 黑色金属矿采选业 | 3 | 38376 | 4411 | 10030 | 5618 | 19585 |
| 铁矿采选 | 3 | 38376 | 4411 | 10030 | 5618 | 19585 |
| 有色金属矿采选业 | 21 | 1449232 | 433328 | 645094 | 207546 | 430681 |
| 常用有色金属矿采选 | 5 | 252998 | 128298 | 186688 | 57002 | 38836 |
| 贵金属矿采选 | 1 | 155464 | 13747 | 33036 | 19289 | 18568 |
| 稀有稀土金属矿采选 | 15 | 1040770 | 291283 | 425371 | 131256 | 373277 |
| 非金属矿采选业 | 10 | 519692 | 198749 | 280347 | 75449 | 123545 |
| 土砂石开采 | 8 | 186472 | 25507 | 58037 | 26481 | 49418 |
| 采盐 | 2 | 333220 | 173242 | 222310 | 48967 | 74127 |
| 农副食品加工业 | 14 | 88682 | 22691 | 46452 | 13783 | 41682 |
| 谷物磨制 | 9 | 58195 | 12663 | 27644 | 5003 | 29923 |
| 饲料加工 | 1 | 2209 | 68 | 309 | 241 | 2129 |
| 植物油加工 | 2 | 20660 | 6055 | 12976 | 6921 | 7610 |
| 屠宰及肉类加工 | 1 | 501 | 348 | 399 | 52 | 131 |
| 其他农副食品加工 | 1 | 7117 | 3557 | 5123 | 1566 | 1888 |
| 食品制造业 | 5 | 85689 | 37528 | 103749 | 65423 | 38890 |
| 方便食品制造 | 1 | 2684 | 743 | 1315 | 572 | 1498 |
| 罐头食品制造 | 1 | 13534 |  | 785 | 70 | 13534 |
| 其他食品制造 | 3 | 69471 | 36785 | 101649 | 64780 | 23857 |
| 酒、饮料和精制茶制造业 | 6 | 740925 | 112403 | 196331 | 83888 | 71538 |
| 酒的制造 | 2 | 611953 | 62068 | 82803 | 20735 | 27445 |
| 饮料制造 | 3 | 104189 | 39543 | 67624 | 28081 | 32038 |
| 精制茶加工 | 1 | 24783 | 10792 | 45904 | 35072 | 12055 |
| 烟草制品业 | 2 | 1744843 | 368951 | 712813 | 343862 | 1295858 |
| 烟叶复烤 | 1 | 95291 | 39925 | 62344 | 22419 | 48135 |
| 卷烟制造 | 1 | 1649552 | 329026 | 650469 | 321443 | 1247723 |
| 纺织业 | 3 | 459344 | 1001 | 3151 | 2151 | 23510 |
| 棉纺织及印染精加工 | 1 | 438704 |  |  |  | 8571 |
| 丝绢纺织及印染精加工 | 1 | 11905 | 879 | 3029 | 2149 | 10623 |
| 针织或钩针编织物及其制品制造 | 1 | 8736 | 121 | 123 | 1 | 4316 |
| 纺织服装、服饰业 | 9 | 213910 | 11714 | 74812 | 55417 | 146705 |
| 机织服装制造 | 7 | 171076 | 9999 | 38540 | 20861 | 106296 |

# 经济指标(大、中类行业)

单位：万元

| 应收账款 | 存货 | 产成品 | 负债合计 | 流动负债合计 | 应付账款 | 所有者权益合计 | 实收资本 | 国家资本 | 集体资本 |
|---|---|---|---|---|---|---|---|---|---|
| **6030796** | **8577479** | **3265222** | **46553506** | **36925938** | **9362034** | **29367455** | **14501443** | **6202819** | **83565** |
| 51590 | 19202 | 9365 | 569590 | 441634 | 78800 | 292944 | 391133 | 347138 | |
| 51590 | 19202 | 9365 | 569590 | 441634 | 78800 | 292944 | 391133 | 347138 | |
| 3262 | 1493 | 378 | 22698 | 22698 | 1108 | 15678 | 9323 | 3323 | |
| 3262 | 1493 | 378 | 22698 | 22698 | 1108 | 15678 | 9323 | 3323 | |
| 47830 | 119539 | 91581 | 685155 | 461027 | 92745 | 764078 | 185090 | 158775 | 3732 |
| 6130 | 10721 | 7021 | 165019 | 140609 | 39389 | 87978 | 20377 | 10756 | |
| 5976 | 3299 | 1549 | 60633 | 20484 | 1541 | 94832 | 13218 | 13218 | |
| 35724 | 105518 | 83011 | 459503 | 299934 | 51815 | 581268 | 151495 | 134800 | 3732 |
| 12719 | 11932 | 6221 | 213548 | 132328 | 57452 | 306145 | 115377 | 20085 | 479 |
| 2075 | 4508 | 3125 | 33117 | 30174 | 9603 | 153356 | 19449 | 5085 | 479 |
| 10643 | 7425 | 3096 | 180431 | 102155 | 47849 | 152789 | 95929 | 15000 | |
| 8790 | 14083 | 4102 | 54281 | 46928 | 8238 | 34401 | 22069 | 16666 | |
| 4547 | 9167 | 1817 | 38354 | 33513 | 6078 | 19841 | 5581 | 2478 | |
| 1882 | 204 | -23 | 1945 | 1945 | 1108 | 264 | 273 | 273 | |
| 2072 | 4599 | 2289 | 8397 | 5906 | 543 | 12263 | 6300 | 4000 | |
| 0 | | | 499 | 479 | | 2 | 55 | 55 | |
| 288 | 113 | 19 | 5086 | 5086 | 509 | 2031 | 9860 | 9860 | |
| 7926 | 6465 | 2598 | 37508 | 36111 | 6778 | 48181 | 44463 | 13550 | |
| 25 | 652 | 652 | 1260 | 1260 | 27 | 1424 | 1000 | 1000 | |
| 130 | 539 | 539 | 844 | 130 | 130 | 12690 | | | |
| 7771 | 5274 | 1407 | 35405 | 34721 | 6621 | 34066 | 43463 | 12550 | |
| 3217 | 18251 | 3609 | 120669 | 112778 | 5800 | 620256 | 593484 | 39784 | |
| 1800 | 8342 | 411 | 47723 | 46707 | 1101 | 564230 | 563382 | 20951 | |
| 455 | 8940 | 2286 | 56047 | 53553 | 3761 | 48142 | 22218 | 10948 | |
| 961 | 968 | 911 | 16899 | 12518 | 937 | 7884 | 7884 | 7884 | |
| 69017 | 784003 | 42341 | 427979 | 423527 | 102345 | 1316864 | 217863 | 132734 | |
| 2224 | 5443 | 445 | 6095 | 6095 | 5978 | 89196 | 85129 | | |
| 66793 | 778560 | 41897 | 421884 | 417432 | 96367 | 1227668 | 132734 | 132734 | |
| 2228 | 4409 | 4017 | 246838 | 4699 | 3294 | 212506 | 700 | 100 | |
| 226 | 4168 | 3815 | 238555 | | | 200149 | | | |
| 369 | 39 | | 5025 | 1441 | 36 | 6880 | 100 | 100 | |
| 1634 | 201 | 201 | 3258 | 3258 | 3258 | 5477 | 600 | | |
| 7479 | 5496 | 4582 | 95733 | 80170 | 2083 | 118177 | 6465 | 6465 | |
| 3968 | 5494 | 4582 | 66512 | 51089 | 1572 | 104564 | 6415 | 6415 | |

1-A-7 续表 1

| 行业 | 企业单位数（个） | 资产总计 | 固定资产净额 | 固定资产原价 | 累计折旧 | 流动资产合计 |
|---|---|---|---|---|---|---|
| 针织或钩针编织服装制造 | 1 | 27720 | 1125 | 33666 | 32541 | 26584 |
| 服饰制造 | 1 | 15115 | 590 | 2606 | 2016 | 13824 |
| 皮革、毛皮、羽毛及其制品和制鞋业 | 1 | 11012 | 828 | 2765 | 1937 | 9784 |
| 制鞋业 | 1 | 11012 | 828 | 2765 | 1937 | 9784 |
| 木材加工和木、竹、藤、棕、草制品业 | 3 | 150613 | 96411 | 105034 | 8421 | 29165 |
| 木材加工 | 2 | 142969 | 94976 | 101620 | 6643 | 24563 |
| 人造板制造 | 1 | 7644 | 1435 | 3415 | 1778 | 4602 |
| 家具制造业 | 1 | 6064 | 3065 | 6086 | 2981 | 2217 |
| 金属家具制造 | 1 | 6064 | 3065 | 6086 | 2981 | 2217 |
| 造纸和纸制品业 | 2 | 31911 | 9327 | 22836 | 6410 | 15472 |
| 造纸 | 2 | 31911 | 9327 | 22836 | 6410 | 15472 |
| 印刷和记录媒介复制业 | 10 | 514367 | 188768 | 415214 | 226446 | 278304 |
| 印刷 | 10 | 514367 | 188768 | 415214 | 226446 | 278304 |
| 文教、工美、体育和娱乐用品制造业 | 1 | 28105 | 17804 | 79533 | 61729 | 10202 |
| 工艺美术及礼仪用品制造 | 1 | 28105 | 17804 | 79533 | 61729 | 10202 |
| 石油、煤炭及其他燃料加工业 | 2 | 2989915 | 1609539 | 2638752 | 1029213 | 1027639 |
| 精炼石油产品制造 | 1 | 1229821 | 899583 | 1581249 | 681666 | 239478 |
| 煤炭加工 | 1 | 1760095 | 709957 | 1057503 | 347547 | 788161 |
| 化学原料和化学制品制造业 | 32 | 971722 | 357893 | 642575 | 256340 | 400203 |
| 基础化学原料制造 | 10 | 292883 | 127120 | 282709 | 134814 | 126505 |
| 肥料制造 | 1 | 48643 | 19063 | 62725 | 43662 | 7643 |
| 涂料、油墨、颜料及类似产品制造 | 1 | 2010 | 54 | 112 | 58 | 1953 |
| 专用化学产品制造 | 8 | 145680 | 65346 | 98238 | 31381 | 59427 |
| 炸药、火工及焰火产品制造 | 11 | 477664 | 146305 | 198785 | 46425 | 200059 |
| 日用化学产品制造 | 1 | 4843 | 4 | 5 |  | 4616 |
| 医药制造业 | 9 | 2854158 | 521568 | 930998 | 400040 | 890410 |
| 化学药品原料药制造 | 1 | 39389 | 4897 | 19263 | 14367 | 31949 |
| 中药饮片加工 | 1 | 19871 |  | 15979 | 6593 | 8543 |
| 中成药生产 | 4 | 488401 | 112780 | 212483 | 99699 | 311287 |
| 生物药品制品制造 | 2 | 2303282 | 403491 | 681854 | 278363 | 535822 |
| 药用辅料及包装材料 | 1 | 3215 | 401 | 1420 | 1019 | 2809 |
| 橡胶和塑料制品业 | 5 | 44141 | 7858 | 17040 | 7431 | 31796 |
| 橡胶制品业 | 1 | 3347 | 596 | 1799 | 1203 | 2751 |
| 塑料制品业 | 4 | 40794 | 7262 | 15242 | 6228 | 29045 |
| 非金属矿物制品业 | 103 | 3924168 | 1616641 | 2837096 | 1193301 | 1826659 |

单位：万元

| 应收账款 | 存货 | 产成品 | 负债合计 | 流动负债合计 | 应付账款 | 所有者权益合计 | 实收资本 | 国家资本 | 集体资本 |
|---|---|---|---|---|---|---|---|---|---|
| 60 | | | 26451 | 26451 | 210 | 1269 | | | |
| 3451 | 2 | | 2770 | 2630 | 301 | 12344 | 50 | 50 | |
| 1392 | 55 | | 5610 | 5228 | 93 | 5402 | 1000 | 1000 | |
| 1392 | 55 | | 5610 | 5228 | 93 | 5402 | 1000 | 1000 | |
| 5349 | 1537 | 459 | 79768 | 31629 | 8518 | 70844 | 29310 | 9100 | |
| 4158 | 1 | 1 | 70550 | 22411 | 2075 | 72419 | 26310 | 6100 | |
| 1191 | 1536 | 459 | 9218 | 9218 | 6444 | -1574 | 3000 | 3000 | |
| 73 | 320 | 282 | 1193 | 1193 | 372 | 4871 | 2820 | 1410 | |
| 73 | 320 | 282 | 1193 | 1193 | 372 | 4871 | 2820 | 1410 | |
| 1030 | 787 | 571 | 8322 | 4587 | 728 | 23589 | 895 | | |
| 1030 | 787 | 571 | 8322 | 4587 | 728 | 23589 | 895 | | |
| 14499 | 42887 | 13330 | 140484 | 64132 | 13671 | 373883 | 208320 | 190675 | |
| 14499 | 42887 | 13330 | 140484 | 64132 | 13671 | 373883 | 208320 | 190675 | |
| 21 | 129 | 41 | 618 | | | 27487 | 1175 | | |
| 21 | 129 | 41 | 618 | | | 27487 | 1175 | | |
| 228601 | 333498 | 140282 | 1911882 | 1762194 | 235603 | 1078033 | 116170 | 116170 | |
| 53135 | 134901 | 36636 | 665517 | 608329 | 105721 | 564304 | | | |
| 175465 | 198597 | 103646 | 1246365 | 1153865 | 129882 | 513729 | 116170 | 116170 | |
| 85385 | 69840 | 16224 | 397973 | 340185 | 57525 | 573749 | 3347725 | 127878 | |
| 15139 | 20363 | 2010 | 109496 | 85372 | 13975 | 183386 | 128522 | 71208 | |
| 458 | 4722 | -65 | 90506 | 89247 | | -41863 | 91176 | | |
| 641 | 92 | 57 | 462 | 462 | 352 | 1548 | 300 | | |
| 14229 | 18883 | 8339 | 57716 | 42477 | 6133 | 87964 | 3040162 | 23701 | |
| 54204 | 24465 | 5264 | 137242 | 120075 | 34709 | 340422 | 85565 | 30969 | |
| 713 | 1315 | 618 | 2552 | 2552 | 2357 | 2292 | 2000 | 2000 | |
| 134830 | 116746 | 66070 | 794872 | 474067 | 86524 | 2059285 | 242796 | 47731 | |
| 4246 | 8880 | 6347 | 6431 | 5789 | 2223 | 32959 | 29580 | 12639 | |
| 3125 | 1043 | 649 | 4379 | 4379 | 890 | 15492 | 7039 | 7039 | |
| 40919 | 38553 | 12678 | 132574 | 98104 | 29571 | 355827 | 65115 | 12293 | |
| 85287 | 67419 | 45884 | 648906 | 363213 | 53725 | 1654376 | 140662 | 15361 | |
| 1254 | 852 | 511 | 2583 | 2583 | 115 | 632 | 400 | 400 | |
| 11920 | 7649 | 5440 | 16500 | 14760 | 6232 | 27641 | 14699 | 12084 | 867 |
| 1041 | 1220 | 1057 | 1108 | 1108 | 951 | 2239 | 1600 | 733 | 867 |
| 10879 | 6429 | 4383 | 15392 | 13652 | 5281 | 25402 | 13099 | 11351 | |
| 505065 | 238195 | 105283 | 1907025 | 1718716 | 578890 | 2017143 | 968150 | 458301 | 26750 |

1-A-7 续表 2

| 行业 | 企业单位数（个） | 资产总计 | 固定资产净额 | 固定资产原价 | 累计折旧 | 流动资产合计 |
|---|---|---|---|---|---|---|
| 水泥、石灰和石膏制造 | 42 | 2487604 | 1225011 | 2031720 | 795951 | 1014217 |
| 石膏、水泥制品及类似制品制造 | 48 | 946586 | 209649 | 455700 | 241404 | 587508 |
| 砖瓦、石材等建筑材料制造 | 6 | 73609 | 51394 | 81526 | 30132 | 14728 |
| 玻璃制造 | 1 | 113165 | 61349 | 129454 | 57130 | 36910 |
| 玻璃制品制造 | 1 | 17489 | 4152 | 13371 | 9219 | 7973 |
| 玻璃纤维和玻璃纤维增强塑料制品制造 | 2 | 82985 | 30035 | 45614 | 15503 | 44155 |
| 陶瓷制品制造 | 2 | 142819 | 19045 | 26273 | 6531 | 100506 |
| 耐火材料制品制造 | 1 | 59913 | 16006 | 53438 | 37432 | 20661 |
| 黑色金属冶炼和压延加工业 | 3 | 4858645 | 1100164 | 2957341 | 1856854 | 3255544 |
| 钢压延加工 | 3 | 4858645 | 1100164 | 2957341 | 1856854 | 3255544 |
| 有色金属冶炼和压延加工业 | 38 | 15471870 | 4613702 | 11442905 | 6714917 | 10222985 |
| 常用有色金属冶炼 | 4 | 14019070 | 4240289 | 10815142 | 6464744 | 9296431 |
| 贵金属冶炼 | 1 | 51532 | 9652 | 16304 | 6652 | 38350 |
| 稀有稀土金属冶炼 | 20 | 684317 | 151000 | 246306 | 93054 | 428622 |
| 有色金属合金制造 | 4 | 161846 | 47562 | 102200 | 53283 | 111007 |
| 有色金属压延加工 | 9 | 555104 | 165199 | 262952 | 97183 | 348575 |
| 金属制品业 | 13 | 521110 | 90842 | 158979 | 57958 | 375374 |
| 结构性金属制品制造 | 6 | 301381 | 53645 | 74759 | 21114 | 210693 |
| 金属丝绳及其制品制造 | 2 | 48542 | 17402 | 28960 | 10861 | 27478 |
| 建筑、安全用金属制品制造 | 2 | 70587 | 141 | 19411 | 9789 | 58047 |
| 铸造及其他金属制品制造 | 3 | 100601 | 19654 | 35849 | 16195 | 79155 |
| 通用设备制造业 | 11 | 1902897 | 325883 | 648355 | 291329 | 1302114 |
| 锅炉及原动设备制造 | 1 | 120833 | 14412 | 21238 | 6825 | 94029 |
| 物料搬运设备制造 | 1 | 39850 | 10708 | 14059 | 3352 | 19947 |
| 泵、阀门、压缩机及类似机械制造 | 4 | 1509204 | 249287 | 506371 | 229549 | 1045366 |
| 轴承、齿轮和传动部件制造 | 1 | 51426 | 9836 | 17474 | 7638 | 25558 |
| 文化、办公用机械制造 | 1 | 169989 | 39437 | 82998 | 40181 | 109347 |
| 通用零部件制造 | 2 | 9334 | 1972 | 5900 | 3700 | 6198 |
| 其他通用设备制造业 | 1 | 2261 | 231 | 315 | 84 | 1670 |
| 专用设备制造业 | 8 | 152543 | 48359 | 81980 | 33228 | 90166 |
| 采矿、冶金、建筑专用设备制造 | 3 | 43598 | 16791 | 31701 | 14695 | 23484 |
| 电子和电工机械专用设备制造 | 2 | 54082 | 21626 | 28649 | 7023 | 25339 |
| 医疗仪器设备及器械制造 | 1 | 5794 | 3621 | 7329 | 3708 | 2157 |
| 环保、邮政、社会公共服务及其他专用设备制造 | 2 | 49070 | 6320 | 14300 | 7802 | 39187 |
| 汽车制造业 | 13 | 9097293 | 1440376 | 2758567 | 1287875 | 6112826 |

单位：万元

| 应收账款 | 存货 | | 负债合计 | 流动负债合计 | | 所有者权益合计 | 实收资本 | | |
|---|---|---|---|---|---|---|---|---|---|
| | | 产成品 | | | 应付账款 | | | 国家资本 | 集体资本 |
| 133751 | 113309 | 42405 | 1020792 | 917818 | 219301 | 1466811 | 563706 | 222708 | 26200 |
| 307490 | 67302 | 21039 | 539000 | 493509 | 282927 | 407585 | 227361 | 98528 | 550 |
| 4878 | 1216 | 392 | 34040 | 31569 | 7392 | 39569 | 7800 | 5020 | |
| 10280 | 8873 | 4919 | 105226 | 102268 | 30611 | 7939 | 53319 | 53319 | |
| 361 | 6596 | 4605 | 21161 | 21161 | 2106 | -3672 | 4800 | 4800 | |
| 24690 | 7548 | 3030 | 34533 | 31966 | 15932 | 48451 | 29722 | 2900 | |
| 18917 | 30315 | 28138 | 128349 | 102529 | 19994 | 14470 | 60891 | 50476 | |
| 4699 | 3036 | 754 | 23923 | 17897 | 627 | 35990 | 20550 | 20550 | |
| 130294 | 599486 | 137552 | 2852279 | 2790270 | 562688 | 2006366 | 439622 | 436022 | |
| 130294 | 599486 | 137552 | 2852279 | 2790270 | 562688 | 2006366 | 439622 | 436022 | |
| 1222026 | 2572129 | 587040 | 9496978 | 8231935 | 1534669 | 5974892 | 1400141 | 1005106 | 2288 |
| 1051219 | 2157207 | 421170 | 8444574 | 7231717 | 1081560 | 5574497 | 943544 | 706198 | |
| 168 | 29480 | 1981 | 38660 | 38454 | 7484 | 12872 | 11091 | 11091 | |
| 64796 | 256508 | 98284 | 333339 | 307058 | 113127 | 350978 | 131319 | 59720 | 1150 |
| 22107 | 48047 | 22289 | 113192 | 105810 | 17020 | 48654 | 99055 | 54092 | 930 |
| 83736 | 80887 | 43316 | 567213 | 548896 | 315479 | -12110 | 215132 | 174005 | 208 |
| 120959 | 110873 | 34276 | 343502 | 323910 | 116085 | 177608 | 105344 | 49219 | |
| 78803 | 66506 | 13000 | 226421 | 224669 | 82399 | 74960 | 37238 | 27238 | |
| 11020 | 5776 | 1748 | 32527 | 32527 | 2599 | 16015 | 36756 | | |
| 4753 | 8272 | 3318 | 29632 | 20432 | 12780 | 40955 | 9850 | 9850 | |
| 26384 | 30320 | 16210 | 54922 | 46282 | 18308 | 45679 | 21500 | 12131 | |
| 307149 | 262622 | 165139 | 1157123 | 1069255 | 292319 | 745774 | 373312 | 124458 | 384 |
| 7918 | 35751 | 21708 | 139508 | 138748 | 7364 | -18675 | 8000 | 8000 | |
| 4903 | 3391 | | 28386 | 6216 | 972 | 11463 | 8246 | | |
| 253175 | 199172 | 132531 | 895806 | 857977 | 259908 | 613398 | 260272 | 20364 | 384 |
| 5957 | 8747 | 3326 | 8251 | 8251 | | 43175 | 8138 | 8138 | |
| 32609 | 12306 | 6886 | 79199 | 53021 | 22482 | 90791 | 86376 | 86376 | |
| 1653 | 3046 | 551 | 5759 | 4827 | 1410 | 3576 | 760 | 260 | |
| 934 | 210 | 137 | 214 | 214 | 184 | 2047 | 1520 | 1320 | |
| 33900 | 24872 | 13826 | 72512 | 61702 | 28305 | 80031 | 64479 | 45129 | |
| 6318 | 8291 | 4330 | 16329 | 12451 | 3055 | 27269 | 40000 | 30000 | |
| 5041 | 9079 | 4870 | 21599 | 19228 | 7825 | 32483 | 17000 | 7650 | |
| 727 | 1292 | 672 | 2153 | 1995 | 1004 | 3640 | 1257 | 1257 | |
| 21814 | 6211 | 3954 | 32431 | 28029 | 16422 | 16639 | 6222 | 6222 | |
| 1445772 | 1081971 | 331560 | 6769193 | 5919108 | 2221797 | 2328099 | 690053 | 653443 | |

1-A-7 续表 3

| 行业 | 企业单位数（个） | 资产总计 | 固定资产净额 | 固定资产原价 | 累计折旧 | 流动资产合计 |
|---|---|---|---|---|---|---|
| 汽车整车制造 | 2 | 8611329 | 1349710 | 2607767 | 1227741 | 5771363 |
| 改装汽车制造 | 4 | 146502 | 37225 | 56417 | 19193 | 100072 |
| 汽车车身、挂车制造 | 1 | 1490 | 268 | 1195 | 927 | 1023 |
| 汽车零部件及配件制造 | 6 | 337972 | 53174 | 93188 | 40014 | 240369 |
| 铁路、船舶、航空航天和其他运输设备制造业 | 13 | 6026431 | 845547 | 1404517 | 558837 | 4045971 |
| 铁路运输设备制造 | 2 | 61028 | 3598 | 10648 | 7050 | 19130 |
| 城市轨道交通设备制造 | 1 | 25346 | 19695 | 21930 | 2236 | 3444 |
| 船舶及相关装置制造 | 4 | 169264 | 43845 | 85304 | 41458 | 100566 |
| 航空、航天器及设备制造 | 6 | 5770793 | 778409 | 1286635 | 508092 | 3922832 |
| 电气机械和器材制造业 | 8 | 183777 | 18640 | 38168 | 19524 | 141871 |
| 输配电及控制设备制造 | 4 | 67996 | 6634 | 13065 | 6427 | 53890 |
| 电线、电缆、光缆及电工器材制造 | 3 | 74757 | 8472 | 19310 | 10838 | 66087 |
| 照明器具制造 | 1 | 41025 | 3534 | 5793 | 2259 | 21894 |
| 计算机、通信和其他电子设备制造业 | 15 | 1410065 | 137090 | 228425 | 91260 | 1172223 |
| 通信设备制造 | 3 | 1127662 | 85591 | 115637 | 30046 | 1019966 |
| 广播电视设备制造 | 1 | 12150 | 10 | 31 | 20 | 12091 |
| 电子器件制造 | 3 | 112275 | 4923 | 6753 | 1830 | 33178 |
| 电子元件及电子专用材料制造 | 7 | 152774 | 44739 | 102905 | 58091 | 105610 |
| 其他电子设备制造 | 1 | 5203 | 1827 | 3100 | 1273 | 1378 |
| 仪器仪表制造业 | 3 | 88672 | 29626 | 54832 | 24931 | 51843 |
| 通用仪器仪表制造 | 1 | 15563 | 11403 | 11924 | 269 | 3907 |
| 专用仪器仪表制造 | 1 | 30440 | 6641 | 13881 | 7240 | 19501 |
| 光学仪器制造 | 1 | 42670 | 11582 | 29027 | 17423 | 28435 |
| 其他制造业 | 1 | 2709 | 421 | 440 | 19 | 858 |
| 其他未列明制造业 | 1 | 2709 | 421 | 440 | 19 | 858 |
| 废弃资源综合利用业 | 8 | 314606 | 114509 | 286655 | 172146 | 142929 |
| 金属废料和碎屑加工处理 | 8 | 314606 | 114509 | 286655 | 172146 | 142929 |
| 电力、热力生产和供应业 | 63 | 14907256 | 11429095 | 21095593 | 9447006 | 1422804 |
| 电力生产 | 62 | 7766605 | 5383201 | 8899466 | 3296775 | 1221280 |
| 电力供应 | 1 | 7140650 | 6045894 | 12196126 | 6150232 | 201524 |
| 燃气生产和供应业 | 15 | 714908 | 406531 | 553166 | 143771 | 214815 |
| 燃气生产和供应业 | 15 | 714908 | 406531 | 553166 | 143771 | 214815 |
| 水的生产和供应业 | 41 | 2538781 | 432746 | 831290 | 312462 | 953790 |
| 自来水生产和供应 | 38 | 2498369 | 421984 | 813460 | 305394 | 942875 |
| 污水处理及其再生利用 | 3 | 40412 | 10761 | 17829 | 7068 | 10915 |

单位：万元

| 应收账款 | 存货 | 产成品 | 负债合计 | 流动负债合计 | 应付账款 | 所有者权益合计 | 实收资本 | 国家资本 | 集体资本 |
|---|---|---|---|---|---|---|---|---|---|
| 1346264 | 1005137 | 298887 | 6460439 | 5660771 | 2108618 | 2150889 | 618866 | 618866 | |
| 11218 | 23466 | 7150 | 119910 | 86956 | 28836 | 26591 | 37116 | 26278 | |
| 300 | 521 | 504 | 255 | 255 | -5 | 1236 | 800 | 800 | |
| 87991 | 52847 | 25018 | 188589 | 171127 | 84349 | 149383 | 33271 | 7500 | |
| 241536 | 1673429 | 132876 | 4651391 | 4360571 | 839603 | 1375040 | 502807 | 355722 | 37283 |
| 5590 | 3876 | 1935 | 15178 | 14992 | 3505 | 45850 | 42868 | 42868 | |
| 2116 | 856 | | 17251 | 11965 | 11704 | 8095 | 10000 | 10000 | |
| 51918 | 29505 | 965 | 88397 | 71462 | 31215 | 80867 | 56241 | 37514 | |
| 181913 | 1639193 | 129977 | 4530565 | 4262152 | 793180 | 1240228 | 393698 | 265341 | 37283 |
| 54262 | 44044 | 29944 | 132851 | 129532 | 35768 | 50927 | 37680 | 18881 | |
| 17707 | 27040 | 21877 | 54572 | 53864 | 12790 | 13423 | 12385 | 8365 | |
| 25602 | 11817 | 7575 | 59252 | 59142 | 14430 | 15505 | 15295 | 10516 | |
| 10953 | 5187 | 492 | 19026 | 16526 | 8549 | 21999 | 10000 | | |
| 687788 | 97900 | 1280766 | 953255 | 812246 | 321412 | 456810 | 253091 | 109556 | 2450 |
| 626723 | 63329 | 9311 | 855793 | 720141 | 281690 | 271869 | 74764 | 15814 | 2450 |
| 11523 | 225 | 225 | 7114 | 7114 | 6884 | 5037 | 3000 | 3000 | |
| 12196 | 1901 | 245 | 14314 | 13874 | 5557 | 97961 | 87441 | 10650 | |
| 36873 | 31879 | 1270798 | 72790 | 70434 | 27006 | 79985 | 85927 | 80092 | |
| 472 | 566 | 187 | 3244 | 684 | 276 | 1958 | 1958 | | |
| 18102 | 12769 | 5390 | 49875 | 47563 | 21172 | 38797 | 32817 | 25488 | |
| 1336 | 12 | 12 | 1803 | 903 | 438 | 13759 | 12000 | 12000 | |
| 1530 | 5683 | 1335 | 14723 | 13512 | 8810 | 15717 | 7329 | | |
| 15236 | 7074 | 4043 | 33349 | 33148 | 11925 | 9320 | 13488 | 13488 | |
| 333 | 373 | 39 | 1476 | 1476 | 664 | 1233 | 200 | | |
| 333 | 373 | 39 | 1476 | 1476 | 664 | 1233 | 200 | | |
| 52496 | 24041 | 9249 | 160267 | 144035 | 14213 | 154340 | 105994 | 79663 | |
| 52496 | 24041 | 9249 | 160267 | 144035 | 14213 | 154340 | 105994 | 79663 | |
| 410990 | 221976 | 393 | 10072010 | 5202185 | 1847591 | 4835245 | 3543670 | 1276948 | 7673 |
| 382285 | 177668 | 160 | 5067532 | 2198636 | 350839 | 2699073 | 1835183 | 1276948 | 7673 |
| 28706 | 44308 | 233 | 5004478 | 3003549 | 1496752 | 2136173 | 1708487 | | |
| 43444 | 14340 | 6210 | 472564 | 430858 | 63176 | 242343 | 125850 | 106060 | |
| 43444 | 14340 | 6210 | 472564 | 430858 | 63176 | 242343 | 125850 | 106060 | |
| 59523 | 40140 | 14188 | 1629985 | 1222703 | 115775 | 908795 | 307358 | 214156 | 1660 |
| 57177 | 40124 | 14188 | 1614991 | 1211754 | 112641 | 883377 | 287278 | 205508 | 1660 |
| 2346 | 16 | | 14995 | 10949 | 3134 | 25417 | 20080 | 8648 | |

1-A-7 续表 4

| 行　业 | | | | | 营业收入 | 营业成本 |
|---|---|---|---|---|---|---|
| | 法人资本 | 个人资本 | 港澳台资本 | 外商资本 | | |
| **总　计** | **7884136** | **163165** | **34434** | **133324** | **79430109** | **69676738** |
| 煤炭开采和洗选业 | 42546 | 1450 | | | 308846 | 233122 |
| 烟煤和无烟煤开采洗选 | 42546 | 1450 | | | 308846 | 233122 |
| 黑色金属矿采选业 | 6000 | | | | 17410 | 13482 |
| 铁矿采选 | 6000 | | | | 17410 | 13482 |
| 有色金属矿采选业 | 21441 | 1142 | | | 782325 | 588347 |
| 常用有色金属矿采选 | 8641 | 980 | | | 117501 | 92630 |
| 贵金属矿采选 | | | | | 129815 | 96601 |
| 稀有稀土金属矿采选 | 12800 | 162 | | | 535009 | 399116 |
| 非金属矿采选业 | 93564 | 1250 | | | 239037 | 166341 |
| 土砂石开采 | 13885 | | | | 141029 | 106072 |
| 采盐 | 79679 | 1250 | | | 98008 | 60269 |
| 农副食品加工业 | 4913 | 490 | | | 171985 | 157781 |
| 谷物磨制 | 2613 | 490 | | | 134754 | 123568 |
| 饲料加工 | | | | | 6977 | 6508 |
| 植物油加工 | 2300 | | | | 25733 | 23665 |
| 屠宰及肉类加工 | | | | | 2500 | 2298 |
| 其他农副食品加工 | | | | | 2021 | 1742 |
| 食品制造业 | 30673 | 240 | | | 73131 | 51051 |
| 方便食品制造 | | | | | 8355 | 8124 |
| 罐头食品制造 | | | | | 11358 | 9899 |
| 其他食品制造 | 30673 | 240 | | | 53418 | 33028 |
| 酒、饮料和精制茶制造业 | 552727 | 973 | | | 179606 | 125285 |
| 酒的制造 | 542431 | | | | 44330 | 32000 |
| 饮料制造 | 10297 | 973 | | | 100797 | 64195 |
| 精制茶加工 | | | | | 34479 | 29090 |
| 烟草制品业 | 85129 | | | | 2044387 | 672808 |
| 烟叶复烤 | 85129 | | | | 8041 | 5271 |
| 卷烟制造 | | | | | 2036346 | 667537 |
| 纺织业 | | 600 | | | 25473 | 17683 |
| 棉纺织及印染精加工 | | | | | 3052 | 4354 |
| 丝绢纺织及印染精加工 | | | | | 11885 | 3847 |
| 针织或钩针编织物及其制品制造 | | 600 | | | 10536 | 9482 |
| 纺织服装、服饰业 | | | | | 165109 | 84817 |
| 机织服装制造 | | | | | 133804 | 66781 |

单位：万元

| 销售费用 | 管理费用 | 财务费用 | 利息收入 | 利息支出 | 投资收益（损失以“-”号记） | 营业利润 | 利润总额 | 亏损企业亏损额 | 平均用工人数（人） |
|---|---|---|---|---|---|---|---|---|---|
| **1051677** | **2459391** | **654544** | **165493** | **833953** | **234876** | **3153782** | **3285242** | **359089** | **332240** |
| 3361 | 25562 | 5780 | 182 | 5103 | 8627 | 56893 | 58027 | | 16915 |
| 3361 | 25562 | 5780 | 182 | 5103 | 8627 | 56893 | 58027 | | 16915 |
| 242 | 4819 | 189 | 404 | 535 | 2925 | 1383 | 1367 | 1658 | 324 |
| 242 | 4819 | 189 | 404 | 535 | 2925 | 1383 | 1367 | 1658 | 324 |
| 11276 | 72257 | 11742 | 2567 | 12686 | 1635 | 93442 | 110420 | 5735 | 12442 |
| 970 | 11368 | 1616 | 143 | 1719 | | 6257 | 7664 | 5537 | 2332 |
| 1697 | 22903 | 2506 | 293 | 894 | 969 | 4622 | 4506 | | 754 |
| 8609 | 37986 | 7620 | 2130 | 10073 | 666 | 82563 | 98250 | 198 | 9356 |
| 11132 | 11898 | 3517 | -22 | 3505 | | 39922 | 40423 | 5 | 2281 |
| 3648 | 4518 | 496 | 26 | 441 | | 24154 | 24102 | 5 | 699 |
| 7485 | 7380 | 3021 | -47 | 3064 | | 15768 | 16321 | | 1582 |
| 2752 | 3936 | 799 | 61 | 473 | | 5698 | 9145 | 1957 | 1506 |
| 1459 | 2417 | 178 | 59 | 208 | | 7016 | 10453 | 6 | 1069 |
| 273 | 169 | 37 | | | | -9 | -8 | 8 | 75 |
| 769 | 837 | 387 | 1 | 67 | | 123 | 149 | 495 | 217 |
| 160 | 71 | 0 | | | | -29 | -29 | 29 | 46 |
| 91 | 442 | 197 | 1 | 197 | | -1403 | -1420 | 1420 | 99 |
| 6859 | 6404 | 1201 | 23 | 1235 | 33 | 5374 | 5075 | 19 | 1341 |
| 84 | 86 | 3 | 3 | 5 | | 43 | 42 | | 80 |
| 140 | 124 | 1 | 15 | | | 1012 | 890 | | 300 |
| 6635 | 6194 | 1198 | 6 | 1230 | 33 | 4320 | 4143 | 19 | 961 |
| 22889 | 9857 | 2040 | 16 | 1656 | 419 | 15540 | 16840 | 1478 | 3401 |
| 1900 | 3230 | 76 | | -44 | | 2466 | 3514 | 1466 | 831 |
| 18976 | 4447 | 1472 | 16 | 1240 | 419 | 12623 | 12875 | 12 | 2172 |
| 2013 | 2180 | 491 | | 460 | | 451 | 451 | | 398 |
| 34177 | 106361 | -3926 | 4111 | 2245 | 620 | 33252 | 31361 | | 5351 |
| 59 | 2896 | -1059 | -1060 | 1 | | 357 | 339 | | 113 |
| 34118 | 103465 | -2867 | 5171 | 2245 | 620 | 32895 | 31022 | | 5238 |
| 145 | 4525 | 250 | 38 | 292 | 60 | 2711 | -1766 | 2311 | 764 |
| 118 | 747 | 144 | -3 | 146 | 60 | -2285 | -2311 | 2311 | 555 |
| 27 | 3136 | 104 | 40 | 144 | | 4596 | 145 | | 169 |
| | 642 | 2 | 1 | 2 | | 400 | 400 | | 40 |
| 589 | 33772 | -1348 | 1719 | 886 | | 46090 | 6136 | 1235 | 9388 |
| 507 | 28362 | -1261 | 1632 | 886 | | 38403 | 5451 | 1235 | 8015 |

1-A-7 续表 5

| 行业 | | | | | 营业收入 | 营业成本 |
| --- | --- | --- | --- | --- | --- | --- |
| | 法人资本 | 个人资本 | 港澳台资本 | 外商资本 | | |
| 针织或钩针编织服装制造 | | | | | 20114 | 15784 |
| 服饰制造 | | | | | 11191 | 2252 |
| 皮革、毛皮、羽毛及其制品和制鞋业 | | | | | 9752 | 2057 |
| 制鞋业 | | | | | 9752 | 2057 |
| 木材加工和木、竹、藤、棕、草制品业 | 15210 | 5000 | | | 47738 | 35577 |
| 木材加工 | 15210 | 5000 | | | 42759 | 30660 |
| 人造板制造 | | | | | 4979 | 4917 |
| 家具制造业 | | | | 1410 | 5643 | 3740 |
| 金属家具制造 | | | | 1410 | 5643 | 3740 |
| 造纸和纸制品业 | | 895 | | | 60014 | 55505 |
| 造纸 | | 895 | | | 60014 | 55505 |
| 印刷和记录媒介复制业 | 7193 | 3102 | 7350 | | 423657 | 309033 |
| 印刷 | 7193 | 3102 | 7350 | | 423657 | 309033 |
| 文教、工美、体育和娱乐用品制造业 | | | 1175 | | 131672 | 113640 |
| 工艺美术及礼仪用品制造 | | | 1175 | | 131672 | 113640 |
| 石油、煤炭及其他燃料加工业 | | | | | 5990906 | 4503238 |
| 精炼石油产品制造 | | | | | 4573830 | 3273621 |
| 煤炭加工 | | | | | 1417076 | 1229617 |
| 化学原料和化学制品制造业 | 3190783 | 24063 | | 5000 | 670979 | 489261 |
| 基础化学原料制造 | 42621 | 9693 | | 5000 | 295918 | 235218 |
| 肥料制造 | 91176 | | | | 15995 | 17013 |
| 涂料、油墨、颜料及类似产品制造 | 300 | | | | 2013 | 1589 |
| 专用化学产品制造 | 3016240 | 221 | | | 146418 | 106862 |
| 炸药、火工及焰火产品制造 | 40446 | 14149 | | | 203384 | 122507 |
| 日用化学产品制造 | | | | | 7251 | 6073 |
| 医药制造业 | 192465 | 2600 | | | 975262 | 555572 |
| 化学药品原料药制造 | 16942 | | | | 20313 | 10591 |
| 中药饮片加工 | | | | | 11652 | 7514 |
| 中成药生产 | 50222 | 2600 | | | 342432 | 139202 |
| 生物药品制品制造 | 125301 | | | | 595061 | 393014 |
| 药用辅料及包装材料 | | | | | 5804 | 5251 |
| 橡胶和塑料制品业 | 1188 | 560 | | | 47857 | 41542 |
| 橡胶制品业 | | | | | 5233 | 4642 |
| 塑料制品业 | 1188 | 560 | | | 42623 | 36899 |
| 非金属矿物制品业 | 437165 | 45934 | | | 3780866 | 2814529 |

单位：万元

| 销售费用 | 管理费用 | 财务费用 | | | 投资收益（损失以"－"号记） | 营业利润 | 利润总额 | 亏损企业亏损额 | 平均用工人数（人） |
|---|---|---|---|---|---|---|---|---|---|
| | | | 利息收入 | 利息支出 | | | | | |
| | 4015 | | | | | 315 | 315 | | 1297 |
| 82 | 1395 | -87 | 87 | | | 7373 | 370 | | 76 |
| | 3625 | -93 | | | | 3995 | 260 | | 129 |
| | 3625 | -93 | | | | 3995 | 260 | | 129 |
| 1275 | 5789 | 3365 | -54 | 3416 | -199 | 1405 | 1369 | 1769 | 364 |
| 1194 | 5356 | 3235 | -54 | 3287 | -199 | 2004 | 1959 | 1180 | 169 |
| 81 | 433 | 129 | | 129 | | -599 | -590 | 590 | 195 |
| | 567 | -11 | 12 | | | 1265 | 1322 | | 40 |
| | 567 | -11 | 12 | | | 1265 | 1322 | | 40 |
| 134 | 1516 | 154 | | 147 | | 2437 | 2437 | | 395 |
| 134 | 1516 | 154 | | 147 | | 2437 | 2437 | | 395 |
| 5153 | 43473 | -1316 | 2861 | 1667 | -1062 | 62201 | 62407 | 1702 | 3912 |
| 5153 | 43473 | -1316 | 2861 | 1667 | -1062 | 62201 | 62407 | 1702 | 3912 |
| 1354 | 2312 | 712 | | 712 | | 13653 | 13329 | | 281 |
| 1354 | 2312 | 712 | | 712 | | 13653 | 13329 | | 281 |
| 36109 | 117612 | 28682 | 9379 | 23822 | 2157 | 252228 | 251468 | | 11955 |
| 3749 | 61468 | -8592 | 9379 | 787 | | 200993 | 202443 | | 2186 |
| 32361 | 56144 | 37274 | | 23034 | 2157 | 51235 | 49026 | | 9769 |
| 27458 | 71045 | 6541 | 223 | 7146 | 1422 | 75895 | 79412 | 7638 | 8684 |
| 5574 | 18147 | 1892 | 173 | 2302 | | 33168 | 33039 | 395 | 1441 |
| 1260 | 4635 | 1552 | | 1518 | | -9269 | -5965 | 5965 | 1219 |
| 52 | 115 | -8 | 8 | 0 | | 105 | 105 | | 48 |
| 5055 | 14049 | 1614 | -1 | 1656 | 2 | 15361 | 15319 | 1195 | 1531 |
| 14257 | 34080 | 1556 | 43 | 1670 | 1422 | 36634 | 36996 | | 4377 |
| 1261 | 19 | -65 | | | -2 | -103 | -83 | 83 | 68 |
| 125552 | 108139 | 13341 | 7422 | 19830 | 24782 | 174162 | 175056 | 735 | 12212 |
| 70 | 5506 | -3 | -4 | | 563 | 4575 | 4577 | | 477 |
| 33 | 1369 | 2 | | | | 2553 | 2497 | | 218 |
| 113667 | 25963 | -1594 | 894 | 1 | 1869 | 61401 | 62071 | | 6759 |
| 11380 | 74772 | 14938 | 6531 | 19830 | 22350 | 106024 | 106302 | 344 | 4678 |
| 402 | 530 | -1 | 1 | 0 | | -391 | -391 | 391 | 80 |
| 1522 | 2720 | 137 | 9 | 100 | | 1946 | 1898 | 66 | 1012 |
| 24 | 382 | -1 | -1 | | | 165 | 177 | | 106 |
| 1497 | 2338 | 137 | 10 | 100 | | 1781 | 1721 | 66 | 906 |
| 126696 | 129039 | 32933 | 5375 | 30553 | -690 | 629461 | 603138 | 21204 | 21795 |

1-A-7 续表 6

| 行业 | | | | | 营业收入 | 营业成本 |
|---|---|---|---|---|---|---|
| | | | | | | |
| | 法人资本 | 个人资本 | 港澳台资本 | 外商资本 | | |
| 水泥、石灰和石膏制造 | 275141 | 39658 | | | 2514405 | 1778286 |
| 石膏、水泥制品及类似制品制造 | 126397 | 1886 | | | 999333 | 821792 |
| 砖瓦、石材等建筑材料制造 | 1800 | 980 | | | 54871 | 41761 |
| 玻璃制造 | | | | | 39094 | 32430 |
| 玻璃制品制造 | | | | | 9066 | 6686 |
| 玻璃纤维和玻璃纤维增强塑料制品制造 | 26822 | | | | 45242 | 33211 |
| 陶瓷制品制造 | 7005 | 3410 | | | 30076 | 21030 |
| 耐火材料制品制造 | | | | | 88778 | 79333 |
| 黑色金属冶炼和压延加工业 | 3600 | | | | 6871539 | 6013146 |
| 钢压延加工 | 3600 | | | | 6871539 | 6013146 |
| 有色金属冶炼和压延加工业 | 358704 | 14875 | 7088 | 12081 | 26514884 | 25487076 |
| 常用有色金属冶炼 | 237007 | 339 | | | 24000381 | 23113713 |
| 贵金属冶炼 | | | | | 106537 | 101314 |
| 稀有稀土金属冶炼 | 52900 | 11457 | | 6092 | 1080952 | 966497 |
| 有色金属合金制造 | 37955 | 90 | | 5988 | 194448 | 178648 |
| 有色金属压延加工 | 30842 | 2989 | 7088 | | 1132565 | 1126904 |
| 金属制品业 | 42023 | | 14102 | | 432571 | 378018 |
| 结构性金属制品制造 | 10000 | | | | 258929 | 232682 |
| 金属丝绳及其制品制造 | 22654 | | 14102 | | 58027 | 54862 |
| 建筑、安全用金属制品制造 | | | | | 54323 | 43440 |
| 铸造及其他金属制品制造 | 9369 | | | | 61292 | 47035 |
| 通用设备制造业 | 246650 | 1820 | | | 1665814 | 1429607 |
| 锅炉及原动设备制造 | | | | | 50809 | 41881 |
| 物料搬运设备制造 | 8246 | | | | 17103 | 14281 |
| 泵、阀门、压缩机及类似机械制造 | 237805 | 1720 | | | 1306145 | 1139758 |
| 轴承、齿轮和传动部件制造 | | | | | 193212 | 149642 |
| 文化、办公用机械制造 | | | | | 79149 | 68529 |
| 通用零部件制造 | 500 | | | | 16899 | 14235 |
| 其他通用设备制造业 | 100 | 100 | | | 2498 | 1281 |
| 专用设备制造业 | 11725 | 7625 | | | 107709 | 79568 |
| 采矿、冶金、建筑专用设备制造 | 10000 | | | | 27591 | 22440 |
| 电子和电工机械专用设备制造 | 1725 | 7625 | | | 22196 | 13035 |
| 医疗仪器设备及器械制造 | | | | | 7587 | 7192 |
| 环保、邮政、社会公共服务及其他专用设备制造 | | | | | 50336 | 36900 |
| 汽车制造业 | 36610 | | | | 10878652 | 9703581 |

单位：万元

| 销售费用 | 管理费用 | 财务费用 | | | 投资收益(损失以“-”号记) | 营业利润 | 利润总额 | 亏损企业亏损额 | 平均用工人数(人) |
|---|---|---|---|---|---|---|---|---|---|
| | | | 利息收入 | 利息支出 | | | | | |
| 75430 | 81431 | 22174 | 5025 | 20832 | 201 | 520149 | 502420 | 7189 | 10496 |
| 38837 | 27085 | 5752 | 315 | 5567 | 29 | 96964 | 94912 | 3323 | 4424 |
| 4915 | 1503 | 666 | 10 | 478 | 4 | 5748 | 5712 | | 877 |
| 911 | 4457 | 1979 | 12 | 1043 | -924 | -3598 | -10238 | 10238 | 989 |
| 931 | 997 | 963 | | 963 | | -532 | -453 | 453 | 270 |
| 1037 | 7133 | 333 | 10 | 383 | | 3228 | 3281 | 1 | 1657 |
| 2778 | 4301 | 122 | 3 | 344 | | 3797 | 3798 | | 1430 |
| 1857 | 2133 | 944 | | 944 | | 3706 | 3706 | | 1652 |
| 34933 | 128107 | 10519 | -36441 | 46931 | 6262 | 658611 | 654539 | | 22842 |
| 34933 | 128107 | 10519 | -36441 | 46931 | 6262 | 658611 | 654539 | | 22842 |
| 81363 | 321534 | 150278 | 107213 | 255376 | 80671 | 445228 | 429179 | 31894 | 33816 |
| 65664 | 264293 | 119621 | 104243 | 223863 | 78230 | 388137 | 378654 | | 25595 |
| 54 | 3466 | 1341 | 9 | 1346 | | 944 | 914 | | 308 |
| 6340 | 25371 | 6980 | 1245 | 5046 | 130 | 72350 | 64803 | 6102 | 4563 |
| 2548 | 8369 | 3576 | -60 | 4111 | | -840 | -784 | 3852 | 1120 |
| 6757 | 20034 | 18761 | 1776 | 21010 | 2311 | -15363 | -14407 | 21939 | 2230 |
| 6208 | 28285 | 3319 | 341 | 2963 | -20 | 16363 | 12855 | 1462 | 4434 |
| 2121 | 14778 | 1614 | 147 | 1589 | | 8727 | 8740 | 1 | 2118 |
| 1603 | 1629 | 1145 | 60 | 1188 | -36 | -1455 | -1408 | 1461 | 648 |
| 1195 | 4549 | -59 | 84 | 21 | | 4596 | 1058 | | 727 |
| 1289 | 7329 | 619 | 49 | 165 | 16 | 4496 | 4464 | | 941 |
| 35723 | 110591 | 10333 | -1159 | 13974 | 5556 | 68044 | 69757 | 2690 | 14795 |
| 778 | 3458 | 4673 | 10 | 4605 | | -160 | -637 | 637 | 283 |
| 421 | 1720 | -104 | 153 | | | 590 | 1206 | | 200 |
| 30068 | 92520 | 4348 | -1707 | 7639 | 4944 | 32444 | 33396 | | 10495 |
| 1725 | 1536 | 1326 | -15 | 1234 | | 36858 | 36827 | | 755 |
| 1764 | 10118 | -59 | 397 | 368 | 612 | -2636 | -2053 | 2053 | 2612 |
| 778 | 703 | 147 | 4 | 123 | | 477 | 502 | | 390 |
| 189 | 536 | 1 | | 6 | | 471 | 517 | | 60 |
| 7074 | 15737 | 851 | 313 | 1119 | 9 | 5080 | 5372 | 2410 | 2141 |
| 1912 | 4224 | -1 | 109 | 78 | | -795 | -692 | 2274 | 680 |
| 1910 | 4231 | 297 | 128 | 416 | | 3577 | 3634 | | 542 |
| 221 | 303 | 0 | | | | -156 | -137 | 137 | 200 |
| 3031 | 6980 | 555 | 76 | 625 | 9 | 2454 | 2566 | | 719 |
| 394061 | 652566 | 57440 | 33682 | 80778 | 67408 | 58159 | 226512 | 117998 | 41835 |

1-A-7 续表 7

| 行业 | 法人资本 | 个人资本 | 港澳台资本 | 外商资本 | 营业收入 | 营业成本 |
|---|---|---|---|---|---|---|
| 汽车整车制造 | | | | | 10292088 | 9197220 |
| 改装汽车制造 | 10839 | | | | 74531 | 68419 |
| 汽车车身、挂车制造 | | | | | 1134 | 982 |
| 汽车零部件及配件制造 | 25771 | | | | 510898 | 436959 |
| 铁路、船舶、航空航天和其他运输设备制造业 | 109802 | | | | 2712017 | 2530748 |
| 铁路运输设备制造 | | | | | 21023 | 17958 |
| 城市轨道交通设备制造 | | | | | 27638 | 26052 |
| 船舶及相关装置制造 | 18728 | | | | 80294 | 63084 |
| 航空、航天器及设备制造 | 91074 | | | | 2583062 | 2423653 |
| 电气机械和器材制造业 | 10973 | 1020 | 4079 | 2727 | 234971 | 211082 |
| 输配电及控制设备制造 | 3000 | 1020 | | | 42205 | 34594 |
| 电线、电缆、光缆及电工器材制造 | 700 | | 4079 | | 171591 | 160652 |
| 照明器具制造 | 7273 | | | 2727 | 21176 | 15835 |
| 计算机、通信和其他电子设备制造业 | 119161 | 1219 | | 20705 | 1536978 | 1311604 |
| 通信设备制造 | 56500 | | | | 1312254 | 1134201 |
| 广播电视设备制造 | | | | | 10161 | 9111 |
| 电子器件制造 | 57331 | | | 19460 | 42519 | 26206 |
| 电子元件及电子专用材料制造 | 3371 | 1219 | | 1245 | 170355 | 140601 |
| 其他电子设备制造 | 1958 | | | | 1689 | 1484 |
| 仪器仪表制造业 | 7329 | | | | 80597 | 67399 |
| 通用仪器仪表制造 | | | | | 6317 | 4823 |
| 专用仪器仪表制造 | 7329 | | | | 27020 | 22176 |
| 光学仪器制造 | | | | | 47261 | 40400 |
| 其他制造业 | | 200 | | | 7752 | 5119 |
| 其他未列明制造业 | | 200 | | | 7752 | 5119 |
| 废弃资源综合利用业 | 22411 | 3920 | | | 300367 | 276882 |
| 金属废料和碎屑加工处理 | 22411 | 3920 | | | 300367 | 276882 |
| 电力、热力生产和供应业 | 2167280 | 3000 | | 88769 | 10631116 | 10082237 |
| 电力生产 | 458793 | 3000 | | 88769 | 3749767 | 3350472 |
| 电力供应 | 1708487 | | | | 6881349 | 6731765 |
| 燃气生产和供应业 | 19150 | | 640 | | 718061 | 627503 |
| 燃气生产和供应业 | 19150 | | 640 | | 718061 | 627503 |
| 水的生产和供应业 | 47722 | 41188 | | 2632 | 585426 | 438762 |
| 自来水生产和供应 | 38922 | 41188 | | | 566176 | 425631 |
| 污水处理及其再生利用 | 8800 | | | 2632 | 19250 | 13132 |

单位：万元

| 销售费用 | 管理费用 | 财务费用 | | | 投资收益（损失以"-"号记） | 营业利润 | 利润总额 | 亏损企业亏损额 | 平均用工人数（人） |
|---|---|---|---|---|---|---|---|---|---|
| | | | 利息收入 | 利息支出 | | | | | |
| 370586 | 625078 | 55847 | 33516 | 78074 | 67413 | 32788 | 198863 | 114263 | 37065 |
| 2544 | 6606 | 988 | 451 | 1690 | | -4746 | -3411 | 3573 | 808 |
| 39 | 259 | -3 | | 3 | | -167 | -162 | 162 | 60 |
| 20892 | 20624 | 607 | -285 | 1012 | -6 | 30283 | 31222 | | 3902 |
| 9801 | 168420 | 4504 | 13103 | 1692 | 21805 | 27560 | 24713 | 61153 | 19236 |
| 328 | 1556 | 32 | 39 | 41 | | 997 | 997 | | 417 |
| 178 | 769 | 398 | 72 | 457 | | 199 | 238 | | 119 |
| 1798 | 11346 | 1188 | 62 | 1158 | 10 | 1962 | 1595 | 423 | 2067 |
| 7496 | 154749 | 2887 | 12930 | 36 | 21795 | 24403 | 21884 | 60730 | 16633 |
| 4073 | 12139 | 3054 | 50 | 2935 | 1108 | 5249 | 5536 | | 1511 |
| 1032 | 4203 | 186 | 33 | 92 | 12 | 1884 | 1968 | | 966 |
| 1298 | 6210 | 2589 | 1 | 2598 | -11 | 623 | 818 | | 274 |
| 1743 | 1726 | 278 | 16 | 246 | 1107 | 2742 | 2750 | | 271 |
| 10301 | 107554 | 6717 | 1901 | 21881 | | 84766 | 84854 | 225 | 5442 |
| 7788 | 91403 | 4658 | 1468 | 19882 | | 55319 | 55470 | | 3675 |
| 74 | 670 | -40 | -40 | | | 327 | 327 | | 12 |
| 678 | 6543 | -160 | 254 | | | 9154 | 9232 | | 333 |
| 1695 | 8877 | 2256 | 219 | 1993 | | 19912 | 19771 | 225 | 1289 |
| 67 | 61 | 4 | 2 | 6 | | 53 | 53 | | 133 |
| 1715 | 7019 | -24 | 276 | 420 | 19 | 4005 | 4149 | | 2151 |
| 266 | 165 | 8 | 0 | | | 1008 | 1008 | | 165 |
| 526 | 3389 | -253 | 310 | 53 | 19 | 1107 | 1212 | | 342 |
| 923 | 3465 | 221 | -34 | 368 | | 1890 | 1929 | | 1644 |
| 449 | 1965 | 3 | | | | 217 | 247 | | 73 |
| 449 | 1965 | 3 | | | | 217 | 247 | | 73 |
| 3673 | 7086 | 5640 | -256 | 4866 | 136 | 6238 | 10966 | 5245 | 1270 |
| 3673 | 7086 | 5640 | -256 | 4866 | 136 | 6238 | 10966 | 5245 | 1270 |
| 2182 | 66092 | 264047 | 9906 | 246598 | 1333 | 148374 | 172962 | 82916 | 55015 |
| 1634 | 37857 | 185883 | 11494 | 167190 | -500 | 152610 | 158980 | 82916 | 12369 |
| 548 | 28235 | 78164 | -1589 | 79409 | 1833 | -4237 | 13981 | | 42646 |
| 15707 | 18291 | 6820 | 219 | 7637 | | 49555 | 50102 | 793 | 2921 |
| 15707 | 18291 | 6820 | 219 | 7637 | | 49555 | 50102 | 793 | 2921 |
| 25743 | 48779 | 26357 | 2020 | 30776 | 9861 | 57383 | 64378 | 4791 | 10266 |
| 25743 | 47277 | 25305 | 2044 | 30213 | 9851 | 53900 | 60701 | 4791 | 10154 |
| | 1503 | 1052 | -24 | 563 | 10 | 3483 | 3677 | | 112 |

# 1-A-8 私营工业企业主要

| 行业 | 企业单位数（个） | 资产总计 | 固定资产净额 | 固定资产原价 | 累计折旧 | 流动资产合计 |
|---|---|---|---|---|---|---|
| **总计** | **7767** | **76612392** | **22592868** | **39454311** | **15408301** | **35291966** |
| 煤炭开采和洗选业 | 32 | 145684 | 47349 | 115028 | 55449 | 65540 |
| 烟煤和无烟煤开采洗选 | 28 | 93943 | 32729 | 83267 | 39390 | 34909 |
| 其他煤炭采选 | 4 | 51741 | 14620 | 31761 | 16059 | 30631 |
| 黑色金属矿采选业 | 21 | 257582 | 51138 | 133192 | 49799 | 143181 |
| 铁矿采选 | 17 | 237973 | 41511 | 121322 | 47696 | 134132 |
| 锰矿、铬矿采选 | 1 | 3537 | 2985 | 3766 | 720 | 446 |
| 其他黑色金属矿采选 | 3 | 16072 | 6642 | 8105 | 1383 | 8603 |
| 有色金属矿采选业 | 74 | 738523 | 110489 | 181889 | 59638 | 455010 |
| 常用有色金属矿采选 | 22 | 241274 | 30720 | 61895 | 20862 | 195966 |
| 贵金属矿采选 | 5 | 24938 | 2654 | 3392 | 738 | 7917 |
| 稀有稀土金属矿采选 | 47 | 472312 | 77116 | 116603 | 38037 | 251127 |
| 非金属矿采选业 | 186 | 1387754 | 515358 | 821678 | 284066 | 564918 |
| 土砂石开采 | 168 | 1136201 | 454568 | 713967 | 251852 | 440654 |
| 化学矿开采 | 1 | 14602 | 3453 | 4460 | 937 | 8408 |
| 石棉及其他非金属矿采选 | 17 | 236951 | 57338 | 103251 | 31277 | 115857 |
| 农副食品加工业 | 361 | 4645718 | 900155 | 2086246 | 1136091 | 2908946 |
| 谷物磨制 | 162 | 1070267 | 376239 | 559745 | 176799 | 499767 |
| 饲料加工 | 60 | 1727635 | 142687 | 733545 | 579701 | 1328444 |
| 植物油加工 | 41 | 456767 | 99884 | 243956 | 131065 | 223108 |
| 屠宰及肉类加工 | 30 | 754012 | 126590 | 198914 | 69420 | 492254 |
| 水产品加工 | 6 | 99722 | 10148 | 26757 | 13809 | 66373 |
| 蔬菜、菌类、水果和坚果加工 | 23 | 266155 | 50032 | 76422 | 25281 | 180995 |
| 其他农副食品加工 | 39 | 271159 | 94576 | 246908 | 140016 | 118005 |
| 食品制造业 | 132 | 1317736 | 430287 | 634379 | 191652 | 558830 |
| 焙烤食品制造 | 23 | 155714 | 84227 | 123403 | 36193 | 55397 |
| 糖果、巧克力及蜜饯制造 | 10 | 50384 | 19309 | 25386 | 6077 | 21265 |
| 方便食品制造 | 22 | 190550 | 74075 | 108066 | 30622 | 43094 |
| 乳制品制造 | 5 | 111979 | 35269 | 66170 | 28608 | 36477 |
| 罐头食品制造 | 7 | 54248 | 17581 | 25141 | 7126 | 20190 |
| 调味品、发酵制品制造 | 5 | 25493 | 10371 | 14246 | 3875 | 12997 |
| 其他食品制造 | 60 | 729368 | 189455 | 271967 | 79152 | 369411 |
| 酒、饮料和精制茶制造业 | 71 | 967505 | 531929 | 658399 | 117032 | 264376 |
| 酒的制造 | 21 | 634833 | 404753 | 478474 | 65049 | 121293 |
| 饮料制造 | 17 | 197449 | 94073 | 124075 | 30002 | 69446 |
| 精制茶加工 | 33 | 135224 | 33104 | 55850 | 21981 | 73637 |
| 纺织业 | 436 | 3092971 | 885633 | 1653968 | 669994 | 1242138 |
| 棉纺织及印染精加工 | 313 | 2332931 | 614269 | 1127025 | 431753 | 946603 |
| 毛纺织及染整精加工 | 4 | 15150 | 2004 | 2535 | 530 | 3004 |
| 麻纺织及染整精加工 | 20 | 104029 | 29345 | 50155 | 14746 | 58126 |
| 丝绢纺织及印染精加工 | 15 | 105422 | 46568 | 93397 | 46262 | 40872 |
| 化纤织造及印染精加工 | 13 | 78040 | 41501 | 49241 | 7607 | 30393 |
| 针织或钩针编织物及其制品制造 | 28 | 97632 | 16270 | 42324 | 23880 | 46267 |

# 经济指标(大、中类行业)

单位：万元

| 应收账款 | 存货 | 产成品 | 负债合计 | 流动负债合计 | 应付账款 | 所有者权益合计 | 实收资本 | 国家资本 | 集体资本 |
|---|---|---|---|---|---|---|---|---|---|
| **9980938** | **8247244** | **3794929** | **34054924** | **28522249** | **8456162** | **42554663** | **22866483** | **283845** | **314397** |
| 10530 | 16163 | 12343 | 68792 | 61266 | 9907 | 76892 | 57834 | 740 | 50 |
| 10342 | 3403 | 2592 | 42585 | 35059 | 9741 | 51359 | 30488 | 740 | 50 |
| 188 | 12759 | 9751 | 26207 | 26207 | 166 | 25534 | 27346 | | |
| 8883 | 5978 | 4651 | 103898 | 89366 | 5125 | 153684 | 29113 | | 1609 |
| 7321 | 2439 | 1577 | 96405 | 83285 | 2564 | 141568 | 23823 | | 1609 |
| 106 | 289 | 221 | 1680 | 1277 | 728 | 1857 | 200 | | |
| 1456 | 3251 | 2853 | 5813 | 4804 | 1834 | 10259 | 5090 | | |
| 110426 | 89231 | 67692 | 406061 | 370525 | 85788 | 332462 | 122298 | 3000 | 1025 |
| 59714 | 29062 | 23280 | 129260 | 126015 | 39210 | 112013 | 25798 | | 521 |
| 239 | 1804 | 200 | 16838 | 12438 | | 8100 | 6090 | | |
| 50474 | 58365 | 44212 | 259963 | 232071 | 46578 | 212349 | 90410 | 3000 | 504 |
| 152555 | 107526 | 51763 | 606181 | 518726 | 135036 | 781572 | 278008 | | 10000 |
| 129477 | 83542 | 39285 | 474819 | 414782 | 93439 | 661381 | 240294 | | 10000 |
| 849 | 4559 | 2508 | 7088 | 5387 | 3071 | 7514 | 600 | | |
| 22229 | 19425 | 9969 | 124275 | 98556 | 38527 | 112677 | 37114 | | |
| 276573 | 639079 | 210109 | 2115904 | 1755685 | 417682 | 2529815 | 726220 | 9846 | 7150 |
| 78197 | 197195 | 31925 | 403252 | 309508 | 35592 | 667017 | 202835 | 2010 | 770 |
| 55010 | 207908 | 65823 | 938377 | 924481 | 290226 | 789258 | 185124 | 7370 | 5000 |
| 39176 | 111495 | 46810 | 170784 | 143258 | 25761 | 285983 | 114059 | | 400 |
| 25052 | 30888 | 19294 | 337601 | 147746 | 32094 | 416411 | 46449 | | |
| 12607 | 16477 | 15001 | 77315 | 69639 | 1742 | 22407 | 12816 | 34 | |
| 39681 | 51180 | 18412 | 85049 | 77471 | 14082 | 181107 | 110957 | 433 | 900 |
| 26851 | 23935 | 12845 | 103526 | 83583 | 18187 | 167634 | 53982 | | 80 |
| 94502 | 156665 | 57472 | 557810 | 473238 | 83467 | 759926 | 394613 | 21342 | 117355 |
| 18375 | 17136 | 5056 | 47091 | 42684 | 14376 | 108623 | 52745 | | |
| 3710 | 4902 | 2804 | 23286 | 13427 | 1789 | 27098 | 4870 | | |
| 7284 | 14752 | 6543 | 44069 | 22573 | 12686 | 146482 | 38065 | | 1449 |
| 2727 | 6194 | 2732 | 54149 | 32531 | 5851 | 57829 | 13963 | | |
| 1733 | 4823 | 3767 | 28065 | 25224 | 2384 | 26183 | 7668 | | 227 |
| 1832 | 2705 | 1559 | 4878 | 4735 | 1313 | 20616 | 4140 | | |
| 58840 | 106154 | 35011 | 356272 | 332065 | 45068 | 373096 | 273162 | 21342 | 115679 |
| 47717 | 97064 | 47399 | 551152 | 455306 | 189232 | 416354 | 220314 | 1363 | |
| 17048 | 53533 | 23217 | 426659 | 343763 | 154449 | 208174 | 88603 | | |
| 8665 | 22354 | 8108 | 60156 | 55184 | 17855 | 137293 | 96222 | | |
| 22005 | 21177 | 16074 | 64337 | 56359 | 16927 | 70887 | 35488 | 1363 | |
| 349757 | 285270 | 161801 | 1546943 | 1331609 | 293226 | 1546027 | 486007 | 2 | 4200 |
| 269161 | 227169 | 132590 | 1205532 | 1042975 | 246276 | 1127398 | 363206 | 2 | 1100 |
| 1376 | 918 | 466 | 5493 | 5209 | 1847 | 9656 | 1500 | | |
| 14435 | 4314 | 3663 | 57629 | 49202 | 3841 | 46400 | 12783 | | |
| 8313 | 16341 | 8150 | 39673 | 32947 | 12195 | 65749 | 21079 | | |
| 4967 | 8775 | 763 | 27917 | 24735 | 4834 | 50123 | 32199 | | |
| 18318 | 8538 | 4775 | 41102 | 35019 | 7062 | 56530 | 25421 | | 100 |

1-A-8 续表 1

| 行业 | 企业单位数(个) | 资产总计 | 固定资产净额 | 固定资产原价 | 累计折旧 | 流动资产合计 |
|---|---|---|---|---|---|---|
| 家用纺织制成品制造 | 19 | 129784 | 26734 | 47448 | 20691 | 67041 |
| 产业用纺织制成品制造 | 24 | 229984 | 108943 | 241844 | 124525 | 49831 |
| 纺织服装、服饰业 | 502 | 2418408 | 665059 | 1155571 | 400822 | 955569 |
| 机织服装制造 | 270 | 1774074 | 485489 | 864054 | 307078 | 651448 |
| 针织或钩针编织服装制造 | 152 | 428436 | 109527 | 196445 | 75298 | 219914 |
| 服饰制造 | 80 | 215898 | 70043 | 95071 | 18446 | 84207 |
| 皮革、毛皮、羽毛及其制品和制鞋业 | 203 | 1206453 | 467994 | 742948 | 245363 | 471330 |
| 皮革鞣制加工 | 16 | 102589 | 18748 | 28765 | 9567 | 45766 |
| 皮革制品制造 | 70 | 514935 | 261431 | 331961 | 63299 | 163659 |
| 毛皮鞣制及制品加工 | 8 | 24001 | 5082 | 7086 | 2004 | 18277 |
| 羽毛(绒)加工及制品制造 | 33 | 131164 | 21337 | 148185 | 109319 | 80919 |
| 制鞋业 | 76 | 433764 | 161396 | 226951 | 61173 | 162709 |
| 木材加工和木、竹、藤、棕、草制品业 | 290 | 1267113 | 419858 | 641404 | 203860 | 556194 |
| 木材加工 | 90 | 323172 | 137058 | 163300 | 21565 | 144524 |
| 人造板制造 | 81 | 321835 | 84035 | 139788 | 49753 | 145214 |
| 木质制品制造 | 44 | 281321 | 110380 | 212707 | 98081 | 121768 |
| 竹、藤、棕、草等制品制造 | 75 | 340785 | 88385 | 125609 | 34460 | 144688 |
| 家具制造业 | 532 | 2187792 | 465577 | 764262 | 268472 | 1388168 |
| 木质家具制造 | 493 | 1942217 | 408215 | 607934 | 169653 | 1247332 |
| 竹、藤家具制造 | 2 | 37081 | 3157 | 3640 | 483 | 8728 |
| 金属家具制造 | 16 | 140496 | 23523 | 28046 | 4444 | 97608 |
| 其他家具制造 | 21 | 67998 | 30681 | 124641 | 93893 | 34499 |
| 造纸和纸制品业 | 125 | 831159 | 284609 | 404074 | 116633 | 344356 |
| 纸浆制造 | 2 | 4451 | 1028 | 1459 | 427 | 1857 |
| 造纸 | 55 | 421166 | 136493 | 183333 | 46723 | 172713 |
| 纸制品制造 | 68 | 405542 | 147088 | 219283 | 69482 | 169786 |
| 印刷和记录媒介复制业 | 93 | 947891 | 344592 | 583685 | 227742 | 293126 |
| 印刷 | 93 | 947891 | 344592 | 583685 | 227742 | 293126 |
| 文教、工美、体育和娱乐用品制造业 | 150 | 1505706 | 383167 | 573900 | 156309 | 536879 |
| 文教办公用品制造 | 22 | 86382 | 28900 | 58213 | 13724 | 38914 |
| 工艺美术及礼仪用品制造 | 85 | 885284 | 315339 | 406109 | 84093 | 375942 |
| 体育用品制造 | 18 | 121438 | 24852 | 36699 | 10461 | 37039 |
| 玩具制造 | 17 | 104348 | 6009 | 16408 | 5828 | 55349 |
| 游艺器材及娱乐用品制造 | 8 | 308255 | 8066 | 56471 | 42203 | 29635 |
| 石油、煤炭及其他燃料加工业 | 46 | 172624 | 35042 | 57820 | 21276 | 104603 |
| 精炼石油产品制造 | 9 | 60897 | 11498 | 21306 | 9779 | 36536 |
| 煤炭加工 | 5 | 51982 | 6568 | 13219 | 6651 | 31382 |
| 生物质燃料加工 | 32 | 59745 | 16976 | 23294 | 4847 | 36685 |
| 化学原料和化学制品制造业 | 671 | 5648940 | 2152638 | 4426815 | 2187812 | 1999960 |
| 基础化学原料制造 | 155 | 1573049 | 617335 | 1764817 | 1129413 | 551610 |
| 肥料制造 | 14 | 91060 | 19793 | 28809 | 8785 | 52804 |
| 农药制造 | 18 | 218994 | 98681 | 198999 | 98067 | 70985 |
| 涂料、油墨、颜料及类似产品制造 | 58 | 633893 | 198222 | 460893 | 259359 | 202502 |

单位：万元

| 应收账款 | 存货 | 产成品 | 负债合计 | 流动负债合计 | 应付账款 | 所有者权益合计 | 实收资本 | 国家资本 | 集体资本 |
|---|---|---|---|---|---|---|---|---|---|
| 20714 | 11831 | 6532 | 79494 | 68630 | 5815 | 50290 | 11951 | | |
| 12474 | 7385 | 4862 | 90104 | 72893 | 11355 | 139881 | 17869 | | 3000 |
| 339657 | 199217 | 103414 | 1064522 | 834409 | 205965 | 1353885 | 519920 | 16586 | 14819 |
| 247367 | 144665 | 74951 | 772337 | 594268 | 158086 | 1001737 | 397692 | 5423 | 14351 |
| 73926 | 33665 | 17556 | 186787 | 170119 | 36625 | 241649 | 68882 | | 50 |
| 18364 | 20887 | 10907 | 105398 | 70022 | 11254 | 110499 | 53346 | 11163 | 418 |
| 187189 | 121043 | 56709 | 397079 | 333053 | 132008 | 809374 | 350200 | 2 | 119 |
| 16537 | 16194 | 3600 | 26736 | 25819 | 6289 | 75854 | 19399 | | |
| 55993 | 40222 | 21234 | 162762 | 121769 | 52988 | 352173 | 211292 | 2 | |
| 8081 | 9149 | 2364 | 17842 | 17522 | 15284 | 6159 | 2192 | | |
| 39572 | 17497 | 9429 | 51173 | 47046 | 20613 | 79991 | 22520 | | |
| 67006 | 37982 | 20082 | 138566 | 120897 | 36835 | 295197 | 94798 | | 119 |
| 189464 | 145775 | 72299 | 539056 | 464787 | 97026 | 724388 | 1737592 | | 300 |
| 47854 | 42600 | 16397 | 112976 | 98294 | 27071 | 206528 | 46072 | | 300 |
| 45029 | 45224 | 23199 | 174791 | 163944 | 23062 | 147044 | 59318 | | |
| 58288 | 19486 | 10239 | 118632 | 105439 | 24752 | 162689 | 32192 | | |
| 38293 | 38465 | 22464 | 132658 | 97109 | 22141 | 208127 | 1600011 | | |
| 590396 | 348780 | 161906 | 897346 | 803327 | 333122 | 1290442 | 358622 | 8253 | 2038 |
| 544762 | 326185 | 149428 | 777473 | 691947 | 304543 | 1164741 | 320842 | 8253 | 2038 |
| 1956 | 3202 | 1820 | 25958 | 25958 | 1254 | 11123 | 400 | | |
| 25312 | 7451 | 3586 | 68068 | 65278 | 22648 | 72428 | 29991 | | |
| 18367 | 11942 | 7071 | 25848 | 20143 | 4678 | 42150 | 7389 | | |
| 77357 | 87853 | 44134 | 411447 | 345432 | 63784 | 419711 | 164567 | | 8892 |
| 10 | 1216 | 909 | 3377 | 3377 | 2221 | 1074 | 2100 | | |
| 35925 | 49506 | 25903 | 210294 | 166986 | 36192 | 210872 | 80946 | | 6000 |
| 41422 | 37132 | 17322 | 197777 | 175070 | 25371 | 207764 | 81520 | | 2892 |
| 86161 | 45188 | 16807 | 305888 | 275053 | 52929 | 642003 | 273897 | 20 | 20 |
| 86161 | 45188 | 16807 | 305888 | 275053 | 52929 | 642003 | 273897 | 20 | 20 |
| 120976 | 166195 | 92352 | 551697 | 437380 | 83781 | 954008 | 224247 | | 2055 |
| 7598 | 7395 | 2578 | 27114 | 25677 | 5589 | 59268 | 17201 | | 1000 |
| 87238 | 128354 | 74229 | 279650 | 229177 | 54891 | 605633 | 162670 | | 150 |
| 10733 | 15424 | 6923 | 49256 | 37054 | 8655 | 72182 | 19487 | | |
| 11779 | 12568 | 8115 | 45638 | 40185 | 14127 | 58710 | 24069 | | 905 |
| 3628 | 2454 | 506 | 150040 | 105287 | 518 | 158215 | 820 | | |
| 29520 | 23545 | 8041 | 79499 | 70111 | 15109 | 93125 | 50798 | 1000 | 2025 |
| 14489 | 7911 | 1795 | 28382 | 22978 | 4850 | 32514 | 13181 | 1000 | 1800 |
| 3756 | 9985 | 1888 | 25770 | 25702 | 2027 | 26213 | 14456 | | |
| 11274 | 5649 | 4358 | 25347 | 21431 | 8231 | 34398 | 23161 | | 225 |
| 566815 | 486901 | 245858 | 1914044 | 1642822 | 564725 | 3735272 | 2552905 | 19339 | 9303 |
| 156322 | 130642 | 65295 | 547024 | 459849 | 140664 | 1026424 | 225320 | 1200 | 2320 |
| 10974 | 19008 | 4900 | 48351 | 47716 | 17739 | 42709 | 17672 | 2087 | |
| 10147 | 24523 | 12687 | 89124 | 68303 | 12789 | 129870 | 30654 | | |
| 46629 | 52843 | 24308 | 146122 | 133032 | 30652 | 487770 | 99083 | | |

1-A-8 续表 2

| 行业 | 企业单位数（个） | 资产总计 | 固定资产净额 | 固定资产原价 | 累计折旧 | 流动资产合计 |
|---|---|---|---|---|---|---|
| 合成材料制造 | 33 | 181596 | 56105 | 82834 | 22347 | 77687 |
| 专用化学产品制造 | 198 | 1597707 | 477066 | 939950 | 441514 | 664817 |
| 炸药、火工及焰火产品制造 | 151 | 998552 | 532890 | 702768 | 136182 | 251914 |
| 日用化学产品制造 | 44 | 354090 | 152546 | 247746 | 92145 | 127642 |
| 医药制造业 | 225 | 3231780 | 909032 | 1809974 | 831877 | 1561732 |
| 化学药品原料药制造 | 53 | 687973 | 257824 | 783002 | 481658 | 237512 |
| 化学药品制剂制造 | 19 | 858657 | 163416 | 264295 | 99352 | 513482 |
| 中药饮片加工 | 39 | 377053 | 55891 | 88159 | 20845 | 248935 |
| 中成药生产 | 55 | 971362 | 311544 | 477296 | 155943 | 432827 |
| 兽用药品制造 | 13 | 82166 | 24482 | 34775 | 10293 | 33688 |
| 生物药品制品制造 | 4 | 26252 | 5472 | 14010 | 8538 | 10328 |
| 卫生材料及医药用品制造 | 36 | 131573 | 44737 | 90986 | 43463 | 52670 |
| 药用辅料及包装材料 | 6 | 96744 | 45667 | 57451 | 11784 | 32290 |
| 化学纤维制造业 | 13 | 156535 | 35435 | 69744 | 32826 | 46958 |
| 纤维素纤维原料及纤维制造 | 3 | 44014 | 18905 | 20220 | 1314 | 20443 |
| 合成纤维制造 | 9 | 108778 | 14357 | 45964 | 30123 | 25447 |
| 生物基材料制造 | 1 | 3743 | 2172 | 3561 | 1388 | 1068 |
| 橡胶和塑料制品业 | 253 | 2348842 | 469603 | 862738 | 354067 | 861796 |
| 橡胶制品业 | 36 | 1186985 | 156681 | 358383 | 179075 | 365985 |
| 塑料制品业 | 217 | 1161857 | 312922 | 504355 | 174992 | 495810 |
| 非金属矿物制品业 | 985 | 8450402 | 2654134 | 4836756 | 1932100 | 3726680 |
| 水泥、石灰和石膏制造 | 93 | 1123783 | 362747 | 758749 | 394460 | 577932 |
| 石膏、水泥制品及类似制品制造 | 284 | 1935856 | 501265 | 979555 | 432595 | 1056695 |
| 砖瓦、石材等建筑材料制造 | 164 | 1207564 | 238808 | 518380 | 228254 | 419151 |
| 玻璃制造 | 25 | 133803 | 44528 | 64035 | 15528 | 70668 |
| 玻璃制品制造 | 40 | 325347 | 83845 | 170182 | 85622 | 139977 |
| 玻璃纤维和玻璃纤维增强塑料制品制造 | 28 | 323858 | 77438 | 142692 | 34389 | 104799 |
| 陶瓷制品制造 | 248 | 2890898 | 1159921 | 1909021 | 636916 | 1167537 |
| 耐火材料制品制造 | 17 | 105431 | 33698 | 53966 | 20132 | 55232 |
| 石墨及其他非金属矿物制品制造 | 86 | 403863 | 151884 | 240177 | 84204 | 134689 |
| 黑色金属冶炼和压延加工业 | 66 | 598269 | 232156 | 335788 | 94748 | 292199 |
| 炼铁 | 4 | 43800 | 8215 | 19750 | 11535 | 32033 |
| 炼钢 | 3 | 44997 | 12603 | 22590 | 9987 | 25865 |
| 钢压延加工 | 56 | 492603 | 202232 | 283268 | 72151 | 228651 |
| 铁合金冶炼 | 3 | 16869 | 9107 | 10180 | 1074 | 5649 |
| 有色金属冶炼和压延加工业 | 394 | 7004023 | 1779287 | 3549997 | 1631919 | 3797649 |
| 常用有色金属冶炼 | 67 | 2057295 | 396603 | 828038 | 399393 | 1258011 |
| 贵金属冶炼 | 10 | 100963 | 27902 | 46179 | 12533 | 64655 |
| 稀有稀土金属冶炼 | 56 | 1020966 | 147902 | 272459 | 119634 | 637501 |
| 有色金属合金制造 | 29 | 336316 | 113571 | 172285 | 58371 | 155273 |
| 有色金属压延加工 | 232 | 3488483 | 1093309 | 2231038 | 1041988 | 1682209 |
| 金属制品业 | 255 | 2516647 | 878116 | 1282693 | 362499 | 902845 |
| 结构性金属制品制造 | 105 | 1190495 | 409153 | 623018 | 177747 | 435526 |

单位：万元

| 应收账款 | 存货 | 产成品 | 负债合计 | 流动负债合计 | 应付账款 | 所有者权益合计 | 实收资本 | 国家资本 | 集体资本 |
|---|---|---|---|---|---|---|---|---|---|
| 22968 | 13846 | 6908 | 85611 | 59634 | 20668 | 95985 | 38166 | | 500 |
| 201139 | 133113 | 70827 | 613364 | 552767 | 195486 | 984320 | 327827 | 15543 | 3380 |
| 93370 | 63258 | 35482 | 232645 | 213037 | 123438 | 765907 | 265375 | 479 | 3103 |
| 25267 | 49669 | 25452 | 151803 | 108485 | 23290 | 202287 | 1548808 | 30 | |
| 393242 | 342796 | 135890 | 1431433 | 1217915 | 272965 | 1800347 | 947764 | 19 | 4972 |
| 41226 | 70512 | 39146 | 289982 | 240335 | 50670 | 397991 | 122725 | | 1957 |
| 104817 | 83951 | 11984 | 342337 | 314961 | 67567 | 516320 | 240298 | | |
| 88850 | 58917 | 33572 | 190840 | 151680 | 56034 | 186213 | 262659 | | |
| 114172 | 98143 | 34818 | 450838 | 384342 | 72853 | 520525 | 226081 | 19 | 15 |
| 7325 | 7885 | 2116 | 45452 | 34821 | 5215 | 36714 | 32736 | | |
| 2617 | 3286 | 2235 | 9867 | 8810 | 2150 | 16385 | 16407 | | |
| 15943 | 13733 | 7478 | 58315 | 39943 | 12906 | 73259 | 28073 | | 3000 |
| 18293 | 6369 | 4541 | 43803 | 43024 | 5572 | 52941 | 18786 | | |
| 15608 | 11146 | 7452 | 48068 | 33382 | 12009 | 108467 | 33969 | | |
| 4674 | 4747 | 4063 | 14566 | 14566 | 3440 | 29448 | 27513 | | |
| 10618 | 6268 | 3348 | 32286 | 17599 | 8136 | 76492 | 4456 | | |
| 317 | 131 | 41 | 1216 | 1216 | 432 | 2527 | 2000 | | |
| 210298 | 168954 | 93054 | 610671 | 517177 | 133571 | 1738169 | 447130 | 660 | 1659 |
| 48131 | 62125 | 34175 | 167856 | 134031 | 38479 | 1019129 | 139588 | | 394 |
| 162167 | 106829 | 58879 | 442816 | 383145 | 95092 | 719041 | 307542 | 660 | 1265 |
| 1007472 | 806643 | 427828 | 3765883 | 3261603 | 901045 | 4684482 | 1758614 | 69905 | 45897 |
| 89835 | 81650 | 31142 | 487847 | 446217 | 95237 | 635904 | 259237 | 55750 | 2295 |
| 414010 | 133918 | 49737 | 1033957 | 930927 | 348168 | 901896 | 345316 | 5000 | 7272 |
| 92202 | 75633 | 46501 | 407317 | 285874 | 49731 | 800246 | 205383 | 3257 | 3015 |
| 10561 | 20305 | 11823 | 78671 | 52245 | 13792 | 55133 | 33781 | | |
| 42441 | 40837 | 14405 | 185127 | 170054 | 28315 | 140219 | 64102 | 142 | 142 |
| 31090 | 21387 | 11999 | 113270 | 103363 | 40692 | 210588 | 39453 | 1500 | |
| 266299 | 395308 | 241037 | 1252643 | 1102360 | 290745 | 1638254 | 703750 | 600 | 30674 |
| 17714 | 13912 | 8586 | 63339 | 62018 | 9318 | 42092 | 17800 | | 300 |
| 43320 | 23694 | 12599 | 143711 | 108545 | 25046 | 260151 | 89791 | 3656 | 2200 |
| 76040 | 86755 | 47185 | 321985 | 310422 | 65294 | 276282 | 103106 | | 500 |
| 9542 | 11156 | 4610 | 31947 | 31947 | -5116 | 11853 | 6200 | | |
| 7197 | 8963 | 7254 | 29212 | 29212 | 4837 | 15785 | 10518 | | |
| 58735 | 65891 | 34939 | 253062 | 243178 | 64406 | 239540 | 82538 | | 500 |
| 566 | 746 | 382 | 7764 | 6085 | 1166 | 9105 | 3850 | | |
| 800285 | 1495031 | 617637 | 3459747 | 3075419 | 959055 | 3544272 | 1578074 | 42673 | 10800 |
| 208221 | 640692 | 198311 | 1110267 | 1026279 | 395740 | 947027 | 276224 | 300 | |
| 14644 | 9258 | 7629 | 42118 | 40413 | 10622 | 58846 | 12252 | | |
| 112041 | 279802 | 107955 | 547672 | 484707 | 126906 | 473294 | 162301 | 1373 | 800 |
| 33244 | 82081 | 44068 | 120988 | 94886 | 31143 | 215326 | 233291 | | 8000 |
| 432136 | 483199 | 259674 | 1638702 | 1429134 | 394645 | 1849780 | 894007 | 41000 | 2000 |
| 256141 | 242229 | 137309 | 849933 | 698940 | 153439 | 1666714 | 635459 | 2265 | 31766 |
| 115393 | 108175 | 69621 | 326983 | 222127 | 72495 | 863512 | 356395 | 2215 | 100 |

1-A-8 续表 3

| 行业 | 企业单位数(个) | 资产总计 | 固定资产净额 | 固定资产原价 | 累计折旧 | 流动资产合计 |
|---|---|---|---|---|---|---|
| 金属工具制造 | 13 | 62392 | 25369 | 42042 | 14074 | 30865 |
| 集装箱及金属包装容器制造 | 6 | 60738 | 30046 | 39405 | 9359 | 18513 |
| 金属丝绳及其制品制造 | 10 | 81478 | 10635 | 15703 | 5069 | 53988 |
| 建筑、安全用金属制品制造 | 49 | 577742 | 249239 | 322401 | 72070 | 198579 |
| 金属表面处理及热处理加工 | 5 | 14060 | 4576 | 5314 | 739 | 5639 |
| 搪瓷制品制造 | 2 | 10023 | 1111 | 1494 | 383 | 7539 |
| 金属制日用品制造 | 22 | 285342 | 59340 | 91051 | 31511 | 46822 |
| 铸造及其他金属制品制造 | 43 | 234378 | 88648 | 142265 | 51547 | 105373 |
| 通用设备制造业 | 197 | 1542063 | 484541 | 790605 | 283230 | 698105 |
| 锅炉及原动设备制造 | 10 | 109042 | 49295 | 71474 | 21632 | 27363 |
| 金属加工机械制造 | 25 | 205992 | 40727 | 72261 | 26052 | 106384 |
| 物料搬运设备制造 | 8 | 137915 | 27858 | 38159 | 10299 | 99455 |
| 泵、阀门、压缩机及类似机械制造 | 41 | 287900 | 73088 | 135698 | 54800 | 131992 |
| 轴承、齿轮和传动部件制造 | 31 | 123007 | 44188 | 80855 | 36660 | 49902 |
| 烘炉、风机、包装等设备制造 | 21 | 290627 | 112806 | 192775 | 79488 | 101380 |
| 文化、办公用机械制造 | 2 | 9831 | 2603 | 3570 | 967 | 3881 |
| 通用零部件制造 | 44 | 279822 | 103311 | 142534 | 38170 | 127249 |
| 其他通用设备制造业 | 15 | 97928 | 30665 | 53280 | 15162 | 50500 |
| 专用设备制造业 | 197 | 2670871 | 670705 | 1053238 | 346255 | 1407427 |
| 采矿、冶金、建筑专用设备制造 | 35 | 276220 | 69958 | 101690 | 30894 | 179807 |
| 化工、木材、非金属加工专用设备制造 | 35 | 676222 | 209718 | 313145 | 89437 | 392697 |
| 食品、饮料、烟草及饲料生产专用设备制造 | 4 | 15251 | 4968 | 6349 | 1254 | 5721 |
| 印刷、制药、日化及日用品生产专用设备制造 | 14 | 120401 | 31923 | 41675 | 9686 | 69713 |
| 纺织、服装和皮革加工专用设备制造 | 10 | 126618 | 32556 | 59510 | 18207 | 42160 |
| 电子和电工机械专用设备制造 | 13 | 337176 | 48271 | 77377 | 25985 | 96465 |
| 农、林、牧、渔专用机械制造 | 7 | 68640 | 6353 | 11211 | 4019 | 53952 |
| 医疗仪器设备及器械制造 | 46 | 887952 | 228135 | 380762 | 149281 | 480324 |
| 环保、邮政、社会公共服务及其他专用设备制造 | 33 | 162392 | 38823 | 61519 | 17492 | 86589 |
| 汽车制造业 | 164 | 1663275 | 632020 | 1011689 | 316096 | 588680 |
| 汽车整车制造 | 1 | 2973 | 1118 | 1352 | 233 | 1854 |
| 汽车用发动机制造 | 1 | 100307 | 20319 | 21742 | 1423 | 30856 |
| 改装汽车制造 | 2 | 164227 | 64091 | 110869 | 44982 | 30116 |
| 汽车车身、挂车制造 | 12 | 73515 | 21461 | 35346 | 12176 | 31150 |
| 汽车零部件及配件制造 | 148 | 1322255 | 525032 | 842381 | 257282 | 494703 |
| 铁路、船舶、航空航天和其他运输设备制造业 | 34 | 233893 | 83123 | 327598 | 215308 | 86904 |
| 铁路运输设备制造 | 3 | 7697 | 4554 | 4721 | 167 | 2520 |
| 船舶及相关装置制造 | 9 | 96218 | 38649 | 65879 | 27230 | 26011 |
| 航空、航天器及设备制造 | 11 | 44092 | 5387 | 11886 | 5100 | 30946 |
| 摩托车制造 | 4 | 42986 | 30501 | 190313 | 159512 | 11177 |
| 自行车和残疾人座车制造 | 1 | 29900 | 234 | 49790 | 22454 | 10511 |
| 助动车制造 | 5 | 11911 | 3212 | 3794 | 582 | 5479 |
| 潜水救捞及其他未列明运输设备制造 | 1 | 1090 | 586 | 1216 | 263 | 260 |

单位：万元

| 应收账款 | 存货 | 产成品 | 负债合计 | 流动负债合计 | 应付账款 | 所有者权益合计 | 实收资本 | 国家资本 | 集体资本 |
|---|---|---|---|---|---|---|---|---|---|
| 10144 | 10004 | 5197 | 27380 | 26249 | 1941 | 35011 | 27201 | | |
| 6812 | 941 | 485 | 14000 | 10260 | 1691 | 46739 | 6500 | | |
| 14782 | 14579 | 2684 | 59711 | 58711 | 9095 | 21766 | 8827 | | |
| 66340 | 61912 | 34759 | 161880 | 138950 | 24885 | 415863 | 125532 | | 21666 |
| 2982 | 1026 | 253 | 6130 | 6128 | 2770 | 7930 | 1525 | | |
| 400 | 559 | 100 | 5478 | 5059 | 181 | 4545 | 1180 | | |
| 10531 | 10684 | 4566 | 122500 | 118772 | 7054 | 162843 | 47571 | | |
| 28757 | 34350 | 19644 | 125872 | 112683 | 33329 | 108506 | 60728 | 50 | 10000 |
| 184856 | 136323 | 66974 | 626730 | 517777 | 166505 | 915903 | 320915 | 814 | 4083 |
| 11070 | 5075 | 2216 | 21263 | 9309 | 2505 | 87779 | 14410 | | |
| 26912 | 12967 | 6033 | 70169 | 63934 | 24409 | 135823 | 37257 | | 200 |
| 21997 | 7441 | 2120 | 82398 | 63141 | 14629 | 55518 | 38019 | 814 | |
| 33154 | 42679 | 20936 | 138503 | 108293 | 29903 | 149396 | 57574 | | |
| 17935 | 7120 | 3817 | 50197 | 41447 | 10256 | 73379 | 28574 | | |
| 27177 | 27253 | 13829 | 116513 | 103992 | 50101 | 174114 | 57764 | | 200 |
| 620 | 1229 | 551 | 5635 | 4976 | 331 | 4196 | 3430 | | |
| 38977 | 27257 | 15697 | 120189 | 105757 | 30177 | 159633 | 57650 | | 3683 |
| 7015 | 5302 | 1775 | 21862 | 16929 | 4195 | 76066 | 26237 | | |
| 647004 | 255246 | 132439 | 1409308 | 852191 | 238972 | 1261563 | 557763 | 4481 | 8223 |
| 84434 | 43302 | 22933 | 136136 | 123102 | 31873 | 140084 | 69690 | | |
| 263844 | 22604 | 14563 | 474177 | 110914 | 21412 | 202045 | 42565 | 113 | 123 |
| 888 | 1918 | 781 | 6913 | 5844 | 823 | 8338 | 3862 | | |
| 14559 | 10223 | 4345 | 75453 | 70127 | 14522 | 44949 | 33777 | | |
| 19520 | 6377 | 2915 | 50288 | 35893 | 22447 | 76329 | 52441 | | |
| 13881 | 12869 | 5796 | 181356 | 59365 | 44018 | 155820 | 134357 | | |
| 8282 | 38457 | 4630 | 47136 | 45857 | 3939 | 21504 | 11239 | | |
| 212062 | 99483 | 65371 | 379709 | 349696 | 84715 | 508242 | 154236 | 1300 | 8100 |
| 29535 | 20014 | 11105 | 58140 | 51393 | 15223 | 104251 | 55597 | 3068 | |
| 195948 | 156111 | 76481 | 641036 | 471286 | 166277 | 1022239 | 554335 | 2343 | 800 |
| 1480 | 14 | | 2102 | 2102 | 1687 | 871 | 1000 | | |
| 16278 | 4591 | 3559 | 50241 | 43564 | 27295 | 50065 | 50000 | | |
| 10453 | 10257 | 3856 | 34998 | 8630 | 2807 | 129229 | 128388 | | |
| 8142 | 5050 | 3063 | 26810 | 14027 | 6028 | 46705 | 29181 | | |
| 159596 | 136199 | 66003 | 526886 | 402964 | 128460 | 795369 | 345765 | 2343 | 800 |
| 21237 | 17451 | 9908 | 67038 | 55526 | 12077 | 166855 | 82197 | | |
| 761 | 1180 | 476 | 3703 | 2935 | 98 | 3994 | 3328 | | |
| 2053 | 5486 | 4965 | 36367 | 26669 | 1738 | 59851 | 27034 | | |
| 12469 | 4044 | 798 | 17399 | 16927 | 7965 | 26693 | 15341 | | |
| 2895 | 5208 | 2759 | 2924 | 2670 | 1366 | 40062 | 3574 | | |
| | | | 89 | 11 | | 29811 | 29811 | | |
| 3010 | 1382 | 811 | 6337 | 6215 | 880 | 5575 | 2610 | | |
| 50 | 150 | 100 | 220 | 100 | 30 | 870 | 500 | | |

1-A-8 续表 4

| 行业 | 企业单位数（个） | 资产总计 | 固定资产净额 | 固定资产原价 | 累计折旧 | 流动资产合计 |
| --- | --- | --- | --- | --- | --- | --- |
| 电气机械和器材制造业 | 425 | 7400247 | 2340927 | 4154751 | 1720543 | 3650351 |
| 电机制造 | 24 | 230977 | 57906 | 92688 | 33797 | 115597 |
| 输配电及控制设备制造 | 131 | 2508092 | 811411 | 1576711 | 704744 | 1235903 |
| 电线、电缆、光缆及电工器材制造 | 105 | 1908712 | 718862 | 1324673 | 590349 | 935593 |
| 电池制造 | 66 | 1240662 | 348615 | 527991 | 168539 | 731845 |
| 家用电力器具制造 | 19 | 411361 | 92624 | 130972 | 35400 | 259002 |
| 非电力家用器具制造 | 1 | 4015 | 151 | 197 | 46 | 3865 |
| 照明器具制造 | 72 | 1062528 | 306208 | 483729 | 175306 | 352341 |
| 其他电气机械及器材制造 | 7 | 33901 | 5150 | 17790 | 12361 | 16206 |
| 计算机、通信和其他电子设备制造业 | 357 | 6097507 | 1350680 | 1958895 | 568595 | 2903964 |
| 计算机制造 | 29 | 287439 | 84239 | 141307 | 52552 | 121800 |
| 通信设备制造 | 44 | 775330 | 69673 | 108952 | 20859 | 548336 |
| 广播电视设备制造 | 6 | 39385 | 16143 | 22430 | 6156 | 14691 |
| 非专业视听设备制造 | 26 | 267898 | 63580 | 97208 | 33558 | 177122 |
| 智能消费设备制造 | 13 | 430854 | 87325 | 115569 | 25268 | 203338 |
| 电子器件制造 | 68 | 1172432 | 296585 | 381333 | 80321 | 621250 |
| 电子元件及电子专用材料制造 | 142 | 2684993 | 622325 | 904243 | 273987 | 1074162 |
| 其他电子设备制造 | 29 | 439175 | 110810 | 187852 | 75894 | 143265 |
| 仪器仪表制造业 | 61 | 502814 | 118108 | 170046 | 49000 | 164944 |
| 通用仪器仪表制造 | 22 | 358010 | 72566 | 105704 | 32329 | 93630 |
| 专用仪器仪表制造 | 4 | 11471 | 2120 | 3976 | 1854 | 4163 |
| 钟表与计时仪器制造 | 2 | 18592 | 2876 | 6328 | 2021 | 11273 |
| 光学仪器制造 | 27 | 77304 | 27141 | 35113 | 7276 | 42387 |
| 衡器制造 | 3 | 29335 | 12740 | 16591 | 3851 | 8888 |
| 其他仪器仪表制造业 | 3 | 8103 | 666 | 2334 | 1668 | 4603 |
| 其他制造业 | 49 | 186530 | 50251 | 70162 | 15363 | 78427 |
| 日用杂品制造 | 23 | 76999 | 18487 | 26435 | 7588 | 38575 |
| 其他未列明制造业 | 26 | 109531 | 31764 | 43727 | 7775 | 39852 |
| 废弃资源综合利用业 | 96 | 609728 | 132295 | 195124 | 55653 | 347896 |
| 金属废料和碎屑加工处理 | 50 | 452480 | 90726 | 134641 | 37169 | 264159 |
| 非金属废料和碎屑加工处理 | 46 | 157248 | 41570 | 60482 | 18484 | 83737 |
| 金属制品、机械和设备修理业 | 1 | 2264 | 7 | 14 | 6 | 1808 |
| 其他机械和设备修理业 | 1 | 2264 | 7 | 14 | 6 | 1808 |
| 电力、热力生产和供应业 | 54 | 2464822 | 1026923 | 1265426 | 190161 | 1229867 |
| 电力生产 | 48 | 2429721 | 1007705 | 1238352 | 182305 | 1220388 |
| 热力生产和供应 | 6 | 35101 | 19218 | 27074 | 7856 | 9480 |
| 燃气生产和供应业 | 8 | 83499 | 18158 | 24593 | 6435 | 44756 |
| 燃气生产和供应业 | 7 | 83164 | 18147 | 24579 | 6432 | 44448 |
| 生物质燃气生产和供应业 | 1 | 334 | 11 | 14 | 3 | 308 |
| 水的生产和供应业 | 8 | 108823 | 36494 | 49223 | 9615 | 45859 |
| 自来水生产和供应 | 6 | 95520 | 32493 | 43401 | 8163 | 36556 |
| 污水处理及其再生利用 | 2 | 13303 | 4001 | 5822 | 1453 | 9302 |

单位：万元

| 应收账款 | 存货 | 产成品 | 负债合计 | 流动负债合计 | 应付账款 | 所有者权益合计 | 实收资本 | 国家资本 | 集体资本 |
|---|---|---|---|---|---|---|---|---|---|
| 1040026 | 737581 | 331166 | 3466483 | 2895168 | 933125 | 3933741 | 1454433 | 5579 | 15830 |
| 33067 | 27845 | 11808 | 80667 | 66155 | 21008 | 150310 | 78497 | | |
| 321872 | 194018 | 96597 | 1083991 | 868084 | 279467 | 1424100 | 368879 | 573 | 3366 |
| 294753 | 194724 | 74422 | 865531 | 788597 | 183247 | 1043182 | 415330 | | 2760 |
| 223852 | 203395 | 103133 | 744149 | 633419 | 270458 | 496512 | 290833 | 6 | 6204 |
| 59586 | 30094 | 17782 | 264031 | 215280 | 60809 | 147305 | 82268 | | |
| 1042 | 265 | 189 | 2133 | 2133 | 164 | 1883 | 250 | | |
| 103206 | 85167 | 25448 | 417061 | 314934 | 115291 | 645467 | 197720 | 5000 | 3500 |
| 2648 | 2073 | 1786 | 8919 | 6568 | 2682 | 24982 | 20656 | | |
| 1134441 | 612396 | 217744 | 3042671 | 2531378 | 1024879 | 3054835 | 1261479 | 58421 | 133 |
| 48147 | 33358 | 13678 | 134517 | 81423 | 30887 | 152922 | 127282 | | |
| 207298 | 126345 | 21867 | 405999 | 354177 | 188450 | 369331 | 188606 | 401 | 100 |
| 2639 | 4399 | 1618 | 15391 | 11099 | 1874 | 23995 | 17050 | | |
| 58195 | 30390 | 17642 | 174202 | 160061 | 85531 | 93697 | 40654 | | |
| 57868 | 14280 | 7345 | 125584 | 79530 | 31271 | 305270 | 82698 | | |
| 219576 | 131940 | 55975 | 632959 | 540795 | 233799 | 539473 | 333796 | 58000 | |
| 481798 | 236550 | 82996 | 1406866 | 1207592 | 398854 | 1278127 | 292216 | 20 | 33 |
| 58921 | 35135 | 16624 | 147153 | 96702 | 54214 | 292022 | 179178 | | |
| 66856 | 36515 | 22215 | 189085 | 161487 | 46337 | 313729 | 3959906 | | |
| 33837 | 18138 | 8133 | 110747 | 87450 | 17009 | 247262 | 3938763 | | |
| 2104 | 283 | 187 | 4386 | 3469 | 3052 | 7085 | 950 | | |
| 2749 | 7026 | 6841 | 16287 | 15087 | 2857 | 2305 | 2265 | | |
| 23665 | 8316 | 5237 | 49622 | 48961 | 20733 | 27682 | 12728 | | |
| 1906 | 2340 | 1617 | 3851 | 2327 | 1412 | 25484 | 4700 | | |
| 2595 | 412 | 201 | 4192 | 4192 | 1275 | 3911 | 500 | | |
| 23011 | 18666 | 10840 | 70505 | 66162 | 18633 | 116024 | 75950 | 5765 | |
| 7362 | 8666 | 4786 | 30519 | 27650 | 7548 | 46480 | 24126 | | |
| 15649 | 10000 | 6054 | 39987 | 38512 | 11085 | 69544 | 51824 | 5765 | |
| 84375 | 92037 | 42996 | 314523 | 277398 | 72706 | 295205 | 109602 | 63 | 580 |
| 52559 | 75644 | 35220 | 228135 | 195360 | 45140 | 224344 | 72533 | 63 | |
| 31816 | 16393 | 7776 | 86388 | 82038 | 27566 | 70860 | 37069 | | 580 |
| 183 | 19 | 19 | 1433 | 831 | | 831 | 100 | | |
| 183 | 19 | 19 | 1433 | 831 | | 831 | 100 | | |
| 572792 | 6530 | 895 | 1487607 | 1200653 | 489635 | 977214 | 417168 | 7442 | 7573 |
| 570413 | 6125 | 858 | 1473185 | 1187883 | 483423 | 956536 | 413755 | 7442 | 7573 |
| 2379 | 405 | 37 | 14422 | 12771 | 6212 | 20679 | 3413 | | |
| 2140 | 1611 | 974 | 57537 | 52287 | 3481 | 25962 | 10319 | | 620 |
| 2080 | 1541 | 974 | 57434 | 52204 | 3448 | 25731 | 10305 | | 620 |
| 60 | 70 | | 103 | 82 | 32 | 231 | 14 | | |
| 10508 | 1733 | 1174 | 75930 | 63155 | 18248 | 32893 | 11047 | 1924 | |
| 7682 | 1656 | 1120 | 64988 | 52213 | 18223 | 30531 | 9224 | 1924 | |
| 2826 | 77 | 54 | 10942 | 10942 | 26 | 2362 | 1823 | | |

1-A-8 续表 5

| 行业 | 法人资本 | 个人资本 | 港澳台资本 | 外商资本 | 营业收入 | 营业成本 |
|---|---|---|---|---|---|---|
| **总　计** | **13217466** | **9010992** | **33059** | **6718** | **132049930** | **114064040** |
| 煤炭开采和洗选业 | 7999 | 49046 | | | 263734 | 218523 |
| 烟煤和无烟煤开采洗选 | 6618 | 23081 | | | 180854 | 151512 |
| 其他煤炭采选 | 1381 | 25965 | | | 82880 | 67011 |
| 黑色金属矿采选业 | 16300 | 11204 | | | 383022 | 340756 |
| 铁矿采选 | 12210 | 10004 | | | 331000 | 299432 |
| 锰矿、铬矿采选 | | 200 | | | 14906 | 12602 |
| 其他黑色金属矿采选 | 4090 | 1000 | | | 37115 | 28722 |
| 有色金属矿采选业 | 33429 | 84344 | 500 | | 1507785 | 1357282 |
| 常用有色金属矿采选 | 2585 | 22692 | | | 579993 | 518156 |
| 贵金属矿采选 | 300 | 5790 | | | 73453 | 72519 |
| 稀有稀土金属矿采选 | 30544 | 55862 | 500 | | 854339 | 766608 |
| 非金属矿采选业 | 152581 | 115277 | 119 | 31 | 2113378 | 1746579 |
| 土砂石开采 | 117992 | 112152 | 119 | 31 | 1856675 | 1538172 |
| 化学矿开采 | 600 | | | | 17546 | 12963 |
| 石棉及其他非金属矿采选 | 33989 | 3125 | | | 239157 | 195443 |
| 农副食品加工业 | 342279 | 366926 | 10 | 10 | 7967092 | 6940643 |
| 谷物磨制 | 39360 | 160675 | 10 | 10 | 1840601 | 1633522 |
| 饲料加工 | 133350 | 39404 | | | 3211932 | 2843489 |
| 植物油加工 | 64792 | 48867 | | | 987278 | 873144 |
| 屠宰及肉类加工 | 33300 | 13149 | | | 1169177 | 946876 |
| 水产品加工 | 9783 | 3000 | | | 81844 | 74108 |
| 蔬菜、菌类、水果和坚果加工 | 39021 | 70603 | | | 211052 | 169826 |
| 其他农副食品加工 | 22674 | 31228 | | | 465208 | 399679 |
| 食品制造业 | 106242 | 149675 | | | 1992802 | 1590000 |
| 焙烤食品制造 | 30078 | 22667 | | | 166542 | 139623 |
| 糖果、巧克力及蜜饯制造 | 780 | 4090 | | | 168892 | 128150 |
| 方便食品制造 | 12798 | 23818 | | | 529605 | 425185 |
| 乳制品制造 | 10500 | 3463 | | | 122684 | 100997 |
| 罐头食品制造 | 4680 | 2761 | | | 99140 | 89447 |
| 调味品、发酵制品制造 | 1160 | 2980 | | | 91538 | 83379 |
| 其他食品制造 | 46245 | 89896 | | | 814401 | 623219 |
| 酒、饮料和精制茶制造业 | 91404 | 127546 | | | 792173 | 642100 |
| 酒的制造 | 7413 | 81190 | | | 402436 | 339386 |
| 饮料制造 | 68106 | 28117 | | | 223360 | 155740 |
| 精制茶加工 | 15885 | 18239 | | | 166377 | 146973 |
| 纺织业 | 135825 | 345979 | | | 6064158 | 5339930 |
| 棉纺织及印染精加工 | 94388 | 267715 | | | 4551262 | 4047458 |
| 毛纺织及染整精加工 | 1400 | 100 | | | 14479 | 13110 |
| 麻纺织及染整精加工 | 4474 | 8310 | | | 243491 | 208421 |
| 丝绢纺织及印染精加工 | 360 | 20719 | | | 252098 | 208832 |
| 化纤织造及印染精加工 | 7220 | 24979 | | | 166571 | 137368 |
| 针织或钩针编织物及其制品制造 | 18817 | 6503 | | | 298500 | 264423 |

单位：万元

| 销售费用 | 管理费用 | 财务费用 | | | 投资收益（损失以“–”号记） | 营业利润 | 利润总额 | 亏损企业亏损额 | 平均用工人数（人） |
|---|---|---|---|---|---|---|---|---|---|
| | | | 利息收入 | 利息支出 | | | | | |
| **3139885** | **3904843** | **788586** | **28409** | **594296** | **-39326** | **9318374** | **9563388** | **188437** | **1078056** |
| 5324 | 6904 | 2658 | 36 | 2448 | -227 | 25523 | 25503 | 16 | 4891 |
| 2450 | 5224 | 709 | 13 | 618 | -227 | 16708 | 16715 | | 4344 |
| 2873 | 1681 | 1950 | 23 | 1830 | | 8815 | 8789 | 16 | 547 |
| 7145 | 5981 | 585 | 26 | 291 | 52 | 21455 | 21577 | 1041 | 2934 |
| 6724 | 3885 | 425 | 26 | 131 | 52 | 13611 | 13611 | 1041 | 2520 |
| 59 | 776 | 48 | | 48 | | 1374 | 1374 | | 106 |
| 362 | 1320 | 112 | 1 | 112 | | 6471 | 6593 | | 308 |
| 17617 | 26622 | 9894 | 34 | 9246 | 836 | 86252 | 84570 | 2788 | 7364 |
| 3770 | 5360 | 980 | 35 | 864 | 0 | 45574 | 44478 | 1063 | 2221 |
| 199 | 191 | 73 | | 26 | | 402 | 402 | | 231 |
| 13648 | 21071 | 8840 | -1 | 8356 | 836 | 40276 | 39690 | 1725 | 4912 |
| 72551 | 69133 | 14025 | 98 | 12683 | 560 | 182123 | 184098 | 502 | 14292 |
| 66034 | 61177 | 12222 | 71 | 11032 | 560 | 152132 | 154269 | 502 | 12479 |
| 1224 | 902 | 43 | | 43 | | 2302 | 2302 | | 228 |
| 5294 | 7054 | 1759 | 27 | 1608 | | 27689 | 27527 | | 1585 |
| 170341 | 186962 | 38021 | 12891 | 46553 | 35263 | 650708 | 649832 | 3713 | 41468 |
| 39808 | 46450 | 13657 | 97 | 10573 | 86 | 105373 | 105594 | 383 | 12655 |
| 44445 | 51888 | 2280 | 12550 | 17727 | 34960 | 309856 | 308842 | 740 | 8906 |
| 19384 | 21135 | 6574 | 19 | 3689 | 5 | 62462 | 62612 | 1693 | 5531 |
| 46924 | 45014 | 3643 | 73 | 3239 | | 116229 | 110627 | 274 | 6435 |
| 700 | 1695 | 2838 | 2 | 3104 | 184 | 2295 | 2373 | 252 | 859 |
| 6460 | 7221 | 5042 | 75 | 4665 | 29 | 21794 | 21854 | 25 | 2934 |
| 12619 | 13560 | 3988 | 75 | 3556 | | 32699 | 37931 | 347 | 4148 |
| 97192 | 99827 | 20631 | 238 | 18144 | 469 | 165948 | 165105 | 4464 | 17517 |
| 6427 | 6075 | 2538 | 35 | 1488 | 14 | 11469 | 11519 | 64 | 3224 |
| 8024 | 8266 | 1952 | 4 | 2069 | | 21529 | 20886 | | 1420 |
| 22931 | 17080 | 5795 | 52 | 5401 | | 48807 | 48130 | 466 | 2743 |
| 5317 | 6540 | 960 | -2 | 965 | 17 | 8378 | 8387 | 34 | 1240 |
| 723 | 2963 | 1231 | 66 | 1273 | 37 | 4616 | 4760 | 668 | 917 |
| 1907 | 2111 | 179 | | 101 | | 3553 | 3553 | | 847 |
| 51863 | 56793 | 7976 | 84 | 6848 | 402 | 67597 | 67870 | 3233 | 7126 |
| 31144 | 28587 | 5492 | 66 | 4481 | 12 | 70920 | 71429 | 1877 | 9762 |
| 6313 | 7779 | 1918 | 22 | 1846 | | 35519 | 35153 | | 2766 |
| 20896 | 15992 | 1695 | 23 | 806 | 12 | 27335 | 27964 | 1877 | 3364 |
| 3935 | 4816 | 1879 | 22 | 1830 | | 8066 | 8312 | | 3632 |
| 111373 | 172834 | 31910 | 749 | 25818 | 80 | 379709 | 401600 | 7151 | 59058 |
| 66704 | 116599 | 22766 | 433 | 18774 | 66 | 277866 | 299152 | 7040 | 41990 |
| 530 | 409 | 43 | 5 | 38 | | 7 | 59 | 2 | 274 |
| 3381 | 11714 | 1236 | 13 | 393 | 14 | 17373 | 17466 | 32 | 3329 |
| 8154 | 8609 | 1120 | 1 | 720 | | 24146 | 24151 | | 1778 |
| 7664 | 9042 | 1241 | 2 | 1245 | | 10590 | 10678 | | 1921 |
| 6067 | 6354 | 1404 | 102 | 916 | | 18330 | 18423 | 9 | 4439 |

1-A-8 续表 6

| 行业 | 法人资本 | 个人资本 | 港澳台资本 | 外商资本 | 营业收入 | 营业成本 |
|---|---|---|---|---|---|---|
| 家用纺织制成品制造 | 4495 | 7456 | | | 143264 | 113190 |
| 产业用纺织制成品制造 | 4671 | 10198 | | | 394494 | 347127 |
| 纺织服装、服饰业 | 195658 | 291704 | 1006 | 147 | 4855144 | 4262890 |
| 机织服装制造 | 147393 | 230060 | 316 | 147 | 3026908 | 2633491 |
| 针织或钩针编织服装制造 | 30354 | 38478 | | | 1332626 | 1188630 |
| 服饰制造 | 17911 | 23165 | 690 | | 495610 | 440770 |
| 皮革、毛皮、羽毛及其制品和制鞋业 | 102836 | 247243 | | | 2386939 | 2080916 |
| 皮革鞣制加工 | 2583 | 16816 | | | 256766 | 231468 |
| 皮革制品制造 | 63782 | 147508 | | | 694970 | 596407 |
| 毛皮鞣制及制品加工 | 691 | 1500 | | | 79195 | 74165 |
| 羽毛(绒)加工及制品制造 | 3385 | 19134 | | | 657457 | 594604 |
| 制鞋业 | 32395 | 62285 | | | 698551 | 584272 |
| 木材加工和木、竹、藤、棕、草制品业 | 78403 | 1657988 | 900 | | 2236233 | 1985339 |
| 木材加工 | 24625 | 21147 | | | 522996 | 469720 |
| 人造板制造 | 15602 | 42817 | 900 | | 700187 | 617255 |
| 木质制品制造 | 19462 | 12730 | | | 572188 | 512068 |
| 竹、藤、棕、草等制品制造 | 18715 | 1581295 | | | 440861 | 386296 |
| 家具制造业 | 164873 | 182958 | 500 | | 3444058 | 2873657 |
| 木质家具制造 | 161472 | 149079 | | | 3034556 | 2524093 |
| 竹、藤家具制造 | | 400 | | | 17336 | 13616 |
| 金属家具制造 | 3142 | 26849 | | | 125347 | 109648 |
| 其他家具制造 | 259 | 6630 | 500 | | 266819 | 226300 |
| 造纸和纸制品业 | 46617 | 100513 | 8544 | | 1401374 | 1222855 |
| 纸浆制造 | 100 | 2000 | | | 14342 | 13408 |
| 造纸 | 22929 | 43474 | 8544 | | 620695 | 549361 |
| 纸制品制造 | 23588 | 55040 | | | 766338 | 660087 |
| 印刷和记录媒介复制业 | 60921 | 212936 | | | 1497233 | 1293943 |
| 印刷 | 60921 | 212936 | | | 1497233 | 1293943 |
| 文教、工美、体育和娱乐用品制造业 | 76426 | 131566 | 14200 | | 1946011 | 1621652 |
| 文教办公用品制造 | 8277 | 7923 | | | 221267 | 195276 |
| 工艺美术及礼仪用品制造 | 57811 | 90508 | 14200 | | 1011800 | 814878 |
| 体育用品制造 | 2382 | 17105 | | | 259124 | 225030 |
| 玩具制造 | 7955 | 15209 | | | 153343 | 134403 |
| 游艺器材及娱乐用品制造 | | 820 | | | 300477 | 252065 |
| 石油、煤炭及其他燃料加工业 | 24214 | 23559 | | | 316080 | 281362 |
| 精炼石油产品制造 | 5143 | 5239 | | | 97039 | 84864 |
| 煤炭加工 | 1768 | 12688 | | | 74838 | 65948 |
| 生物质燃料加工 | 17303 | 5632 | | | 144203 | 130551 |
| 化学原料和化学制品制造业 | 2020608 | 496909 | 1204 | 5540 | 9527041 | 8054382 |
| 基础化学原料制造 | 100929 | 120871 | | | 3001994 | 2603708 |
| 肥料制造 | 1478 | 14107 | | | 113036 | 93274 |
| 农药制造 | 11500 | 19154 | | | 286094 | 244107 |
| 涂料、油墨、颜料及类似产品制造 | 31309 | 67774 | | | 1010612 | 815897 |

单位：万元

| 销售费用 | 管理费用 | 财务费用 | | | 投资收益(损失以"–"号记) | 营业利润 | 利润总额 | 亏损企业亏损额 | 平均用工人数(人) |
|---|---|---|---|---|---|---|---|---|---|
| | | | 利息收入 | 利息支出 | | | | | |
| 9194 | 9837 | 861 | 182 | 653 | | 9034 | 9094 | | 2643 |
| 9680 | 10272 | 3239 | 12 | 3081 | | 22363 | 22577 | 68 | 2684 |
| 80380 | 104973 | 15770 | 2762 | 10592 | -1834 | 351682 | 342109 | 657 | 74462 |
| 41762 | 58024 | 9760 | 2482 | 6105 | -2627 | 257915 | 249632 | 523 | 42442 |
| 29848 | 36083 | 3678 | 234 | 2576 | | 63367 | 62023 | 67 | 24736 |
| 8771 | 10866 | 2332 | 46 | 1911 | 794 | 30399 | 30454 | 67 | 7284 |
| 43179 | 62444 | 9173 | 473 | 6383 | -4095 | 179884 | 180231 | 591 | 31105 |
| 2735 | 6412 | 586 | 15 | 476 | | 15102 | 15374 | | 1854 |
| 14936 | 17528 | 3175 | 375 | 2596 | -1204 | 59281 | 58848 | 267 | 11153 |
| 1101 | 607 | 142 | | 141 | | 2259 | 2858 | | 653 |
| 5266 | 7530 | 2099 | 2 | 835 | 7 | 46863 | 45162 | 199 | 2834 |
| 19141 | 30369 | 3170 | 82 | 2334 | -2898 | 56377 | 57989 | 124 | 14611 |
| 38430 | 50748 | 11666 | 168 | 9991 | 168 | 139146 | 142571 | 1054 | 25027 |
| 7672 | 9190 | 2849 | 17 | 2549 | 94 | 30831 | 31901 | 635 | 5521 |
| 15187 | 19440 | 4692 | -109 | 4224 | 69 | 40801 | 42018 | 313 | 8890 |
| 6623 | 9513 | 1311 | 87 | 972 | | 40299 | 40103 | | 4166 |
| 8949 | 12604 | 2815 | 174 | 2247 | 6 | 27216 | 28550 | 106 | 6450 |
| 115089 | 137856 | 25140 | 746 | 12955 | -283 | 270597 | 271340 | 292 | 61449 |
| 103543 | 118972 | 20172 | 733 | 11920 | -283 | 247221 | 247489 | 77 | 57480 |
| 104 | 429 | 237 | | 12 | | 2879 | 2879 | | 141 |
| 3618 | 5062 | 646 | 6 | 616 | | 5888 | 6368 | 105 | 1541 |
| 7824 | 13394 | 4084 | 7 | 408 | | 14608 | 14604 | 109 | 2287 |
| 32397 | 51340 | 12217 | 84 | 9444 | 723 | 74175 | 80912 | 3131 | 15833 |
| 127 | 127 | 25 | 1 | 21 | | 610 | 664 | | 115 |
| 12921 | 16476 | 7507 | 25 | 6800 | 723 | 30715 | 35813 | 25 | 7935 |
| 19349 | 34738 | 4684 | 58 | 2623 | | 42850 | 44436 | 3106 | 7783 |
| 26207 | 41747 | 12674 | 255 | 6039 | 118 | 120789 | 120071 | 869 | 10766 |
| 26207 | 41747 | 12674 | 255 | 6039 | 118 | 120789 | 120071 | 869 | 10766 |
| 48400 | 51562 | 16209 | 650 | 12267 | -651 | 194638 | 192837 | 374 | 21991 |
| 3246 | 4202 | 689 | 21 | 576 | | 16678 | 16559 | | 2677 |
| 34361 | 34991 | 13607 | 387 | 10827 | 25 | 104256 | 103683 | 190 | 13221 |
| 4083 | 4933 | 743 | 8 | 457 | | 23638 | 22502 | 105 | 2465 |
| 3366 | 3932 | 626 | 234 | 211 | -677 | 10284 | 10310 | 79 | 2299 |
| 3343 | 3503 | 545 | 0 | 196 | | 39783 | 39783 | | 1329 |
| 11022 | 8847 | 1857 | 21 | 1471 | | 11093 | 12905 | 497 | 2271 |
| 3936 | 3789 | 787 | 7 | 612 | | 3066 | 3227 | 291 | 500 |
| 3052 | 2413 | 771 | 7 | 652 | | 1995 | 2166 | | 453 |
| 4034 | 2645 | 299 | 6 | 207 | | 6031 | 7512 | 206 | 1318 |
| 216225 | 293567 | 69587 | -22 | 31564 | -3752 | 776721 | 783607 | 10418 | 85882 |
| 63360 | 86214 | 36073 | 426 | 9070 | 1 | 177952 | 177941 | 4421 | 17350 |
| 2966 | 4281 | 1413 | 4 | 426 | 8 | 10625 | 10553 | 2438 | 1129 |
| 8255 | 10317 | 2013 | -4 | 1599 | 25 | 20679 | 20873 | | 2204 |
| 30003 | 36031 | 7998 | 174 | 3033 | -3140 | 101621 | 102064 | 289 | 6761 |

1-A-8 续表 7

| 行业 | | | | | 营业收入 | 营业成本 |
|---|---|---|---|---|---|---|
| | 法人资本 | 个人资本 | 港澳台资本 | 外商资本 | | |
| 合成材料制造 | 16258 | 20250 | | 1159 | 442867 | 381565 |
| 专用化学产品制造 | 147523 | 156536 | 600 | 4245 | 2923309 | 2461169 |
| 炸药、火工及焰火产品制造 | 196929 | 64124 | 604 | 136 | 1174144 | 983711 |
| 日用化学产品制造 | 1514683 | 34095 | | | 574986 | 470953 |
| 医药制造业 | 329202 | 613319 | 4 | 249 | 5806997 | 4298691 |
| 化学药品原料药制造 | 68715 | 52053 | | | 1490756 | 1243295 |
| 化学药品制剂制造 | 65477 | 174821 | | | 1128168 | 804190 |
| 中药饮片加工 | 23458 | 239201 | | | 659790 | 567452 |
| 中成药生产 | 125026 | 101012 | 4 | 5 | 1799862 | 1059866 |
| 兽用药品制造 | 22339 | 10397 | | | 190989 | 159618 |
| 生物药品制品制造 | 3997 | 12167 | | 244 | 87098 | 78188 |
| 卫生材料及医药用品制造 | 8523 | 16549 | | | 362733 | 317137 |
| 药用辅料及包装材料 | 11668 | 7118 | | | 87603 | 68946 |
| 化学纤维制造业 | 27753 | 6216 | | | 161010 | 142187 |
| 纤维素纤维原料及纤维制造 | 25813 | 1700 | | | 31449 | 27714 |
| 合成纤维制造 | 1940 | 2516 | | | 126341 | 111854 |
| 生物基材料制造 | | 2000 | | | 3221 | 2619 |
| 橡胶和塑料制品业 | 192990 | 251822 | | | 3104998 | 2682027 |
| 橡胶制品业 | 87646 | 51549 | | | 759241 | 647483 |
| 塑料制品业 | 105344 | 200273 | | | 2345757 | 2034544 |
| 非金属矿物制品业 | 709778 | 932251 | 642 | 142 | 13135957 | 11072177 |
| 水泥、石灰和石膏制造 | 104799 | 96394 | | | 1448447 | 1179621 |
| 石膏、水泥制品及类似制品制造 | 133845 | 199200 | | | 3324001 | 2871640 |
| 砖瓦、石材等建筑材料制造 | 76456 | 122656 | | | 1549703 | 1303014 |
| 玻璃制造 | 23028 | 10753 | | | 167638 | 144668 |
| 玻璃制品制造 | 32221 | 31314 | 142 | 142 | 458606 | 391323 |
| 玻璃纤维和玻璃纤维增强塑料制品制造 | 5577 | 31877 | 500 | | 612240 | 517924 |
| 陶瓷制品制造 | 291320 | 381157 | | | 4483642 | 3727841 |
| 耐火材料制品制造 | 6537 | 10962 | | | 222320 | 192667 |
| 石墨及其他非金属矿物制品制造 | 35996 | 47939 | | | 869360 | 743479 |
| 黑色金属冶炼和压延加工业 | 36430 | 66176 | | | 1429817 | 1314370 |
| 炼铁 | | 6200 | | | 76182 | 68955 |
| 炼钢 | | 10518 | | | 148026 | 132286 |
| 钢压延加工 | 36430 | 45608 | | | 1158211 | 1072787 |
| 铁合金冶炼 | | 3850 | | | 47398 | 40343 |
| 有色金属冶炼和压延加工业 | 935749 | 588853 | | | 20403054 | 18568950 |
| 常用有色金属冶炼 | 140149 | 135775 | | | 5002159 | 4399792 |
| 贵金属冶炼 | 5230 | 7022 | | | 709542 | 662426 |
| 稀有稀土金属冶炼 | 84873 | 75255 | | | 1677832 | 1467821 |
| 有色金属合金制造 | 173541 | 51750 | | | 593994 | 531896 |
| 有色金属压延加工 | 531956 | 319052 | | | 12419527 | 11507016 |
| 金属制品业 | 287821 | 313606 | | | 5040999 | 4405871 |
| 结构性金属制品制造 | 181813 | 172267 | | | 1947247 | 1700938 |

单位：万元

| 销售费用 | 管理费用 | 财务费用 | | | 投资收益（损失以"–"号记） | 营业利润 | 利润总额 | 亏损企业亏损额 | 平均用工人数（人） |
|---|---|---|---|---|---|---|---|---|---|
| | | | 利息收入 | 利息支出 | | | | | |
| 4754 | 10742 | 1155 | 117 | 906 | | 42535 | 43271 | 768 | 2798 |
| 68274 | 101692 | 11471 | -767 | 9163 | 2085 | 266242 | 270692 | 1908 | 21287 |
| 13192 | 16337 | 4455 | 22 | 3998 | -2730 | 112804 | 113181 | 453 | 28659 |
| 25421 | 27953 | 5010 | 7 | 3369 | | 44263 | 45032 | 140 | 5694 |
| 610793 | 297655 | 51456 | 5608 | 37229 | 6401 | 508698 | 469361 | 5678 | 51803 |
| 34730 | 74416 | 24928 | 61 | 10193 | 21 | 86988 | 88305 | 2632 | 8612 |
| 110341 | 61653 | 5173 | 4630 | 9143 | 12743 | 148414 | 138689 | 264 | 10863 |
| 25119 | 21327 | 3822 | 24 | 2755 | -8650 | 39656 | 44897 | 231 | 5103 |
| 416509 | 116788 | 10480 | 826 | 9564 | 1972 | 187069 | 150053 | 1666 | 19934 |
| 7575 | 7909 | 2376 | 52 | 2206 | | 12645 | 12744 | 109 | 1307 |
| 1024 | 1974 | 650 | 2 | 130 | | 4873 | 4915 | 302 | 1155 |
| 11459 | 9311 | 2456 | 11 | 1723 | 302 | 21447 | 21688 | 475 | 3597 |
| 4037 | 4277 | 1572 | 2 | 1515 | 15 | 7607 | 8071 | | 1232 |
| 4177 | 4987 | 1277 | 127 | 1049 | | 7668 | 10871 | | 1126 |
| 887 | 1127 | 510 | 120 | 390 | | 1136 | 1136 | | 260 |
| 3147 | 3680 | 763 | 7 | 655 | | 6295 | 9498 | | 817 |
| 142 | 180 | 4 | | 4 | | 237 | 237 | | 49 |
| 68294 | 94603 | 20610 | 540 | 15562 | -2318 | 219178 | 230039 | 1029 | 28907 |
| 14475 | 21210 | 3598 | 20 | 2941 | 709 | 68997 | 65921 | 27 | 6475 |
| 53819 | 73393 | 17012 | 519 | 12622 | -3026 | 150180 | 164118 | 1002 | 22432 |
| 332717 | 407315 | 76903 | -395 | 58395 | -16467 | 1144800 | 1172426 | 6596 | 127413 |
| 24293 | 31402 | 5599 | -2996 | 6943 | 1 | 199651 | 210920 | 402 | 11815 |
| 97807 | 111526 | 18102 | 993 | 12139 | 107 | 209004 | 207213 | 1363 | 20536 |
| 32699 | 42426 | 9735 | 1036 | 4179 | 88 | 148167 | 147994 | 1062 | 13564 |
| 2705 | 4600 | 2419 | 148 | 1748 | | 12401 | 12716 | 44 | 1978 |
| 13082 | 13850 | 2705 | 1 | 2157 | 1 | 36212 | 37469 | 322 | 6113 |
| 10583 | 11584 | 2764 | 20 | 2320 | 3 | 66826 | 84432 | 762 | 4759 |
| 127016 | 164025 | 29174 | 377 | 24187 | -16673 | 379812 | 384480 | 1693 | 61332 |
| 3417 | 4050 | 809 | 5 | 448 | | 20662 | 20662 | | 1334 |
| 21116 | 23853 | 5596 | 23 | 4272 | 6 | 72066 | 66538 | 948 | 5982 |
| 19190 | 19917 | 6551 | 248 | 5175 | 7 | 55482 | 56448 | 509 | 7948 |
| 421 | 1739 | 1674 | 57 | 1634 | 7 | 3189 | 3246 | | 733 |
| 3101 | 4093 | 637 | 47 | 590 | | 7651 | 7708 | 202 | 388 |
| 14766 | 12058 | 4160 | 143 | 2869 | | 40853 | 41706 | 307 | 6296 |
| 902 | 2028 | 81 | 1 | 82 | | 3788 | 3788 | | 531 |
| 151885 | 328606 | 77841 | 1355 | 66472 | -24526 | 1131001 | 1285652 | 38685 | 52512 |
| 25368 | 113806 | 19563 | 396 | 15559 | -11012 | 393195 | 451997 | 5303 | 12489 |
| 1182 | 2468 | 897 | 8 | 880 | | 35449 | 54445 | | 1260 |
| 13611 | 56400 | 16317 | -387 | 16142 | 1084 | 119251 | 128125 | 10521 | 7218 |
| 12306 | 24347 | 3917 | 34 | 2817 | 556 | 17129 | 17934 | 13654 | 2662 |
| 99418 | 131585 | 37147 | 1304 | 31075 | -15154 | 565979 | 633151 | 9208 | 28883 |
| 88846 | 135123 | 24338 | 717 | 16152 | -23587 | 351030 | 366464 | 3096 | 28839 |
| 35522 | 51821 | 9158 | 312 | 6810 | 9 | 133907 | 139718 | 2439 | 10429 |

1-A-8 续表 8

| 行业 | | | | | 营业收入 | 营业成本 |
|---|---|---|---|---|---|---|
| | 法人资本 | 个人资本 | 港澳台资本 | 外商资本 | | |
| 金属工具制造 | 21356 | 5845 | | | 71740 | 60317 |
| 集装箱及金属包装容器制造 | 5900 | 600 | | | 131150 | 109546 |
| 金属丝绳及其制品制造 | 3636 | 5191 | | | 262120 | 236380 |
| 建筑、安全用金属制品制造 | 20169 | 83697 | | | 1651188 | 1448215 |
| 金属表面处理及热处理加工 | 1200 | 325 | | | 37637 | 32122 |
| 搪瓷制品制造 | 1180 | | | | 15132 | 14190 |
| 金属制日用品制造 | 36986 | 10585 | | | 390251 | 333099 |
| 铸造及其他金属制品制造 | 15582 | 35097 | | | 534534 | 471065 |
| 通用设备制造业 | 157719 | 153298 | 5000 | | 2843337 | 2414181 |
| 锅炉及原动设备制造 | 4322 | 10088 | | | 72332 | 59656 |
| 金属加工机械制造 | 20301 | 16756 | | | 316541 | 274299 |
| 物料搬运设备制造 | 22752 | 14453 | | | 164018 | 141485 |
| 泵、阀门、压缩机及类似机械制造 | 38983 | 18591 | | | 536257 | 444637 |
| 轴承、齿轮和传动部件制造 | 12756 | 15818 | | | 362695 | 301636 |
| 烘炉、风机、包装等设备制造 | 32690 | 19874 | 5000 | | 615937 | 531179 |
| 文化、办公用机械制造 | | 3430 | | | 6501 | 5169 |
| 通用零部件制造 | 17992 | 35974 | | | 558513 | 478561 |
| 其他通用设备制造业 | 7923 | 18314 | | | 210543 | 177558 |
| 专用设备制造业 | 295877 | 248917 | 166 | 100 | 2659148 | 2216406 |
| 采矿、冶金、建筑专用设备制造 | 30567 | 39123 | | | 593008 | 515668 |
| 化工、木材、非金属加工专用设备制造 | 14938 | 27126 | 166 | 100 | 488193 | 396968 |
| 食品、饮料、烟草及饲料生产专用设备制造 | 3362 | 500 | | | 46485 | 36452 |
| 印刷、制药、日化及日用品生产专用设备制造 | 3175 | 30603 | | | 211823 | 180691 |
| 纺织、服装和皮革加工专用设备制造 | 38639 | 13802 | | | 125875 | 107398 |
| 电子和电工机械专用设备制造 | 131683 | 2674 | | | 168707 | 133840 |
| 农、林、牧、渔专用机械制造 | 3580 | 7659 | | | 90443 | 67880 |
| 医疗仪器设备及器械制造 | 37133 | 107703 | | | 682002 | 565712 |
| 环保、邮政、社会公共服务及其他专用设备制造 | 32800 | 19729 | | | 252613 | 211797 |
| 汽车制造业 | 413420 | 137772 | | | 3406522 | 2946307 |
| 汽车整车制造 | | 1000 | | | | 49 |
| 汽车用发动机制造 | 50000 | | | | 40456 | 35221 |
| 改装汽车制造 | 127932 | 457 | | | 30414 | 24515 |
| 汽车车身、挂车制造 | 16324 | 12857 | | | 152442 | 132389 |
| 汽车零部件及配件制造 | 219163 | 123458 | | | 3183209 | 2754134 |
| 铁路、船舶、航空航天和其他运输设备制造业 | 23251 | 58946 | | | 629895 | 550908 |
| 铁路运输设备制造 | 1200 | 2128 | | | 7257 | 5938 |
| 船舶及相关装置制造 | 16180 | 10854 | | | 234806 | 212887 |
| 航空、航天器及设备制造 | 3671 | 11670 | | | 67956 | 53169 |
| 摩托车制造 | 1700 | 1874 | | | 194331 | 170879 |
| 自行车和残疾人座车制造 | | 29811 | | | 93628 | 83917 |
| 助动车制造 | 500 | 2110 | | | 12949 | 11013 |
| 潜水救捞及其他未列明运输设备制造 | | 500 | | | 18968 | 13105 |

单位：万元

| 销售费用 | 管理费用 | 财务费用 | | | 投资收益(损失以“-”号记) | 营业利润 | 利润总额 | 亏损企业亏损额 | 平均用工人数(人) |
|---|---|---|---|---|---|---|---|---|---|
| | | | 利息收入 | 利息支出 | | | | | |
| 2243 | 3923 | 1779 | 6 | 297 | 1 | 3046 | 4551 | 12 | 957 |
| 2898 | 4884 | 743 | 62 | 575 | | 12544 | 12591 | | 824 |
| 5452 | 5821 | 1859 | 114 | 1100 | 42 | 10722 | 9246 | 90 | 657 |
| 27418 | 35689 | 6941 | 25 | 4930 | -15404 | 119133 | 128217 | | 8622 |
| 931 | 1499 | 207 | 21 | 186 | | 2754 | 2855 | | 298 |
| 96 | 285 | 18 | 3 | 22 | | 532 | 532 | | 137 |
| 8939 | 13262 | 1499 | 165 | 728 | | 31763 | 31967 | 462 | 2780 |
| 5348 | 17939 | 2133 | 9 | 1505 | -8234 | 36631 | 36787 | 94 | 4135 |
| 71478 | 104056 | 19377 | 3152 | 13370 | 45 | 216074 | 219067 | 2283 | 22181 |
| 1707 | 2945 | 1228 | 0 | 1224 | | 6460 | 5699 | 18 | 1034 |
| 6115 | 9485 | 1409 | 80 | 843 | | 22994 | 23577 | 456 | 2699 |
| 4738 | 5880 | 1976 | 20 | 1857 | | 9568 | 9704 | | 1056 |
| 14144 | 28955 | 3298 | 156 | 2599 | 45 | 42174 | 42925 | 1027 | 5257 |
| 8498 | 16170 | 3526 | 2312 | 518 | | 31001 | 31106 | 23 | 2354 |
| 17209 | 18666 | 1941 | 559 | 2013 | | 44009 | 44828 | | 3059 |
| 95 | 406 | 473 | 0 | 472 | | 317 | 420 | | 345 |
| 15449 | 17718 | 4265 | 19 | 2821 | | 38611 | 39825 | 759 | 4590 |
| 3523 | 3833 | 1261 | 6 | 1023 | | 20941 | 20983 | | 1787 |
| 98625 | 118080 | 19863 | 370 | 15642 | 234 | 194026 | 190153 | 5375 | 32922 |
| 14862 | 19378 | 2663 | 191 | 2272 | | 35936 | 36342 | 582 | 4467 |
| 20522 | 23892 | 4842 | 242 | 1603 | | 37666 | 37215 | 84 | 4356 |
| 1420 | 3684 | 404 | | 77 | | 4225 | 4254 | | 497 |
| 6865 | 9121 | 2538 | -9 | 2476 | 1 | 11844 | 12017 | 228 | 2474 |
| 3423 | 3345 | 400 | 73 | 382 | | 10313 | 10426 | 143 | 1482 |
| 9113 | 13573 | -248 | -245 | 257 | | 18420 | 18432 | | 1966 |
| 6160 | 6577 | 378 | -89 | 466 | 45 | 8172 | 3173 | | 1272 |
| 27457 | 27254 | 7904 | 131 | 7176 | 188 | 49627 | 50130 | 3978 | 14432 |
| 8804 | 11255 | 982 | 76 | 933 | | 17824 | 18166 | 361 | 1976 |
| 76669 | 118341 | 21258 | 603 | 17210 | 28 | 217573 | 229042 | 3032 | 25219 |
| 8 | 132 | 12 | | 12 | | -205 | -134 | 134 | |
| 284 | 4297 | 425 | 11 | 429 | | 0 | 91 | | 595 |
| 1105 | 1147 | 113 | 34 | 102 | | 3113 | 3113 | | 230 |
| 2893 | 4011 | 563 | 95 | 205 | | 11001 | 11129 | | 986 |
| 72379 | 108754 | 20146 | 464 | 16463 | 28 | 203664 | 214843 | 2898 | 23408 |
| 11742 | 14544 | 6265 | 23 | 1142 | -27 | 38478 | 51021 | 2907 | 8841 |
| 183 | 421 | 55 | 9 | 48 | | 636 | 699 | | 101 |
| 2277 | 3160 | 2339 | 5 | 697 | | 13676 | 26152 | 2541 | 6292 |
| 1831 | 4927 | 197 | 9 | 136 | -27 | 7058 | 7064 | 357 | 508 |
| 4587 | 4426 | 3483 | | 159 | | 4828 | 4828 | | 1238 |
| 26 | 32 | 8 | | | | 9644 | 9644 | | 70 |
| 364 | 625 | 184 | 0 | 101 | | 742 | 739 | 8 | 360 |
| 2476 | 955 | | | | | 1895 | 1895 | | 272 |

1-A-8 续表 9

| 行　业 | 法人资本 | 个人资本 | 港澳台资本 | 外商资本 | 营业收入 | 营业成本 |
|---|---|---|---|---|---|---|
| 电气机械和器材制造业 | 863500 | 569023 | | 500 | 12786609 | 11339036 |
| 电机制造 | 55939 | 22558 | | | 352625 | 283870 |
| 输配电及控制设备制造 | 219517 | 144923 | | 500 | 3003930 | 2644192 |
| 电线、电缆、光缆及电工器材制造 | 259841 | 152730 | | | 4489786 | 4131994 |
| 电池制造 | 124909 | 159713 | | | 1812216 | 1588954 |
| 家用电力器具制造 | 69574 | 12694 | | | 903616 | 841804 |
| 非电力家用器具制造 | 172 | 78 | | | 15610 | 15071 |
| 照明器具制造 | 132348 | 56872 | | | 2124227 | 1755770 |
| 其他电气机械及器材制造 | 1200 | 19456 | | | 84599 | 77382 |
| 计算机、通信和其他电子设备制造业 | 914200 | 288459 | 266 | | 7554094 | 6424323 |
| 计算机制造 | 110824 | 16458 | | | 399932 | 342800 |
| 通信设备制造 | 161903 | 26201 | | | 1382617 | 1234993 |
| 广播电视设备制造 | 1590 | 15460 | | | 64388 | 58138 |
| 非专业视听设备制造 | 9596 | 31058 | | | 428361 | 379021 |
| 智能消费设备制造 | 70705 | 11993 | | | 233811 | 180801 |
| 电子器件制造 | 207194 | 68602 | | | 1738580 | 1445987 |
| 电子元件及电子专用材料制造 | 180500 | 111397 | 266 | | 2734062 | 2323811 |
| 其他电子设备制造 | 171887 | 7291 | | | 572344 | 458773 |
| 仪器仪表制造业 | 3936770 | 23137 | | | 813757 | 686714 |
| 通用仪器仪表制造 | 3930101 | 8662 | | | 545335 | 455549 |
| 专用仪器仪表制造 | 300 | 650 | | | 35920 | 30013 |
| 钟表与计时仪器制造 | 500 | 1765 | | | 4615 | 3830 |
| 光学仪器制造 | 4268 | 8460 | | | 124887 | 110177 |
| 衡器制造 | 1500 | 3200 | | | 79538 | 68013 |
| 其他仪器仪表制造业 | 100 | 400 | | | 23461 | 19133 |
| 其他制造业 | 11522 | 58664 | | | 362447 | 308668 |
| 日用杂品制造 | 1921 | 22205 | | | 156876 | 133105 |
| 其他未列明制造业 | 9601 | 36458 | | | 205571 | 175563 |
| 废弃资源综合利用业 | 50207 | 58753 | | | 2144401 | 1985249 |
| 金属废料和碎屑加工处理 | 28926 | 43544 | | | 1685703 | 1572769 |
| 非金属废料和碎屑加工处理 | 21281 | 15209 | | | 458699 | 412481 |
| 金属制品、机械和设备修理业 | 100 | | | | 4080 | 2929 |
| 其他机械和设备修理业 | 100 | | | | 4080 | 2929 |
| 电力、热力生产和供应业 | 361093 | 41061 | | | 913311 | 729832 |
| 电力生产 | 359064 | 39676 | | | 872134 | 695009 |
| 热力生产和供应 | 2029 | 1384 | | | 41178 | 34823 |
| 燃气生产和供应业 | 8150 | 1549 | | | 100220 | 87386 |
| 燃气生产和供应业 | 8150 | 1535 | | | 97181 | 85254 |
| 生物质燃气生产和供应业 | | 14 | | | 3039 | 2132 |
| 水的生产和供应业 | 5323 | 3800 | | | 55023 | 35022 |
| 自来水生产和供应 | 5300 | 2000 | | | 47317 | 30353 |
| 污水处理及其再生利用 | 23 | 1800 | | | 7705 | 4669 |

单位：万元

| 销售费用 | 管理费用 | 财务费用 | | | 投资收益（损失以“-”号记） | 营业利润 | 利润总额 | 亏损企业亏损额 | 平均用工人数（人） |
|---|---|---|---|---|---|---|---|---|---|
| | | | 利息收入 | 利息支出 | | | | | |
| 244959 | 393217 | 79317 | -5163 | 68716 | -6324 | 670060 | 701517 | 57460 | 79974 |
| 12548 | 19181 | 3199 | 150 | 2608 | 239 | 30862 | 31464 | 10 | 3366 |
| 68727 | 101075 | 18449 | -1569 | 14971 | -2901 | 167382 | 165492 | 21242 | 20440 |
| 51312 | 69187 | 23054 | 434 | 18882 | -3708 | 182912 | 206654 | 1971 | 15057 |
| 29719 | 75678 | 18962 | 258 | 17115 | 46 | 89212 | 97858 | 19743 | 15263 |
| 9909 | 23320 | -906 | -2321 | 1245 | | 23697 | 23936 | 1642 | 6241 |
| 57 | 108 | 33 | 6 | 28 | | 301 | 301 | | 40 |
| 71747 | 103168 | 15981 | -2120 | 13628 | | 171742 | 171861 | 12853 | 18059 |
| 940 | 1500 | 546 | 0 | 239 | | 3952 | 3949 | | 1508 |
| 156587 | 335713 | 36924 | -93 | 31511 | -640 | 591429 | 553555 | 19264 | 98179 |
| 8630 | 15551 | 1986 | 70 | 1141 | | 28758 | 28731 | 2213 | 8425 |
| 17725 | 48735 | 4466 | -1245 | 1371 | -5 | 77923 | 78545 | 4037 | 8848 |
| 803 | 1705 | 349 | 10 | 198 | | 3117 | 2740 | 108 | 1217 |
| 6047 | 12424 | 3968 | -99 | 2921 | 1 | 25701 | 26339 | 1642 | 8908 |
| 7855 | 14314 | -1025 | 1210 | 1414 | 208 | 28848 | 25398 | 323 | 4113 |
| 49577 | 85891 | 9995 | -741 | 8905 | 20 | 151025 | 107976 | 2999 | 19233 |
| 46677 | 119348 | 15184 | 525 | 13335 | -184 | 224445 | 232031 | 7465 | 35526 |
| 19275 | 37745 | 2002 | 178 | 2226 | -679 | 51613 | 51795 | 476 | 11909 |
| 21859 | 29943 | 6554 | 879 | 4018 | 8 | 65349 | 66304 | 424 | 8632 |
| 14549 | 17501 | 4274 | 829 | 2212 | | 50823 | 51271 | | 2940 |
| 1061 | 2159 | 189 | 1 | 30 | | 2406 | 2452 | | 242 |
| 39 | 651 | 243 | 21 | 164 | | -274 | -218 | 274 | 342 |
| 1301 | 4754 | 577 | 29 | 347 | 0 | 7698 | 8032 | 150 | 4281 |
| 3777 | 3755 | 1210 | | 1210 | | 2702 | 2698 | | 524 |
| 1132 | 1122 | 61 | | 56 | 8 | 1994 | 2068 | | 303 |
| 7334 | 18681 | 4544 | 29 | 3423 | 155 | 21532 | 22769 | 392 | 4552 |
| 4033 | 7031 | 1223 | 9 | 797 | 155 | 10545 | 11482 | 5 | 2962 |
| 3301 | 11650 | 3321 | 20 | 2626 | | 10987 | 11287 | 387 | 1590 |
| 37313 | 38518 | 11469 | 1043 | 7963 | | 57002 | 79907 | 392 | 7277 |
| 27528 | 28626 | 10212 | 1022 | 6964 | | 34579 | 50045 | 351 | 4210 |
| 9785 | 9892 | 1258 | 21 | 999 | | 22424 | 29861 | 41 | 3067 |
| 264 | 402 | 0 | | 0 | | 458 | 458 | | 56 |
| 264 | 402 | 0 | | 0 | | 458 | 458 | | 56 |
| 9643 | 38364 | 23097 | 22 | 8036 | 243 | 110148 | 112538 | 1883 | 4166 |
| 9234 | 37462 | 22689 | 22 | 7730 | 243 | 105678 | 108067 | 1716 | 3476 |
| 409 | 903 | 408 | | 306 | | 4470 | 4471 | 167 | 690 |
| 1612 | 3074 | 1558 | 0 | 1031 | | 6220 | 6394 | | 536 |
| 1589 | 3056 | 1558 | 0 | 1031 | | 5356 | 5498 | | 517 |
| 23 | 18 | | | | | 864 | 896 | | 19 |
| 1884 | 3769 | 1879 | 68 | 1832 | | 10806 | 9106 | | 901 |
| 1678 | 3106 | 1650 | 12 | 1666 | | 9183 | 8222 | | 844 |
| 206 | 664 | 229 | 56 | 166 | | 1623 | 883 | | 57 |

# 1-A-9 外商投资和港澳台商投资工业

| 行业 | 企业单位数（个） | 资产总计 | 固定资产净额 | 固定资产原价 | 累计折旧 | 流动资产合计 |
|---|---|---|---|---|---|---|
| **总计** | **679** | **27298444** | **8802902** | **17390283** | **6758435** | **13397162** |
| 有色金属矿采选业 | 2 | 124295 | 45138 | 68699 | 23562 | 53705 |
| 常用有色金属矿采选 | 2 | 124295 | 45138 | 68699 | 23562 | 53705 |
| 非金属矿采选业 | 1 | 2856 | 1019 | 3491 | 2472 | 745 |
| 土砂石开采 | 1 | 2856 | 1019 | 3491 | 2472 | 745 |
| 农副食品加工业 | 29 | 1288312 | 218040 | 396957 | 135186 | 830184 |
| 谷物磨制 | 2 | 216266 | 65022 | 100714 | 34350 | 133004 |
| 饲料加工 | 19 | 559765 | 70854 | 124196 | 53341 | 396789 |
| 植物油加工 | 1 | 346008 | 3348 | 55473 | 10015 | 259648 |
| 屠宰及肉类加工 | 3 | 105773 | 73011 | 106440 | 33152 | 21221 |
| 水产品加工 | 1 | 46000 | 782 | 4062 | 3281 | 15500 |
| 蔬菜、菌类、水果和坚果加工 | 3 | 14500 | 5023 | 6071 | 1048 | 4024 |
| 食品制造业 | 17 | 270158 | 58022 | 127868 | 57309 | 153752 |
| 焙烤食品制造 | 5 | 100171 | 12443 | 51496 | 26807 | 69062 |
| 糖果、巧克力及蜜饯制造 | 1 | 12885 | 2580 | 5238 | 2658 | 4878 |
| 方便食品制造 | 4 | 51829 | 10986 | 17256 | 5996 | 18544 |
| 乳制品制造 | 2 | 11211 | 2276 | 4987 | 2711 | 4929 |
| 罐头食品制造 | 2 | 14960 | 6776 | 8568 | 1792 | 8157 |
| 其他食品制造 | 3 | 79102 | 22962 | 40323 | 17345 | 48182 |
| 酒、饮料和精制茶制造业 | 12 | 892249 | 308094 | 577369 | 258041 | 514328 |
| 酒的制造 | 4 | 591385 | 167023 | 266013 | 98990 | 394748 |
| 饮料制造 | 7 | 299867 | 141063 | 310992 | 158694 | 118590 |
| 精制茶加工 | 1 | 997 | 8 | 364 | 357 | 990 |
| 纺织业 | 24 | 534792 | 144135 | 333481 | 138577 | 246720 |
| 棉纺织及印染精加工 | 10 | 382356 | 100570 | 261264 | 112545 | 176712 |
| 毛纺织及染整精加工 | 1 | 3526 | 1973 | 2969 | 996 | 728 |
| 麻纺织及染整精加工 | 1 | 2264 | 58 | 626 | 568 | 1654 |
| 化纤织造及印染精加工 | 1 | 16997 | 8979 | 10547 | 1568 | 2671 |
| 针织或钩针编织物及其制品制造 | 5 | 52877 | 10013 | 22649 | 12636 | 32163 |
| 产业用纺织制成品制造 | 6 | 76773 | 22542 | 35426 | 10264 | 32791 |
| 纺织服装、服饰业 | 62 | 482612 | 165306 | 339832 | 164243 | 209855 |
| 机织服装制造 | 39 | 309681 | 131107 | 269222 | 132876 | 95389 |
| 针织或钩针编织服装制造 | 15 | 133840 | 22658 | 50966 | 23276 | 97350 |
| 服饰制造 | 8 | 39092 | 11541 | 19644 | 8090 | 17116 |
| 皮革、毛皮、羽毛及其制品和制鞋业 | 52 | 1580620 | 584944 | 897619 | 299753 | 809928 |
| 皮革鞣制加工 | 1 | 24010 | 3109 | 8849 | 5740 | 10102 |
| 皮革制品制造 | 15 | 201415 | 85629 | 146593 | 60964 | 65595 |
| 制鞋业 | 36 | 1355195 | 496205 | 742177 | 233049 | 734231 |
| 木材加工和木、竹、藤、棕、草制品业 | 7 | 145461 | 53403 | 83530 | 30127 | 47497 |

# 企业主要经济指标(大、中类行业)

单位：万元

| 应收账款 | 存货 | 产成品 | 负债合计 | 流动负债合计 | 应付账款 | 所有者权益合计 | 实收资本 | 国家资本 | 集体资本 |
|---|---|---|---|---|---|---|---|---|---|
| **3834924** | **2873524** | **2361517** | **14049435** | **11293852** | **3638221** | **13249004** | **7821897** | **890869** | **3205** |
| 477 | 2177 | 299 | 40020 | 30200 | 3321 | 84275 | 35683 | 3780 | |
| 477 | 2177 | 299 | 40020 | 30200 | 3321 | 84275 | 35683 | 3780 | |
| 605 | 140 | 50 | 280 | 280 | 181 | 2577 | 1149 | | |
| 605 | 140 | 50 | 280 | 280 | 181 | 2577 | 1149 | | |
| 45987 | 312157 | 228632 | 499223 | 407286 | 89684 | 789089 | 392150 | 12452 | 740 |
| 16299 | 69908 | 46718 | 161075 | 149574 | 29065 | 55191 | 47160 | 11020 | |
| 16264 | 58533 | 5547 | 200185 | 190830 | 29069 | 359579 | 32717 | 1432 | 740 |
| 5833 | 159712 | 159712 | 95211 | 31478 | | 250797 | 250797 | | |
| 4973 | 14994 | 8108 | 38005 | 31437 | 29921 | 67769 | 53109 | | |
| 1850 | 8000 | 8000 | 1800 | 1800 | 1561 | 44200 | 6340 | | |
| 768 | 1009 | 547 | 2947 | 2168 | 69 | 11553 | 2027 | | |
| 35531 | 45703 | 18840 | 118317 | 101320 | 35397 | 151841 | 74323 | | |
| 10100 | 7071 | 852 | 30211 | 30211 | 10386 | 69959 | 26799 | | |
| -2187 | 5598 | 1857 | 6885 | 6885 | 59 | 6001 | 515 | | |
| 3569 | 7245 | 2782 | 34451 | 22299 | 2954 | 17378 | 11405 | | |
| 117 | 2741 | 103 | 6722 | 6722 | 1418 | 4489 | 4674 | | |
| 3554 | 3668 | 2059 | 5307 | 2712 | 1932 | 9653 | 1125 | | |
| 20378 | 19380 | 11187 | 34740 | 32492 | 18649 | 44362 | 29807 | | |
| 38941 | 142850 | 37861 | 550059 | 523238 | 87249 | 342190 | 160335 | | |
| 16136 | 118143 | 29873 | 420114 | 420114 | 61134 | 171270 | 60045 | | |
| 22545 | 24026 | 7989 | 129513 | 102692 | 25914 | 170355 | 99754 | | |
| 260 | 682 | | 432 | 432 | 201 | 565 | 536 | | |
| 46326 | 101917 | 47596 | 278464 | 242531 | 37733 | 256328 | 183334 | | |
| 18098 | 90524 | 44267 | 225776 | 211453 | 31912 | 156580 | 128018 | | |
| 285 | 385 | 265 | 463 | 463 | 389 | 3063 | 2589 | | |
| -261 | 264 | 162 | 1312 | 63 | -483 | 952 | 300 | | |
| 568 | 178 | 78 | 5991 | 5991 | 1785 | 11005 | 11005 | | |
| 8624 | 4819 | 1092 | 25262 | 18389 | 2508 | 27615 | 5291 | | |
| 19012 | 5747 | 1732 | 19660 | 6172 | 1621 | 57113 | 36131 | | |
| 84297 | 48111 | 19591 | 188814 | 163605 | 73967 | 293797 | 142086 | | |
| 18937 | 19893 | 7136 | 85486 | 65834 | 19318 | 224195 | 95644 | | |
| 61875 | 19755 | 4841 | 90725 | 88952 | 51542 | 43114 | 33808 | | |
| 3485 | 8464 | 7614 | 12604 | 8818 | 3107 | 26488 | 12634 | | |
| 107536 | 64576 | 20321 | 412666 | 302109 | 121702 | 1167955 | 468598 | | |
| 2091 | 3091 | 1041 | 2476 | 2290 | 992 | 21535 | 112 | | |
| 32311 | 14200 | 4650 | 58240 | 51002 | 23592 | 143175 | 72977 | | |
| 73135 | 47285 | 14630 | 351950 | 248816 | 97118 | 1003245 | 395510 | | |
| 21756 | 14457 | 8888 | 54160 | 33534 | 20317 | 91301 | 71532 | | 820 |

1-A-9 续表 1

| 行业 | 企业单位数（个） | 资产总计 | 固定资产净额 | 固定资产原价 | 累计折旧 | 流动资产合计 |
|---|---|---|---|---|---|---|
| 木材加工 | 1 | 21420 | 4926 | 7043 | 2117 | 14270 |
| 人造板制造 | 2 | 67445 | 35925 | 53677 | 17751 | 13601 |
| 木质制品制造 | 2 | 31413 | 11982 | 20614 | 8631 | 16424 |
| 竹、藤、棕、草等制品制造 | 2 | 25183 | 570 | 2197 | 1627 | 3202 |
| 家具制造业 | 6 | 72630 | 18798 | 26501 | 7662 | 9899 |
| 木质家具制造 | 5 | 66566 | 15733 | 20414 | 4681 | 7682 |
| 金属家具制造 | 1 | 6064 | 3065 | 6086 | 2981 | 2217 |
| 造纸和纸制品业 | 10 | 1193647 | 336714 | 779426 | 280022 | 530355 |
| 造纸 | 5 | 1086663 | 290734 | 705965 | 252541 | 479719 |
| 纸制品制造 | 5 | 106984 | 45980 | 73462 | 27481 | 50637 |
| 印刷和记录媒介复制业 | 11 | 222744 | 102361 | 183932 | 81051 | 77284 |
| 印刷 | 11 | 222744 | 102361 | 183932 | 81051 | 77284 |
| 文教、工美、体育和娱乐用品制造业 | 42 | 612696 | 157246 | 423353 | 231785 | 300832 |
| 文教办公用品制造 | 3 | 99629 | 10832 | 123873 | 86262 | 35750 |
| 工艺美术及礼仪用品制造 | 16 | 155003 | 47441 | 107407 | 59966 | 95351 |
| 体育用品制造 | 7 | 171526 | 35847 | 80773 | 37906 | 64772 |
| 玩具制造 | 15 | 176007 | 59887 | 107847 | 47438 | 103260 |
| 游艺器材及娱乐用品制造 | 1 | 10531 | 3239 | 3453 | 213 | 1700 |
| 石油、煤炭及其他燃料加工业 | 2 | 191077 | 134644 | 143661 | 9017 | 31715 |
| 精炼石油产品制造 | 1 | 24656 | | | | 3421 |
| 煤炭加工 | 1 | 166421 | 134644 | 143661 | 9017 | 28294 |
| 化学原料和化学制品制造业 | 52 | 2466715 | 1129959 | 2064849 | 745579 | 936166 |
| 基础化学原料制造 | 16 | 1565896 | 887398 | 1646809 | 571999 | 498325 |
| 肥料制造 | 1 | 61022 | 13004 | 14152 | 1149 | 20448 |
| 农药制造 | 1 | 28858 | 8469 | 16737 | 8269 | 9069 |
| 涂料、油墨、颜料及类似产品制造 | 9 | 102448 | 37885 | 63517 | 25176 | 53135 |
| 合成材料制造 | 5 | 121628 | 42024 | 59418 | 16900 | 47430 |
| 专用化学产品制造 | 13 | 446398 | 84798 | 170166 | 84615 | 249582 |
| 日用化学产品制造 | 7 | 140466 | 56381 | 94050 | 37472 | 58178 |
| 医药制造业 | 15 | 296921 | 110637 | 234416 | 114394 | 121765 |
| 化学药品原料药制造 | 2 | 83533 | 29677 | 39035 | 9358 | 31521 |
| 化学药品制剂制造 | 3 | 33253 | 14597 | 25783 | 11186 | 15347 |
| 中药饮片加工 | 1 | 19871 | | 15979 | 6593 | 8543 |
| 中成药生产 | 4 | 25896 | 7482 | 14178 | 6695 | 14390 |
| 兽用药品制造 | 1 | 7720 | 317 | 599 | 282 | 3149 |
| 生物药品制品制造 | 2 | 90812 | 44314 | 65961 | 21647 | 31720 |
| 卫生材料及医药用品制造 | 1 | 9824 | 4943 | 57073 | 52131 | 4881 |
| 药用辅料及包装材料 | 1 | 26014 | 9307 | 15809 | 6502 | 12214 |
| 化学纤维制造业 | 3 | 600277 | 289997 | 540491 | 250494 | 286827 |

单位：万元

| 应收账款 | 存货 | 产成品 | 负债合计 | 流动负债合计 | 应付账款 | 所有者权益合计 | 实收资本 | 国家资本 | 集体资本 |
|---|---|---|---|---|---|---|---|---|---|
| 8903 | 2600 | 1576 | 3079 | 3079 | 2542 | 18341 | 6804 | | |
| 4604 | 7042 | 6504 | 26072 | 12572 | 4648 | 41374 | 47376 | | |
| 7083 | 3570 | | 14663 | 14510 | 13103 | 16750 | 8132 | | |
| 1166 | 1245 | 807 | 10347 | 3373 | 24 | 14836 | 9220 | | 820 |
| 1282 | 2604 | 1460 | 12798 | 6650 | 1782 | 59832 | 7411 | 1410 | |
| 1209 | 2284 | 1178 | 11605 | 5457 | 1411 | 54961 | 4591 | | |
| 73 | 320 | 282 | 1193 | 1193 | 372 | 4871 | 2820 | 1410 | |
| 90845 | 75738 | 25976 | 672787 | 558680 | 104317 | 520860 | 354244 | 103952 | |
| 54095 | 69466 | 22596 | 626504 | 512397 | 88422 | 460159 | 337303 | 103952 | |
| 36751 | 6272 | 3379 | 46283 | 46283 | 15894 | 60701 | 16941 | | |
| 25726 | 21471 | 12580 | 75077 | 49920 | 8710 | 147667 | 56321 | 7650 | |
| 25726 | 21471 | 12580 | 75077 | 49920 | 8710 | 147667 | 56321 | 7650 | |
| 98318 | 86938 | 40196 | 207590 | 157630 | 42080 | 405106 | 225528 | | |
| 665 | 2089 | 517 | 12684 | 10183 | 58 | 86945 | 1765 | | |
| 24780 | 16736 | 4326 | 50412 | 47625 | 11559 | 104591 | 56200 | | |
| 31744 | 27652 | 24649 | 70953 | 33826 | 6466 | 100573 | 79794 | | |
| 41002 | 40126 | 10542 | 71529 | 63984 | 23092 | 104478 | 87606 | | |
| 127 | 334 | 163 | 2012 | 2012 | 905 | 8519 | 163 | | |
| 6361 | 16143 | 7650 | 186149 | 163715 | 33434 | 4928 | 49981 | 16450 | |
| 122 | 3094 | 3094 | 45664 | 25437 | | -21008 | 14981 | | |
| 6238 | 13048 | 4556 | 140485 | 138278 | 33434 | 25936 | 35000 | 16450 | |
| 169173 | 253065 | 89033 | 1140775 | 905604 | 289353 | 1325940 | 709553 | 15041 | 864 |
| 73932 | 108707 | 47526 | 770418 | 580537 | 191170 | 795478 | 393039 | 9286 | |
| 1684 | 5250 | 4510 | 10683 | 10683 | 4090 | 50339 | 50000 | | |
| 1714 | 207 | 120 | 47782 | 33789 | 2918 | -18925 | 21918 | | |
| 11623 | 19288 | 7281 | 28181 | 14168 | 6227 | 74266 | 59971 | 1430 | |
| 15469 | 17707 | 9883 | 30006 | 26292 | 11519 | 91622 | 80074 | | |
| 57838 | 86371 | 13058 | 206929 | 201746 | 57434 | 239469 | 88525 | 4325 | |
| 6913 | 15535 | 6656 | 46775 | 38388 | 15996 | 93691 | 16025 | | 864 |
| 28145 | 35462 | 17620 | 78723 | 67525 | 16775 | 218198 | 57980 | 7039 | |
| 2892 | 16525 | 8117 | 17221 | 15410 | 8117 | 66311 | 8639 | | |
| 3375 | 3752 | 1421 | 11144 | 9525 | 867 | 22109 | 9260 | | |
| 3125 | 1043 | 649 | 4379 | 4379 | 890 | 15492 | 7039 | 7039 | |
| 3752 | 2979 | 898 | 16743 | 14561 | 3982 | 9153 | 7446 | | |
| 112 | 512 | 512 | 1993 | 1993 | | 5727 | 2437 | | |
| 10812 | 7505 | 4980 | 21049 | 15822 | 107 | 69763 | 10600 | | |
| 1707 | 1081 | 935 | 4621 | 4621 | 2201 | 5203 | 590 | | |
| 2371 | 2066 | 107 | 1573 | 1213 | 612 | 24440 | 11969 | | |
| 23765 | 78269 | 9826 | 381954 | 298763 | 90300 | 218324 | 194454 | | |

1-A-9 续表 2

| 行业 | 企业单位数(个) | 资产总计 | 固定资产净额 | 固定资产原价 | 累计折旧 | 流动资产合计 |
|---|---|---|---|---|---|---|
| 纤维素纤维原料及纤维制造 | 2 | 596061 | 287851 | 537212 | 249361 | 284820 |
| 合成纤维制造 | 1 | 4216 | 2147 | 3280 | 1133 | 2006 |
| 橡胶和塑料制品业 | 21 | 180299 | 22068 | 47330 | 20890 | 132833 |
| 橡胶制品业 | 2 | 13795 | 3066 | 3507 | 441 | 8156 |
| 塑料制品业 | 19 | 166504 | 19002 | 43823 | 20449 | 124677 |
| 非金属矿物制品业 | 21 | 1128291 | 444067 | 918424 | 473054 | 517027 |
| 水泥、石灰和石膏制造 | 2 | 648564 | 291066 | 613383 | 322317 | 309488 |
| 石膏、水泥制品及类似制品制造 | 3 | 91999 | 20598 | 62054 | 41456 | 31483 |
| 砖瓦、石材等建筑材料制造 | 3 | 104563 | 44912 | 64410 | 19385 | 29713 |
| 玻璃制造 | 1 | 14270 | 5092 | 5624 | 532 | 3678 |
| 陶瓷制品制造 | 11 | 268285 | 82229 | 171989 | 88570 | 142346 |
| 石墨及其他非金属矿物制品制造 | 1 | 610 | 170 | 964 | 794 | 320 |
| 黑色金属冶炼和压延加工业 | 1 | 4783 | 1681 | 2284 | 603 | 2945 |
| 钢压延加工 | 1 | 4783 | 1681 | 2284 | 603 | 2945 |
| 有色金属冶炼和压延加工业 | 16 | 742042 | 166067 | 310172 | 141576 | 549719 |
| 常用有色金属冶炼 | 3 | 146966 | 25594 | 52701 | 26289 | 111910 |
| 稀有稀土金属冶炼 | 5 | 181843 | 37490 | 64093 | 26439 | 140378 |
| 有色金属合金制造 | 2 | 95374 | 31087 | 65135 | 32632 | 60418 |
| 有色金属压延加工 | 6 | 317860 | 71897 | 128243 | 56216 | 237013 |
| 金属制品业 | 21 | 423355 | 135291 | 276709 | 141067 | 227419 |
| 结构性金属制品制造 | 3 | 60100 | 23977 | 38445 | 14333 | 27319 |
| 金属工具制造 | 3 | 73366 | 24408 | 51413 | 27006 | 43552 |
| 金属丝绳及其制品制造 | 2 | 125241 | 27880 | 84150 | 56270 | 79272 |
| 建筑、安全用金属制品制造 | 2 | 73063 | 24322 | 57531 | 33209 | 45847 |
| 金属表面处理及热处理加工 | 4 | 39797 | 14896 | 18277 | 3165 | 10341 |
| 金属制日用品制造 | 2 | 10358 | 6477 | 6909 | 432 | 3339 |
| 铸造及其他金属制品制造 | 5 | 41429 | 13332 | 19984 | 6652 | 17748 |
| 通用设备制造业 | 19 | 414499 | 83930 | 178759 | 94565 | 288642 |
| 金属加工机械制造 | 2 | 90651 | 6281 | 13764 | 7483 | 77540 |
| 物料搬运设备制造 | 2 | 20798 | 3189 | 7580 | 4391 | 14482 |
| 泵、阀门、压缩机及类似机械制造 | 2 | 43591 | 10499 | 16496 | 5997 | 27995 |
| 轴承、齿轮和传动部件制造 | 2 | 75650 | 23126 | 55943 | 32552 | 48311 |
| 烘炉、风机、包装等设备制造 | 5 | 105950 | 9399 | 37000 | 27601 | 79372 |
| 文化、办公用机械制造 | 3 | 23598 | 3763 | 8596 | 4833 | 17803 |
| 通用零部件制造 | 3 | 54261 | 27674 | 39380 | 11706 | 23138 |
| 专用设备制造业 | 20 | 376868 | 152703 | 257115 | 103071 | 173716 |
| 化工、木材、非金属加工专用设备制造 | 2 | 100811 | 79002 | 99371 | 20369 | 19178 |
| 食品、饮料、烟草及饲料生产专用设备制造 | 1 | 18645 | 6772 | 8829 | 2056 | 8716 |
| 纺织、服装和皮革加工专用设备制造 | 1 | 3536 | 2020 | 4526 | 2506 | 672 |

单位：万元

| 应收账款 | 存货 | 产成品 | 负债合计 | 流动负债合计 | 应付账款 | 所有者权益合计 | 实收资本 | 国家资本 | 集体资本 |
|---|---|---|---|---|---|---|---|---|---|
| 23765 | 78239 | 9799 | 380543 | 297353 | 89994 | 215518 | 190545 | | |
| | 31 | 27 | 1410 | 1410 | 306 | 2806 | 3909 | | |
| 26109 | 18603 | 7916 | 44573 | 37631 | 13741 | 135726 | 35233 | 500 | 228 |
| 195 | 1233 | 1230 | 5050 | 5050 | | 8746 | 2749 | | |
| 25913 | 17370 | 6686 | 39524 | 32582 | 13741 | 126980 | 32484 | 500 | 228 |
| 71089 | 101368 | 54192 | 307507 | 280050 | 74753 | 820784 | 377235 | | |
| 21100 | 30456 | 3993 | 91026 | 85277 | 27576 | 557538 | 270984 | | |
| 19681 | 868 | 798 | 11287 | 11287 | 7199 | 80711 | 8110 | | |
| 3283 | 9536 | 6569 | 56800 | 56800 | 1256 | 47763 | 4759 | | |
| 1321 | 1269 | 1101 | 9014 | 9014 | 9014 | 5255 | 1000 | | |
| 25659 | 59184 | 41687 | 139059 | 117413 | 29449 | 129226 | 92091 | | |
| 45 | 55 | 45 | 320 | 258 | 258 | 290 | 290 | | |
| 417 | 506 | 172 | 3342 | 528 | 479 | 1441 | 9445 | | |
| 417 | 506 | 172 | 3342 | 528 | 479 | 1441 | 9445 | | |
| 130134 | 199929 | 64222 | 491068 | 457594 | 118418 | 250974 | 278276 | 95952 | 208 |
| 10973 | 69367 | 10563 | 96063 | 95320 | 14538 | 50903 | 29364 | | |
| 33103 | 79169 | 30242 | 154289 | 141816 | 54181 | 27554 | 54407 | 13352 | |
| 13458 | 20257 | 9787 | 65176 | 64517 | 15115 | 30198 | 53943 | | |
| 72600 | 31136 | 13630 | 175541 | 155941 | 34585 | 142319 | 140562 | 82600 | 208 |
| 62897 | 57033 | 15808 | 150026 | 127269 | 46862 | 273328 | 177380 | 6053 | 2 |
| 8838 | 5039 | 2075 | 24742 | 23494 | 5649 | 35359 | 18887 | 1960 | |
| 10460 | 7373 | 2371 | 8305 | 8305 | 6483 | 65061 | 39730 | | |
| 20276 | 17784 | 4730 | 51071 | 31892 | 2599 | 74170 | 60256 | | |
| 15450 | 17129 | 3167 | 22838 | 22838 | 18318 | 50225 | 19982 | | |
| 2576 | 2793 | 580 | 23871 | 23871 | 10515 | 15926 | 11548 | 1192 | |
| 1568 | 1417 | 534 | 3754 | 1524 | 944 | 6604 | 5773 | | |
| 3730 | 5499 | 2350 | 15446 | 15346 | 2354 | 25984 | 21204 | 2902 | 2 |
| 119609 | 60418 | 22231 | 168562 | 146124 | 97435 | 245937 | 115000 | | |
| 22649 | 10800 | 318 | 26915 | 21325 | 8182 | 63737 | 13378 | | |
| 2414 | 7690 | 6953 | 8888 | 5271 | 2296 | 11910 | 4763 | | |
| 21210 | 4305 | 676 | 31272 | 30098 | 27063 | 12320 | 9832 | | |
| 14108 | 10786 | 3475 | 28851 | 28851 | 23630 | 46800 | 26200 | | |
| 45741 | 15674 | 7742 | 43752 | 38191 | 19584 | 62198 | 43673 | | |
| 5732 | 7078 | 820 | 8955 | 8587 | 6375 | 14643 | 9350 | | |
| 7757 | 4085 | 2248 | 19930 | 13800 | 10307 | 34331 | 7805 | | |
| 65937 | 34086 | 7279 | 164059 | 144058 | 48867 | 212809 | 120219 | | |
| 14657 | 3310 | 1294 | 28659 | 23132 | 7814 | 72152 | 10286 | | |
| 681 | 589 | 589 | 4228 | | | 14418 | | | |
| 75 | 80 | 54 | 1126 | 1126 | | 2411 | 717 | | |

1-A-9 续表 3

| 行业 | 企业单位数（个） | 资产总计 | 固定资产净额 | 固定资产原价 | 累计折旧 | 流动资产合计 |
|---|---|---|---|---|---|---|
| 电子和电工机械专用设备制造 | 4 | 136982 | 33746 | 51203 | 17457 | 101461 |
| 农、林、牧、渔专用机械制造 | 3 | 29737 | 6950 | 53081 | 46131 | 11296 |
| 医疗仪器设备及器械制造 | 8 | 82974 | 24213 | 37752 | 13344 | 30269 |
| 环保、邮政、社会公共服务及其他专用设备制造 | 1 | 4183 | | 2353 | 1208 | 2126 |
| 汽车制造业 | 14 | 958885 | 401597 | 643230 | 233811 | 481120 |
| 汽车零部件及配件制造 | 14 | 958885 | 401597 | 643230 | 233811 | 481120 |
| 铁路、船舶、航空航天和其他运输设备制造业 | 2 | 22528 | 6997 | 15351 | 8355 | 13701 |
| 船舶及相关装置制造 | 1 | 16250 | 6429 | 9411 | 2982 | 8742 |
| 航空、航天器及设备制造 | 1 | 6279 | 568 | 5940 | 5372 | 4959 |
| 电气机械和器材制造业 | 62 | 3986387 | 682587 | 2498755 | 609849 | 2551811 |
| 电机制造 | 10 | 330835 | 123354 | 163809 | 39543 | 150225 |
| 输配电及控制设备制造 | 21 | 2772312 | 350910 | 2024613 | 469665 | 1864595 |
| 电线、电缆、光缆及电工器材制造 | 12 | 134236 | 20133 | 42638 | 22209 | 107744 |
| 电池制造 | 8 | 499759 | 126014 | 159439 | 32663 | 281941 |
| 家用电力器具制造 | 3 | 143438 | 29031 | 44840 | 15810 | 93212 |
| 照明器具制造 | 8 | 105807 | 33145 | 63417 | 29959 | 54095 |
| 计算机、通信和其他电子设备制造业 | 86 | 5253815 | 1236865 | 2458099 | 1188615 | 2549561 |
| 计算机制造 | 11 | 581122 | 82500 | 170630 | 85896 | 458420 |
| 通信设备制造 | 3 | 363368 | 48226 | 67722 | 19497 | 298645 |
| 广播电视设备制造 | 3 | 144635 | 27174 | 32675 | 5502 | 20999 |
| 非专业视听设备制造 | 9 | 240753 | 67591 | 88791 | 21200 | 67195 |
| 智能消费设备制造 | 2 | 29034 | 1629 | 16358 | 14729 | 27260 |
| 电子器件制造 | 24 | 931625 | 132377 | 261547 | 106749 | 593084 |
| 电子元件及电子专用材料制造 | 32 | 2949241 | 872275 | 1814562 | 934322 | 1077028 |
| 其他电子设备制造 | 2 | 14039 | 5093 | 5815 | 721 | 6931 |
| 仪器仪表制造业 | 2 | 20516 | 8198 | 10471 | 2274 | 9420 |
| 专用仪器仪表制造 | 1 | 18349 | 6805 | 8838 | 2033 | 8897 |
| 光学仪器制造 | 1 | 2167 | 1393 | 1634 | 241 | 523 |
| 其他制造业 | 8 | 136122 | 34477 | 60566 | 25807 | 99358 |
| 日用杂品制造 | 7 | 134308 | 34096 | 60082 | 25705 | 98027 |
| 其他未列明制造业 | 1 | 1814 | 382 | 484 | 102 | 1330 |
| 废弃资源综合利用业 | 1 | 29985 | 8658 | 18824 | 10166 | 15260 |
| 金属废料和碎屑加工处理 | 1 | 29985 | 8658 | 18824 | 10166 | 15260 |
| 电力、热力生产和供应业 | 11 | 1697049 | 1190826 | 1844720 | 621722 | 316715 |
| 电力生产 | 11 | 1697049 | 1190826 | 1844720 | 621722 | 316715 |
| 燃气生产和供应业 | 18 | 517451 | 231198 | 401430 | 168404 | 151803 |
| 燃气生产和供应业 | 18 | 517451 | 231198 | 401430 | 168404 | 151803 |
| 水的生产和供应业 | 9 | 427504 | 137236 | 222573 | 85337 | 154557 |
| 自来水生产和供应 | 9 | 427504 | 137236 | 222573 | 85337 | 154557 |

单位：万元

| 应收账款 | 存货 | 产成品 | 负债合计 | 流动负债合计 | 应付账款 | 所有者权益合计 | 实收资本 | 国家资本 | 集体资本 |
|---|---|---|---|---|---|---|---|---|---|
| 33604 | 9759 | 1501 | 88746 | 82841 | 23080 | 48235 | 39026 | | |
| 4112 | 6258 | 603 | 12757 | 9431 | | 16980 | 10682 | | |
| 12365 | 13189 | 2921 | 27326 | 26311 | 17728 | 55648 | 56153 | | |
| 443 | 901 | 317 | 1217 | 1217 | 245 | 2966 | 3356 | | |
| 225818 | 87389 | 15036 | 471423 | 400697 | 176272 | 487462 | 142533 | 40691 | 200 |
| 225818 | 87389 | 15036 | 471423 | 400697 | 176272 | 487462 | 142533 | 40691 | 200 |
| 703 | 6211 | 1740 | 12372 | 12372 | 2557 | 10156 | 16475 | 2904 | |
| 192 | 5469 | 1568 | 11008 | 11008 | 1796 | 5241 | 11635 | | |
| 511 | 742 | 172 | 1364 | 1364 | 761 | 4915 | 4840 | 2904 | |
| 1029047 | 391159 | 129844 | 2687885 | 2282673 | 795379 | 1298502 | 838622 | 9516 | |
| 51785 | 32599 | 12970 | 167774 | 118432 | 48111 | 163061 | 146739 | | |
| 818874 | 239737 | 55541 | 2084281 | 1872380 | 648440 | 688031 | 515738 | | |
| 41348 | 14765 | 6348 | 81178 | 80878 | 20528 | 53059 | 51692 | 9516 | |
| 74408 | 58294 | 28825 | 246280 | 135771 | 51733 | 253479 | 29868 | | |
| 21719 | 34342 | 24535 | 79300 | 49555 | 15283 | 64138 | 57093 | | |
| 20912 | 11422 | 1626 | 29074 | 25658 | 11284 | 76734 | 37492 | | |
| 1130625 | 503808 | 1445586 | 2776506 | 2319062 | 1060208 | 2477308 | 1696792 | 84010 | 144 |
| 352706 | 31949 | 25791 | 359767 | 323696 | 274346 | 221355 | 89238 | | |
| 188163 | 55904 | 1044 | 142940 | 142341 | 139484 | 220428 | 166243 | | |
| 16152 | 3619 | 2671 | 108704 | 15265 | 6257 | 35931 | 9549 | | |
| 18798 | 23223 | 2752 | 89180 | 59248 | 37588 | 151574 | 18118 | | |
| 12341 | 3482 | 968 | 6081 | 6081 | 5335 | 22953 | 3324 | | |
| 233558 | 155509 | 32235 | 475498 | 453747 | 301668 | 456126 | 334224 | 6765 | 144 |
| 307652 | 227924 | 1378833 | 1585764 | 1313928 | 293279 | 1363477 | 1072855 | 77246 | |
| 1255 | 2198 | 1293 | 8573 | 4755 | 2252 | 5466 | 3240 | | |
| 377 | 483 | 436 | 12138 | 12138 | 386 | 8379 | 2504 | | |
| 282 | 307 | 298 | 11210 | 11210 | 325 | 7139 | 504 | | |
| 95 | 176 | 138 | 928 | 928 | 61 | 1240 | 2000 | | |
| 18598 | 15366 | 1987 | 65032 | 15138 | 8662 | 71090 | 46538 | | |
| 18545 | 15272 | 1914 | 63710 | 13816 | 7340 | 70599 | 46046 | | |
| 53 | 94 | 73 | 1322 | 1322 | 1322 | 492 | 492 | | |
| 911 | 3225 | 1997 | 6602 | 4550 | 34 | 23383 | 23383 | 23383 | |
| 911 | 3225 | 1997 | 6602 | 4550 | 34 | 23383 | 23383 | 23383 | |
| 68853 | 70386 | 525 | 1193599 | 563133 | 61143 | 503451 | 551116 | 370290 | |
| 68853 | 70386 | 525 | 1193599 | 563133 | 61143 | 503451 | 551116 | 370290 | |
| 54114 | 13234 | 5065 | 326029 | 309991 | 71338 | 191422 | 125816 | 58772 | |
| 54114 | 13234 | 5065 | 326029 | 309991 | 71338 | 191422 | 125816 | 58772 | |
| 4616 | 8542 | 1062 | 270858 | 168257 | 5390 | 156646 | 80670 | 31024 | |
| 4616 | 8542 | 1062 | 270858 | 168257 | 5390 | 156646 | 80670 | 31024 | |

1-A-9 续表 4

| 行　业 | | | | | 营业收入 | 营业成本 |
|---|---|---|---|---|---|---|
| | | | | | | |
| | 法人资本 | 个人资本 | 港澳台资本 | 外商资本 | | |
| **总　计** | **2207233** | **711587** | **2424207** | **1584795** | **32827664** | **27457576** |
| 有色金属矿采选业 | 4320 | | 27583 | | 63373 | 27609 |
| 常用有色金属矿采选 | 4320 | | 27583 | | 63373 | 27609 |
| 非金属矿采选业 | | | | 1149 | 4175 | 3948 |
| 土砂石开采 | | | | 1149 | 4175 | 3948 |
| 农副食品加工业 | 54711 | 250817 | 8805 | 64624 | 3107730 | 2731948 |
| 谷物磨制 | 36140 | | | | 454627 | 430914 |
| 饲料加工 | 16114 | 20 | 2975 | 11436 | 1180196 | 1046500 |
| 植物油加工 | | 250797 | | | 863319 | 768697 |
| 屠宰及肉类加工 | 2457 | | 3803 | 46848 | 506605 | 402345 |
| 水产品加工 | | | | 6340 | 88000 | 69102 |
| 蔬菜、菌类、水果和坚果加工 | | | 2027 | | 14984 | 14391 |
| 食品制造业 | 16942 | 1799 | 4569 | 51014 | 267532 | 208953 |
| 焙烤食品制造 | | | | 26799 | 88205 | 62764 |
| 糖果、巧克力及蜜饯制造 | | 386 | 129 | | 16111 | 8994 |
| 方便食品制造 | 6977 | | 4428 | | 31046 | 26184 |
| 乳制品制造 | 4374 | 300 | | | 7371 | 6401 |
| 罐头食品制造 | | 1113 | 13 | | 51181 | 43494 |
| 其他食品制造 | 5592 | | | 24215 | 73618 | 61116 |
| 酒、饮料和精制茶制造业 | 71103 | 4950 | 1250 | 83032 | 921801 | 554438 |
| 酒的制造 | | 4950 | 1250 | 53845 | 430756 | 161146 |
| 饮料制造 | 70567 | | | 29187 | 488376 | 390873 |
| 精制茶加工 | 536 | | | | 2669 | 2419 |
| 纺织业 | 43707 | 25591 | 96358 | 17679 | 737207 | 636836 |
| 棉纺织及印染精加工 | 38142 | 13286 | 59139 | 17453 | 376585 | 345044 |
| 毛纺织及染整精加工 | | | 2589 | | 3277 | 2668 |
| 麻纺织及染整精加工 | | 300 | | | 6000 | 5674 |
| 化纤织造及印染精加工 | | 11005 | | | 28345 | 21051 |
| 针织或钩针编织物及其制品制造 | | 1000 | 4065 | 226 | 130089 | 112461 |
| 产业用纺织制成品制造 | 5565 | | 30566 | | 192912 | 149939 |
| 纺织服装、服饰业 | 21398 | 36562 | 41281 | 42845 | 1203475 | 1048426 |
| 机织服装制造 | 13532 | 36562 | 22489 | 23061 | 859984 | 753471 |
| 针织或钩针编织服装制造 | 3722 | | 17200 | 12885 | 184901 | 159388 |
| 服饰制造 | 4144 | | 1591 | 6899 | 158591 | 135567 |
| 皮革、毛皮、羽毛及其制品和制鞋业 | 83899 | 39291 | 269943 | 75466 | 1982747 | 1685659 |
| 皮革鞣制加工 | 112 | | | | 16916 | 15255 |
| 皮革制品制造 | 53637 | 40 | 17250 | 2049 | 634351 | 539663 |
| 制鞋业 | 30150 | 39251 | 252692 | 73417 | 1331480 | 1130740 |
| 木材加工和木、竹、藤、棕、草制品业 | | | 62605 | 8107 | 142215 | 131801 |

单位：万元

| 销售费用 | 管理费用 | 财务费用 | | | 投资收益(损失以"–"号记) | 营业利润 | 利润总额 | 亏损企业亏损额 | 平均用工人数(人) |
|---|---|---|---|---|---|---|---|---|---|
| | | | 利息收入 | 利息支出 | | | | | |
| **735465** | **1281297** | **291906** | **12847** | **273718** | **23597** | **2908068** | **2899861** | **89372** | **319477** |
| 662 | 5980 | 564 | 95 | 752 | 980 | 27666 | 28394 | | 573 |
| 662 | 5980 | 564 | 95 | 752 | 980 | 27666 | 28394 | | 573 |
| 60 | 51 | 17 | | | | 81 | 81 | | 73 |
| 60 | 51 | 17 | | | | 81 | 81 | | 73 |
| 46419 | 36332 | 25308 | 31 | 24370 | 776 | 261947 | 261705 | 116 | 11200 |
| 9956 | 5647 | 3366 | 81 | 3425 | 316 | 3640 | 3863 | | 2841 |
| 11714 | 13851 | 432 | -76 | 1885 | 461 | 106351 | 105472 | 108 | 2850 |
| 6710 | 5366 | 19776 | | 17582 | | 62729 | 62729 | | 798 |
| 9570 | 5705 | 1454 | 27 | 1478 | | 84286 | 84700 | 8 | 3634 |
| 8400 | 5700 | 280 | | | | 4500 | 4500 | | 883 |
| 69 | 62 | 0 | | 0 | | 441 | 441 | | 194 |
| 11889 | 15223 | 296 | 405 | 1683 | 848 | 29683 | 32002 | 51 | 5438 |
| 2287 | 6688 | -1263 | 463 | 247 | | 16854 | 18948 | | 1558 |
| 5087 | 1348 | 3 | 11 | 27 | | 502 | 519 | | 380 |
| 1401 | 1059 | 110 | -69 | 149 | | 2274 | 2269 | 51 | 1597 |
| 513 | 363 | 1 | | | 848 | 930 | 903 | | 260 |
| 746 | 1310 | 1042 | | 1073 | | 3861 | 3869 | | 590 |
| 1855 | 4454 | 403 | 1 | 188 | | 5261 | 5495 | | 1053 |
| 57200 | 44624 | -2624 | -7077 | 4691 | -683 | 236406 | 237804 | 10348 | 5971 |
| 22963 | 20955 | -3850 | -6246 | 2746 | -687 | 200653 | 202125 | 10348 | 3479 |
| 34098 | 23571 | 1224 | -831 | 1945 | 4 | 35746 | 35659 | | 2450 |
| 139 | 98 | 3 | | | | 7 | 19 | | 42 |
| 17856 | 35927 | 7905 | 919 | 8181 | | 35963 | 39725 | 3708 | 13492 |
| 3857 | 13784 | 7784 | 939 | 8068 | | 4828 | 8295 | 3704 | 7237 |
| 170 | 210 | 0 | 0 | 0 | | 225 | 225 | | 97 |
| 75 | 256 | -28 | -28 | | | 23 | 51 | | 110 |
| 959 | 1771 | 16 | | 16 | | 4360 | 4360 | | 460 |
| 947 | 4497 | -269 | 0 | 41 | | 11965 | 11982 | 4 | 2828 |
| 11848 | 15409 | 401 | 7 | 56 | | 14561 | 14813 | | 2760 |
| 25064 | 50252 | 5078 | 7 | 4040 | 55 | 70609 | 72603 | 842 | 23236 |
| 14464 | 32887 | 2322 | 5 | 1618 | 48 | 54306 | 54405 | 189 | 12141 |
| 6129 | 11519 | 1827 | 3 | 1844 | | 5117 | 5883 | 653 | 7883 |
| 4471 | 5846 | 929 | | 579 | 7 | 11186 | 12316 | | 3212 |
| 39065 | 75882 | 4538 | 1299 | 3759 | 536 | 169778 | 169350 | 4054 | 52954 |
| 59 | 195 | 106 | 0 | 101 | | 1281 | 1265 | | 110 |
| 11370 | 12381 | 495 | 27 | 451 | | 66844 | 67097 | 51 | 6988 |
| 27636 | 63307 | 3936 | 1273 | 3207 | 536 | 101654 | 100988 | 4003 | 45856 |
| 1415 | 2992 | 398 | 207 | 628 | | 4911 | 5716 | 583 | 1468 |

1-A-9 续表 5

| 行　业 | | | | | 营业收入 | 营业成本 |
|---|---|---|---|---|---|---|
| | 法人资本 | 个人资本 | 港澳台资本 | 外商资本 | | |
| 木材加工 | | | | 6804 | 18438 | 14328 |
| 人造板制造 | | | 47376 | | 28755 | 27874 |
| 木质制品制造 | | | 6829 | 1303 | 41746 | 38041 |
| 竹、藤、棕、草等制品制造 | | | 8400 | | 53276 | 51558 |
| 家具制造业 | 1020 | 1500 | 2071 | 1410 | 31532 | 24464 |
| 木质家具制造 | 1020 | 1500 | 2071 | | 25889 | 20724 |
| 金属家具制造 | | | | 1410 | 5643 | 3740 |
| 造纸和纸制品业 | 50360 | | 199932 | | 1024321 | 831593 |
| 造纸 | 41642 | | 191708 | | 894806 | 728223 |
| 纸制品制造 | 8718 | | 8224 | | 129516 | 103370 |
| 印刷和记录媒介复制业 | 17044 | 987 | 30640 | | 252420 | 202630 |
| 印刷 | 17044 | 987 | 30640 | | 252420 | 202630 |
| 文教、工美、体育和娱乐用品制造业 | 30157 | 12207 | 87470 | 95695 | 1345993 | 1183304 |
| 文教办公用品制造 | 100 | 1540 | | 125 | 187459 | 154545 |
| 工艺美术及礼仪用品制造 | 17093 | 4932 | 16252 | 17924 | 332328 | 292785 |
| 体育用品制造 | 300 | | 5946 | 73548 | 487729 | 438303 |
| 玩具制造 | 12664 | 5735 | 65108 | 4099 | 309586 | 275636 |
| 游艺器材及娱乐用品制造 | | | 163 | | 28892 | 22035 |
| 石油、煤炭及其他燃料加工业 | | 14981 | 18550 | | 127042 | 93071 |
| 精炼石油产品制造 | | 14981 | | | 16464 | 13166 |
| 煤炭加工 | | | 18550 | | 110577 | 79905 |
| 化学原料和化学制品制造业 | 158495 | 22430 | 346196 | 166528 | 2894512 | 2165238 |
| 基础化学原料制造 | 87870 | 7698 | 196640 | 91546 | 1669860 | 1195732 |
| 肥料制造 | | | 50000 | | 19291 | 18943 |
| 农药制造 | 21664 | 254 | | | 2197 | 1009 |
| 涂料、油墨、颜料及类似产品制造 | 3774 | 4920 | 48107 | 1741 | 169109 | 135127 |
| 合成材料制造 | 7350 | | 2074 | 70650 | 101146 | 88541 |
| 专用化学产品制造 | 32885 | 1457 | 47266 | 2592 | 405853 | 306138 |
| 日用化学产品制造 | 4952 | 8100 | 2109 | | 527056 | 419749 |
| 医药制造业 | 13390 | 5095 | 20922 | 11533 | 354240 | 253493 |
| 化学药品原料药制造 | 4801 | 2165 | | 1673 | 41686 | 32337 |
| 化学药品制剂制造 | 5213 | 930 | 3118 | | 40282 | 10055 |
| 中药饮片加工 | | | | | 11652 | 7514 |
| 中成药生产 | | 2000 | 5446 | | 33748 | 22924 |
| 兽用药品制造 | 2047 | | 390 | | 10907 | 9264 |
| 生物药品制品制造 | 1330 | | | 9270 | 58434 | 25166 |
| 卫生材料及医药用品制造 | | | | 590 | 142272 | 135683 |
| 药用辅料及包装材料 | | | 11969 | | 15260 | 10551 |
| 化学纤维制造业 | | | 101700 | 92754 | 628336 | 542184 |

单位：万元

| 销售费用 | 管理费用 | 财务费用 | | | 投资收益(损失以“-”号记) | 营业利润 | 利润总额 | 亏损企业亏损额 | 平均用工人数(人) |
|---|---|---|---|---|---|---|---|---|---|
| | | | 利息收入 | 利息支出 | | | | | |
| 643 | 628 | -1 | | | | 2640 | 3119 | | 281 |
| 360 | 1057 | 258 | 238 | 495 | | -817 | -583 | 583 | 418 |
| 302 | 972 | 42 | -5 | 101 | | 1971 | 1962 | | 465 |
| 110 | 335 | 99 | -25 | 32 | | 1118 | 1218 | | 304 |
| 1268 | 3260 | 397 | 12 | 408 | 60 | 1946 | 2006 | 141 | 621 |
| 1268 | 2693 | 408 | 1 | 408 | 60 | 681 | 684 | 141 | 581 |
| | 567 | -11 | 12 | | | 1265 | 1322 | | 40 |
| 17413 | 29985 | 15809 | 3513 | 16645 | | 117478 | 118617 | | 4170 |
| 16634 | 28015 | 15698 | 3510 | 16614 | | 94705 | 96167 | | 3341 |
| 780 | 1971 | 111 | 3 | 31 | | 22773 | 22450 | | 829 |
| 2972 | 16158 | 3262 | 3 | 3062 | | 26117 | 26623 | 989 | 3703 |
| 2972 | 16158 | 3262 | 3 | 3062 | | 26117 | 26623 | 989 | 3703 |
| 22880 | 37263 | 6723 | 41 | 1707 | 208 | 90085 | 90469 | 3100 | 25351 |
| 4048 | 6687 | 392 | | 133 | | 21438 | 20541 | | 1347 |
| 5978 | 7509 | 2214 | 32 | 692 | 104 | 20928 | 21024 | 625 | 5256 |
| 3910 | 6467 | 3499 | 13 | 150 | | 34671 | 35523 | 1950 | 8780 |
| 6741 | 15243 | 480 | -5 | 655 | 105 | 9922 | 10223 | 525 | 9872 |
| 2203 | 1358 | 138 | | 78 | | 3127 | 3157 | | 96 |
| 1744 | 2404 | 15370 | -5 | 15256 | | 14438 | 14438 | | 660 |
| 352 | 584 | 451 | | 332 | | 1895 | 1895 | | 114 |
| 1392 | 1820 | 14918 | -5 | 14924 | | 12542 | 12542 | | 546 |
| 82016 | 105296 | 34604 | 4428 | 33981 | 3569 | 483802 | 466911 | 9341 | 15230 |
| 41095 | 57440 | 25659 | 1205 | 27086 | 1972 | 337841 | 340637 | 3491 | 6981 |
| 1178 | 1003 | -27 | 30 | 3 | | -1944 | -1935 | 1935 | 240 |
| 305 | 908 | -18 | -19 | | | -3135 | -2924 | 2924 | 64 |
| 5171 | 4671 | 976 | -2 | 1189 | | 21994 | 22035 | | 1402 |
| 3898 | 5564 | 106 | -43 | 334 | 2 | 2582 | 2803 | | 954 |
| 12397 | 16888 | 4917 | 3245 | 2006 | 1595 | 61313 | 60483 | 991 | 3423 |
| 17972 | 18822 | 2990 | 11 | 3363 | | 65151 | 45813 | | 2166 |
| 46773 | 24244 | 1375 | 30 | 1121 | 684 | 27573 | 28287 | | 3370 |
| 665 | 5234 | 105 | -9 | 136 | 662 | 4483 | 4481 | | 775 |
| 24668 | 4067 | 128 | 1 | 126 | 94 | 924 | 1370 | | 567 |
| 33 | 1369 | 2 | | | | 2553 | 2497 | | 218 |
| 5260 | 2593 | 349 | -1 | 219 | | 2112 | 2086 | | 600 |
| 649 | 771 | 21 | 1 | 19 | -71 | 120 | 175 | | 102 |
| 13867 | 7320 | 651 | 38 | 544 | | 10992 | 11440 | | 364 |
| 199 | 1261 | 32 | | 32 | | 5055 | 5055 | | 432 |
| 1432 | 1630 | 88 | | 46 | | 1333 | 1184 | | 312 |
| 9503 | 57996 | 13375 | 251 | 10884 | | 2606 | 5677 | | 2301 |

1-A-9 续表 6

| 行业 | | | | | 营业收入 | 营业成本 |
|---|---|---|---|---|---|---|
| | | | | | | |
| | 法人资本 | 个人资本 | 港澳台资本 | 外商资本 | | |
| 　纤维素纤维原料及纤维制造 | | | 101700 | 88845 | 622234 | 536799 |
| 　合成纤维制造 | | | | 3909 | 6102 | 5385 |
| 橡胶和塑料制品业 | 10146 | 4107 | 11692 | 8561 | 459956 | 405204 |
| 　橡胶制品业 | 749 | | 2000 | | 16215 | 13695 |
| 　塑料制品业 | 9397 | 4107 | 9692 | 8561 | 443742 | 391508 |
| 非金属矿物制品业 | 29469 | 6375 | 268663 | 72728 | 885353 | 597319 |
| 　水泥、石灰和石膏制造 | 22030 | | 248955 | | 421681 | 206227 |
| 　石膏、水泥制品及类似制品制造 | 6051 | | 49 | 2010 | 110391 | 94745 |
| 　砖瓦、石材等建筑材料制造 | | 1953 | 2806 | | 105945 | 88272 |
| 　玻璃制造 | 1000 | | | | 2104 | 1912 |
| 　陶瓷制品制造 | 388 | 4132 | 16854 | 70718 | 241936 | 203194 |
| 　石墨及其他非金属矿物制品制造 | | 290 | | | 3297 | 2969 |
| 黑色金属冶炼和压延加工业 | | | | 9445 | 2754 | 2812 |
| 　钢压延加工 | | | | 9445 | 2754 | 2812 |
| 有色金属冶炼和压延加工业 | 102222 | 14029 | 20716 | 45150 | 1379072 | 1304133 |
| 　常用有色金属冶炼 | 600 | 12138 | 8534 | 8092 | 209001 | 188351 |
| 　稀有稀土金属冶炼 | 17485 | | | 23570 | 424900 | 411813 |
| 　有色金属合金制造 | 40455 | | | 13488 | 112451 | 100040 |
| 　有色金属压延加工 | 43682 | 1891 | 12182 | | 632720 | 603929 |
| 金属制品业 | 75196 | 4484 | 24828 | 66818 | 508180 | 418785 |
| 　结构性金属制品制造 | 9580 | 2040 | | 5307 | 50146 | 41863 |
| 　金属工具制造 | 36730 | | 3000 | | 37568 | 24659 |
| 　金属丝绳及其制品制造 | 24904 | | 14102 | 21250 | 198556 | 165544 |
| 　建筑、安全用金属制品制造 | | | | 19982 | 106409 | 85251 |
| 　金属表面处理及热处理加工 | 150 | 29 | 1186 | 8992 | 29172 | 24370 |
| 　金属制日用品制造 | 2619 | 2413 | | 740 | 6982 | 5275 |
| 　铸造及其他金属制品制造 | 1213 | 2 | 6539 | 10547 | 79346 | 71824 |
| 通用设备制造业 | 51738 | 200 | 43366 | 19696 | 824454 | 688700 |
| 　金属加工机械制造 | 5626 | | 712 | 7040 | 136200 | 91890 |
| 　物料搬运设备制造 | 4763 | | | | 42887 | 35095 |
| 　泵、阀门、压缩机及类似机械制造 | 3750 | | | 6082 | 82608 | 75402 |
| 　轴承、齿轮和传动部件制造 | 26000 | 200 | | | 107280 | 90504 |
| 　烘炉、风机、包装等设备制造 | 4600 | | 35303 | 3770 | 371614 | 322973 |
| 　文化、办公用机械制造 | 2000 | | 7350 | | 44094 | 40316 |
| 　通用零部件制造 | 5000 | | | 2805 | 39772 | 32521 |
| 专用设备制造业 | 8715 | 9600 | 78454 | 23451 | 518990 | 453076 |
| 　化工、木材、非金属加工专用设备制造 | | 7286 | 3000 | | 163672 | 151307 |
| 　食品、饮料、烟草及饲料生产专用设备制造 | | | | | 47073 | 33154 |
| 　纺织、服装和皮革加工专用设备制造 | 717 | | | | 11250 | 10412 |

单位：万元

| 销售费用 | 管理费用 | 财务费用 | | | 投资收益(损失以“-”号记) | 营业利润 | 利润总额 | 亏损企业亏损额 | 平均用工人数(人) |
|---|---|---|---|---|---|---|---|---|---|
| | | | 利息收入 | 利息支出 | | | | | |
| 9333 | 57659 | 13246 | 251 | 10884 | | 2583 | 5642 | | 2096 |
| 170 | 337 | 130 | | | | 23 | 36 | | 205 |
| 6338 | 8685 | 584 | 5 | 572 | 521 | 37314 | 37141 | 47 | 4416 |
| 601 | 691 | 89 | | 89 | | 1091 | 1091 | | 137 |
| 5738 | 7994 | 495 | 5 | 482 | 521 | 36223 | 36050 | 47 | 4279 |
| 29445 | 26039 | 3408 | 3469 | 5780 | 1729 | 220832 | 221707 | 697 | 6108 |
| 18479 | 10569 | -788 | 3363 | 2508 | 1669 | 183312 | 183998 | | 1035 |
| 90 | 759 | 78 | 64 | 66 | | 14565 | 14540 | 192 | 611 |
| 960 | 5994 | 1016 | | 179 | | 8682 | 8682 | | 914 |
| 27 | 11 | 6 | | | | 148 | 148 | | 256 |
| 9882 | 8674 | 3093 | 40 | 3027 | 59 | 13854 | 14068 | 505 | 3222 |
| 9 | 33 | 2 | 2 | | | 272 | 272 | | 70 |
| 49 | 433 | 122 | 1 | 78 | | -709 | -701 | 701 | 19 |
| 49 | 433 | 122 | 1 | 78 | | -709 | -701 | 701 | 19 |
| 9449 | 33621 | 14921 | 3287 | 13563 | 197 | 11869 | 14561 | 5452 | 4000 |
| 1102 | 5969 | 4363 | -293 | 2421 | | 8214 | 8632 | 1488 | 858 |
| 2278 | 6598 | 5362 | 1244 | 4361 | 100 | -2302 | -2340 | 3134 | 938 |
| 806 | 7028 | 1519 | -38 | 1766 | | 2056 | 2412 | | 761 |
| 5263 | 14026 | 3677 | 2374 | 5015 | 97 | 3901 | 5857 | 831 | 1443 |
| 17693 | 27048 | 2596 | 783 | 3018 | 1648 | 41233 | 42249 | 2865 | 5395 |
| 1544 | 2411 | 408 | 22 | 105 | 878 | 4391 | 4832 | 669 | 905 |
| 1522 | 3026 | -16 | 4 | 16 | 805 | 8731 | 8896 | | 802 |
| 11055 | 10993 | 2475 | 100 | 2153 | -36 | 8118 | 8263 | 1461 | 1029 |
| 1038 | 6320 | -1116 | 230 | 436 | | 14132 | 14266 | | 1145 |
| 882 | 1531 | 221 | 294 | | | 2030 | 2152 | | 382 |
| 523 | 620 | 118 | 1 | 99 | | 362 | 361 | 53 | 211 |
| 1129 | 2147 | 506 | 133 | 209 | | 3470 | 3479 | 683 | 921 |
| 11555 | 27932 | 2344 | -359 | 2286 | | 89022 | 90384 | | 5397 |
| 1483 | 8089 | -96 | -231 | 143 | | 32483 | 32517 | | 686 |
| 1497 | 2319 | 116 | 7 | 111 | | 3666 | 3666 | | 486 |
| 1125 | 2102 | 1569 | 8 | 1441 | | 2097 | 2135 | | 294 |
| 3661 | 4399 | -79 | -84 | 6 | | 8184 | 8485 | | 1041 |
| 2768 | 6616 | 150 | -26 | 58 | | 38367 | 38333 | | 1033 |
| 414 | 1610 | -75 | -64 | 6 | | 1321 | 1454 | | 1097 |
| 607 | 2798 | 758 | 33 | 521 | | 2905 | 3795 | | 760 |
| 16105 | 18554 | 1968 | 29 | 752 | | 27028 | 35171 | | 3973 |
| 406 | 4158 | 44 | | | | 6873 | 6873 | | 271 |
| 7122 | 4437 | 23 | | 23 | | 2078 | 2078 | | 233 |
| 197 | 130 | 15 | | 15 | | 466 | 466 | | 230 |

1-A-9 续表 7

| 行业 | | | | | 营业收入 | 营业成本 |
|---|---|---|---|---|---|---|
| | 法人资本 | 个人资本 | 港澳台资本 | 外商资本 | | |
| 电子和电工机械专用设备制造 | 100 | | 38926 | | 92210 | 84589 |
| 农、林、牧、渔专用机械制造 | 2022 | | 8060 | 600 | 104104 | 88976 |
| 医疗仪器设备及器械制造 | 5876 | 1118 | 26308 | 22851 | 90983 | 76506 |
| 环保、邮政、社会公共服务及其他专用设备制造 | | 1196 | 2160 | | 9697 | 8134 |
| 汽车制造业 | 6479 | 4220 | 11890 | 79052 | 1160648 | 868304 |
| 汽车零部件及配件制造 | 6479 | 4220 | 11890 | 79052 | 1160648 | 868304 |
| 铁路、船舶、航空航天和其他运输设备制造业 | 11635 | | | 1936 | 72620 | 68503 |
| 船舶及相关装置制造 | 11635 | | | | 54 | 13 |
| 航空、航天器及设备制造 | | | | 1936 | 72566 | 68491 |
| 电气机械和器材制造业 | 511602 | 21592 | 143699 | 152212 | 4668932 | 4002749 |
| 电机制造 | 2147 | | 41315 | 103277 | 271759 | 242209 |
| 输配电及控制设备制造 | 466381 | 17299 | 20543 | 11515 | 3382839 | 2990238 |
| 电线、电缆、光缆及电工器材制造 | 19650 | 2426 | 12145 | 7956 | 198597 | 174907 |
| 电池制造 | 13104 | 1300 | 10464 | 5000 | 564134 | 391833 |
| 家用电力器具制造 | | | 57093 | | 143495 | 112528 |
| 照明器具制造 | 10320 | 568 | 2139 | 24465 | 108109 | 91034 |
| 计算机、通信和其他电子设备制造业 | 740426 | 228049 | 384461 | 259702 | 4995026 | 4390313 |
| 计算机制造 | 1655 | 1000 | 54456 | 32127 | 572408 | 470795 |
| 通信设备制造 | 7500 | | 158743 | | 283962 | 279931 |
| 广播电视设备制造 | 2049 | | 7500 | | 228274 | 201832 |
| 非专业视听设备制造 | 4494 | 360 | 13264 | | 399420 | 351717 |
| 智能消费设备制造 | | | | 3324 | 300612 | 274091 |
| 电子器件制造 | 101385 | 2367 | 56595 | 166968 | 845379 | 732452 |
| 电子元件及电子专用材料制造 | 620783 | 224322 | 93223 | 57283 | 2329439 | 2054414 |
| 其他电子设备制造 | 2560 | | 680 | | 35531 | 25082 |
| 仪器仪表制造业 | 2504 | | | | 81578 | 68795 |
| 专用仪器仪表制造 | 504 | | | | 79417 | 66355 |
| 光学仪器制造 | 2000 | | | | 2161 | 2441 |
| 其他制造业 | | 1000 | 36010 | 9529 | 260003 | 228980 |
| 日用杂品制造 | | 1000 | 35518 | 9529 | 257774 | 227218 |
| 其他未列明制造业 | | | 492 | | 2230 | 1761 |
| 废弃资源综合利用业 | | | | | 56776 | 56673 |
| 金属废料和碎屑加工处理 | | | | | 56776 | 56673 |
| 电力、热力生产和供应业 | 55069 | 1722 | 17988 | 106047 | 1028579 | 919733 |
| 电力生产 | 55069 | 1722 | 17988 | 106047 | 1028579 | 919733 |
| 燃气生产和供应业 | 33968 | | 25163 | 7914 | 652438 | 540665 |
| 燃气生产和供应业 | 33968 | | 25163 | 7914 | 652438 | 540665 |
| 水的生产和供应业 | 1519 | | 37405 | 10721 | 183656 | 117239 |
| 自来水生产和供应 | 1519 | | 37405 | 10721 | 183656 | 117239 |

单位：万元

| 销售费用 | 管理费用 | 财务费用 | | | 投资收益（损失以"−"号记） | 营业利润 | 利润总额 | 亏损企业亏损额 | 平均用工人数（人） |
|---|---|---|---|---|---|---|---|---|---|
| | | | 利息收入 | 利息支出 | | | | | |
| 1399 | 2764 | 836 | 21 | 136 | | 2029 | 9967 | | 501 |
| 2365 | 2507 | 208 | | 25 | | 9966 | 9968 | | 521 |
| 4175 | 4112 | 772 | 9 | 483 | | 5061 | 5264 | | 2110 |
| 441 | 447 | 70 | | 70 | | 555 | 555 | | 107 |
| 16033 | 99610 | 5218 | 734 | 5234 | -814 | 170841 | 172332 | 1451 | 8423 |
| 16033 | 99610 | 5218 | 734 | 5234 | -814 | 170841 | 172332 | 1451 | 8423 |
| 15 | 1888 | 238 | | 238 | | 1187 | 1183 | 424 | 114 |
| 15 | 379 | 68 | | 68 | | -421 | -424 | 424 | 23 |
| | 1510 | 170 | | 170 | | 1607 | 1607 | | 91 |
| 147434 | 252611 | 39714 | -1839 | 30283 | -116 | 213812 | 180614 | 16298 | 38133 |
| 4742 | 15909 | 6184 | 296 | 2473 | -15 | 3868 | 3794 | 2545 | 6979 |
| 84674 | 146426 | 25100 | -3133 | 22493 | -1197 | 127533 | 131931 | 13038 | 16290 |
| 3071 | 10788 | 3353 | 6 | 2866 | -11 | 5665 | 5890 | 511 | 2456 |
| 33186 | 64309 | 3493 | 171 | 1179 | | 68034 | 29307 | 204 | 7622 |
| 19455 | 9471 | 549 | 720 | 956 | | 230 | 1129 | | 2628 |
| 2307 | 5708 | 1036 | 101 | 316 | 1107 | 8483 | 8563 | | 2158 |
| 62594 | 184879 | 33596 | 1370 | 29658 | 1401 | 329816 | 337116 | 3251 | 63185 |
| 17301 | 22548 | 7747 | 3 | 9453 | | 48982 | 50094 | 6 | 7778 |
| 310 | 2392 | -86 | 20 | 120 | | 26443 | 26970 | | 626 |
| 1454 | 1555 | 336 | 0 | 334 | -955 | 20123 | 20114 | | 7479 |
| 1654 | 7024 | 1251 | 118 | 1225 | | 36209 | 36222 | | 4658 |
| 81 | 1504 | 81 | 1 | 2 | | 21349 | 21574 | 26 | 1565 |
| 20498 | 50233 | 4421 | 771 | 1440 | 1 | 35227 | 39858 | 466 | 10725 |
| 20154 | 96031 | 19696 | 449 | 17084 | 2355 | 135988 | 136760 | 2754 | 29585 |
| 1142 | 3594 | 150 | 8 | | | 5495 | 5525 | | 769 |
| 169 | 5041 | 30 | 2 | | | 7185 | 7185 | 829 | 664 |
| 129 | 4527 | 31 | | | | 8015 | 8015 | | 598 |
| 41 | 515 | -2 | 2 | | | -829 | -829 | 829 | 66 |
| 3256 | 4595 | 2200 | 9 | 176 | | 20347 | 20365 | 384 | 1974 |
| 3065 | 4383 | 2191 | 9 | 167 | | 20300 | 20318 | 384 | 1823 |
| 191 | 212 | 9 | 0 | 10 | | 47 | 47 | | 151 |
| 141 | 724 | 125 | | | 1413 | 788 | 761 | | 202 |
| 141 | 724 | 125 | | | 1413 | 788 | 761 | | 202 |
| 112 | 14538 | 48717 | 198 | 46343 | | 22654 | 25219 | 23484 | 2413 |
| 112 | 14538 | 48717 | 198 | 46343 | | 22654 | 25219 | 23484 | 2413 |
| 22390 | 20597 | 2804 | 876 | 2374 | 273 | 59648 | 59795 | 219 | 2776 |
| 22390 | 20597 | 2804 | 876 | 2374 | 273 | 59648 | 59795 | 219 | 2776 |
| 8488 | 10632 | 927 | 123 | 2195 | 10313 | 54113 | 54371 | | 2474 |
| 8488 | 10632 | 927 | 123 | 2195 | 10313 | 54113 | 54371 | | 2474 |

# 1-A-10 大中型工业企业主要

| 行业 | 企业单位数(个) | 资产总计 | 固定资产净额 | 固定资产原价 | 累计折旧 | 流动资产合计 |
|---|---|---|---|---|---|---|
| **总计** | **1506** | **151163550** | **47785760** | **91956877** | **40630986** | **74314894** |
| 煤炭开采和洗选业 | 12 | 885133 | 352584 | 623466 | 238537 | 293003 |
| 烟煤和无烟煤开采洗选 | 11 | 837323 | 339494 | 595649 | 223811 | 263832 |
| 其他煤炭采选 | 1 | 47809 | 13090 | 27817 | 14726 | 29171 |
| 黑色金属矿采选业 | 2 | 13475 | 6308 | 7413 | 1026 | 6772 |
| 铁矿采选 | 1 | 2672 | 2421 | 2499 | 78 | 251 |
| 其他黑色金属矿采选 | 1 | 10804 | 3887 | 4914 | 948 | 6521 |
| 有色金属矿采选业 | 25 | 1466637 | 501351 | 744532 | 237467 | 434042 |
| 常用有色金属矿采选 | 6 | 422049 | 169236 | 249957 | 79333 | 143458 |
| 贵金属矿采选 | 1 | 155464 | 13747 | 33036 | 19289 | 18568 |
| 稀有稀土金属矿采选 | 18 | 889124 | 318367 | 461540 | 138845 | 272016 |
| 非金属矿采选业 | 8 | 529479 | 258912 | 459311 | 200298 | 144629 |
| 土砂石开采 | 5 | 167839 | 85095 | 235026 | 149931 | 45278 |
| 采盐 | 2 | 333220 | 173242 | 222310 | 48967 | 74127 |
| 石棉及其他非金属矿采选 | 1 | 28420 | 575 | 1975 | 1400 | 25225 |
| 农副食品加工业 | 44 | 5904758 | 1463788 | 3421841 | 1883394 | 3204115 |
| 谷物磨制 | 9 | 377653 | 117267 | 187906 | 60662 | 211715 |
| 饲料加工 | 10 | 3605763 | 1019019 | 2548870 | 1520977 | 1896783 |
| 植物油加工 | 6 | 418665 | 40869 | 107467 | 23392 | 273802 |
| 屠宰及肉类加工 | 9 | 1026879 | 195228 | 331535 | 126969 | 533698 |
| 水产品加工 | 1 | 46000 | 782 | 4062 | 3281 | 15500 |
| 蔬菜、菌类、水果和坚果加工 | 3 | 280572 | 31719 | 59564 | 27846 | 210092 |
| 其他农副食品加工 | 6 | 149226 | 58905 | 182436 | 120268 | 62525 |
| 食品制造业 | 39 | 1055453 | 280318 | 524313 | 226203 | 430662 |
| 焙烤食品制造 | 8 | 193476 | 67567 | 128622 | 48810 | 90904 |
| 糖果、巧克力及蜜饯制造 | 4 | 114177 | 15008 | 20076 | 5068 | 19402 |
| 方便食品制造 | 7 | 121339 | 46781 | 65797 | 17345 | 39723 |
| 乳制品制造 | 5 | 216671 | 43607 | 90697 | 44798 | 121361 |
| 罐头食品制造 | 3 | 130728 | 7835 | 12732 | 3415 | 20313 |
| 调味品、发酵制品制造 | 1 | 13501 | 3766 | 4583 | 817 | 7935 |
| 其他食品制造 | 11 | 265561 | 95755 | 201805 | 105950 | 131025 |
| 酒、饮料和精制茶制造业 | 20 | 1187496 | 375859 | 705223 | 321677 | 635824 |
| 酒的制造 | 6 | 663132 | 155912 | 250454 | 86895 | 437124 |
| 饮料制造 | 12 | 472067 | 199192 | 387579 | 188387 | 175073 |
| 精制茶加工 | 2 | 52297 | 20755 | 67190 | 46396 | 23628 |
| 烟草制品业 | 2 | 1744843 | 368951 | 712813 | 343862 | 1295858 |
| 烟叶复烤 | 1 | 95291 | 39925 | 62344 | 22419 | 48135 |
| 卷烟制造 | 1 | 1649552 | 329026 | 650469 | 321443 | 1247723 |

# 经济指标(大、中类行业)

单位：万元

| 应收账款 | 存货 | 产成品 | 负债合计 | 流动负债合计 | 应付账款 | 所有者权益合计 | 实收资本 | 国家资本 | 集体资本 |
|---|---|---|---|---|---|---|---|---|---|
| **15582280** | **17614977** | **6790216** | **81603312** | **67620180** | **19054295** | **69560229** | **26969041** | **5362791** | **258537** |
| 52970 | 30634 | 19411 | 601783 | 473713 | 81504 | 283349 | 383611 | 347451 | |
| 52970 | 18087 | 9786 | 576193 | 448123 | 81504 | 261131 | 358611 | 347451 | |
| | 12547 | 9625 | 25590 | 25590 | | 22219 | 25000 | | |
| 500 | 2578 | 2475 | 6345 | 5336 | 2078 | 7130 | 4390 | | |
| 44 | | | 2142 | 2142 | 257 | 530 | 500 | | |
| 457 | 2578 | 2475 | 4204 | 3195 | 1821 | 6600 | 3890 | | |
| 83554 | 73036 | 43129 | 623326 | 404481 | 93486 | 843311 | 164280 | 77274 | 4253 |
| 47382 | 12289 | 9073 | 234682 | 199901 | 42396 | 187367 | 40781 | 2756 | 521 |
| 5976 | 3299 | 1549 | 60633 | 20484 | 1541 | 94832 | 13218 | 13218 | |
| 30197 | 57448 | 32507 | 328012 | 184096 | 49549 | 561112 | 110280 | 61299 | 3732 |
| 14136 | 18074 | 7665 | 256546 | 168757 | 53179 | 272933 | 195277 | 15000 | 10000 |
| 902 | 7191 | 1495 | 59268 | 49755 | 2576 | 108572 | 89349 | | 10000 |
| 10643 | 7425 | 3096 | 180431 | 102155 | 47849 | 152789 | 95929 | 15000 | |
| 2591 | 3458 | 3074 | 16848 | 16848 | 2755 | 11572 | 10000 | | |
| 187899 | 979144 | 322206 | 2994108 | 2257073 | 609541 | 2910650 | 946865 | 1400 | 40 |
| 24025 | 121915 | 32237 | 188933 | 175162 | 12130 | 188720 | 82749 | 1100 | |
| 64352 | 563898 | 80325 | 2136123 | 1706012 | 489533 | 1469640 | 352167 | 300 | 40 |
| 9025 | 163715 | 162626 | 107524 | 41077 | 118 | 311142 | 263832 | | |
| 29896 | 53128 | 15805 | 410662 | 203276 | 95327 | 616217 | 101658 | | |
| 1850 | 8000 | 8000 | 1800 | 1800 | 1561 | 44200 | 6340 | | |
| 48111 | 59192 | 16262 | 96313 | 91019 | 7722 | 184258 | 119701 | | |
| 10641 | 9296 | 6950 | 52753 | 38728 | 3149 | 96472 | 20418 | | |
| 72225 | 100538 | 36148 | 332411 | 259747 | 74091 | 723042 | 270743 | 57211 | 10650 |
| 13435 | 15484 | 4575 | 56995 | 51742 | 15105 | 136481 | 32469 | | |
| -524 | 10813 | 3073 | 22357 | 13319 | 1895 | 91820 | 4095 | | |
| 4774 | 14435 | 5549 | 48482 | 35061 | 7532 | 72857 | 30952 | | |
| 8369 | 10807 | 1300 | 57004 | 34067 | 2849 | 159667 | 16146 | | |
| 2882 | 11259 | 418 | 25648 | 17250 | 6825 | 105080 | 102338 | 47211 | 10650 |
| 615 | 915 | 792 | 422 | 422 | 382 | 13080 | 2000 | | |
| 42675 | 36826 | 20440 | 121505 | 107888 | 39503 | 144056 | 82743 | 10000 | |
| 31780 | 178780 | 55877 | 603623 | 561983 | 91602 | 583873 | 268279 | 39291 | 1821 |
| 15692 | 137713 | 36213 | 369801 | 368823 | 62814 | 293331 | 123499 | 20951 | |
| 15126 | 40100 | 18753 | 205903 | 169622 | 27850 | 266164 | 133895 | 10455 | 1821 |
| 961 | 968 | 911 | 27919 | 23538 | 937 | 24378 | 10884 | 7884 | |
| 69017 | 784003 | 42341 | 427979 | 423527 | 102345 | 1316864 | 217863 | 132734 | |
| 2224 | 5443 | 445 | 6095 | 6095 | 5978 | 89196 | 85129 | | |
| 66793 | 778560 | 41897 | 421884 | 417432 | 96367 | 1227668 | 132734 | 132734 | |

1-A-10 续表 1

| 行业 | 企业单位数(个) | 资产总计 | 固定资产净额 | 固定资产原价 | 累计折旧 | 流动资产合计 |
|---|---|---|---|---|---|---|
| 纺织业 | 72 | 1636291 | 539108 | 1008219 | 403278 | 519952 |
| 棉纺织及印染精加工 | 48 | 1254232 | 411523 | 789423 | 321476 | 374685 |
| 麻纺织及染整精加工 | 3 | 47013 | 16938 | 24571 | 7524 | 21264 |
| 丝绢纺织及印染精加工 | 1 | 22408 | 6565 | 8480 | 1781 | 10630 |
| 化纤织造及印染精加工 | 5 | 105030 | 37976 | 59546 | 13199 | 34656 |
| 针织或钩针编织物及其制品制造 | 8 | 49819 | 9068 | 31918 | 22055 | 32042 |
| 家用纺织制成品制造 | 3 | 29724 | 6386 | 7558 | 1173 | 16975 |
| 产业用纺织制成品制造 | 4 | 128065 | 50652 | 86722 | 36070 | 29701 |
| 纺织服装、服饰业 | 96 | 2187669 | 623562 | 1087857 | 392681 | 673945 |
| 机织服装制造 | 61 | 1727820 | 489481 | 806176 | 256540 | 437539 |
| 针织或钩针编织服装制造 | 27 | 371488 | 99246 | 218406 | 108554 | 208361 |
| 服饰制造 | 8 | 88362 | 34835 | 63275 | 27587 | 28045 |
| 皮革、毛皮、羽毛及其制品和制鞋业 | 67 | 1878378 | 766921 | 1081474 | 311982 | 858196 |
| 皮革制品制造 | 20 | 439861 | 243863 | 321862 | 77383 | 101533 |
| 毛皮鞣制及制品加工 | 1 | 1545 | 113 | 265 | 151 | 1077 |
| 羽毛(绒)加工及制品制造 | 3 | 25446 | 6510 | 8477 | 1967 | 12685 |
| 制鞋业 | 43 | 1411526 | 516435 | 750870 | 232481 | 742901 |
| 木材加工和木、竹、藤、棕、草制品业 | 13 | 550199 | 272852 | 424507 | 135480 | 138516 |
| 人造板制造 | 7 | 437944 | 256659 | 399420 | 126700 | 64644 |
| 木质制品制造 | 2 | 26896 | 6401 | 8168 | 1654 | 15952 |
| 竹、藤、棕、草等制品制造 | 4 | 85358 | 9792 | 16919 | 7127 | 57920 |
| 家具制造业 | 27 | 802099 | 139484 | 197972 | 58488 | 477485 |
| 木质家具制造 | 24 | 774264 | 134470 | 190559 | 56089 | 463788 |
| 其他家具制造 | 3 | 27835 | 5013 | 7412 | 2399 | 13697 |
| 造纸和纸制品业 | 18 | 1673773 | 583344 | 1104612 | 358484 | 626150 |
| 造纸 | 11 | 1425836 | 507289 | 985182 | 315199 | 543132 |
| 纸制品制造 | 7 | 247937 | 76055 | 119430 | 43286 | 83018 |
| 印刷和记录媒介复制业 | 18 | 733182 | 315361 | 625508 | 309701 | 338815 |
| 印刷 | 18 | 733182 | 315361 | 625508 | 309701 | 338815 |
| 文教、工美、体育和娱乐用品制造业 | 40 | 1180544 | 364557 | 603713 | 203802 | 554763 |
| 文教办公用品制造 | 4 | 107347 | 20133 | 89284 | 42371 | 45628 |
| 工艺美术及礼仪用品制造 | 18 | 707272 | 259917 | 344982 | 84855 | 321466 |
| 体育用品制造 | 5 | 156876 | 25690 | 67256 | 34546 | 65471 |
| 玩具制造 | 13 | 209049 | 58817 | 102191 | 42030 | 122199 |
| 石油、煤炭及其他燃料加工业 | 4 | 3180992 | 1744183 | 2782413 | 1038230 | 1059354 |
| 精炼石油产品制造 | 2 | 1254477 | 899583 | 1581249 | 681666 | 242899 |
| 煤炭加工 | 2 | 1926515 | 844601 | 1201165 | 356564 | 816455 |
| 化学原料和化学制品制造业 | 86 | 5294991 | 1863963 | 3326915 | 1259465 | 1928384 |

单位：万元

| 应收账款 | 存货 | 产成品 | 负债合计 | 流动负债合计 | 应付账款 | 所有者权益合计 | 实收资本 | 国家资本 | 集体资本 |
|---|---|---|---|---|---|---|---|---|---|
| 112174 | 178399 | 82167 | 814060 | 705206 | 100925 | 822230 | 281089 | | 100 |
| 65799 | 144950 | 64070 | 658812 | 577062 | 78611 | 595420 | 212768 | | |
| 4645 | 437 | 424 | 24508 | 24508 | 678 | 22505 | 2129 | | |
| 2085 | 7545 | 4357 | 8277 | 6290 | 3585 | 14132 | 1232 | | |
| 10833 | 9645 | 5482 | 55450 | 51089 | 8230 | 49580 | 16405 | | |
| 9227 | 4469 | 1374 | 21891 | 18194 | 3055 | 27927 | 6603 | | 100 |
| 1232 | 8474 | 5687 | 14672 | 14672 | 5431 | 15052 | 11949 | | |
| 18354 | 2880 | 773 | 30450 | 13390 | 1335 | 97614 | 30002 | | |
| 165191 | 178276 | 110993 | 930905 | 798637 | 174808 | 1256763 | 305359 | 2872 | 6600 |
| 77855 | 133099 | 92011 | 700359 | 582037 | 96983 | 1027461 | 223940 | 2872 | 6600 |
| 83153 | 37133 | 11487 | 197363 | 187817 | 74412 | 174125 | 58828 | | |
| 4184 | 8045 | 7495 | 33183 | 28783 | 3414 | 55178 | 22591 | | |
| 156680 | 86752 | 34640 | 529150 | 398717 | 164481 | 1349228 | 607961 | 2 | |
| 46512 | 20084 | 8201 | 111295 | 90180 | 49112 | 328565 | 205171 | 2 | |
| 21 | 956 | 427 | 854 | 533 | 186 | 691 | 691 | | |
| 6231 | 3091 | 1738 | 7132 | 7132 | 2493 | 18314 | 3200 | | |
| 103916 | 62621 | 24274 | 409869 | 300871 | 112691 | 1001658 | 398898 | | |
| 30743 | 37441 | 15356 | 183372 | 97889 | 13115 | 366827 | 55302 | | 1400 |
| 7134 | 15006 | 9734 | 119014 | 38008 | 4841 | 318930 | 29942 | | 1400 |
| 8993 | 3573 | 2401 | 20815 | 17433 | 7170 | 6082 | 2500 | | |
| 14616 | 18862 | 3222 | 43543 | 42449 | 1104 | 41815 | 22860 | | |
| 245028 | 72743 | 27339 | 467064 | 362539 | 133519 | 335034 | 132484 | | |
| 238040 | 67811 | 24028 | 447667 | 348141 | 131680 | 326596 | 130595 | | |
| 6989 | 4932 | 3311 | 19398 | 14398 | 1840 | 8438 | 1889 | | |
| 59968 | 119679 | 35184 | 938698 | 807773 | 143557 | 735074 | 444634 | 103952 | 6000 |
| 55965 | 100741 | 32241 | 811652 | 680895 | 109054 | 614183 | 428402 | 103952 | 6000 |
| 4003 | 18939 | 2943 | 127046 | 126878 | 34503 | 120891 | 16232 | | |
| 56169 | 54745 | 19690 | 217310 | 141700 | 31759 | 515872 | 224369 | 179025 | |
| 56169 | 54745 | 19690 | 217310 | 141700 | 31759 | 515872 | 224369 | 179025 | |
| 130177 | 180194 | 83477 | 435040 | 348809 | 51697 | 745503 | 249099 | | |
| 1654 | 4461 | 1352 | 31520 | 28601 | 4111 | 75827 | 4486 | | |
| 55596 | 107504 | 52312 | 242970 | 206284 | 13682 | 464302 | 92201 | | |
| 34104 | 27184 | 18378 | 72221 | 33094 | 4836 | 84655 | 66924 | | |
| 38823 | 41045 | 11435 | 88329 | 80829 | 29068 | 120720 | 85488 | | |
| 234961 | 349640 | 147932 | 2098031 | 1925909 | 269036 | 1082961 | 166151 | 132620 | |
| 53258 | 137995 | 39730 | 711181 | 633766 | 105721 | 543296 | 14981 | | |
| 181704 | 211646 | 108202 | 1386850 | 1292143 | 163316 | 539665 | 151170 | 132620 | |
| 260284 | 512861 | 148160 | 2056642 | 1562869 | 455558 | 3238349 | 2454475 | 50732 | |

1-A-10 续表 2

| 行 业 | 企业单位数（个） | 资产总计 | 固定资产净额 | 固定资产原价 | 累计折旧 | 流动资产合计 |
|---|---|---|---|---|---|---|
| 基础化学原料制造 | 18 | 2899385 | 1054688 | 1978709 | 737107 | 1132608 |
| 肥料制造 | 3 | 232317 | 83782 | 133410 | 49628 | 50929 |
| 农药制造 | 1 | 67897 | 11509 | 23583 | 12073 | 20210 |
| 涂料、油墨、颜料及类似产品制造 | 7 | 298659 | 70788 | 108577 | 37789 | 104407 |
| 合成材料制造 | 2 | 25803 | 2223 | 8541 | 5823 | 15807 |
| 专用化学产品制造 | 21 | 880436 | 203960 | 472081 | 263207 | 350532 |
| 炸药、火工及焰火产品制造 | 26 | 639644 | 324821 | 428260 | 92275 | 178363 |
| 日用化学产品制造 | 8 | 250849 | 112192 | 173754 | 61563 | 75529 |
| 医药制造业 | 61 | 6633726 | 1482696 | 2477942 | 955068 | 2774292 |
| 化学药品原料药制造 | 19 | 1328445 | 357283 | 593783 | 235883 | 658730 |
| 化学药品制剂制造 | 8 | 756087 | 156477 | 252805 | 96195 | 420455 |
| 中药饮片加工 | 6 | 331355 | 205624 | 284529 | 40765 | 79429 |
| 中成药生产 | 16 | 1295976 | 303687 | 488382 | 183945 | 737091 |
| 兽用药品制造 | 1 | 13665 | 1567 | 3026 | 1459 | 2484 |
| 生物药品制品制造 | 3 | 2746915 | 412493 | 706558 | 294065 | 793175 |
| 卫生材料及医药用品制造 | 6 | 114477 | 27642 | 123413 | 95231 | 65492 |
| 药用辅料及包装材料 | 2 | 46807 | 17922 | 25447 | 7524 | 17436 |
| 化学纤维制造业 | 4 | 845385 | 308263 | 596040 | 287777 | 334377 |
| 纤维素纤维原料及纤维制造 | 4 | 845385 | 308263 | 596040 | 287777 | 334377 |
| 橡胶和塑料制品业 | 34 | 1755679 | 295584 | 606087 | 279453 | 620988 |
| 橡胶制品业 | 10 | 1009956 | 123846 | 216362 | 75502 | 304952 |
| 塑料制品业 | 24 | 745723 | 171739 | 389725 | 203951 | 316037 |
| 非金属矿物制品业 | 175 | 9187919 | 3313848 | 6087905 | 2473267 | 4050653 |
| 水泥、石灰和石膏制造 | 21 | 2737814 | 1027464 | 2033171 | 1001050 | 1369593 |
| 石膏、水泥制品及类似制品制造 | 12 | 601228 | 160936 | 385812 | 224687 | 278284 |
| 砖瓦、石材等建筑材料制造 | 7 | 198935 | 107908 | 164385 | 56477 | 55380 |
| 玻璃制造 | 3 | 140469 | 69783 | 142730 | 61971 | 52332 |
| 玻璃制品制造 | 6 | 459497 | 139099 | 287001 | 147902 | 276841 |
| 玻璃纤维和玻璃纤维增强塑料制品制造 | 11 | 747707 | 361442 | 505987 | 88562 | 171789 |
| 陶瓷制品制造 | 109 | 3835178 | 1400634 | 2500764 | 871195 | 1578468 |
| 耐火材料制品制造 | 1 | 133376 | 12050 | 19104 | 7005 | 29776 |
| 石墨及其他非金属矿物制品制造 | 5 | 333715 | 34533 | 48953 | 14419 | 238190 |
| 黑色金属冶炼和压延加工业 | 14 | 8305953 | 2502969 | 5751007 | 3245370 | 4837268 |
| 炼铁 | 1 | 17449 | 2352 | 9544 | 7192 | 12750 |
| 钢压延加工 | 12 | 8281975 | 2496054 | 5736357 | 3237634 | 4824295 |
| 铁合金冶炼 | 1 | 6529 | 4562 | 5106 | 544 | 223 |
| 有色金属冶炼和压延加工业 | 69 | 20493804 | 6630757 | 14443707 | 7632694 | 12318360 |
| 常用有色金属冶炼 | 14 | 15516470 | 4532845 | 11273998 | 6620437 | 10329950 |

单位：万元

| 应收账款 | 存货 | | 负债合计 | 流动负债合计 | | 所有者权益合计 | 实收资本 | | |
|---|---|---|---|---|---|---|---|---|---|
| | | 产成品 | | | 应付账款 | | | 国家资本 | 集体资本 |
| 104868 | 258154 | 71176 | 1203073 | 832001 | 236353 | 1696312 | 459762 | 6120 | |
| 755 | 25175 | 8893 | 192161 | 183596 | 8327 | 40156 | 146176 | | |
| 37 | 12439 | 1602 | 16571 | 15630 | 2492 | 51326 | 17500 | | |
| 20580 | 32326 | 13185 | 51768 | 34156 | 11786 | 246891 | 69725 | | |
| 3074 | 7816 | 6032 | 15896 | 8182 | 4183 | 9908 | 5821 | | |
| 91064 | 114240 | 26469 | 311826 | 291450 | 110216 | 568610 | 147926 | 29273 | |
| 32672 | 42630 | 10528 | 178159 | 143210 | 60662 | 461485 | 92624 | 15339 | |
| 7233 | 20081 | 10277 | 87189 | 54643 | 21541 | 163661 | 1514941 | | |
| 504565 | 483461 | 211439 | 2257429 | 1689922 | 308221 | 4376297 | 964221 | 24931 | 10000 |
| 93609 | 123650 | 63063 | 598521 | 554670 | 79184 | 729924 | 326512 | 12639 | |
| 105909 | 80940 | 13771 | 288547 | 273983 | 64816 | 467540 | 218489 | | 10000 |
| 16344 | 7931 | 5978 | 99580 | 26528 | 5053 | 231775 | 30550 | | |
| 136126 | 146908 | 56559 | 461374 | 353878 | 88713 | 834602 | 183688 | 12293 | |
| | | | 6560 | | | 7105 | 2000 | | |
| 108086 | 108032 | 63699 | 731869 | 415533 | 58751 | 2015046 | 177143 | | |
| 39571 | 12765 | 7092 | 51380 | 46093 | 10236 | 63097 | 12753 | | |
| 4919 | 3235 | 1276 | 19598 | 19238 | 1468 | 27208 | 13087 | | |
| 61597 | 82168 | 13058 | 471576 | 388386 | 95684 | 373809 | 213545 | | |
| 61597 | 82168 | 13058 | 471576 | 388386 | 95684 | 373809 | 213545 | | |
| 86420 | 94919 | 46439 | 347357 | 310597 | 71679 | 1408322 | 190634 | | |
| 23756 | 42162 | 26167 | 119624 | 103521 | 35733 | 890332 | 59655 | | |
| 62664 | 52758 | 20272 | 227733 | 207077 | 35947 | 517990 | 130979 | | |
| 675530 | 995317 | 476482 | 4102703 | 3469384 | 922901 | 5085216 | 2118607 | 263275 | 68283 |
| 59352 | 114090 | 32656 | 882926 | 789149 | 159467 | 1854888 | 687135 | 125192 | 52319 |
| 143923 | 46825 | 17279 | 302239 | 294359 | 173207 | 298989 | 58955 | 29288 | |
| 13681 | 13734 | 12887 | 84351 | 71377 | 13073 | 114584 | 12660 | | |
| 18539 | 9728 | 4927 | 122675 | 115010 | 37085 | 17794 | 59741 | 53319 | |
| 84587 | 56952 | 9407 | 353606 | 247039 | 88140 | 105891 | 75777 | | |
| 54794 | 27641 | 16973 | 379704 | 242159 | 77480 | 368003 | 152277 | 4400 | |
| 231871 | 610003 | 368834 | 1795435 | 1561675 | 309469 | 2039743 | 1010429 | 51076 | 15964 |
| 12849 | 2224 | 172 | 17992 | 17622 | 1341 | 115384 | 30683 | | |
| 55935 | 114120 | 13347 | 163776 | 130994 | 63639 | 169940 | 30951 | | |
| 172125 | 848751 | 206234 | 4024817 | 3909866 | 901244 | 4281136 | 1253403 | 436574 | |
| 6322 | 3009 | 2378 | 14475 | 14475 | 2941 | 2974 | 3500 | | |
| 165802 | 845742 | 203855 | 4008663 | 3895391 | 898303 | 4273312 | 1249253 | 436574 | |
| | | | 1679 | | | 4850 | 650 | | |
| 1707366 | 3393068 | 901927 | 11191320 | 9661610 | 1897124 | 9302483 | 2238168 | 846354 | 2608 |
| 1185348 | 2695116 | 573243 | 9294076 | 8045470 | 1397871 | 6222394 | 1045801 | 706198 | |

1-A-10 续表 3

| 行业 | 企业单位数（个） | 资产总计 | 固定资产净额 | 固定资产原价 | 累计折旧 | 流动资产合计 |
|---|---|---|---|---|---|---|
| 贵金属冶炼 | 1 | 51532 | 9652 | 16304 | 6652 | 38350 |
| 稀有稀土金属冶炼 | 11 | 815778 | 123742 | 190416 | 64516 | 524467 |
| 有色金属合金制造 | 3 | 231870 | 106535 | 195071 | 87181 | 113460 |
| 有色金属压延加工 | 40 | 3878154 | 1857983 | 2767918 | 853907 | 1312133 |
| 金属制品业 | 35 | 1642641 | 362492 | 659201 | 271052 | 812794 |
| 结构性金属制品制造 | 13 | 637834 | 69561 | 141196 | 56461 | 380899 |
| 金属工具制造 | 2 | 79719 | 30616 | 58228 | 27612 | 43822 |
| 金属丝绳及其制品制造 | 2 | 125241 | 27880 | 84150 | 56270 | 79272 |
| 建筑、安全用金属制品制造 | 10 | 409309 | 138366 | 220470 | 72622 | 185160 |
| 金属制日用品制造 | 3 | 227585 | 34003 | 50899 | 16794 | 32438 |
| 铸造及其他金属制品制造 | 5 | 162952 | 62066 | 104258 | 41293 | 91204 |
| 通用设备制造业 | 45 | 2991614 | 700667 | 1358376 | 598520 | 1767338 |
| 锅炉及原动设备制造 | 2 | 83085 | 52657 | 78936 | 26279 | 14876 |
| 金属加工机械制造 | 3 | 74483 | 10893 | 44546 | 11246 | 46906 |
| 物料搬运设备制造 | 5 | 394881 | 60622 | 93867 | 30931 | 200142 |
| 泵、阀门、压缩机及类似机械制造 | 9 | 1642349 | 313697 | 604386 | 259600 | 1081789 |
| 轴承、齿轮和传动部件制造 | 3 | 142893 | 40489 | 100705 | 60216 | 75372 |
| 烘炉、风机、包装等设备制造 | 5 | 189031 | 53497 | 166997 | 113500 | 93878 |
| 文化、办公用机械制造 | 5 | 244814 | 66254 | 130349 | 60716 | 154281 |
| 通用零部件制造 | 11 | 171570 | 98363 | 126555 | 28192 | 61776 |
| 其他通用设备制造业 | 2 | 48508 | 4197 | 12037 | 7840 | 38318 |
| 专用设备制造业 | 38 | 1618541 | 337045 | 578096 | 240649 | 850403 |
| 采矿、冶金、建筑专用设备制造 | 6 | 145462 | 38053 | 56004 | 17728 | 90874 |
| 化工、木材、非金属加工专用设备制造 | 4 | 69036 | 25367 | 35708 | 10341 | 10644 |
| 印刷、制药、日化及日用品生产专用设备制造 | 2 | 57259 | 11902 | 18345 | 6443 | 43305 |
| 纺织、服装和皮革加工专用设备制造 | 1 | 28550 | 4259 | 4953 | 695 | 16136 |
| 电子和电工机械专用设备制造 | 6 | 366686 | 65947 | 100354 | 34407 | 102969 |
| 农、林、牧、渔专用机械制造 | 2 | 70736 | 5234 | 48362 | 43128 | 51564 |
| 医疗仪器设备及器械制造 | 14 | 672469 | 159289 | 275771 | 116482 | 389244 |
| 环保、邮政、社会公共服务及其他专用设备制造 | 3 | 208343 | 26994 | 38598 | 11426 | 145666 |
| 汽车制造业 | 43 | 12175033 | 2389734 | 4261947 | 1787824 | 7571728 |
| 汽车整车制造 | 5 | 10002786 | 1643484 | 2998065 | 1324265 | 6485249 |
| 汽车用发动机制造 | 1 | 100307 | 20319 | 21742 | 1423 | 30856 |
| 改装汽车制造 | 2 | 141656 | 37177 | 56332 | 19155 | 95275 |
| 汽车车身、挂车制造 | 1 | 56502 | 7702 | 10060 | 2359 | 34308 |
| 汽车零部件及配件制造 | 34 | 1873783 | 681053 | 1175748 | 440622 | 926040 |
| 铁路、船舶、航空航天和其他运输设备制造业 | 16 | 6254708 | 899181 | 1643035 | 743720 | 4241168 |

单位：万元

| 应收账款 | 存货 | | 负债合计 | 流动负债合计 | | 所有者权益合计 | 实收资本 | | |
|---|---|---|---|---|---|---|---|---|---|
| | | 产成品 | | | 应付账款 | | | 国家资本 | 集体资本 |
| 168 | 29480 | 1981 | 38660 | 38454 | 7484 | 12872 | 11091 | 11091 | |
| 86938 | 249015 | 102846 | 349668 | 317791 | 80935 | 466110 | 143500 | 6500 | 800 |
| 20064 | 56804 | 29994 | 107620 | 93862 | 18369 | 124250 | 250102 | 40600 | |
| 414849 | 362653 | 193863 | 1401296 | 1166034 | 392464 | 2476858 | 787674 | 81965 | 1808 |
| 261034 | 257975 | 109585 | 742216 | 643517 | 212379 | 900425 | 387857 | 41345 | 21666 |
| 135017 | 117177 | 47967 | 346357 | 309449 | 121684 | 291477 | 136088 | 25514 | |
| 8265 | 6617 | 2097 | 8792 | 8792 | 4444 | 70927 | 46679 | | |
| 20276 | 17784 | 4730 | 51071 | 31892 | 2599 | 74170 | 60256 | | |
| 48967 | 69104 | 32492 | 157984 | 134988 | 48631 | 251325 | 71400 | 6600 | 21666 |
| 15082 | 13536 | 5640 | 98751 | 96148 | 9527 | 128834 | 30798 | | |
| 33428 | 33757 | 16659 | 79261 | 62247 | 25493 | 83691 | 42636 | 9231 | |
| 447486 | 364055 | 196654 | 1544826 | 1400288 | 453911 | 1446787 | 611374 | 151727 | 391 |
| 1927 | 5444 | 2144 | 28535 | 24486 | 1184 | 54549 | 56032 | 47627 | |
| 5910 | 6429 | 518 | 32120 | 19172 | 4381 | 42363 | 6712 | | |
| 64191 | 42480 | 13743 | 171570 | 144744 | 23354 | 223311 | 22600 | | |
| 251997 | 222246 | 143106 | 979562 | 922271 | 285551 | 662786 | 285236 | 9587 | |
| 20620 | 19562 | 6751 | 43350 | 43350 | 23448 | 99543 | 36138 | 8138 | |
| 29812 | 26024 | 13417 | 101090 | 96090 | 43765 | 87942 | 14563 | | |
| 47734 | 28449 | 11579 | 103068 | 73684 | 34277 | 141746 | 102096 | 86376 | |
| 18245 | 5585 | 2786 | 68189 | 61138 | 27112 | 103381 | 71018 | | 391 |
| 7052 | 7838 | 2612 | 17343 | 15354 | 10842 | 31166 | 16980 | | |
| 344302 | 171868 | 71109 | 794003 | 643046 | 195581 | 824539 | 409319 | 43601 | 86 |
| 39934 | 21631 | 10466 | 76049 | 66062 | 15137 | 69414 | 60453 | 30000 | 86 |
| 3255 | 1825 | 926 | 14304 | 8947 | -1134 | 54731 | 3480 | | |
| 6133 | 3079 | 1294 | 46603 | 46603 | 3823 | 10657 | 15847 | | |
| 11942 | 440 | 340 | 23201 | 23201 | 19479 | 5349 | 5349 | | |
| 16836 | 16723 | 8332 | 181526 | 56971 | 42588 | 185160 | 141949 | 7650 | |
| 7634 | 37147 | 4183 | 46506 | 45887 | 3110 | 24231 | 16460 | | |
| 175546 | 75273 | 41792 | 324741 | 319074 | 83768 | 347728 | 129257 | | |
| 83022 | 15749 | 3778 | 81074 | 76300 | 28810 | 127269 | 36524 | 5951 | |
| 2041433 | 1367706 | 452421 | 8368392 | 7036929 | 2780910 | 3806640 | 1392179 | 726595 | 10499 |
| 1640457 | 1120617 | 345234 | 7298717 | 6174692 | 2416952 | 2704069 | 931683 | 648097 | 7499 |
| 16278 | 4591 | 3559 | 50241 | 43564 | 27295 | 50065 | 50000 | | |
| 10936 | 23135 | 7111 | 117283 | 84329 | 28648 | 24372 | 34910 | 26278 | |
| 6760 | 14518 | 12634 | 43524 | 42274 | 13303 | 12978 | 3000 | | 3000 |
| 367002 | 204846 | 83883 | 858626 | 692071 | 294712 | 1015156 | 372585 | 52221 | |
| 246029 | 1747279 | 207478 | 4782954 | 4506892 | 828313 | 1471755 | 479595 | 282414 | 37283 |

1-A-10 续表 4

| 行　业 | 企　业单位数（个） | 资产总计 | 固定资产净　额 | 固定资产原　价 | 累计折旧 | 流动资产合　计 |
|---|---|---|---|---|---|---|
| 船舶及相关装置制造 | 10 | 496420 | 104115 | 185941 | 81826 | 333862 |
| 航空、航天器及设备制造 | 5 | 5728724 | 766965 | 1270332 | 503233 | 3905843 |
| 摩托车制造 | 1 | 29564 | 28101 | 186762 | 158661 | 1463 |
| 电气机械和器材制造业 | 142 | 11503768 | 2908314 | 6265937 | 2124754 | 6555061 |
| 电机制造 | 11 | 2148320 | 239109 | 340509 | 100590 | 1496630 |
| 输配电及控制设备制造 | 38 | 4393551 | 729774 | 2844886 | 889512 | 2860739 |
| 电线、电缆、光缆及电工器材制造 | 19 | 1149567 | 735762 | 1221182 | 483584 | 275931 |
| 电池制造 | 37 | 2248157 | 754740 | 1092287 | 332926 | 1162013 |
| 家用电力器具制造 | 6 | 514918 | 132439 | 182348 | 49909 | 352832 |
| 照明器具制造 | 30 | 1030639 | 312926 | 570978 | 258051 | 400431 |
| 其他电气机械及器材制造 | 1 | 18617 | 3565 | 13747 | 10182 | 6486 |
| 计算机、通信和其他电子设备制造业 | 183 | 19254738 | 3900882 | 7336888 | 2610523 | 10719754 |
| 计算机制造 | 20 | 698887 | 154650 | 426007 | 125496 | 441196 |
| 通信设备制造 | 15 | 2380618 | 128547 | 220950 | 49015 | 2028931 |
| 广播电视设备制造 | 4 | 161911 | 30347 | 37777 | 7428 | 32572 |
| 非专业视听设备制造 | 21 | 592178 | 147536 | 204454 | 56899 | 275727 |
| 智能消费设备制造 | 7 | 543209 | 111992 | 153407 | 41415 | 293940 |
| 电子器件制造 | 40 | 7253363 | 1531212 | 3033219 | 882317 | 3949459 |
| 电子元件及电子专用材料制造 | 67 | 7160019 | 1708917 | 2958203 | 1232886 | 3441830 |
| 其他电子设备制造 | 9 | 464554 | 87680 | 302872 | 215067 | 256100 |
| 仪器仪表制造业 | 12 | 469470 | 108206 | 192565 | 84251 | 247605 |
| 通用仪器仪表制造 | 2 | 226716 | 34603 | 75736 | 41133 | 113099 |
| 专用仪器仪表制造 | 2 | 107058 | 22210 | 40471 | 18175 | 69289 |
| 光学仪器制造 | 8 | 135696 | 51393 | 76358 | 24942 | 65216 |
| 其他制造业 | 4 | 133050 | 35404 | 55269 | 19583 | 90984 |
| 日用杂品制造 | 3 | 131221 | 35404 | 55269 | 19583 | 89156 |
| 其他未列明制造业 | 1 | 1828 | 0 | 0 | 0 | 1828 |
| 废弃资源综合利用业 | 6 | 614267 | 296357 | 368435 | 72078 | 243159 |
| 金属废料和碎屑加工处理 | 4 | 555692 | 274342 | 332281 | 57938 | 233152 |
| 非金属废料和碎屑加工处理 | 2 | 58575 | 22015 | 36154 | 14140 | 10007 |
| 电力、热力生产和供应业 | 19 | 12951983 | 9825946 | 18712981 | 8879276 | 1896867 |
| 电力生产 | 18 | 5811333 | 3780052 | 6516855 | 2729044 | 1695343 |
| 电力供应 | 1 | 7140650 | 6045894 | 12196126 | 6150232 | 201524 |
| 燃气生产和供应业 | 4 | 597710 | 327940 | 479590 | 151650 | 159383 |
| 燃气生产和供应业 | 4 | 597710 | 327940 | 479590 | 151650 | 159383 |
| 水的生产和供应业 | 9 | 1828172 | 338070 | 639769 | 249423 | 602248 |
| 自来水生产和供应 | 9 | 1828172 | 338070 | 639769 | 249423 | 602248 |

单位：万元

| 应收账款 | 存货 | 产成品 | 负债合计 | 流动负债合计 | 应付账款 | 所有者权益合计 | 实收资本 | 国家资本 | 集体资本 |
|---|---|---|---|---|---|---|---|---|---|
| 63818 | 110615 | 79583 | 265763 | 246083 | 36159 | 230658 | 104463 | 37514 | |
| 181354 | 1636530 | 127895 | 4516975 | 4260594 | 792154 | 1211749 | 373258 | 244901 | 37283 |
| 857 | 134 | | 216 | 216 | | 29349 | 1874 | | |
| 2466328 | 1212847 | 495436 | 6472086 | 5437155 | 1868425 | 5031680 | 2156329 | 2735 | 58847 |
| 656465 | 267093 | 90603 | 1456547 | 1203601 | 378321 | 691773 | 238444 | | |
| 1117028 | 458516 | 135924 | 2933967 | 2598609 | 878042 | 1459584 | 694517 | 2735 | 6147 |
| 127666 | 47609 | 28135 | 188159 | 181606 | 33362 | 961408 | 308217 | | |
| 357485 | 328775 | 182740 | 1137084 | 837478 | 372698 | 1111073 | 512137 | | 49200 |
| 114000 | 45063 | 28568 | 354568 | 305795 | 85044 | 160350 | 124855 | | |
| 93421 | 65104 | 28787 | 399107 | 308466 | 120958 | 631532 | 262198 | | 3500 |
| 264 | 685 | 680 | 2655 | 1599 | | 15962 | 15962 | | |
| 3649274 | 2241342 | 2045039 | 11543192 | 9898583 | 3548725 | 7711544 | 3532811 | 250114 | 6811 |
| 120826 | 55371 | 37725 | 251140 | 171319 | 78990 | 447746 | 284848 | | |
| 1055185 | 194903 | 32205 | 1516491 | 1366378 | 706641 | 864127 | 383732 | 65314 | 2450 |
| 20865 | 5531 | 3670 | 121738 | 28212 | 11135 | 40173 | 11555 | | |
| 75985 | 57221 | 19301 | 300197 | 253449 | 104387 | 291981 | 61561 | | |
| 93036 | 35295 | 22750 | 199326 | 95177 | 53336 | 343883 | 93569 | | |
| 1184845 | 1126695 | 281683 | 4738350 | 4184869 | 1334800 | 2515013 | 1093530 | 109440 | 3361 |
| 1041443 | 736684 | 1631413 | 4174441 | 3596101 | 1138934 | 2985577 | 1485452 | 75360 | 1000 |
| 57089 | 29643 | 16293 | 241510 | 203078 | 120502 | 223044 | 118566 | | |
| 86890 | 45936 | 19347 | 220039 | 210121 | 37737 | 249431 | 147955 | 13488 | |
| 34847 | 12905 | 3558 | 47951 | 45404 | 6980 | 178765 | 109003 | | |
| 21196 | 13299 | 6474 | 59614 | 54683 | 8810 | 47444 | 18473 | | |
| 30847 | 19732 | 9315 | 112475 | 110034 | 21947 | 23221 | 20478 | 13488 | |
| 14730 | 10354 | 1410 | 59582 | 12621 | 8772 | 73468 | 45748 | | |
| 14730 | 10354 | 1410 | 58509 | 11548 | 8772 | 72712 | 45548 | | |
| | | | 1073 | 1073 | | 755 | 200 | | |
| 53044 | 127455 | 88132 | 227246 | 207079 | 44969 | 387021 | 61151 | 40151 | |
| 50860 | 126707 | 87596 | 198590 | 180726 | 44969 | 357101 | 53151 | 40151 | |
| 2185 | 748 | 536 | 28656 | 26353 | | 29919 | 8000 | | |
| 713158 | 201437 | 233 | 8475468 | 5374086 | 2079542 | 4476515 | 3011767 | 816043 | 1200 |
| 684452 | 157129 | | 3470990 | 2370537 | 582791 | 2340343 | 1303279 | 816043 | 1200 |
| 28706 | 44308 | 233 | 5004478 | 3003549 | 1496752 | 2136173 | 1708487 | | |
| 41908 | 7728 | 2744 | 419525 | 382431 | 54844 | 178186 | 119300 | 111500 | |
| 41908 | 7728 | 2744 | 419525 | 382431 | 54844 | 178186 | 119300 | 111500 | |
| 45607 | 23792 | 10858 | 1042189 | 733002 | 97051 | 785983 | 262851 | 172381 | |
| 45607 | 23792 | 10858 | 1042189 | 733002 | 97051 | 785983 | 262851 | 172381 | |

1-A-10 续表 5

| 行业 | | | | | 营业收入 | 营业成本 |
|---|---|---|---|---|---|---|
| | 法人资本 | 个人资本 | 港澳台资本 | 外商资本 | | |
| **总 计** | **14248778** | **4164972** | **1791207** | **1142756** | **183957485** | **157154271** |
| 煤炭开采和洗选业 | 8510 | 27651 | | | 375504 | 285513 |
| 烟煤和无烟煤开采洗选 | 8510 | 2651 | | | 303720 | 227445 |
| 其他煤炭采选 | | 25000 | | | 71784 | 58067 |
| 黑色金属矿采选业 | 4390 | | | | 32078 | 25072 |
| 铁矿采选 | 500 | | | | 2765 | 2323 |
| 其他黑色金属矿采选 | 3890 | | | | 29313 | 22749 |
| 有色金属矿采选业 | 29282 | 28587 | 24883 | | 1095094 | 826389 |
| 常用有色金属矿采选 | 7621 | 5000 | 24883 | | 139132 | 96794 |
| 贵金属矿采选 | | | | | 129815 | 96601 |
| 稀有稀土金属矿采选 | 21661 | 23587 | | | 826147 | 632994 |
| 非金属矿采选业 | 135527 | 34750 | | | 329529 | 255553 |
| 土砂石开采 | 46849 | 32500 | | | 213954 | 180798 |
| 采盐 | 79679 | 1250 | | | 98008 | 60269 |
| 石棉及其他非金属矿采选 | 9000 | 1000 | | | 17567 | 14486 |
| 农副食品加工业 | 408760 | 463869 | 10 | 72785 | 9325712 | 8186501 |
| 谷物磨制 | 36140 | 45509 | | | 539080 | 473107 |
| 饲料加工 | 257801 | 74419 | 10 | 19597 | 5195194 | 4681594 |
| 植物油加工 | 4000 | 259832 | | | 1355803 | 1211678 |
| 屠宰及肉类加工 | 39134 | 15676 | | 46848 | 1686382 | 1376890 |
| 水产品加工 | | | | 6340 | 88000 | 69102 |
| 蔬菜、菌类、水果和坚果加工 | 58767 | 60934 | | | 127213 | 95332 |
| 其他农副食品加工 | 12918 | 7500 | | | 334040 | 278798 |
| 食品制造业 | 94915 | 44404 | 10557 | 53007 | 1359161 | 1035131 |
| 焙烤食品制造 | 1166 | 8511 | | 22792 | 237547 | 170824 |
| 糖果、巧克力及蜜饯制造 | 2000 | 1966 | 129 | | 180390 | 125199 |
| 方便食品制造 | 26266 | 258 | 4428 | | 192753 | 159696 |
| 乳制品制造 | 5247 | 10899 | | | 191713 | 139277 |
| 罐头食品制造 | 23500 | 8978 | 6000 | 6000 | 184649 | 160243 |
| 调味品、发酵制品制造 | | 2000 | | | 30255 | 26497 |
| 其他食品制造 | 36736 | 11792 | | 24215 | 341853 | 253394 |
| 酒、饮料和精制茶制造业 | 96681 | 75901 | 1250 | 53336 | 1141138 | 687068 |
| 酒的制造 | 17270 | 64028 | 1250 | 20000 | 428851 | 158985 |
| 饮料制造 | 76411 | 11873 | | 33336 | 664493 | 488120 |
| 精制茶加工 | 3000 | | | | 47794 | 39963 |
| 烟草制品业 | 85129 | | | | 2044387 | 672808 |
| 烟叶复烤 | 85129 | | | | 8041 | 5271 |
| 卷烟制造 | | | | | 2036346 | 667537 |

单位：万元

| 销售费用 | 管理费用 | 财务费用 | | | 投资收益（损失以"–"号记） | 营业利润 | 利润总额 | 亏损企业亏损额 | 平均用工人数（人） |
|---|---|---|---|---|---|---|---|---|---|
| | | | 利息收入 | 利息支出 | | | | | |
| **3781003** | **6535579** | **1247974** | **206997** | **1327513** | **346209** | **12445468** | **12697231** | **417371** | **1299746** |
| 6489 | 27210 | 7572 | 196 | 6985 | 8400 | 63678 | 64786 | | 18847 |
| 4287 | 25980 | 5760 | 184 | 5160 | 8400 | 55564 | 56698 | | 18487 |
| 2202 | 1230 | 1812 | 13 | 1825 | | 8115 | 8088 | | 360 |
| 302 | 639 | 55 | 24 | 51 | | 5868 | 5868 | | 541 |
| 15 | 38 | 3 | 24 | | | 309 | 309 | | 328 |
| 287 | 601 | 51 | | 51 | | 5560 | 5560 | | 213 |
| 25489 | 86219 | 13528 | 692 | 13162 | 970 | 132502 | 150081 | 6475 | 14844 |
| 1353 | 16572 | 2635 | 87 | 2776 | 1 | 15555 | 17607 | 6475 | 3246 |
| 1697 | 22903 | 2506 | 293 | 894 | 969 | 4622 | 4506 | | 754 |
| 22440 | 46744 | 8388 | 311 | 9492 | | 112325 | 127968 | | 10844 |
| 15992 | 12939 | 6105 | -37 | 6158 | | 31308 | 31673 | | 3523 |
| 8490 | 4951 | 2380 | 0 | 2381 | | 14141 | 14146 | | 1580 |
| 7485 | 7380 | 3021 | -47 | 3064 | | 15768 | 16321 | | 1582 |
| 17 | 608 | 704 | 10 | 714 | | 1399 | 1206 | | 361 |
| 208827 | 245481 | 77401 | 14332 | 81926 | 39355 | 613310 | 609183 | | 38359 |
| 11484 | 10183 | 7085 | 24 | 5877 | 316 | 29311 | 28985 | | 5424 |
| 103114 | 147449 | 37335 | 14325 | 47977 | 34758 | 258324 | 259849 | | 12947 |
| 12554 | 14039 | 21750 | | 17823 | | 92917 | 92917 | | 3379 |
| 55628 | 51756 | 4031 | -74 | 3436 | 1998 | 187404 | 182057 | | 11203 |
| 8400 | 5700 | 280 | | | | 4500 | 4500 | | 883 |
| 4867 | 3870 | 3844 | -6 | 3696 | 2283 | 16233 | 16253 | | 1948 |
| 12780 | 12484 | 3077 | 63 | 3117 | | 24622 | 24622 | | 2575 |
| 101233 | 69677 | 6881 | 275 | 7218 | -1225 | 137204 | 142024 | 51 | 18959 |
| 27058 | 12254 | 260 | -10 | 725 | 907 | 25574 | 28713 | | 4422 |
| 16401 | 11688 | 1735 | 11 | 1746 | -421 | 23927 | 23986 | | 1543 |
| 4375 | 3916 | 396 | -62 | 427 | | 24049 | 24043 | 51 | 3584 |
| 17166 | 12920 | 490 | 348 | 864 | 1154 | 21762 | 23351 | | 2884 |
| 2243 | 2156 | 1043 | | 184 | -2976 | 17052 | 16986 | | 1450 |
| 998 | 1503 | 18 | | 18 | | 1117 | 1117 | | 332 |
| 32992 | 25240 | 2941 | -12 | 3254 | 113 | 23723 | 23829 | | 4744 |
| 101111 | 47577 | -1958 | -6951 | 4893 | -252 | 275281 | 276628 | 5989 | 14358 |
| 23968 | 17923 | -5030 | -6228 | 1373 | -687 | 203794 | 204601 | 5989 | 4676 |
| 75130 | 26415 | 2151 | -723 | 2630 | 436 | 70147 | 70687 | | 7283 |
| 2013 | 3238 | 921 | | 890 | | 1340 | 1340 | | 2399 |
| 34177 | 106361 | -3926 | 4111 | 2245 | 620 | 33252 | 31361 | | 5351 |
| 59 | 2896 | -1059 | -1060 | 1 | | 357 | 339 | | 113 |
| 34118 | 103465 | -2867 | 5171 | 2245 | 620 | 32895 | 31022 | | 5238 |

1-A-10 续表 6

| 行业 | | | | | 营业收入 | 营业成本 |
|---|---|---|---|---|---|---|
| | 法人资本 | 个人资本 | 港澳台资本 | 外商资本 | | |
| 纺织业 | 39250 | 135408 | 88878 | 17453 | 2933022 | 2564932 |
| 棉纺织及印染精加工 | 29055 | 108880 | 57380 | 17453 | 2145557 | 1892798 |
| 麻纺织及染整精加工 | 1900 | 229 | | | 108390 | 90631 |
| 丝绢纺织及印染精加工 | | 1232 | | | 66719 | 58339 |
| 化纤织造及印染精加工 | 300 | 16105 | | | 202930 | 184502 |
| 针织或钩针编织物及其制品制造 | 1000 | 1719 | 3784 | | 146109 | 127300 |
| 家用纺织制成品制造 | 6995 | 4954 | | | 38878 | 27247 |
| 产业用纺织制成品制造 | | 2288 | 27714 | | 224439 | 184116 |
| 纺织服装、服饰业 | 111477 | 121013 | 37828 | 25569 | 3213775 | 2709392 |
| 机织服装制造 | 63742 | 115170 | 28884 | 6671 | 2211855 | 1834510 |
| 针织或钩针编织服装制造 | 33652 | 5432 | 7744 | 11999 | 788617 | 687738 |
| 服饰制造 | 14082 | 410 | 1200 | 6899 | 213303 | 187144 |
| 皮革、毛皮、羽毛及其制品和制鞋业 | 112987 | 175539 | 257019 | 62415 | 2298306 | 1953262 |
| 皮革制品制造 | 66028 | 126393 | 12749 | | 670754 | 562947 |
| 毛皮鞣制及制品加工 | 691 | | | | 13447 | 11997 |
| 羽毛(绒)加工及制品制造 | 200 | 3000 | | | 97160 | 90139 |
| 制鞋业 | 46068 | 46146 | 244270 | 62415 | 1516945 | 1288179 |
| 木材加工和木、竹、藤、棕、草制品业 | 13569 | 34494 | 5839 | | 605161 | 478700 |
| 人造板制造 | 11559 | 11144 | 5839 | | 532142 | 416207 |
| 木质制品制造 | 2010 | 490 | | | 33484 | 28639 |
| 竹、藤、棕、草等制品制造 | | 22860 | | | 39536 | 33855 |
| 家具制造业 | 117164 | 15320 | | | 1075181 | 888056 |
| 木质家具制造 | 116327 | 14268 | | | 896670 | 731787 |
| 其他家具制造 | 837 | 1052 | | | 178512 | 156268 |
| 造纸和纸制品业 | 126820 | 19162 | 188699 | | 1555316 | 1294659 |
| 造纸 | 116942 | 14753 | 186755 | | 1256784 | 1035900 |
| 纸制品制造 | 9878 | 4409 | 1945 | | 298532 | 258759 |
| 印刷和记录媒介复制业 | 9166 | 32040 | 4139 | | 762108 | 593170 |
| 印刷 | 9166 | 32040 | 4139 | | 762108 | 593170 |
| 文教、工美、体育和娱乐用品制造业 | 49100 | 32468 | 96422 | 71110 | 1617744 | 1359526 |
| 文教办公用品制造 | 3500 | 986 | | | 120568 | 95233 |
| 工艺美术及礼仪用品制造 | 36200 | 17589 | 22399 | 16014 | 746132 | 601060 |
| 体育用品制造 | | 8510 | 5946 | 52468 | 413295 | 366892 |
| 玩具制造 | 9400 | 5383 | 68077 | 2628 | 337749 | 296341 |
| 石油、煤炭及其他燃料加工业 | | 14981 | 18550 | | 6117948 | 4596309 |
| 精炼石油产品制造 | | 14981 | | | 4590295 | 3286786 |
| 煤炭加工 | | | 18550 | | 1527653 | 1309523 |
| 化学原料和化学制品制造业 | 1891226 | 215424 | 251501 | 45592 | 5599252 | 4250516 |

单位：万元

| 销售费用 | 管理费用 | 财务费用 | 利息收入 | 利息支出 | 投资收益（损失以“-”号记） | 营业利润 | 利润总额 | 亏损企业亏损额 | 平均用工人数（人） |
|---|---|---|---|---|---|---|---|---|---|
| 60713 | 110896 | 19784 | 432 | 18498 | 76 | 166395 | 171931 | 9197 | 39088 |
| 30329 | 77436 | 17633 | 378 | 16609 | 43 | 119938 | 124456 | 4447 | 26405 |
| 878 | 6881 | 455 | | | | 9017 | 9064 | 2 | 1606 |
| 890 | 862 | 36 | | 36 | | 6507 | 6507 | | 324 |
| 5318 | 5397 | 998 | 49 | 1106 | 30 | 6067 | 6101 | 4735 | 2242 |
| 1826 | 4788 | -160 | 1 | 127 | | 11827 | 11842 | 13 | 4276 |
| 7481 | 2694 | 101 | 1 | 98 | 3 | 1230 | 2088 | | 1574 |
| 13991 | 12839 | 722 | 4 | 523 | | 11810 | 11873 | | 2661 |
| 72322 | 127984 | 9709 | 836 | 7846 | -2621 | 271227 | 253701 | 1351 | 65992 |
| 50912 | 85799 | 4566 | 689 | 3920 | -2628 | 219065 | 199814 | 1351 | 40860 |
| 16642 | 34918 | 3286 | 148 | 2426 | | 40829 | 42545 | | 18075 |
| 4768 | 7267 | 1857 | | 1499 | 7 | 11333 | 11342 | | 7057 |
| 41889 | 85801 | 8093 | 1571 | 6398 | -690 | 198520 | 200175 | 4090 | 66562 |
| 14248 | 16703 | 1489 | 270 | 1764 | -1225 | 70739 | 71113 | | 10391 |
| 2 | 58 | 53 | | 53 | | 1244 | 1246 | | 298 |
| 1377 | 1766 | 1239 | | 146 | | 2120 | 2127 | 199 | 708 |
| 26261 | 67274 | 5312 | 1301 | 4434 | 535 | 124417 | 125689 | 3891 | 55165 |
| 29380 | 32052 | 4120 | 27 | 4185 | 21 | 48185 | 48389 | 566 | 5696 |
| 26926 | 29648 | 2996 | 26 | 2992 | 21 | 44109 | 44254 | 470 | 3664 |
| 1813 | 1003 | 26 | 1 | 26 | | 1803 | 1803 | | 747 |
| 641 | 1401 | 1098 | 1 | 1167 | | 2273 | 2333 | 96 | 1285 |
| 25179 | 42133 | 11453 | 96 | 7737 | | 95862 | 95946 | 1912 | 12270 |
| 24033 | 35581 | 11150 | 95 | 7434 | | 82030 | 82114 | 1912 | 11232 |
| 1146 | 6552 | 303 | 1 | 303 | | 13832 | 13832 | | 1038 |
| 26682 | 50599 | 24639 | 3672 | 22997 | 409 | 144005 | 146775 | 168 | 10842 |
| 22844 | 40194 | 23752 | 3668 | 22553 | 400 | 120838 | 121962 | | 7662 |
| 3838 | 10405 | 888 | 4 | 444 | 9 | 23167 | 24813 | 168 | 3180 |
| 14992 | 51548 | 331 | 2857 | 2402 | -970 | 96005 | 96558 | 572 | 8548 |
| 14992 | 51548 | 331 | 2857 | 2402 | -970 | 96005 | 96558 | 572 | 8548 |
| 34165 | 63322 | 15466 | 211 | 10891 | 193 | 134544 | 135797 | 1990 | 32798 |
| 4610 | 7723 | 657 | 0 | 410 | | 11752 | 11754 | 205 | 2292 |
| 18123 | 32948 | 10661 | 33 | 9666 | 193 | 76385 | 76774 | | 10639 |
| 2870 | 5836 | 3510 | 13 | 157 | | 33196 | 33451 | 1246 | 8709 |
| 8562 | 16815 | 638 | 165 | 657 | | 13211 | 13817 | 539 | 11158 |
| 37854 | 120016 | 44052 | 9374 | 39077 | 2157 | 266666 | 265906 | | 12615 |
| 4101 | 62052 | -8141 | 9379 | 1119 | | 202888 | 204338 | | 2300 |
| 33752 | 57964 | 52192 | -5 | 37958 | 2157 | 63778 | 61568 | | 10315 |
| 156307 | 233543 | 61727 | 1947 | 51660 | 11940 | 869597 | 884289 | 9543 | 44862 |

1-A-10 续表 7

| 行业 | 法人资本 | 个人资本 | 港澳台资本 | 外商资本 | 营业收入 | 营业成本 |
|---|---|---|---|---|---|---|
| 基础化学原料制造 | 72252 | 151828 | 186562 | 43000 | 2474254 | 1809867 |
| 肥料制造 | 146176 | | | | 184453 | 174087 |
| 农药制造 | 17498 | 2 | | | 36657 | 26728 |
| 涂料、油墨、颜料及类似产品制造 | 24360 | 12000 | 33365 | | 460676 | 358354 |
| 合成材料制造 | | 4896 | 926 | | 94149 | 69405 |
| 专用化学产品制造 | 65536 | 20778 | 29748 | 2592 | 1175516 | 876299 |
| 炸药、火工及焰火产品制造 | 62005 | 15279 | | | 457637 | 371028 |
| 日用化学产品制造 | 1503400 | 10641 | 900 | | 715910 | 564748 |
| 医药制造业 | 598461 | 312466 | 14039 | 4324 | 5405066 | 3313356 |
| 化学药品原料药制造 | 225656 | 86709 | | 1508 | 1164367 | 815765 |
| 化学药品制剂制造 | 45793 | 160626 | 2070 | | 912092 | 577089 |
| 中药饮片加工 | 3200 | 27350 | | | 334521 | 283367 |
| 中成药生产 | 147235 | 24160 | | | 1820345 | 793067 |
| 兽用药品制造 | | 2000 | | | 65332 | 51807 |
| 生物药品制品制造 | 168634 | 8510 | | | 727932 | 463843 |
| 卫生材料及医药用品制造 | 7943 | 1994 | | 2816 | 353198 | 310005 |
| 药用辅料及包装材料 | | 1118 | 11969 | | 27279 | 18413 |
| 化学纤维制造业 | | 23000 | 101700 | 88845 | 686952 | 597767 |
| 纤维素纤维原料及纤维制造 | | 23000 | 101700 | 88845 | 686952 | 597767 |
| 橡胶和塑料制品业 | 96457 | 90300 | 1827 | 2051 | 1873511 | 1546166 |
| 橡胶制品业 | 18543 | 41113 | | | 367748 | 289377 |
| 塑料制品业 | 77914 | 49187 | 1827 | 2051 | 1505763 | 1256789 |
| 非金属矿物制品业 | 899618 | 561054 | 264996 | 61381 | 9681018 | 7538649 |
| 水泥、石灰和石膏制造 | 188780 | 71889 | 248955 | | 2166769 | 1369205 |
| 石膏、水泥制品及类似制品制造 | 18310 | 11357 | | | 951391 | 778604 |
| 砖瓦、石材等建筑材料制造 | 500 | 10388 | 1771 | | 270929 | 225013 |
| 玻璃制造 | | 6422 | | | 111199 | 96265 |
| 玻璃制品制造 | 21000 | 54777 | | | 446539 | 361173 |
| 玻璃纤维和玻璃纤维增强塑料制品制造 | 104422 | 42955 | 500 | | 589296 | 472631 |
| 陶瓷制品制造 | 543837 | 324401 | 13770 | 61381 | 4784260 | 3968018 |
| 耐火材料制品制造 | | 30683 | | | 11945 | 7717 |
| 石墨及其他非金属矿物制品制造 | 22769 | 8182 | | | 348690 | 260024 |
| 黑色金属冶炼和压延加工业 | 796843 | 19987 | | | 13367125 | 11051107 |
| 炼铁 | | 3500 | | | 39875 | 37130 |
| 钢压延加工 | 796843 | 15837 | | | 13314426 | 11003838 |
| 铁合金冶炼 | | 650 | | | 12824 | 10139 |
| 有色金属冶炼和压延加工业 | 1155268 | 205176 | 12182 | 16580 | 36109880 | 33925714 |
| 常用有色金属冶炼 | 287418 | 44093 | | 8092 | 27698155 | 26342876 |

单位：万元

| 销售费用 | 管理费用 | 财务费用 | | | 投资收益(损失以“-”号记) | 营业利润 | 利润总额 | 亏损企业亏损额 | 平均用工人数(人) |
|---|---|---|---|---|---|---|---|---|---|
| | | | 利息收入 | 利息支出 | | | | | |
| 57642 | 98188 | 41998 | -1688 | 34949 | 10217 | 458506 | 461961 | 2985 | 11275 |
| 4940 | 6631 | 1436 | -26 | 1518 | | -4385 | -861 | 6557 | 2199 |
| 575 | 4519 | 242 | 82 | 24 | 3320 | 7364 | 7345 | | 328 |
| 10564 | 14164 | 1121 | 145 | 2283 | -3141 | 75482 | 86477 | | 3163 |
| 183 | 598 | 236 | 2 | 238 | | 23440 | 23438 | | 700 |
| 35736 | 50399 | 9020 | 3294 | 5373 | 291 | 189297 | 203932 | | 11741 |
| 13931 | 27305 | 3026 | 124 | 3068 | 1252 | 40201 | 41020 | | 11128 |
| 32737 | 31738 | 4648 | 13 | 4207 | | 79692 | 60976 | | 4328 |
| 912040 | 422608 | 32529 | 13285 | 51369 | 82566 | 749399 | 759923 | 7382 | 55314 |
| 22203 | 113541 | 5280 | -679 | 12050 | 38820 | 239398 | 238531 | 7382 | 10990 |
| 159951 | 51989 | -311 | 4593 | 3903 | 11598 | 123700 | 123812 | | 9958 |
| 9748 | 8142 | 1396 | | 1395 | | 30920 | 36078 | | 1850 |
| 678657 | 153831 | 7594 | 1544 | 9362 | 1871 | 171985 | 177142 | | 23524 |
| 3984 | 2906 | 1028 | | 1028 | | 5505 | 5505 | | 350 |
| 22213 | 82152 | 16169 | 7807 | 22373 | 30269 | 154501 | 155344 | | 5621 |
| 13612 | 6857 | 1286 | 19 | 1213 | 8 | 20318 | 20595 | | 2313 |
| 1671 | 3191 | 88 | 1 | 46 | | 3072 | 2916 | | 708 |
| 9977 | 59866 | 14184 | 251 | 10884 | | 2523 | 5605 | 845 | 3294 |
| 9977 | 59866 | 14184 | 251 | 10884 | | 2523 | 5605 | 845 | 3294 |
| 36077 | 49188 | 9343 | 556 | 6215 | 2196 | 222130 | 221696 | 27 | 16427 |
| 11091 | 14909 | 2018 | -28 | 2628 | 2757 | 45581 | 42442 | 27 | 4205 |
| 24987 | 34280 | 7326 | 584 | 3587 | -561 | 176550 | 179254 | | 12222 |
| 257563 | 365316 | 93374 | 837 | 74082 | -14979 | 1339824 | 1338372 | 11248 | 108573 |
| 53333 | 67642 | 15450 | 426 | 23213 | 1885 | 650640 | 647443 | | 11509 |
| 21646 | 30860 | 5687 | 243 | 3312 | | 109866 | 108398 | | 5538 |
| 8227 | 13341 | 2215 | 1 | 890 | | 20187 | 20413 | 79 | 3370 |
| 1503 | 7256 | 3078 | 12 | 1316 | -924 | -101 | -6559 | 10238 | 2424 |
| 17659 | 8092 | 12964 | 25 | 1070 | -9871 | 41146 | 42546 | | 4620 |
| 11369 | 25436 | 11030 | 69 | 8315 | | 67159 | 65637 | 100 | 6521 |
| 131640 | 194558 | 40256 | -36 | 33349 | -13497 | 389072 | 396682 | 831 | 72479 |
| 1173 | 4625 | 352 | 11 | 346 | 7158 | 3082 | 3057 | | 302 |
| 11014 | 13505 | 2342 | 86 | 2271 | 271 | 58772 | 60755 | | 1810 |
| 60427 | 408330 | -12493 | -11207 | 50493 | 9996 | 1790794 | 1768463 | | 45830 |
| | 1305 | 313 | 1 | 235 | | 1011 | 988 | | 434 |
| 60001 | 406588 | -12848 | -11208 | 50216 | 9996 | 1788036 | 1765729 | | 45091 |
| 426 | 437 | 43 | | 43 | | 1747 | 1747 | | 305 |
| 177009 | 548238 | 194338 | 108024 | 284629 | 82139 | 1147334 | 1223353 | 15866 | 61289 |
| 78773 | 358428 | 132768 | 104124 | 235269 | 77629 | 715825 | 755160 | | 32499 |

1-A-10 续表 8

| 行　业 | | | | | 营业收入 | 营业成本 |
|---|---|---|---|---|---|---|
| | 法人资本 | 个人资本 | 港澳台资本 | 外商资本 | | |
| 贵金属冶炼 | | | | | 106537 | 101314 |
| 稀有稀土金属冶炼 | 118980 | 14720 | | 2500 | 1228795 | 1090972 |
| 有色金属合金制造 | 203514 | | | 5988 | 138370 | 130301 |
| 有色金属压延加工 | 545357 | 146363 | 12182 | | 6938025 | 6260251 |
| 金属制品业 | 141178 | 133249 | 14102 | 36317 | 2354101 | 2005449 |
| 结构性金属制品制造 | 38230 | 67037 | | 5307 | 821128 | 722155 |
| 金属工具制造 | 36730 | 9949 | | | 45910 | 30849 |
| 金属丝绳及其制品制造 | 24904 | | 14102 | 21250 | 198556 | 165544 |
| 建筑、安全用金属制品制造 | 3134 | 30240 | | 9760 | 909515 | 766195 |
| 金属制日用品制造 | 24298 | 6500 | | | 218946 | 183919 |
| 铸造及其他金属制品制造 | 13882 | 19523 | | | 160046 | 136788 |
| 通用设备制造业 | 298922 | 142119 | 13062 | 5153 | 3701163 | 3186677 |
| 锅炉及原动设备制造 | 5000 | 3405 | | | 16817 | 11045 |
| 金属加工机械制造 | | 6000 | 712 | | 219843 | 182945 |
| 物料搬运设备制造 | 10600 | 12000 | | | 347162 | 291185 |
| 泵、阀门、压缩机及类似机械制造 | 254129 | 21520 | | | 1816093 | 1590008 |
| 轴承、齿轮和传动部件制造 | 28000 | | | | 397393 | 316508 |
| 烘炉、风机、包装等设备制造 | 1193 | 4600 | 5000 | 3770 | 477886 | 429949 |
| 文化、办公用机械制造 | | 8370 | 7350 | | 187385 | 163936 |
| 通用零部件制造 | | 69244 | | 1383 | 172418 | 143745 |
| 其他通用设备制造业 | | 16980 | | | 66167 | 57355 |
| 专用设备制造业 | 159969 | 172050 | 10761 | 22851 | 1642103 | 1354707 |
| 采矿、冶金、建筑专用设备制造 | 13144 | 17223 | | | 453518 | 392975 |
| 化工、木材、非金属加工专用设备制造 | 250 | 3230 | | | 119520 | 93552 |
| 印刷、制药、日化及日用品生产专用设备制造 | | 15847 | | | 86163 | 73887 |
| 纺织、服装和皮革加工专用设备制造 | | 5349 | | | 10129 | 8755 |
| 电子和电工机械专用设备制造 | 121949 | 12350 | | | 181707 | 154599 |
| 农、林、牧、渔专用机械制造 | 2520 | 5880 | 8060 | | 109331 | 90741 |
| 医疗仪器设备及器械制造 | 20812 | 82893 | 2702 | 22851 | 567069 | 473520 |
| 环保、邮政、社会公共服务及其他专用设备制造 | 1295 | 29278 | | | 114667 | 66679 |
| 汽车制造业 | 438959 | 136139 | 3712 | 76274 | 14633401 | 12869126 |
| 汽车整车制造 | 225453 | 50636 | | | 11026280 | 9877325 |
| 汽车用发动机制造 | 50000 | | | | 40456 | 35221 |
| 改装汽车制造 | 8633 | | | | 67160 | 61542 |
| 汽车车身、挂车制造 | | | | | 38959 | 25500 |
| 汽车零部件及配件制造 | 154874 | 85504 | 3712 | 76274 | 3460546 | 2869539 |
| 铁路、船舶、航空航天和其他运输设备制造业 | 112952 | 1874 | | 45072 | 3117375 | 2900406 |

单位：万元

| 销售费用 | 管理费用 | 财务费用 | | | 投资收益（损失以"–"号记） | 营业利润 | 利润总额 | 亏损企业亏损额 | 平均用工人数（人） |
|---|---|---|---|---|---|---|---|---|---|
| | | | 利息收入 | 利息支出 | | | | | |
| 54 | 3466 | 1341 | 9 | 1346 | | 944 | 914 | | 308 |
| 8781 | 32245 | 8003 | 37 | 9655 | 2511 | 85993 | 86607 | | 4095 |
| 3200 | 12747 | 2902 | -84 | 3417 | | -15076 | -15048 | 15866 | 1522 |
| 86202 | 141352 | 49324 | 3938 | 34943 | 2000 | 359648 | 395720 | | 22865 |
| 49932 | 103902 | 11761 | 838 | 10833 | -6548 | 175062 | 174569 | 1461 | 19193 |
| 7385 | 41151 | 4638 | 253 | 4333 | 891 | 45999 | 46661 | | 5378 |
| 1286 | 3816 | -13 | 4 | 20 | 805 | 10146 | 10311 | | 1137 |
| 11055 | 10993 | 2475 | 100 | 2153 | -36 | 8118 | 8263 | 1461 | 1029 |
| 23689 | 33575 | 2022 | 349 | 2090 | | 77750 | 76282 | | 7583 |
| 4398 | 6320 | 967 | 78 | 1015 | 10 | 22230 | 22243 | | 2203 |
| 2120 | 8046 | 1672 | 55 | 1222 | -8218 | 10820 | 10808 | | 1863 |
| 80831 | 179667 | 18046 | 1063 | 18305 | 5533 | 216687 | 221080 | 7346 | 33987 |
| 804 | 5517 | 1730 | 2 | 1732 | | -2454 | -1580 | 4613 | 717 |
| 1800 | 2256 | -52 | | 28 | | 30471 | 31016 | | 1496 |
| 15186 | 13539 | 4521 | 21 | 4253 | -24 | 22749 | 22793 | | 2621 |
| 38223 | 107605 | 5623 | -1782 | 8638 | 4944 | 65095 | 65923 | 681 | 14836 |
| 8236 | 12496 | 3647 | 2200 | 1237 | | 52941 | 53240 | | 2064 |
| 7497 | 9524 | 515 | 263 | 816 | | 28389 | 28361 | | 2263 |
| 3007 | 15884 | 162 | 327 | 905 | 612 | 2341 | 3337 | 2053 | 5096 |
| 3811 | 10371 | 1884 | 33 | 693 | | 11631 | 12461 | | 4230 |
| 2268 | 2475 | 16 | | 3 | | 5525 | 5530 | | 664 |
| 62663 | 74400 | 11518 | 176 | 12039 | 2131 | 134223 | 134729 | 6336 | 25148 |
| 9766 | 15415 | 1107 | 57 | 1097 | | 30505 | 30562 | 1827 | 2568 |
| 9253 | 6201 | 761 | 2 | 743 | | 8905 | 8923 | | 1211 |
| 3430 | 4047 | 1743 | -122 | 1865 | | 2929 | 2756 | | 1780 |
| 388 | 552 | 133 | 14 | 147 | | 18 | 18 | | 510 |
| 5345 | 8846 | -213 | -125 | 618 | | 19920 | 19997 | 647 | 3084 |
| 4646 | 4660 | 23 | -89 | 112 | | 8808 | 8867 | | 995 |
| 21685 | 21830 | 7669 | 37 | 6792 | 188 | 39938 | 40057 | 3862 | 13831 |
| 8148 | 12850 | 296 | 401 | 665 | 1942 | 23200 | 23550 | | 1169 |
| 465744 | 841476 | 79142 | 35496 | 102225 | 66731 | 341300 | 524760 | 122486 | 70000 |
| 377213 | 656837 | 60562 | 34369 | 83488 | 67522 | 31771 | 198348 | 115450 | 43191 |
| 284 | 4297 | 425 | 11 | 429 | | 0 | 91 | | 595 |
| 2481 | 6370 | 985 | 451 | 1690 | | -4880 | -3547 | 3547 | 764 |
| 8372 | 4736 | 91 | 3 | 87 | | 47 | 555 | | 705 |
| 77393 | 169237 | 17081 | 662 | 16530 | -791 | 314361 | 329314 | 3489 | 24745 |
| 12074 | 175983 | 11770 | 12992 | 1222 | 21805 | 39939 | 51861 | 61153 | 26516 |

1-A-10 续表 9

| 行业 | 法人资本 | 个人资本 | 港澳台资本 | 外商资本 | 营业收入 | 营业成本 |
|---|---|---|---|---|---|---|
| 船舶及相关装置制造 | 21878 | | | 45072 | 411417 | 367524 |
| 航空、航天器及设备制造 | 91074 | | | | 2548760 | 2393906 |
| 摩托车制造 | | 1874 | | | 157198 | 138976 |
| 电气机械和器材制造业 | 1581657 | 299240 | 115773 | 98078 | 15127987 | 12962398 |
| 电机制造 | 73342 | 54988 | 41315 | 68799 | 1283373 | 1062167 |
| 输配电及控制设备制造 | 606037 | 53767 | 16833 | 8999 | 5778242 | 4978386 |
| 电线、电缆、光缆及电工器材制造 | 283084 | 19860 | | 5273 | 1811063 | 1588473 |
| 电池制造 | 341990 | 111233 | 9714 | | 3266085 | 2750122 |
| 家用电力器具制造 | 69420 | 8500 | 46935 | | 997741 | 922898 |
| 照明器具制造 | 207782 | 34932 | 976 | 15008 | 1936036 | 1607791 |
| 其他电气机械及器材制造 | | 15962 | | | 55448 | 52561 |
| 计算机、通信和其他电子设备制造业 | 2357785 | 518523 | 206104 | 193474 | 21533062 | 18837925 |
| 计算机制造 | 239011 | 9444 | 4266 | 32127 | 1620900 | 1383413 |
| 通信设备制造 | 218793 | 22375 | 74801 | | 3321414 | 3000930 |
| 广播电视设备制造 | 2263 | 1792 | 7500 | | 189812 | 161785 |
| 非专业视听设备制造 | 31498 | 17697 | 12365 | | 805562 | 696634 |
| 智能消费设备制造 | 75245 | 6890 | 10000 | 1434 | 781829 | 690158 |
| 电子器件制造 | 721259 | 118375 | 24866 | 116229 | 7964312 | 7019820 |
| 电子元件及电子专用材料制造 | 965764 | 327337 | 72307 | 43684 | 5904351 | 5097884 |
| 其他电子设备制造 | 103952 | 14614 | | | 944883 | 787301 |
| 仪器仪表制造业 | 131207 | 3260 | | | 501680 | 411936 |
| 通用仪器仪表制造 | 109003 | | | | 213376 | 163652 |
| 专用仪器仪表制造 | 18473 | | | | 133994 | 112505 |
| 光学仪器制造 | 3730 | 3260 | | | 154310 | 135779 |
| 其他制造业 | 200 | 14075 | 31473 | | 278187 | 245330 |
| 日用杂品制造 | | 14075 | 31473 | | 268673 | 235473 |
| 其他未列明制造业 | 200 | | | | 9513 | 9856 |
| 废弃资源综合利用业 | 16000 | 5000 | | | 947276 | 825986 |
| 金属废料和碎屑加工处理 | 13000 | | | | 893447 | 785507 |
| 非金属废料和碎屑加工处理 | 3000 | 5000 | | | 53829 | 40479 |
| 电力、热力生产和供应业 | 2090489 | 15265 | | 88769 | 10316883 | 9950788 |
| 电力生产 | 382002 | 15265 | | 88769 | 3435534 | 3219022 |
| 电力供应 | 1708487 | | | | 6881349 | 6731765 |
| 燃气生产和供应业 | 7800 | | | | 636861 | 557403 |
| 燃气生产和供应业 | 7800 | | | | 636861 | 557403 |
| 水的生产和供应业 | 31061 | 41188 | 15901 | 2321 | 563437 | 410828 |
| 自来水生产和供应 | 31061 | 41188 | 15901 | 2321 | 563437 | 410828 |

单位：万元

| 销售费用 | 管理费用 | 财务费用 | | | 投资收益（损失以“−”号记） | 营业利润 | 利润总额 | 亏损企业亏损额 | 平均用工人数（人） |
|---|---|---|---|---|---|---|---|---|---|
| | | | 利息收入 | 利息支出 | | | | | |
| 1938 | 19970 | 5559 | 62 | 1186 | 10 | 14877 | 29318 | 423 | 9310 |
| 6350 | 152560 | 2887 | 12930 | 36 | 21795 | 23438 | 20919 | 60730 | 16538 |
| 3786 | 3453 | 3324 | | | | 1624 | 1624 | | 668 |
| 361625 | 713350 | 110602 | -6802 | 101493 | 3346 | 895987 | 893863 | 37542 | 115009 |
| 36857 | 82107 | 30261 | -181 | 25981 | 3285 | 61275 | 65759 | 1276 | 13127 |
| 138262 | 280461 | 38152 | -2778 | 34370 | -1055 | 325314 | 331086 | 16679 | 35081 |
| 22014 | 66863 | 10773 | -61 | 7998 | 30 | 114978 | 117005 | 300 | 9546 |
| 72010 | 154752 | 24796 | 899 | 22100 | -37 | 231156 | 203831 | 6636 | 27104 |
| 24815 | 26829 | -685 | -1706 | 2198 | | 16175 | 16854 | | 7910 |
| 67482 | 102152 | 7227 | -2974 | 8837 | 1124 | 144738 | 156977 | 12651 | 21214 |
| 186 | 186 | 77 | | 10 | | 2352 | 2352 | | 1027 |
| 226984 | 894072 | 145422 | 13084 | 90760 | 10478 | 1480868 | 1430845 | 27385 | 227366 |
| 30671 | 42795 | 10415 | 79 | 10119 | | 145281 | 146106 | | 21594 |
| 19866 | 136037 | 9823 | 516 | 20805 | 44 | 159681 | 161806 | 6089 | 12541 |
| 1479 | 3830 | 566 | 10 | 529 | -955 | 19049 | 19568 | | 8162 |
| 7217 | 26233 | 5782 | 19 | 5084 | -1 | 67124 | 68008 | 2362 | 14623 |
| 5295 | 23216 | -1428 | 1180 | 987 | 254 | 58133 | 59720 | | 7421 |
| 86254 | 322967 | 72868 | 1391 | 21548 | 17154 | 520039 | 461914 | 5669 | 77187 |
| 68293 | 285439 | 46440 | 9720 | 30338 | -8884 | 408976 | 411379 | 13264 | 70607 |
| 7910 | 53555 | 956 | 170 | 1351 | 2865 | 102585 | 102344 | | 15231 |
| 17396 | 29046 | 1365 | 414 | 2285 | 2865 | 42113 | 43881 | | 9303 |
| 14555 | 12289 | 584 | 115 | 1144 | 2846 | 23562 | 24502 | | 1799 |
| 1713 | 7423 | 71 | 323 | 390 | 19 | 12033 | 12499 | | 1380 |
| 1128 | 9334 | 711 | -24 | 752 | 0 | 6518 | 6879 | | 6124 |
| 3361 | 3365 | 2386 | 6 | 335 | | 23031 | 23963 | | 1965 |
| 3361 | 3357 | 2352 | 6 | 335 | | 23569 | 23579 | | 1752 |
| | 8 | 35 | | | | -537 | 385 | | 213 |
| 8118 | 35051 | 8986 | 118 | 8162 | 3116 | 94031 | 77954 | | 2929 |
| 3964 | 31091 | 8215 | 110 | 8022 | 3116 | 89339 | 72136 | | 2260 |
| 4154 | 3960 | 772 | 7 | 140 | | 4692 | 5818 | | 669 |
| 3895 | 69180 | 182031 | 1461 | 172965 | 1551 | 40522 | 61882 | 76118 | 53748 |
| 3347 | 40944 | 103867 | 3050 | 93556 | -282 | 44758 | 47901 | 76118 | 11102 |
| 548 | 28235 | 78164 | -1589 | 79409 | 1833 | -4237 | 13981 | | 42646 |
| 18446 | 15729 | 7284 | 595 | 7542 | | 35674 | 35915 | | 2381 |
| 18446 | 15729 | 7284 | 595 | 7542 | | 35674 | 35915 | | 2381 |
| 23738 | 32817 | 21352 | 2147 | 27350 | 14898 | 90622 | 93447 | 272 | 7419 |
| 23738 | 32817 | 21352 | 2147 | 27350 | 14898 | 90622 | 93447 | 272 | 7419 |

B. 地区部分

# 1-B-1　按地区分组的规模以上

| 地　区 | 企　业<br>单位数<br>(个) | 资产总计 | 固定资产<br>净　额 | 固定资产<br>原　价 | 累计折旧 | 流动资产<br>合　计 | | |
|---|---|---|---|---|---|---|---|---|
| | | | | | | | 应收账款 | 存货 |
| **全　省** | **12011** | **245334439** | **74878866** | **138454560** | **57724500** | **118273556** | **28850801** | **27523700** |
| 南 昌 市 | 1388 | 62308112 | 17198103 | 32326170 | 14783993 | 33568117 | 9216590 | 6906486 |
| 景德镇市 | 331 | 11985795 | 3168667 | 7589531 | 4073551 | 6694836 | 841663 | 1831024 |
| 萍 乡 市 | 580 | 7425951 | 3386842 | 5278977 | 1782085 | 2885075 | 848544 | 559129 |
| 九 江 市 | 1683 | 33879676 | 12107268 | 20901435 | 7726922 | 11079557 | 2244719 | 2660076 |
| 新 余 市 | 380 | 12888703 | 2925617 | 6632238 | 3564127 | 6927300 | 942178 | 1443865 |
| 鹰 潭 市 | 293 | 20103354 | 6820233 | 15665216 | 8686684 | 11959113 | 1848929 | 2824957 |
| 赣 州 市 | 1985 | 22245866 | 5925282 | 9389222 | 3120600 | 12399474 | 3460096 | 3504346 |
| 吉 安 市 | 1470 | 19083312 | 6517185 | 11386177 | 3791493 | 6889562 | 2161496 | 1375945 |
| 宜 春 市 | 1665 | 25724298 | 8064098 | 14305529 | 5635739 | 11337834 | 2980988 | 3021163 |
| 抚 州 市 | 806 | 10189201 | 3579776 | 5602925 | 1897505 | 3941378 | 1183026 | 1278364 |
| 上 饶 市 | 1430 | 19500171 | 5185796 | 9377141 | 2661801 | 10591312 | 3122573 | 2118345 |

1-B-1　续表

| 地　区 | | | | 营业收入 | 营业成本 | 销售费用 | 管理费用 |
|---|---|---|---|---|---|---|---|
| | 个人资本 | 港澳台资本 | 外商资本 | | | | |
| **全　省** | **14299346** | **2596412** | **1726668** | **328188944** | **282708043** | **6709317** | **10593083** |
| 南 昌 市 | 1317917 | 419402 | 500501 | 65396055 | 56178871 | 1450911 | 2706657 |
| 景德镇市 | 273804 | 12814 | 36336 | 10384904 | 8883030 | 293720 | 514698 |
| 萍 乡 市 | 725409 | 53015 | 1082 | 10272590 | 8466378 | 267657 | 349434 |
| 九 江 市 | 1890074 | 1081900 | 482356 | 55920004 | 46543922 | 939731 | 1627097 |
| 新 余 市 | 825283 | 71539 | 22100 | 15008974 | 13236979 | 160713 | 381957 |
| 鹰 潭 市 | 342657 | 48206 | 4821 | 36055634 | 34293324 | 216066 | 455513 |
| 赣 州 市 | 2689867 | 339047 | 222914 | 29810685 | 25474968 | 685110 | 1074683 |
| 吉 安 市 | 1679498 | 275799 | 111308 | 31409564 | 26611997 | 716426 | 1115475 |
| 宜 春 市 | 2046111 | 212655 | 213644 | 31439957 | 26255289 | 963125 | 911557 |
| 抚 州 市 | 860186 | 45737 | 115334 | 14761492 | 12615481 | 522342 | 539665 |
| 上 饶 市 | 1648539 | 36298 | 16272 | 27729087 | 24147804 | 493515 | 916349 |

# 工业企业主要经济指标

单位：万元

| 产成品 | 负债合计 | 流动负债合计 | 应付账款 | 所有者权益合计 | 实收资本 | 国家资本 | 集体资本 | 法人资本 |
|---|---|---|---|---|---|---|---|---|
| **11383321** | **127439583** | **104143110** | **29352839** | **117892029** | **58370191** | **7175233** | **692954** | **31879569** |
| 3375158 | 36111822 | 29633072 | 10655400 | 26196281 | 14394034 | 2049529 | 116448 | 9990235 |
| 401312 | 7887552 | 7076410 | 1016930 | 4098165 | 1748792 | 887307 | 13624 | 524908 |
| 244095 | 3407748 | 2662062 | 969252 | 4018201 | 2312866 | 491954 | 22733 | 1018674 |
| 1408251 | 14244328 | 10573894 | 2343515 | 19635342 | 7227989 | 395643 | 48824 | 3329191 |
| 482486 | 7175744 | 6178560 | 1455722 | 5712958 | 2493976 | 541281 | 11139 | 1022635 |
| 671913 | 10950182 | 9576604 | 1707023 | 9153168 | 2340701 | 806356 | 9391 | 1129269 |
| 1438093 | 11957473 | 10328416 | 3160203 | 10288381 | 7680569 | 624626 | 208286 | 3595827 |
| 596715 | 8434105 | 6122686 | 1507668 | 10649205 | 3791569 | 376728 | 72576 | 1275657 |
| 1332435 | 12043474 | 9743567 | 2431785 | 13680817 | 8055436 | 361349 | 82166 | 5139510 |
| 530549 | 4455676 | 3311621 | 1041264 | 5733520 | 3983961 | 144502 | 32575 | 2785628 |
| 902314 | 10771479 | 8936219 | 3064078 | 8725991 | 4340297 | 495958 | 75192 | 2068035 |

单位：万元

| 财务费用 | 利息收入 | 利息支出 | 投资收益（损失以“–”号记） | 营业利润 | 利润总额 | 亏损企业亏损额 | 平均用工人数（人） |
|---|---|---|---|---|---|---|---|
| **2249044** | **254263** | **2057908** | **259082** | **22178532** | **22800249** | **815229** | **2362782** |
| 463863 | 108048 | 467174 | 225463 | 3339573 | 3556486 | 195646 | 423077 |
| 132024 | 10141 | 82699 | -18554 | 373995 | 411967 | 153287 | 81626 |
| 58260 | 6022 | 62141 | 12055 | 1040502 | 1037168 | 28362 | 122323 |
| 341787 | 37755 | 248077 | 13701 | 5203070 | 5389169 | 66925 | 308036 |
| 85808 | -34509 | 118673 | 23975 | 1105791 | 1121765 | 79578 | 89506 |
| 167191 | 101114 | 261406 | 76868 | 816064 | 892068 | 43651 | 69419 |
| 243191 | 4490 | 209646 | 17857 | 2172238 | 2113085 | 111648 | 326742 |
| 187411 | 1762 | 137035 | 7007 | 2693571 | 2527007 | 29794 | 313701 |
| 257108 | 5625 | 222420 | -117810 | 2737505 | 2875674 | 51283 | 320766 |
| 109226 | 8940 | 100904 | 12919 | 856199 | 977167 | 25187 | 114834 |
| 203175 | 4876 | 147735 | 5602 | 1840026 | 1898695 | 29869 | 192752 |

# 1-B-2　按地区分组的国有控股

| 地　区 | 企　业<br>单位数<br>(个) | 资产总计 | | | | | | |
|---|---|---|---|---|---|---|---|---|
| | | | 固定资产<br>净　额 | 固定资产<br>原　价 | 累计折旧 | 流动资产<br>合　计 | | |
| | | | | | | | 应收账款 | 存货 |
| **全　省** | **504** | **75920964** | **27000505** | **52908386** | **25280289** | **36482164** | **6030796** | **8577479** |
| 南 昌 市 | 107 | 28799343 | 10363698 | 19731520 | 9327683 | 12230996 | 2906557 | 2879637 |
| 景德镇市 | 29 | 8566828 | 1909532 | 3374073 | 1361129 | 5471354 | 510266 | 1581711 |
| 萍 乡 市 | 16 | 1306780 | 690468 | 1059912 | 329917 | 410556 | 121228 | 51659 |
| 九 江 市 | 66 | 5589417 | 2965666 | 4722882 | 1659988 | 1385304 | 338304 | 433810 |
| 新 余 市 | 24 | 5746907 | 1512641 | 3755926 | 2237890 | 3494244 | 215468 | 642144 |
| 鹰 潭 市 | 13 | 14656044 | 4470293 | 11394674 | 6814065 | 9626872 | 1190572 | 2117358 |
| 赣 州 市 | 99 | 3570223 | 1268610 | 2254739 | 801247 | 1544317 | 218741 | 451656 |
| 吉 安 市 | 37 | 1736799 | 749592 | 1643850 | 873482 | 409153 | 106432 | 99576 |
| 宜 春 市 | 41 | 2366080 | 1535533 | 2495191 | 942743 | 585008 | 136584 | 98834 |
| 抚 州 市 | 23 | 1294489 | 695923 | 910194 | 214091 | 312138 | 134659 | 55878 |
| 上 饶 市 | 49 | 2288054 | 838549 | 1565426 | 718054 | 1012222 | 151987 | 165217 |

1-B-2　续表

| 地　区 | | | | 营业收入 | 营业成本 | 销售费用 | 管理费用 |
|---|---|---|---|---|---|---|---|
| | 个人资本 | 港澳台资本 | 外商资本 | | | | |
| **全　省** | **163165** | **34434** | **133324** | **79430109** | **69676738** | **1051677** | **2459391** |
| 南 昌 市 | 69945 | 18517 | 28176 | 26305989 | 22291679 | 582341 | 1191533 |
| 景德镇市 | 6177 | | | 5190862 | 4635913 | 143615 | 282773 |
| 萍 乡 市 | 6196 | | | 672902 | 541197 | 13186 | 35282 |
| 九 江 市 | 8875 | 1175 | 6245 | 7704777 | 5920706 | 52032 | 182522 |
| 新 余 市 | 4012 | 14102 | | 7426384 | 6496275 | 46355 | 149283 |
| 鹰 潭 市 | | | | 24308479 | 23431578 | 73809 | 273111 |
| 赣 州 市 | 24639 | | 6092 | 2801877 | 2267151 | 40766 | 113638 |
| 吉 安 市 | 19880 | | | 1109143 | 939497 | 25844 | 37661 |
| 宜 春 市 | 5091 | | 2632 | 1411641 | 1113651 | 37453 | 52905 |
| 抚 州 市 | 20 | 640 | 88769 | 789921 | 663152 | 11619 | 30246 |
| 上 饶 市 | 18330 | | 1410 | 1708134 | 1375939 | 24657 | 110436 |

# 工业企业主要经济指标

单位：万元

| 产成品 | 负债合计 | 流动负债合计 | 应付账款 | 所有者权益合计 | 实收资本 | 国家资本 | 集体资本 | 法人资本 |
|---|---|---|---|---|---|---|---|---|
| **3265222** | **46553506** | **36925938** | **9362034** | **29367455** | **14501443** | **6202819** | **83565** | **7884136** |
| 1958300 | 17383569 | 13308447 | 4989382 | 11415774 | 4012661 | 1617391 | 49776 | 2228858 |
| 276665 | 6626576 | 6017314 | 811910 | 1940252 | 1136762 | 853840 | 100 | 276646 |
| 15459 | 952049 | 560278 | 156318 | 354731 | 509495 | 460128 |  | 43171 |
| 107381 | 3175739 | 2064164 | 514571 | 2413677 | 1476353 | 347852 | 5677 | 1106529 |
| 155908 | 3278287 | 3051461 | 640268 | 2468620 | 674580 | 528621 | 479 | 127366 |
| 424797 | 8807609 | 7688421 | 1262160 | 5848435 | 892812 | 757787 | 208 | 134817 |
| 208978 | 2135361 | 1711741 | 506388 | 1434862 | 901471 | 562084 | 23150 | 285506 |
| 23187 | 1034257 | 573827 | 84147 | 702542 | 408275 | 331570 | 2510 | 54315 |
| 24446 | 1293806 | 698722 | 133758 | 1072274 | 3670698 | 269803 | 800 | 3392372 |
| 18701 | 709025 | 432619 | 104485 | 585463 | 349429 | 107081 |  | 152919 |
| 51401 | 1157229 | 818943 | 158647 | 1130825 | 468907 | 366663 | 867 | 81638 |

单位：万元

| 财务费用 | 利息收入 | 利息支出 | 投资收益(损失以“-”号记) | 营业利润 | 利润总额 | 亏损企业亏损额 | 平均用工人数(人) |
|---|---|---|---|---|---|---|---|
| **654544** | **165493** | **833953** | **234876** | **3153782** | **3285242** | **359089** | **332240** |
| 200112 | 63100 | 254962 | 130514 | 802101 | 920140 | 75375 | 142653 |
| 58903 | 10795 | 61548 | 2277 | 47319 | 83422 | 115651 | 36185 |
| 25384 | 79 | 24818 | 7577 | 60688 | 54937 | 16647 | 13522 |
| 56188 | 11342 | 40477 | 3013 | 435584 | 461867 | 14539 | 19644 |
| 21220 | -35562 | 56964 | 6533 | 681359 | 681244 | 38543 | 30438 |
| 118077 | 104483 | 222357 | 76979 | 360611 | 353034 | 32727 | 28019 |
| 55880 | 2989 | 59038 | 5845 | 338941 | 308759 | 34233 | 19432 |
| 31232 | 277 | 28865 | -30 | 63768 | 57529 | 7657 | 7608 |
| 40603 | 4774 | 35893 | 63 | 147526 | 149075 | 7449 | 14676 |
| 20005 | 1329 | 21419 | -14 | 55966 | 56514 | 12522 | 4624 |
| 26940 | 1888 | 27611 | 2119 | 159918 | 158724 | 3748 | 15439 |

# 1-B-3 按地区分组的有限责任

| 地区 | 企业单位数(个) | 资产总计 | 固定资产净额 | 固定资产原价 | 累计折旧 | 流动资产合计 | 应收账款 | 存货 |
|---|---|---|---|---|---|---|---|---|
| **全省** | **3155** | **109785146** | **36015639** | **67034262** | **29224347** | **54171829** | **12420893** | **12146141** |
| 南昌市 | 528 | 35484756 | 11156935 | 20748274 | 9531933 | 18768273 | 5126160 | 3851508 |
| 景德镇市 | 109 | 4723427 | 1728420 | 3300312 | 1392846 | 1937905 | 397246 | 404195 |
| 萍乡市 | 92 | 2828180 | 1079979 | 2040035 | 897907 | 1259795 | 286798 | 176019 |
| 九江市 | 493 | 11107392 | 3738632 | 5863709 | 1714734 | 3793344 | 790536 | 839826 |
| 新余市 | 96 | 6747604 | 1664638 | 4125205 | 2359007 | 3914540 | 342560 | 752384 |
| 鹰潭市 | 121 | 16278273 | 5037100 | 12425201 | 7252945 | 10380508 | 1445353 | 2416602 |
| 赣州市 | 374 | 7916815 | 2528151 | 4078016 | 1263479 | 3805889 | 1028523 | 1067592 |
| 吉安市 | 266 | 5595609 | 2275204 | 3580594 | 1089818 | 2164111 | 583711 | 343848 |
| 宜春市 | 459 | 9271410 | 3546942 | 5769363 | 2074347 | 4083850 | 1136477 | 1175821 |
| 抚州市 | 228 | 3309297 | 1127521 | 1898187 | 688909 | 1182464 | 408459 | 365399 |
| 上饶市 | 389 | 6522382 | 2132117 | 3205367 | 958422 | 2881150 | 875070 | 752948 |

1-B-3 续表

| 地区 | 个人资本 | 港澳台资本 | 外商资本 | 营业收入 | 营业成本 | 销售费用 | 管理费用 |
|---|---|---|---|---|---|---|---|
| **全省** | **3394858** | **137946** | **101358** | **132874634** | **116715537** | **2218621** | **4043944** |
| 南昌市 | 505670 | 28490 | 11876 | 36476629 | 31720597 | 660460 | 1433790 |
| 景德镇市 | 83327 | | | 3291337 | 2858470 | 139958 | 166990 |
| 萍乡市 | 114282 | | | 3923695 | 3232102 | 62695 | 145397 |
| 九江市 | 462430 | 66071 | 45810 | 14343506 | 12342711 | 198805 | 412776 |
| 新余市 | 83174 | | | 8702183 | 7657762 | 64880 | 182069 |
| 鹰潭市 | 101429 | | | 27659968 | 26349271 | 115549 | 356963 |
| 赣州市 | 277596 | 16355 | 15000 | 8850487 | 7324090 | 304406 | 340527 |
| 吉安市 | 305705 | | 986 | 7134546 | 5999203 | 166199 | 256682 |
| 宜春市 | 475410 | 23918 | 26186 | 11010070 | 9330007 | 219175 | 308424 |
| 抚州市 | 231381 | 3113 | 1500 | 4061944 | 3452153 | 173983 | 151678 |
| 上饶市 | 754455 | | | 7420270 | 6449172 | 112513 | 288649 |

# 公司工业企业主要经济指标

单位：万元

| 产成品 | 负债合计 | 流动负债合计 | 应付账款 | 所有者权益合计 | 实收资本 | 国家资本 | 集体资本 | 法人资本 |
|---|---|---|---|---|---|---|---|---|
| **4151335** | **63321083** | **50820041** | **14722568** | **46464049** | **23570486** | **5444051** | **273017** | **14219253** |
| 1164434 | 22831361 | 18382452 | 6806014 | 12653392 | 5913895 | 1385853 | 48659 | 3933346 |
| 222593 | 3271278 | 2753094 | 470302 | 1452149 | 1030975 | 814653 | 4851 | 128144 |
| 68065 | 1403946 | 1177166 | 408797 | 1424234 | 986177 | 332486 | 300 | 539110 |
| 408343 | 5355850 | 3592158 | 760638 | 5751541 | 2921361 | 292490 | 18460 | 2036099 |
| 208014 | 3913368 | 3497738 | 762031 | 2834236 | 795894 | 530821 | 3729 | 178171 |
| 525836 | 9122449 | 7994417 | 1389090 | 7155824 | 1444153 | 749849 | 5224 | 587652 |
| 442362 | 4717750 | 3871750 | 1205823 | 3199064 | 1587991 | 475351 | 51361 | 752329 |
| 149674 | 2584786 | 1843645 | 594631 | 3010823 | 1138381 | 184156 | 34728 | 612806 |
| 459515 | 4975424 | 3832249 | 1029148 | 4295984 | 4759720 | 297508 | 37125 | 3899572 |
| 167916 | 1436459 | 1108302 | 357001 | 1872838 | 1294600 | 37919 | 7215 | 1013472 |
| 334583 | 3708415 | 2767072 | 939093 | 2813966 | 1697340 | 342968 | 61365 | 538552 |

单位：万元

| 财务费用 | 利息收入 | 利息支出 | 投资收益（损失以“-”号记） | 营业利润 | 利润总额 | 亏损企业亏损额 | 平均用工人数（人） |
|---|---|---|---|---|---|---|---|
| **1000295** | **162202** | **985344** | **171846** | **7194112** | **7565291** | **464858** | **779275** |
| 271865 | 68686 | 257964 | 99481 | 1110214 | 1296787 | 119242 | 207194 |
| 75600 | 1179 | 59317 | -16454 | -3632 | 32506 | 122722 | 33420 |
| 5910 | 5356 | 12759 | 8047 | 463324 | 450738 | 20166 | 36240 |
| 120396 | 3931 | 71017 | 5903 | 1207527 | 1311562 | 27391 | 86087 |
| 36022 | -35563 | 69095 | 7083 | 721792 | 722295 | 48868 | 39542 |
| 118278 | 100146 | 220575 | 80305 | 666130 | 688454 | 5874 | 45036 |
| 104999 | 3098 | 95052 | 11440 | 740268 | 700302 | 59774 | 66042 |
| 53249 | 323 | 34720 | 3872 | 671659 | 655654 | 10339 | 62605 |
| 117672 | 7515 | 89055 | -37495 | 926575 | 972151 | 21314 | 96840 |
| 28153 | 1988 | 26845 | 2033 | 217074 | 250128 | 17023 | 35198 |
| 68152 | 5544 | 48947 | 7633 | 473181 | 484714 | 12145 | 71071 |

# 1-B-4　按地区分组的股份有限公司

| 地　区 | 企　业<br>单位数<br>(个) | 资产总计 | 固定资产净　额 | 固定资产原　价 | 累计折旧 | 流动资产合　计 | 应收账款 | 存货 |
|---|---|---|---|---|---|---|---|---|
| **全　省** | **305** | **26767825** | **6836953** | **13278669** | **5681956** | **11561725** | **2388335** | **2967426** |
| 南 昌 市 | 51 | 10789669 | 2432161 | 4666877 | 2230592 | 4852957 | 1215333 | 1468512 |
| 景德镇市 | 12 | 1751237 | 248890 | 447611 | 169645 | 1225010 | 225534 | 200219 |
| 萍 乡 市 | 32 | 366771 | 142299 | 215224 | 67526 | 159610 | 66342 | 35631 |
| 九 江 市 | 39 | 3896932 | 1853532 | 3185556 | 1318249 | 1151417 | 169828 | 344696 |
| 新 余 市 | 12 | 1468811 | 142635 | 221827 | 78486 | 831259 | 55332 | 171611 |
| 鹰 潭 市 | 12 | 773641 | 433828 | 907242 | 455733 | 268529 | 69952 | 74393 |
| 赣 州 市 | 32 | 1480098 | 219391 | 405038 | 183929 | 747190 | 120576 | 249953 |
| 吉 安 市 | 25 | 1581849 | 262516 | 1297390 | 435146 | 202813 | 81057 | 50258 |
| 宜 春 市 | 43 | 2466744 | 633785 | 1107141 | 400918 | 792094 | 128750 | 173459 |
| 抚 州 市 | 15 | 820656 | 127055 | 251658 | 121338 | 442866 | 106486 | 82497 |
| 上 饶 市 | 32 | 1371418 | 340861 | 573107 | 220394 | 887981 | 149146 | 116198 |

1-B-4　续表

| 地　区 | 个人资本 | 港澳台资本 | 外商资本 | 营业收入 | 营业成本 | 销售费用 | 管理费用 |
|---|---|---|---|---|---|---|---|
| **全　省** | **1144140** | **1200** | **33796** | **27141691** | **21590877** | **588040** | **1187524** |
| 南 昌 市 | 261917 |  | 21813 | 8028887 | 6286448 | 283704 | 574881 |
| 景德镇市 | 80402 |  |  | 1334073 | 999604 | 33256 | 112243 |
| 萍 乡 市 | 51375 |  |  | 589185 | 459546 | 45154 | 28801 |
| 九 江 市 | 84807 |  | 1745 | 8084105 | 6029218 | 54074 | 164172 |
| 新 余 市 | 179702 |  |  | 542495 | 391378 | 8002 | 26250 |
| 鹰 潭 市 | 18222 | 1200 |  | 1800207 | 1720946 | 48236 | 24446 |
| 赣 州 市 | 62273 |  |  | 953354 | 773796 | 18401 | 41604 |
| 吉 安 市 | 60912 |  |  | 2590550 | 2288484 | 23019 | 82202 |
| 宜 春 市 | 254754 |  | 2632 | 1334328 | 1103370 | 27386 | 38798 |
| 抚 州 市 | 17619 |  | 7606 | 695861 | 558803 | 32640 | 26509 |
| 上 饶 市 | 72158 |  |  | 1188647 | 979284 | 14169 | 67618 |

# 工业企业主要经济指标

单位：万元

| 产成品 | 负债合计 | 流动负债合计 | 应付账款 | 所有者权益合计 | 实收资本 | 国家资本 | 集体资本 | 法人资本 |
|---|---|---|---|---|---|---|---|---|
| **1040301** | **12219744** | **9931024** | **2137136** | **14548078** | **3785305** | **472095** | **76112** | **2057961** |
| 329905 | 4973523 | 3968655 | 1094806 | 5816146 | 1252517 | 229856 | 48972 | 689959 |
| 120706 | 987726 | 940953 | 191211 | 763511 | 291342 | 40169 |  | 170771 |
| 17562 | 147448 | 115774 | 42757 | 219322 | 117336 | 10603 | 9122 | 46235 |
| 139302 | 1662237 | 1478527 | 271084 | 2234694 | 533263 | 17445 | 101 | 429165 |
| 36064 | 615889 | 374649 | 62866 | 852921 | 196298 | 5400 |  | 11196 |
| 21173 | 518099 | 408645 | 109508 | 255541 | 174620 | 7488 |  | 147710 |
| 187616 | 687756 | 574088 | 73019 | 792342 | 286584 | 92350 | 1290 | 130671 |
| 21059 | 799406 | 660359 | 28899 | 782443 | 70848 | 400 |  | 9536 |
| 74704 | 983862 | 705795 | 62091 | 1482883 | 484409 | 26868 | 4175 | 195980 |
| 44217 | 291582 | 253442 | 63789 | 529072 | 107051 | 7683 | 11134 | 63009 |
| 47993 | 552215 | 450138 | 137106 | 819203 | 271037 | 33834 | 1317 | 163728 |

单位：万元

| 财务费用 | 利息收入 | 利息支出 | 投资收益（损失以"–"号记） | 营业利润 | 利润总额 | 亏损企业亏损额 | 平均用工人数（人） |
|---|---|---|---|---|---|---|---|
| **168970** | **38645** | **196074** | **102574** | **2557995** | **2577124** | **65504** | **156882** |
| 86489 | 22627 | 93926 | 83480 | 832156 | 837621 | 19256 | 55747 |
| 1337 | -2439 | 14993 | 6375 | 180575 | 180016 | 4457 | 12696 |
| 3106 | 68 | 2539 | 968 | 46787 | 48665 | 1884 | 7413 |
| -8661 | 17464 | 3243 | 3645 | 786504 | 785882 | 5401 | 19731 |
| 9016 | -3253 | 9571 | 10454 | 129651 | 130842 | 1203 | 4585 |
| 15458 | 148 | 14815 | -5992 | -20632 | -16635 | 27736 | 4325 |
| 19701 | 1928 | 20023 | 1742 | 93250 | 86255 | 2021 | 9258 |
| 8427 | 145 | 5352 | 46 | 185374 | 187059 |  | 18257 |
| 18630 | 578 | 14776 | -6574 | 138285 | 147238 | 2008 | 11613 |
| 2570 | 1033 | 4087 | 7905 | 74281 | 75481 | 142 | 4022 |
| 12898 | 348 | 12750 | 526 | 111765 | 114700 | 1397 | 9235 |

# 1-B-5　按地区分组的私营工业

| 地　区 | 企　业单位数（个） | 资产总计 | | | | | | |
|---|---|---|---|---|---|---|---|---|
| | | | 固定资产净　额 | 固定资产原　价 | 累计折旧 | 流动资产合　计 | | |
| | | | | | | | 应收账款 | 存货 |
| **全　省** | **7767** | **76612392** | **22592868** | **39454311** | **15408301** | **35291966** | **9980938** | **8247244** |
| 南 昌 市 | 676 | 8474233 | 1775075 | 3277296 | 1455173 | 5296095 | 1145709 | 859170 |
| 景德镇市 | 189 | 1643712 | 776831 | 2977029 | 2068110 | 358344 | 116864 | 88246 |
| 萍 乡 市 | 410 | 3299944 | 1577704 | 2244186 | 625681 | 1249475 | 424629 | 310898 |
| 九 江 市 | 1048 | 13775105 | 4481059 | 7977163 | 3122654 | 3882088 | 891636 | 835070 |
| 新 余 市 | 253 | 2404511 | 537327 | 846513 | 278026 | 1467551 | 446229 | 368434 |
| 鹰 潭 市 | 144 | 2608642 | 1267422 | 2200435 | 927878 | 1004245 | 297443 | 313210 |
| 赣 州 市 | 1382 | 9620002 | 2321615 | 3526169 | 1157618 | 5856726 | 1795953 | 1590600 |
| 吉 安 市 | 1081 | 9297874 | 2773204 | 4379183 | 1374775 | 3689156 | 1324294 | 785298 |
| 宜 春 市 | 1082 | 11590155 | 3110958 | 5985770 | 2560488 | 5366431 | 1521965 | 1349236 |
| 抚 州 市 | 530 | 5017651 | 1716438 | 2656936 | 902831 | 2049898 | 571269 | 764078 |
| 上 饶 市 | 972 | 8880563 | 2255236 | 3383632 | 935067 | 5071957 | 1444947 | 983004 |

1-B-5　续表

| 地　区 | | | | 营业收入 | 营业成本 | 销售费用 | 管理费用 |
|---|---|---|---|---|---|---|---|
| | 个人资本 | 港澳台资本 | 外商资本 | | | | |
| **全　省** | **9010992** | **33059** | **6718** | **132049930** | **114064040** | **3139885** | **3904843** |
| 南 昌 市 | 537008 | | | 12934111 | 11547745 | 303415 | 362663 |
| 景德镇市 | 95235 | | | 3217780 | 2743061 | 94594 | 111210 |
| 萍 乡 市 | 525774 | 5000 | | 4903145 | 4045027 | 141166 | 155549 |
| 九 江 市 | 1049584 | 1600 | 147 | 26779270 | 22770356 | 534953 | 793200 |
| 新 余 市 | 335705 | | | 4411393 | 4011560 | 73348 | 121703 |
| 鹰 潭 市 | 222927 | | | 6127231 | 5808226 | 45937 | 54144 |
| 赣 州 市 | 2308713 | 1574 | | 15190001 | 13173824 | 291187 | 484000 |
| 吉 安 市 | 1283080 | 170 | 4350 | 17337624 | 14661223 | 430914 | 630229 |
| 宜 春 市 | 1301358 | 15520 | 168 | 16597023 | 13904710 | 661807 | 473040 |
| 抚 州 市 | 557986 | 10 | 1669 | 9036128 | 7808751 | 288815 | 328702 |
| 上 饶 市 | 793624 | 9185 | 385 | 15516225 | 13589558 | 273751 | 390403 |

# 企业主要经济指标

单位：万元

| 产成品 | 负债合计 | 流动负债合计 | 应付账款 | 所有者权益合计 | 实收资本 | 国家资本 | 集体资本 | 法人资本 |
|---|---|---|---|---|---|---|---|---|
| **3794929** | **34054924** | **28522249** | **8456162** | **42554663** | **22866483** | **283845** | **314397** | **13217466** |
| 329997 | 4343891 | 3731346 | 1369523 | 4130339 | 5355791 | 66670 | 13494 | 4738618 |
| 44501 | 451134 | 365163 | 76573 | 1192500 | 182070 | 2363 | 8773 | 75699 |
| 149715 | 1288028 | 1150459 | 462762 | 2011914 | 915181 | 3600 | 9123 | 371685 |
| 528899 | 5070297 | 3929618 | 808953 | 8704806 | 1883604 | 30439 | 29922 | 771914 |
| 190029 | 1274044 | 1184047 | 419827 | 1130466 | 541874 | 50 | 6700 | 199420 |
| 118246 | 1033215 | 910788 | 189886 | 1575425 | 600939 | 3499 | 3960 | 370553 |
| 662116 | 4921013 | 4463663 | 1401472 | 4698981 | 5085092 | 32084 | 146197 | 2596524 |
| 350839 | 4042936 | 2872221 | 726578 | 5254937 | 1892245 | 24870 | 34141 | 545631 |
| 670997 | 4697259 | 4116992 | 1063537 | 6892892 | 2330488 | 6519 | 35352 | 971571 |
| 292056 | 2233226 | 1713522 | 564560 | 2784422 | 2171664 | 1243 | 14226 | 1596531 |
| 457533 | 4699882 | 4084431 | 1372490 | 4177981 | 1907535 | 112508 | 12510 | 979321 |

单位：万元

| 财务费用 | 利息收入 | 利息支出 | 投资收益（损失以“-”号记） | 营业利润 | 利润总额 | 亏损企业亏损额 | 平均用工人数（人） |
|---|---|---|---|---|---|---|---|
| **788586** | **28409** | **594296** | **-39326** | **9318374** | **9563388** | **188437** | **1078056** |
| 57991 | 10263 | 63091 | 36936 | 666394 | 669736 | 29720 | 100076 |
| 62947 | 39 | 6933 | -10188 | 103690 | 105714 | 2153 | 24275 |
| 31249 | 754 | 27743 | 982 | 463869 | 470892 | 5372 | 66068 |
| 149423 | 9780 | 105706 | 898 | 2417136 | 2487567 | 28865 | 163728 |
| 26766 | -501 | 28408 | 5080 | 160539 | 174938 | 25965 | 34847 |
| 29948 | 93 | 22229 | 226 | 146044 | 198782 | 6178 | 16256 |
| 96536 | -3201 | 79872 | 3399 | 1055491 | 1039784 | 38935 | 171513 |
| 97370 | 1040 | 71278 | -1683 | 1443984 | 1354463 | 8362 | 178680 |
| 98022 | 2344 | 87316 | -76475 | 1284611 | 1360910 | 25209 | 160523 |
| 58857 | 5440 | 50528 | 2980 | 478351 | 564776 | 5477 | 67502 |
| 79479 | 2358 | 51191 | -1482 | 1098265 | 1135827 | 12202 | 94588 |

# 1-B-6 按地区分组的港澳台商

| 地　区 | 企　业<br>单位数<br>(个) | 资产总计 | | | | | | |
|---|---|---|---|---|---|---|---|---|
| | | | 固定资产<br>净　额 | 固定资产<br>原　价 | 累计折旧 | 流动资产<br>合　计 | | |
| | | | | | | | 应收账款 | 存货 |
| **全　省** | **405** | **13676467** | **3685238** | **7696718** | **2488199** | **7458278** | **2230532** | **1528054** |
| 南昌市 | 50 | 3387300 | 647528 | 1519509 | 669002 | 2271721 | 846967 | 208215 |
| 景德镇市 | 7 | 189320 | 33002 | 123298 | 84795 | 92663 | 35763 | 18130 |
| 萍乡市 | 17 | 193649 | 90394 | 145805 | 54960 | 50277 | 11857 | 7566 |
| 九江市 | 51 | 2128262 | 664309 | 1102833 | 356168 | 1042625 | 186362 | 415124 |
| 新余市 | 8 | 450712 | 87757 | 156885 | 67983 | 265600 | 47987 | 94372 |
| 鹰潭市 | 8 | 131393 | 51587 | 72416 | 20633 | 56186 | 5815 | 6635 |
| 赣州市 | 130 | 1478736 | 469565 | 756016 | 282247 | 825160 | 254072 | 201251 |
| 吉安市 | 56 | 1383536 | 609185 | 813618 | 189708 | 406907 | 75489 | 81908 |
| 宜春市 | 41 | 1551593 | 541634 | 779884 | 237170 | 715693 | 96170 | 211859 |
| 抚州市 | 17 | 256832 | 101063 | 150952 | 48649 | 93037 | 27826 | 30845 |
| 上饶市 | 20 | 2525136 | 389215 | 2075504 | 476885 | 1638408 | 642225 | 252150 |

1-B-6 续表

| 地　区 | | | | 营业收入 | 营业成本 | 销售费用 | 管理费用 |
|---|---|---|---|---|---|---|---|
| | 个人资本 | 港澳台资本 | 外商资本 | | | | |
| **全　省** | **409440** | **1978733** | **197214** | **18434072** | **15556092** | **449864** | **642414** |
| 南昌市 | 9123 | 388843 | 1211 | 3464112 | 2991834 | 112366 | 97477 |
| 景德镇市 | 6499 | 3159 | | 349996 | 272412 | 15483 | 17205 |
| 萍乡市 | 10976 | 33015 | | 270054 | 223627 | 11469 | 9467 |
| 九江市 | 261257 | 653544 | 59796 | 3475902 | 2964775 | 64594 | 106859 |
| 新余市 | 1196 | 61859 | | 523788 | 459341 | 6838 | 6523 |
| 鹰潭市 | | 17912 | | 64990 | 35789 | 3001 | 6944 |
| 赣州市 | 21789 | 305482 | 50746 | 2579403 | 2290332 | 32720 | 79878 |
| 吉安市 | 28481 | 275619 | 44874 | 2437312 | 2015940 | 56318 | 85151 |
| 宜春市 | 6572 | 170017 | 25456 | 1517013 | 1072441 | 34238 | 53027 |
| 抚州市 | 41100 | 42614 | 6979 | 334689 | 261867 | 22140 | 19381 |
| 上饶市 | 22448 | 26668 | 8153 | 3416814 | 2967736 | 90698 | 160502 |

# 投资工业企业主要经济指标

单位：万元

| 产成品 | 负债合计 | 流动负债合计 | 应付账款 | 所有者权益合计 | 实收资本 | 国家资本 | 集体资本 | 法人资本 |
|---|---|---|---|---|---|---|---|---|
| **616066** | **6920875** | **5725282** | **2183028** | **6755590** | **3812533** | **340075** | **1237** | **885834** |
| 91530 | 1721844 | 1562856 | 847707 | 1665455 | 801534 | 233102 | | 169254 |
| 5565 | 73449 | 71806 | 17522 | 115871 | 78027 | 25200 | | 43170 |
| 2591 | 68234 | 43184 | 15512 | 125416 | 100938 | 27753 | | 29194 |
| 257418 | 856783 | 512796 | 175373 | 1271478 | 1021177 | 13612 | 2 | 32966 |
| 28697 | 325000 | 292572 | 50902 | 125712 | 122743 | | | 59688 |
| 595 | 55501 | 45176 | 6497 | 75891 | 39472 | 17137 | | 4422 |
| 50522 | 644132 | 541338 | 203415 | 834603 | 444901 | 500 | 228 | 66157 |
| 35121 | 391340 | 266984 | 86362 | 992196 | 413526 | 115 | 144 | 64294 |
| 69288 | 992912 | 758483 | 162819 | 558681 | 243185 | 22656 | 864 | 17620 |
| 16355 | 65264 | 47103 | 14366 | 191568 | 136497 | | | 45804 |
| 58384 | 1726417 | 1582983 | 602554 | 798719 | 410533 | | | 353264 |

单位：万元

| 财务费用 | 利息收入 | 利息支出 | 投资收益（损失以"–"号记） | 营业利润 | 利润总额 | 亏损企业亏损额 | 平均用工人数（人） |
|---|---|---|---|---|---|---|---|
| **148674** | **3011** | **137239** | **4680** | **1564559** | **1542545** | **24539** | **201507** |
| 19240 | 4243 | 20807 | 1211 | 244944 | 250992 | 2786 | 24866 |
| 1008 | -519 | 556 | 1482 | 39369 | 39438 | 1361 | 2135 |
| -238 | 24 | 661 | 2059 | 25441 | 25463 | 940 | 5212 |
| 41235 | 1462 | 32949 | | 291050 | 298231 | 2106 | 21924 |
| 7743 | 4769 | 5944 | 24 | 41271 | 40853 | 3542 | 2648 |
| 647 | 385 | 579 | 1388 | 18996 | 19220 | 160 | 1390 |
| 5571 | 1388 | 6022 | 627 | 156880 | 158654 | 4568 | 52903 |
| 11126 | 160 | 8048 | 12 | 258711 | 213846 | 4245 | 37978 |
| 17147 | -5553 | 24585 | -1048 | 317768 | 320274 | 217 | 33306 |
| 3795 | 18 | 3152 | | 24484 | 24583 | 731 | 4179 |
| 41401 | -3365 | 33935 | -1074 | 145645 | 150993 | 3882 | 14966 |

# 1-B-7 按地区分组的外商投资

| 地区 | 企业单位数（个） | 资产总计 | 固定资产净额 | 固定资产原价 | 累计折旧 | 流动资产合计 | 应收账款 | 存货 |
|---|---|---|---|---|---|---|---|---|
| **全省** | **274** | **13621977** | **5117664** | **9693565** | **4270236** | **5938885** | **1604392** | **1345470** |
| 南昌市 | 66 | 4024573 | 1146909 | 2045733 | 869367 | 2289339 | 862343 | 496767 |
| 景德镇市 | 11 | 250607 | 101540 | 208356 | 105212 | 92432 | 11463 | 14973 |
| 萍乡市 | 6 | 572646 | 420489 | 526998 | 106036 | 112439 | 38898 | 23062 |
| 九江市 | 42 | 2773448 | 1320566 | 2688856 | 1181174 | 1120759 | 158758 | 209956 |
| 新余市 | 6 | 1770420 | 482731 | 1261684 | 771030 | 421024 | 40692 | 53348 |
| 鹰潭市 | 6 | 156804 | 28174 | 54236 | 25932 | 102722 | 27231 | 12918 |
| 赣州市 | 58 | 1380870 | 346686 | 552909 | 202128 | 843582 | 215337 | 278684 |
| 吉安市 | 32 | 1121107 | 534881 | 1049258 | 498108 | 402391 | 87717 | 110711 |
| 宜春市 | 29 | 793183 | 222493 | 630966 | 349918 | 352921 | 93653 | 106997 |
| 抚州市 | 10 | 681579 | 473006 | 579990 | 106980 | 152593 | 64504 | 31224 |
| 上饶市 | 8 | 96740 | 40190 | 94581 | 54351 | 48684 | 3796 | 6830 |

1-B-7 续表

| 地区 | 个人资本 | 港澳台资本 | 外商资本 | 营业收入 | 营业成本 | 销售费用 | 管理费用 |
|---|---|---|---|---|---|---|---|
| **全省** | **302147** | **445474** | **1387582** | **14393592** | **11901484** | **285601** | **638883** |
| 南昌市 | 2118 | 2069 | 465601 | 4191043 | 3392529 | 87246 | 229867 |
| 景德镇市 | 8342 | 9655 | 36336 | 245513 | 211864 | 8405 | 15171 |
| 萍乡市 | 2800 | 15000 | 1082 | 304017 | 269452 | 2373 | 5706 |
| 九江市 | 29796 | 360685 | 374858 | 3071777 | 2320686 | 80230 | 132307 |
| 新余市 | 224322 | 9680 | 22100 | 737935 | 631640 | 7034 | 41822 |
| 鹰潭市 |  | 29094 | 4821 | 393555 | 369529 | 3325 | 12751 |
| 赣州市 | 19497 | 15636 | 157168 | 1969789 | 1709757 | 36618 | 93284 |
| 吉安市 | 1320 | 10 | 61099 | 1842829 | 1585966 | 38681 | 59433 |
| 宜春市 | 3652 | 3200 | 159202 | 913110 | 792362 | 17005 | 33069 |
| 抚州市 | 10300 |  | 97580 | 582491 | 493442 | 3293 | 11001 |
| 上饶市 |  | 445 | 7734 | 141534 | 124256 | 1391 | 4470 |

# 工业企业主要经济指标

单位：万元

| 产成品 | 负债合计 | 流动负债合计 | 应付账款 | 所有者权益合计 | 实收资本 | 国家资本 | 集体资本 | 法人资本 |
|---|---|---|---|---|---|---|---|---|
| **1745450** | **7128560** | **5568570** | **1455193** | **6493414** | **4009365** | **550794** | **1968** | **1321399** |
| 1450798 | 2169099 | 1928965 | 529343 | 1855473 | 1051302 | 123893 | 200 | 457422 |
| 7509 | 110670 | 62632 | 19967 | 139938 | 75286 | 4904 | | 16048 |
| 1848 | 452525 | 133335 | 16066 | 120121 | 138394 | 117512 | | 2000 |
| 69600 | 1203912 | 983525 | 298417 | 1569535 | 822472 | 1020 | 340 | 55772 |
| 19204 | 1016111 | 804185 | 144281 | 754309 | 830262 | | | 574161 |
| 6037 | 65076 | 63024 | 11673 | 91728 | 76438 | 23383 | 208 | 18932 |
| 85299 | 739458 | 636085 | 213726 | 641411 | 258681 | 15873 | 360 | 50147 |
| 38183 | 569174 | 445723 | 63150 | 551932 | 268918 | 164286 | 40 | 42162 |
| 55528 | 368511 | 312294 | 111956 | 424672 | 224750 | 3110 | 820 | 54766 |
| 8404 | 410483 | 180244 | 40102 | 271095 | 220906 | 95404 | | 17621 |
| 3041 | 23540 | 18557 | 6512 | 73200 | 41957 | 1410 | | 32368 |

单位：万元

| 财务费用 | 利息收入 | 利息支出 | 投资收益（损失以“–”号记） | 营业利润 | 利润总额 | 亏损企业亏损额 | 平均用工人数（人） |
|---|---|---|---|---|---|---|---|
| **143231** | **9836** | **136478** | **18918** | **1343509** | **1357316** | **64834** | **117970** |
| 26454 | 2013 | 29442 | 4355 | 439386 | 461750 | 23571 | 32481 |
| 2322 | 302 | 862 | -107 | -10306 | -10197 | 22593 | 2696 |
| 17297 | -193 | 17498 | | 7323 | 7670 | | 2634 |
| 36633 | 4961 | 34128 | 3237 | 483067 | 487434 | 2710 | 14368 |
| 5564 | 38 | 5360 | 1301 | 51608 | 51683 | | 6619 |
| 182 | 343 | 528 | 941 | 8293 | 5911 | 6 | 2275 |
| 16317 | 1108 | 8425 | 650 | 100661 | 102310 | 6268 | 21633 |
| 16578 | 95 | 17008 | 4760 | 133067 | 115062 | 5189 | 14439 |
| 5278 | 721 | 6334 | 3782 | 63588 | 68221 | 2534 | 16579 |
| 15616 | 436 | 16059 | | 56809 | 56964 | 1815 | 3021 |
| 991 | 12 | 835 | -1 | 10012 | 10509 | 147 | 1225 |

# 1-B-8 按地区分组的大型工业

| 地　区 | 企　业单位数（个） | 资产总计 | 固定资产净　额 | 固定资产原　价 | 累计折旧 | 流动资产合　计 | 应收账款 | 存货 |
|---|---|---|---|---|---|---|---|---|
| **全　省** | **205** | **91952818** | **28328672** | **57340936** | **26378721** | **47946219** | **9511240** | **11723317** |
| 南昌市 | 48 | 39158204 | 12290446 | 23531874 | 11060480 | 19216751 | 4891543 | 4784341 |
| 景德镇市 | 8 | 5906964 | 1428417 | 2574124 | 1079263 | 3648610 | 448825 | 1384024 |
| 萍乡市 | 11 | 2232732 | 1092164 | 1881388 | 765865 | 812777 | 78769 | 108847 |
| 九江市 | 18 | 6194797 | 3185546 | 5486020 | 2065138 | 1838422 | 259026 | 524048 |
| 新余市 | 8 | 6528913 | 1309121 | 3211504 | 1902361 | 4216584 | 220960 | 774170 |
| 鹰潭市 | 7 | 14070563 | 4259686 | 10935421 | 6564772 | 9305242 | 1082634 | 2096979 |
| 赣州市 | 22 | 3320827 | 829907 | 1141892 | 310927 | 1849972 | 546015 | 550403 |
| 吉安市 | 26 | 4317682 | 1384868 | 3071315 | 935391 | 1425719 | 334844 | 202934 |
| 宜春市 | 36 | 4223910 | 1229196 | 2012201 | 739791 | 2159554 | 510072 | 616537 |
| 抚州市 | 9 | 1229383 | 404497 | 637646 | 226559 | 533476 | 141011 | 257069 |
| 上饶市 | 12 | 4768842 | 914825 | 2857553 | 728175 | 2939110 | 997541 | 423964 |

1-B-8 续表

| 地　区 | 个人资本 | 港澳台资本 | 外商资本 | 营业收入 | 营业成本 | 销售费用 | 管理费用 |
|---|---|---|---|---|---|---|---|
| **全　省** | **1109562** | **829788** | **373122** | **108345059** | **92765787** | **2096594** | **3888499** |
| 南昌市 | 348381 | 149204 | 210978 | 38277048 | 32434840 | 748664 | 1818948 |
| 景德镇市 | 93555 | 5062 |  | 3951877 | 3336544 | 141419 | 272472 |
| 萍乡市 | 76825 |  |  | 3642067 | 3003791 | 78579 | 127468 |
| 九江市 | 13666 | 326121 | 96645 | 9965136 | 7479501 | 91964 | 231461 |
| 新余市 | 151286 |  |  | 7643978 | 6578388 | 47623 | 177897 |
| 鹰潭市 | 6000 |  |  | 23824615 | 22859513 | 120361 | 270532 |
| 赣州市 | 59804 | 42923 | 23288 | 2816560 | 2163455 | 205935 | 224605 |
| 吉安市 | 43899 | 226808 | 5048 | 7159877 | 6099942 | 110049 | 251139 |
| 宜春市 | 246752 | 79670 | 37163 | 5052629 | 3678155 | 427770 | 219562 |
| 抚州市 | 14780 |  |  | 1028553 | 843296 | 20158 | 48293 |
| 上饶市 | 54615 |  |  | 4982719 | 4288362 | 104073 | 246122 |

# 企业主要经济指标

单位：万元

| 产成品 | 负债合计 | 流动负债合计 | 应付账款 | 所有者权益合计 | 实收资本 | 国家资本 | 集体资本 | 法人资本 |
|---|---|---|---|---|---|---|---|---|
| **3003410** | **53273525** | **43950110** | **12856267** | **38679292** | **12664328** | **3283883** | **75746** | **6992229** |
| 1193130 | 23961591 | 19001503 | 7085729 | 15196613 | 4871849 | 1018584 | 37283 | 3107420 |
| 248819 | 4179048 | 3881473 | 669490 | 1727916 | 876538 | 544623 | | 233298 |
| 21342 | 1187180 | 744930 | 220763 | 1045552 | 816970 | 351479 | | 388666 |
| 247576 | 2847954 | 2392085 | 591877 | 3346843 | 1532079 | 133102 | | 962545 |
| 179455 | 3536133 | 3236866 | 695928 | 2992781 | 619376 | 370478 | | 97612 |
| 429443 | 8158520 | 7131928 | 1079982 | 5912043 | 748303 | 672965 | | 69339 |
| 193919 | 1675327 | 1418322 | 435071 | 1645500 | 500968 | | 6147 | 368806 |
| 99352 | 1964209 | 1535616 | 386928 | 2353473 | 646793 | | | 371039 |
| 203735 | 2468614 | 1934747 | 521255 | 1755296 | 717386 | 92789 | 32316 | 228696 |
| 41165 | 550211 | 393652 | 158864 | 679172 | 463845 | | | 449065 |
| 145475 | 2744739 | 2278988 | 1010380 | 2024103 | 870222 | 99864 | | 715744 |

单位：万元

| 财务费用 | 利息收入 | 利息支出 | 投资收益（损失以"–"号记） | 营业利润 | 利润总额 | 亏损企业亏损额 | 平均用工人数（人） |
|---|---|---|---|---|---|---|---|
| **686029** | **157438** | **823012** | **255439** | **6422374** | **6552502** | **216294** | **625239** |
| 310106 | 72339 | 303553 | 139611 | 1694001 | 1838742 | 66813 | 220850 |
| 52267 | 529 | 54112 | 2187 | 128636 | 164602 | 114263 | 33305 |
| 12460 | 4882 | 20684 | 9823 | 405624 | 399342 | | 28297 |
| 38056 | 19434 | 46420 | 2503 | 1052183 | 1065860 | 11836 | 38942 |
| 20930 | -40749 | 62550 | 16432 | 808334 | 806103 | 12651 | 33034 |
| 105781 | 103324 | 210574 | 72138 | 414466 | 405634 | | 33502 |
| 33324 | 1312 | 25279 | 4436 | 180098 | 191723 | 8678 | 43259 |
| 20124 | -217 | 14820 | 4066 | 718654 | 624511 | | 74577 |
| 32083 | -1635 | 29267 | 619 | 635671 | 648358 | | 79505 |
| 8545 | -97 | 9065 | 3967 | 114051 | 131031 | | 10924 |
| 52353 | -1685 | 46688 | -343 | 270657 | 276597 | 2053 | 29044 |

# 1-B-9　按地区分组的中型工业

| 地　区 | 企业单位数(个) | 资产总计 | | | | | | |
|---|---|---|---|---|---|---|---|---|
| | | | 固定资产净额 | 固定资产原价 | 累计折旧 | 流动资产合计 | | |
| | | | | | | | 应收账款 | 存货 |
| **全　省** | **1301** | **59210732** | **19457088** | **34615941** | **14252265** | **26368675** | **6071040** | **5891660** |
| 南昌市 | 159 | 9853011 | 2118937 | 4202750 | 2012576 | 5989328 | 1413240 | 884132 |
| 景德镇市 | 37 | 3968928 | 954339 | 2220874 | 1130569 | 2348256 | 166011 | 294057 |
| 萍乡市 | 75 | 1845494 | 871893 | 1382403 | 471310 | 724649 | 257936 | 171668 |
| 九江市 | 235 | 9583685 | 2810656 | 5254286 | 2245891 | 3700419 | 622452 | 1069431 |
| 新余市 | 41 | 3215542 | 997757 | 2233882 | 1203998 | 1009489 | 210253 | 268070 |
| 鹰潭市 | 22 | 2586299 | 1606864 | 2831392 | 1224394 | 592068 | 202563 | 120003 |
| 赣州市 | 187 | 5809523 | 1729791 | 2832092 | 1072277 | 3146520 | 795370 | 769789 |
| 吉安市 | 199 | 5612498 | 2466835 | 3971488 | 1419934 | 1496832 | 403126 | 367947 |
| 宜春市 | 179 | 8319630 | 2991120 | 5507390 | 2255016 | 3354873 | 719704 | 940610 |
| 抚州市 | 59 | 2991407 | 1134952 | 1736634 | 573643 | 1125360 | 342236 | 267407 |
| 上饶市 | 108 | 5424717 | 1773945 | 2442750 | 642657 | 2880880 | 938148 | 738545 |

1-B-9　续表

| 地　区 | | | | 营业收入 | 营业成本 | 销售费用 | 管理费用 |
|---|---|---|---|---|---|---|---|
| | 个人资本 | 港澳台资本 | 外商资本 | | | | |
| **全　省** | **3055410** | **961419** | **769634** | **75612426** | **64388484** | **1684409** | **2647080** |
| 南昌市 | 184118 | 90396 | 141801 | 12910884 | 11102908 | 372039 | 388183 |
| 景德镇市 | 54095 | | 14381 | 2838881 | 2509352 | 48534 | 101263 |
| 萍乡市 | 185493 | 39220 | 1082 | 2474821 | 2022626 | 74452 | 93191 |
| 九江市 | 720945 | 420706 | 252417 | 15645771 | 13156376 | 351169 | 621102 |
| 新余市 | 328994 | 44650 | 22100 | 2726608 | 2447339 | 36450 | 93253 |
| 鹰潭市 | 92560 | 2702 | 4821 | 3199872 | 2933954 | 28868 | 80290 |
| 赣州市 | 240856 | 205607 | 101537 | 7315271 | 6146053 | 133900 | 268455 |
| 吉安市 | 448199 | 35963 | 39786 | 8835018 | 7410570 | 203076 | 329050 |
| 宜春市 | 356821 | 84650 | 79255 | 8474364 | 7116208 | 187231 | 271557 |
| 抚州市 | 113022 | 36524 | 104972 | 3955413 | 3398870 | 143989 | 120617 |
| 上饶市 | 330308 | 1000 | 7481 | 7235523 | 6144230 | 104702 | 280120 |

# 企业主要经济指标

单位：万元

| 产成品 | 负债合计 | 流动负债合计 | 应付账款 | 所有者权益合计 | 实收资本 | 国家资本 | 集体资本 | 法人资本 |
|---|---|---|---|---|---|---|---|---|
| **3786807** | **28329787** | **23670070** | **6198029** | **30880937** | **14304712** | **2078909** | **182792** | **7256549** |
| 1588553 | 4958840 | 4319169 | 1451614 | 4894169 | 2041198 | 625973 | 12232 | 986679 |
| 76256 | 2803569 | 2536783 | 197087 | 1165358 | 493877 | 297183 | 3500 | 124718 |
| 82308 | 884098 | 747960 | 277036 | 961395 | 574930 | 90530 | | 258604 |
| 588115 | 4207774 | 3212943 | 615442 | 5375910 | 2110858 | 79078 | 15219 | 622494 |
| 90977 | 1785272 | 1433061 | 367898 | 1430269 | 1212861 | 108584 | 6110 | 702422 |
| 41815 | 829840 | 710991 | 224389 | 1756459 | 784157 | 33688 | 208 | 650179 |
| 308234 | 2829447 | 2479637 | 644501 | 2980074 | 2905304 | 187904 | 33800 | 2135600 |
| 134962 | 2100180 | 1670387 | 325368 | 3512317 | 998093 | 215112 | 46004 | 213028 |
| 426679 | 3412298 | 2886928 | 649618 | 4907330 | 1240820 | 195164 | | 524931 |
| 115164 | 1402078 | 939817 | 362344 | 1589329 | 1013091 | 119213 | 6000 | 633359 |
| 333744 | 3116391 | 2732393 | 1082732 | 2308325 | 929523 | 126480 | 59719 | 404535 |

单位：万元

| 财务费用 | 利息收入 | 利息支出 | 投资收益（损失以"–"号记） | 营业利润 | 利润总额 | 亏损企业亏损额 | 平均用工人数（人） |
|---|---|---|---|---|---|---|---|
| **561944** | **49559** | **504501** | **90769** | **6023094** | **6144729** | **201078** | **674507** |
| 52457 | 19990 | 71590 | 85096 | 1063633 | 1073717 | 39596 | 88189 |
| 20746 | 8878 | 15214 | -7645 | 109074 | 106393 | 10186 | 18102 |
| 15216 | 174 | 15195 | 1725 | 239549 | 235044 | 11504 | 35540 |
| 135066 | 8108 | 107922 | 8476 | 1329182 | 1388951 | 16155 | 102881 |
| 21895 | 4020 | 19920 | 1193 | 121751 | 125733 | 39879 | 25486 |
| 23618 | 501 | 22765 | 2427 | 123452 | 127655 | 27042 | 11178 |
| 57332 | -240 | 54775 | 3328 | 646121 | 642217 | 27552 | 101567 |
| 62141 | 7 | 47228 | 33 | 786196 | 757439 | 9384 | 110488 |
| 90457 | 1647 | 82634 | -16257 | 748387 | 770241 | 7282 | 102776 |
| 30825 | 4486 | 34563 | 7557 | 228382 | 272586 | 10007 | 27742 |
| 52193 | 1987 | 32696 | 4835 | 627366 | 644753 | 2492 | 50558 |

# 1-B-10 按地区分组的小型工业

| 地　　区 | 企业单位数（个） | 资产总计 | | | | | | |
|---|---|---|---|---|---|---|---|---|
| | | | 固定资产净额 | 固定资产原价 | 累计折旧 | 流动资产合计 | | |
| | | | | | | | 应收账款 | 存货 |
| **全　省** | **10505** | **94170889** | **27093105** | **46497683** | **17093514** | **43958662** | **13268521** | **9908723** |
| 南昌市 | 1181 | 13296897 | 2788720 | 4591546 | 1710937 | 8362039 | 2911807 | 1238013 |
| 景德镇市 | 286 | 2109903 | 785911 | 2794533 | 1863720 | 697970 | 226827 | 152942 |
| 萍乡市 | 494 | 3347726 | 1422785 | 2015186 | 544910 | 1347649 | 511839 | 278614 |
| 九江市 | 1430 | 18101194 | 6111066 | 10161128 | 3415893 | 5540715 | 1363240 | 1066597 |
| 新余市 | 331 | 3144248 | 618738 | 1186852 | 457767 | 1701226 | 510966 | 401625 |
| 鹰潭市 | 264 | 3446492 | 953683 | 1898404 | 897518 | 2061803 | 563732 | 607975 |
| 赣州市 | 1776 | 13115517 | 3365584 | 5415238 | 1737395 | 7402982 | 2118711 | 2184154 |
| 吉安市 | 1245 | 9153131 | 2665482 | 4343374 | 1436168 | 3967010 | 1423526 | 805064 |
| 宜春市 | 1450 | 13180758 | 3843782 | 6785938 | 2640932 | 5823407 | 1751211 | 1464016 |
| 抚州市 | 738 | 5968410 | 2040327 | 3228646 | 1097304 | 2282541 | 699780 | 753887 |
| 上饶市 | 1310 | 9306613 | 2497027 | 4076838 | 1290969 | 4771321 | 1186884 | 955836 |

1-B-10 续表

| 地　　区 | | | | 营业收入 | 营业成本 | 销售费用 | 管理费用 |
|---|---|---|---|---|---|---|---|
| | 个人资本 | 港澳台资本 | 外商资本 | | | | |
| **全　省** | **10134374** | **805205** | **583912** | **144231460** | **125553773** | **2928314** | **4057505** |
| 南昌市 | 785418 | 179803 | 147722 | 14208124 | 12641123 | 330208 | 499526 |
| 景德镇市 | 126154 | 7751 | 21955 | 3594146 | 3037134 | 103767 | 140963 |
| 萍乡市 | 463091 | 13795 | | 4155702 | 3439961 | 114626 | 128776 |
| 九江市 | 1155463 | 335073 | 133294 | 30309097 | 25908045 | 496599 | 774534 |
| 新余市 | 345004 | 26889 | | 4638388 | 4211252 | 76641 | 110806 |
| 鹰潭市 | 244097 | 45505 | | 9031146 | 8499857 | 66838 | 104691 |
| 赣州市 | 2389207 | 90517 | 98089 | 19678854 | 17165460 | 345275 | 581624 |
| 吉安市 | 1187400 | 13027 | 66474 | 15414669 | 13101485 | 403302 | 535286 |
| 宜春市 | 1442539 | 48335 | 97226 | 17912965 | 15460927 | 348124 | 420438 |
| 抚州市 | 732384 | 9212 | 10361 | 9777525 | 8373316 | 358195 | 370755 |
| 上饶市 | 1263617 | 35298 | 8791 | 15510845 | 13715212 | 284741 | 390106 |

# 企业主要经济指标

单位：万元

| 产成品 | 负债合计 | 流动负债合计 | 应付账款 | 所有者权益合计 | 实收资本 | 国家资本 | 集体资本 | 法人资本 |
|---|---|---|---|---|---|---|---|---|
| **4593105** | **45836271** | **36522930** | **10298544** | **48331800** | **31401150** | **1812442** | **434417** | **17630791** |
| 593475 | 7191391 | 6312401 | 2118057 | 6105498 | 7480987 | 404973 | 66933 | 5896137 |
| 76237 | 904935 | 658153 | 150353 | 1204891 | 378377 | 45501 | 10124 | 166891 |
| 140446 | 1336470 | 1169172 | 471453 | 2011253 | 920966 | 49945 | 22733 | 371404 |
| 572560 | 7188600 | 4968866 | 1136196 | 10912589 | 3585052 | 183464 | 33606 | 1744153 |
| 212054 | 1854339 | 1508633 | 391896 | 1289908 | 661740 | 62218 | 5029 | 222601 |
| 200656 | 1961822 | 1733685 | 402652 | 1484666 | 808240 | 99703 | 9184 | 409751 |
| 935941 | 7452699 | 6430456 | 2080631 | 5662808 | 4274298 | 436723 | 168340 | 1091421 |
| 362400 | 4369715 | 2916684 | 795371 | 4783415 | 2146683 | 161617 | 26572 | 691591 |
| 702022 | 6162562 | 4921892 | 1260912 | 7018191 | 6097230 | 73395 | 49850 | 4385883 |
| 374219 | 2503387 | 1978152 | 520057 | 3465019 | 2507025 | 25289 | 26575 | 1703204 |
| 423096 | 4910350 | 3924837 | 970966 | 4393562 | 2540552 | 269615 | 15473 | 947756 |

单位：万元

| 财务费用 | 利息收入 | 利息支出 | 投资收益（损失以"-"号记） | 营业利润 | 利润总额 | 亏损企业亏损额 | 平均用工人数（人） |
|---|---|---|---|---|---|---|---|
| **1001071** | **47265** | **730396** | **-87127** | **9733064** | **10103018** | **397857** | **1063036** |
| 101300 | 15718 | 92031 | 756 | 581939 | 644027 | 89237 | 114038 |
| 59012 | 733 | 13373 | -13097 | 136286 | 140972 | 28837 | 30219 |
| 30584 | 966 | 26263 | 507 | 395329 | 402782 | 16858 | 58486 |
| 168666 | 10213 | 93735 | 2722 | 2821705 | 2934358 | 38935 | 166213 |
| 42982 | 2219 | 36203 | 6349 | 175706 | 189929 | 27047 | 30986 |
| 37792 | -2712 | 28067 | 2303 | 278146 | 358779 | 16609 | 24739 |
| 152535 | 3417 | 129592 | 10092 | 1346019 | 1279145 | 75418 | 181916 |
| 105146 | 1972 | 74988 | 2908 | 1188721 | 1145058 | 20410 | 128636 |
| 134568 | 5614 | 110518 | -102172 | 1353446 | 1457074 | 44002 | 138485 |
| 69856 | 4551 | 57276 | 1395 | 513765 | 573550 | 15180 | 76168 |
| 98629 | 4575 | 68351 | 1110 | 942003 | 977344 | 25324 | 113150 |

# 1-B-11　按地区分组的

| 地　　区 | 企　业<br>单位数<br>（个） | 资产总计 | | | | | | |
|---|---|---|---|---|---|---|---|---|
| | | | 固定资产<br>净　　额 | 固定资产<br>原　　价 | 累计折旧 | 流动资产<br>合　　计 | | |
| | | | | | | | 应收账款 | 存货 |
| **全　　省** | **433** | **5973161** | **1857374** | **3096087** | **1096269** | **2336212** | **440585** | **431841** |
| 南 昌 市 | | | | | | | | |
| 景德镇市 | 7 | 207673 | 50172 | 110460 | 53572 | 75105 | 9767 | 6734 |
| 萍 乡 市 | 34 | 537709 | 154495 | 322152 | 141077 | 261612 | 42129 | 30413 |
| 九 江 市 | 73 | 1297906 | 546761 | 781247 | 230134 | 365135 | 47615 | 80780 |
| 新 余 市 | 28 | 182272 | 41153 | 99932 | 51253 | 80221 | 30881 | 10225 |
| 鹰 潭 市 | 2 | 57108 | 14067 | 27596 | 13530 | 40407 | 73 | 3193 |
| 赣 州 市 | 120 | 1451453 | 291614 | 507490 | 201653 | 789926 | 156603 | 186188 |
| 吉 安 市 | 26 | 307742 | 52186 | 152427 | 54809 | 116104 | 29550 | 21101 |
| 宜 春 市 | 61 | 991028 | 465756 | 703673 | 214439 | 292332 | 79287 | 40273 |
| 抚 州 市 | 8 | 168230 | 47285 | 66229 | 18943 | 24067 | 2702 | 1153 |
| 上 饶 市 | 74 | 772039 | 193885 | 324880 | 116860 | 291304 | 41978 | 51782 |

1-B-11　续表

| 地　　区 | | | | 营业收入 | 营业成本 | 销售费用 | 管理费用 |
|---|---|---|---|---|---|---|---|
| | 个人资本 | 港澳台资本 | 外商资本 | | | | |
| **全　　省** | **293444** | **28202** | **1180** | **6711709** | **5594653** | **146364** | **250199** |
| 南 昌 市 | | | | | | | |
| 景德镇市 | 1042 | | | 63531 | 52847 | 3173 | 5600 |
| 萍 乡 市 | 34513 | | | 337409 | 270090 | 10087 | 18369 |
| 九 江 市 | 73230 | | 1149 | 1943032 | 1633392 | 50614 | 49100 |
| 新 余 市 | 15484 | | | 476270 | 423240 | 5721 | 9692 |
| 鹰 潭 市 | | 2700 | | 42979 | 15272 | 526 | 3642 |
| 赣 州 市 | 86911 | 619 | | 1921223 | 1675285 | 23165 | 53132 |
| 吉 安 市 | 16324 | | | 333110 | 266819 | 4889 | 16417 |
| 宜 春 市 | 17575 | 24883 | 31 | 622434 | 444810 | 22862 | 38649 |
| 抚 州 市 | 2450 | | | 69689 | 52193 | 1681 | 5754 |
| 上 饶 市 | 45917 | | | 902032 | 760706 | 23645 | 49844 |

# 采矿业主要经济指标

单位：万元

| 产成品 | 负债合计 | 流动负债合计 | 应付账款 | 所有者权益合计 | 实收资本 | 国家资本 | 集体资本 | 法人资本 |
|---|---|---|---|---|---|---|---|---|
| **292881** | **2908742** | **2292254** | **518159** | **3064418** | **1298417** | **543581** | **20150** | **411860** |
| 2882 | 99032 | 88467 | 19017 | 108641 | 82746 | 70750 | 50 | 10905 |
| 21070 | 350434 | 288923 | 76022 | 187275 | 286230 | 234174 | | 17544 |
| 38938 | 466519 | 320353 | 108493 | 831387 | 204657 | 12750 | 13732 | 103795 |
| 8364 | 73676 | 58218 | 17324 | 108596 | 39130 | 7578 | 479 | 15590 |
| 1739 | 10108 | 10108 | 459 | 47000 | 11100 | 3780 | | 4620 |
| 152076 | 782382 | 682627 | 100099 | 669070 | 307853 | 128642 | 2644 | 89038 |
| 9119 | 113594 | 100283 | 13004 | 194148 | 34726 | 2018 | 79 | 16306 |
| 23862 | 591226 | 418880 | 97404 | 399802 | 217825 | 60917 | 2646 | 111773 |
| 836 | 65614 | 63949 | 14934 | 102616 | 11421 | 3710 | | 5261 |
| 33996 | 356157 | 260447 | 71402 | 415884 | 102729 | 19262 | 521 | 37029 |

单位：万元

| 财务费用 | 利息收入 | 利息支出 | 投资收益（损失以“–”号记） | 营业利润 | 利润总额 | 亏损企业亏损额 | 平均用工人数（人） |
|---|---|---|---|---|---|---|---|
| **53183** | **3428** | **51113** | **15250** | **611012** | **632564** | **12110** | **70746** |
| 212 | 111 | 33 | 126 | 4093 | 5269 | 332 | 2465 |
| 5485 | 55 | 5439 | 9061 | 45494 | 45486 | 342 | 13537 |
| 12267 | 44 | 11464 | | 182294 | 204544 | | 9001 |
| 1342 | 60 | 857 | 52 | 25797 | 25784 | 2264 | 4064 |
| 20 | 125 | 183 | 644 | 22887 | 22987 | | 448 |
| 14761 | 2257 | 16552 | 4427 | 138497 | 134473 | 1954 | 15524 |
| 1794 | 24 | 1869 | | 42261 | 42083 | 711 | 3569 |
| 9735 | 315 | 9044 | -226 | 95261 | 95921 | | 14156 |
| 1673 | 48 | 1655 | | 6085 | 6150 | 5537 | 1133 |
| 5896 | 390 | 4018 | 1166 | 48344 | 49867 | 970 | 6849 |

# 1-B-12　按地区分组的煤炭开采和

| 地　区 | 企　业单位数（个） | 资产总计 | | | | | | |
|---|---|---|---|---|---|---|---|---|
| | | | 固定资产净　额 | 固定资产原　价 | 累计折旧 | 流动资产合　计 | | |
| | | | | | | | 应收账款 | 存货 |
| **全　省** | **52** | **1058000** | **406140** | **738633** | **289838** | **364116** | **68942** | **38972** |
| 南昌市 | | | | | | | | |
| 景德镇市 | 2 | 178269 | 42256 | 69325 | 23640 | 59405 | 5120 | 2974 |
| 萍乡市 | 20 | 470638 | 135867 | 283760 | 123926 | 224854 | 35864 | 26930 |
| 九江市 | 1 | 34677 | 8808 | 9122 | 315 | 4865 | 423 | 2301 |
| 新余市 | 5 | 43871 | 10361 | 32591 | 14705 | 16467 | 3241 | 2660 |
| 鹰潭市 | | | | | | | | |
| 赣州市 | 1 | 1186 | 94 | 165 | 72 | 499 | 20 | 167 |
| 吉安市 | 2 | 13184 | 5194 | 7615 | 2421 | 5519 | 955 | 107 |
| 宜春市 | 18 | 305462 | 198117 | 326139 | 120289 | 49028 | 21453 | 3654 |
| 抚州市 | | | | | | | | |
| 上饶市 | 3 | 10712 | 5443 | 9914 | 4471 | 3481 | 1866 | 178 |

1-B-12　续表

| 地　区 | | | | 营业收入 | 营业成本 | 销售费用 | 管理费用 |
|---|---|---|---|---|---|---|---|
| | 个人资本 | 港澳台资本 | 外商资本 | | | | |
| **全　省** | **56631** | | | **626328** | **495810** | **10515** | **34665** |
| 南昌市 | | | | | | | |
| 景德镇市 | 1042 | | | 22741 | 18485 | 303 | 4034 |
| 萍乡市 | 32280 | | | 270723 | 217459 | 6927 | 15943 |
| 九江市 | | | | 25232 | 19609 | 49 | 1517 |
| 新余市 | 5769 | | | 69855 | 55614 | 1248 | 1666 |
| 鹰潭市 | | | | | | | |
| 赣州市 | 65 | | | 4399 | 3392 | 238 | 240 |
| 吉安市 | 5122 | | | 5891 | 4701 | | 647 |
| 宜春市 | 7805 | | | 219298 | 170209 | 1436 | 10058 |
| 抚州市 | | | | | | | |
| 上饶市 | 4550 | | | 8189 | 6342 | 316 | 560 |

# 洗选业主要经济指标

单位：万元

| 产成品 | 负债合计 | 流动负债合计 | 应付账款 | 所有者权益合计 | 实收资本 | 国家资本 | 集体资本 | 法人资本 |
|---|---|---|---|---|---|---|---|---|
| **24835** | **679184** | **542644** | **103091** | **378815** | **456036** | **348084** | **379** | **50941** |
| 2513 | 85579 | 75225 | 14925 | 92689 | 71841 | 70750 | 50 | |
| 18531 | 315770 | 257683 | 68257 | 154868 | 274099 | 234174 | | 7645 |
| 386 | 121 | 95 | | 34557 | 34557 | | | 34557 |
| 1544 | 12499 | 8322 | 1853 | 31372 | 17019 | 5000 | | 6250 |
| 112 | 242 | 242 | 166 | 944 | 65 | | | |
| 48 | 4889 | 2936 | 370 | 8295 | 5850 | | | 729 |
| 1564 | 256409 | 195810 | 16895 | 49054 | 46674 | 38161 | 329 | 380 |
| 135 | 3676 | 2331 | 625 | 7036 | 5931 | | | 1381 |

单位：万元

| 财务费用 | 利息收入 | 利息支出 | 投资收益（损失以"-"号记） | 营业利润 | 利润总额 | 亏损企业亏损额 | 平均用工人数（人） |
|---|---|---|---|---|---|---|---|
| **9387** | **221** | **8503** | **8400** | **86347** | **87402** | **342** | **23912** |
| -95 | 109 | | 126 | 3050 | 4123 | | 1766 |
| 4830 | 56 | 4933 | 8501 | 38573 | 38618 | 342 | 12043 |
| 115 | | | | 3923 | 3923 | | 135 |
| 520 | 33 | 494 | | 8069 | 8058 | | 1159 |
| 5 | | 5 | | 462 | 462 | | 25 |
| | | | | 465 | 465 | | 418 |
| 3879 | 13 | 3071 | -227 | 31141 | 31090 | | 8147 |
| 133 | 11 | | | 665 | 665 | | 219 |

# 1-B-13 按地区分组的黑色金属

| 地区 | 企业单位数(个) | 资产总计 | 固定资产净额 | 固定资产原价 | 累计折旧 | 流动资产合计 | 应收账款 | 存货 |
|---|---|---|---|---|---|---|---|---|
| **全　省** | **33** | **334258** | **63124** | **160611** | **65233** | **176737** | **17624** | **8466** |
| 南昌市 | | | | | | | | |
| 景德镇市 | | | | | | | | |
| 萍乡市 | 3 | 12322 | 6333 | 18363 | 10156 | 4352 | 1258 | 160 |
| 九江市 | 2 | 14340 | 6872 | 8680 | 1667 | 6967 | 563 | 2867 |
| 新余市 | 17 | 89377 | 19672 | 42465 | 22793 | 35953 | 11001 | 2149 |
| 鹰潭市 | | | | | | | | |
| 赣州市 | 2 | 27022 | 897 | 1220 | 323 | 13821 | 2258 | 620 |
| 吉安市 | 5 | 86911 | 19779 | 71440 | 21637 | 31321 | 1439 | 1592 |
| 宜春市 | 2 | 4086 | 3529 | 4071 | 326 | 341 | 228 | 63 |
| 抚州市 | 1 | 2700 | 276 | 865 | 589 | 2152 | 402 | 289 |
| 上饶市 | 1 | 97500 | 5766 | 13508 | 7742 | 81831 | 476 | 725 |

1-B-13 续表

| 地区 | 个人资本 | 港澳台资本 | 外商资本 | 营业收入 | 营业成本 | 销售费用 | 管理费用 |
|---|---|---|---|---|---|---|---|
| **全　省** | **15204** | | | **519800** | **462792** | **10373** | **13528** |
| 南昌市 | | | | | | | |
| 景德镇市 | | | | | | | |
| 萍乡市 | 609 | | | 14700 | 12874 | 164 | 648 |
| 九江市 | 200 | | | 44219 | 35351 | 346 | 1378 |
| 新余市 | 7943 | | | 336024 | 311955 | 3771 | 6067 |
| 鹰潭市 | | | | | | | |
| 赣州市 | 1000 | | | 12302 | 10179 | 36 | 1048 |
| 吉安市 | 4552 | | | 41139 | 31962 | 742 | 3453 |
| 宜春市 | | | | 3994 | 3212 | 131 | 102 |
| 抚州市 | 900 | | | 2356 | 2055 | 58 | 139 |
| 上饶市 | | | | 65068 | 55205 | 5125 | 693 |

# 矿采选业主要经济指标

单位：万元

| 产成品 | 负债合计 | 流动负债合计 | 应付账款 | 所有者权益合计 | 实收资本 | 国家资本 | 集体资本 | 法人资本 |
|---|---|---|---|---|---|---|---|---|
| **5898** | **149410** | **129995** | **16756** | **184848** | **43304** | **3323** | **1609** | **23169** |
| 97 | 9159 | 6509 | 2139 | 3163 | 1478 | | | 869 |
| 2696 | 5884 | 4472 | 2549 | 8457 | 4090 | | | 3890 |
| 1970 | 49129 | 40460 | 10723 | 40249 | 18453 | 2200 | | 8310 |
| 326 | 17133 | 17133 | 13 | 9890 | 7000 | | | 6000 |
| 458 | 34800 | 34553 | 1074 | 52111 | 5675 | 1123 | | |
| 59 | 1218 | 1218 | 23 | 2868 | 1809 | | 1609 | 200 |
| 289 | 2019 | 1305 | 35 | 681 | 900 | | | |
| 5 | 30070 | 24346 | 201 | 67431 | 3900 | | | 3900 |

单位：万元

| 财务费用 | 利息收入 | 利息支出 | 投资收益（损失以"–"号记） | 营业利润 | 利润总额 | 亏损企业亏损额 | 平均用工人数（人） |
|---|---|---|---|---|---|---|---|
| **1106** | **430** | **1159** | **2977** | **26728** | **26823** | **2717** | **4110** |
| 88 | | 88 | | 757 | 746 | | 421 |
| 99 | | 99 | | 6933 | 6933 | | 319 |
| 602 | 24 | 308 | 52 | 7046 | 7046 | 2264 | 2304 |
| 191 | 405 | 595 | 2925 | 3740 | 3742 | | 56 |
| 119 | | 61 | | 3738 | 3721 | 453 | 601 |
| 4 | 1 | 3 | | 376 | 498 | | 109 |
| 3 | | 3 | | 96 | 96 | | 62 |
| 2 | 1 | 3 | | 4041 | 4041 | | 238 |

# 1-B-14 按地区分组的有色金属

| 地区 | 企业单位数(个) | 资产总计 | 固定资产净额 | 固定资产原价 | 累计折旧 | 流动资产合计 | | |
|---|---|---|---|---|---|---|---|---|
| | | | | | | | 应收账款 | 存货 |
| **全省** | **112** | **2473130** | **628275** | **975830** | **325573** | **1017577** | **164143** | **241348** |
| 南昌市 | | | | | | | | |
| 景德镇市 | | | | | | | | |
| 萍乡市 | | | | | | | | |
| 九江市 | 13 | 545098 | 203596 | 263618 | 56992 | 151690 | 11542 | 26220 |
| 新余市 | 1 | 28960 | 8752 | 20383 | 11631 | 19776 | 14283 | 5216 |
| 鹰潭市 | 2 | 57108 | 14067 | 27596 | 13530 | 40407 | 73 | 3193 |
| 赣州市 | 72 | 1089699 | 170083 | 284190 | 106992 | 636842 | 119906 | 169431 |
| 吉安市 | 2 | 63061 | 11025 | 16805 | 5702 | 8786 | 732 | 4108 |
| 宜春市 | 5 | 214174 | 72114 | 115488 | 42344 | 81377 | 3962 | 14348 |
| 抚州市 | 2 | 48347 | 41435 | 57849 | 16414 | 3938 | 885 | 459 |
| 上饶市 | 15 | 426684 | 107205 | 189901 | 71968 | 74760 | 12760 | 18373 |

1-B-14 续表

| 地区 | | | | 营业收入 | 营业成本 | 销售费用 | 管理费用 |
|---|---|---|---|---|---|---|---|
| | 个人资本 | 港澳台资本 | 外商资本 | | | | |
| **全省** | **94106** | **28083** | | **2716209** | **2294764** | **31162** | **110819** |
| 南昌市 | | | | | | | |
| 景德镇市 | | | | | | | |
| 萍乡市 | | | | | | | |
| 九江市 | 13704 | | | 725147 | 606960 | 16080 | 18951 |
| 新余市 | 162 | | | 14960 | 8354 | 146 | 1667 |
| 鹰潭市 | | 2700 | | 42979 | 15272 | 526 | 3642 |
| 赣州市 | 60950 | 500 | | 1440315 | 1289884 | 4222 | 33163 |
| 吉安市 | | | | 15436 | 12771 | 13 | 3475 |
| 宜春市 | | 24883 | | 115816 | 55510 | 7303 | 14584 |
| 抚州市 | | | | 31596 | 30700 | 284 | 3289 |
| 上饶市 | 19290 | | | 329960 | 275314 | 2587 | 32049 |

# 矿采选业主要经济指标

单位：万元

| 产成品 | 负债合计 | 流动负债合计 | 应付账款 | 所有者权益合计 | 实收资本 | 国家资本 | 集体资本 | 法人资本 |
|---|---|---|---|---|---|---|---|---|
| **184605** | **1186314** | **911874** | **188804** | **1286815** | **360544** | **166045** | **7401** | **64909** |
| 14202 | 167134 | 78555 | 41163 | 377964 | 36882 | 12750 | 3732 | 6695 |
| 4747 | 2429 | 1988 | 670 | 26531 | 540 | 378 | | |
| 1739 | 10108 | 10108 | 459 | 47000 | 11100 | 3780 | | 4620 |
| 141240 | 622786 | 538276 | 77952 | 466913 | 215589 | 112267 | 2644 | 39228 |
| 1727 | 18184 | 14827 | 1502 | 44877 | 895 | 895 | | |
| 9568 | 86961 | 58840 | 6016 | 127213 | 53806 | 22756 | 504 | 5663 |
| 336 | 57789 | 56837 | 13352 | -9442 | 4761 | | | 4761 |
| 11046 | 220925 | 152444 | 47690 | 205759 | 36972 | 13218 | 521 | 3943 |

单位：万元

| 财务费用 | 利息收入 | 利息支出 | 投资收益（损失以“-”号记） | 营业利润 | 利润总额 | 亏损企业亏损额 | 平均用工人数（人） |
|---|---|---|---|---|---|---|---|
| **23575** | **2686** | **24008** | **3313** | **233969** | **250748** | **8523** | **22674** |
| 5484 | 7 | 5376 | | 75307 | 93900 | | 3223 |
| -3 | 3 | | | 3818 | 3818 | | 385 |
| 20 | 125 | 183 | 644 | 22887 | 22987 | | 448 |
| 10860 | 1827 | 12480 | 1502 | 91061 | 87132 | 1840 | 11681 |
| 408 | 7 | 414 | | 823 | 812 | 198 | 915 |
| 1701 | 346 | 2094 | 1 | 34149 | 34549 | | 2327 |
| 1565 | 37 | 1563 | | -4889 | -4741 | 5537 | 617 |
| 3540 | 335 | 1897 | 1166 | 10813 | 12291 | 949 | 3078 |

# 1-B-15 按地区分组的非金属

| 地　区 | 企　业<br>单位数<br>(个) | 资产总计 | 固定资产<br>净　额 | 固定资产<br>原　价 | 累计折旧 | 流动资产<br>合　计 | 应收账款 | 存货 |
|---|---|---|---|---|---|---|---|---|
| **全　省** | **236** | **2107773** | **759836** | **1221014** | **415626** | **777782** | **189876** | **143056** |
| 南昌市 | | | | | | | | |
| 景德镇市 | 5 | 29404 | 7915 | 41135 | 29931 | 15700 | 4647 | 3759 |
| 萍乡市 | 11 | 54749 | 12295 | 20029 | 6995 | 32406 | 5008 | 3322 |
| 九江市 | 57 | 703791 | 327486 | 499828 | 171160 | 201613 | 35087 | 49392 |
| 新余市 | 5 | 20064 | 2368 | 4492 | 2124 | 8025 | 2357 | 200 |
| 鹰潭市 | | | | | | | | |
| 赣州市 | 45 | 333545 | 120541 | 221915 | 94267 | 138765 | 34419 | 15971 |
| 吉安市 | 17 | 144587 | 16188 | 56567 | 25049 | 70478 | 26424 | 15293 |
| 宜春市 | 36 | 467306 | 191996 | 257975 | 51481 | 161587 | 53644 | 22207 |
| 抚州市 | 5 | 117184 | 5575 | 7515 | 1940 | 17976 | 1416 | 405 |
| 上饶市 | 55 | 237143 | 75471 | 111557 | 32679 | 131232 | 26876 | 32507 |

1-B-15　续表

| 地　区 | 个人资本 | 港澳台资本 | 外商资本 | 营业收入 | 营业成本 | 销售费用 | 管理费用 |
|---|---|---|---|---|---|---|---|
| **全　省** | **127502** | **119** | **1180** | **2849372** | **2341287** | **94314** | **91187** |
| 南昌市 | | | | | | | |
| 景德镇市 | | | | 40789 | 34362 | 2870 | 1566 |
| 萍乡市 | 1624 | | | 51986 | 39757 | 2997 | 1778 |
| 九江市 | 59326 | | 1149 | 1148434 | 971472 | 34139 | 27255 |
| 新余市 | 1610 | | | 55431 | 47318 | 557 | 293 |
| 鹰潭市 | | | | | | | |
| 赣州市 | 24896 | 119 | | 464207 | 371830 | 18669 | 18680 |
| 吉安市 | 6650 | | | 270645 | 217386 | 4135 | 8843 |
| 宜春市 | 9770 | | 31 | 283327 | 215880 | 13992 | 13905 |
| 抚州市 | 1550 | | | 35737 | 19438 | 1340 | 2326 |
| 上饶市 | 22077 | | | 498815 | 423845 | 15617 | 16542 |

# 矿采选业主要经济指标

单位：万元

| 产成品 | 负债合计 | 流动负债合计 | 应付账款 | 所有者权益合计 | 实收资本 | 国家资本 | 集体资本 | 法人资本 |
|---|---|---|---|---|---|---|---|---|
| **77544** | **893833** | **707740** | **209508** | **1213939** | **438533** | **26129** | **10762** | **272840** |
| | | | | | | | | |
| 369 | 13453 | 13242 | 4093 | 15952 | 10905 | | | 10905 |
| 2442 | 25505 | 24731 | 5626 | 29243 | 10653 | | | 9030 |
| 21654 | 293381 | 237231 | 64782 | 410410 | 129128 | | 10000 | 58653 |
| 103 | 9620 | 7448 | 4077 | 10444 | 3118 | | 479 | 1030 |
| | | | | | | | | |
| 10399 | 142222 | 126976 | 21968 | 191323 | 85200 | 16375 | | 43810 |
| 6886 | 55722 | 47968 | 10059 | 88865 | 22306 | | 79 | 15577 |
| 12671 | 246638 | 163011 | 74470 | 220668 | 115536 | | 205 | 105530 |
| 210 | 5807 | 5807 | 1548 | 111377 | 5760 | 3710 | | 500 |
| 22811 | 101486 | 81325 | 22886 | 135658 | 55926 | 6044 | | 27805 |

单位：万元

| 财务费用 | 利息收入 | 利息支出 | 投资收益（损失以“–”号记） | 营业利润 | 利润总额 | 亏损企业亏损额 | 平均用工人数（人） |
|---|---|---|---|---|---|---|---|
| **19116** | **91** | **17443** | **560** | **263968** | **267590** | **528** | **20050** |
| | | | | | | | |
| 307 | 2 | 33 | | 1043 | 1147 | 332 | 699 |
| 566 | | 418 | 560 | 6163 | 6122 | | 1073 |
| 6569 | 37 | 5989 | | 96131 | 99788 | | 5324 |
| 223 | | 54 | | 6865 | 6862 | | 216 |
| | | | | | | | |
| 3705 | 25 | 3472 | | 43234 | 43137 | 115 | 3762 |
| 1267 | 17 | 1394 | | 37235 | 37086 | 61 | 1635 |
| 4152 | -45 | 3876 | | 29595 | 29783 | | 3573 |
| 106 | 11 | 90 | | 10878 | 10796 | | 454 |
| 2222 | 43 | 2118 | | 32826 | 32871 | 21 | 3314 |

# 1-B-16 按地区分组的

| 地区 | 企业单位数(个) | 资产总计 | 固定资产净额 | 固定资产原价 | 累计折旧 | 流动资产合计 | 应收账款 | 存货 |
|---|---|---|---|---|---|---|---|---|
| **全省** | **11270** | **215466575** | **58480182** | **109612736** | **45980733** | **111099977** | **27099469** | **26761444** |
| 南昌市 | 1356 | 52146485 | 10007592 | 18456540 | 8109778 | 32362354 | 9043731 | 6821677 |
| 景德镇市 | 309 | 10998686 | 2708634 | 6703331 | 3705284 | 6477527 | 782248 | 1814468 |
| 萍乡市 | 535 | 6104766 | 2716028 | 4302598 | 1504025 | 2471048 | 763867 | 507780 |
| 九江市 | 1563 | 30167736 | 10189332 | 17975289 | 6924357 | 10260427 | 2052093 | 2544135 |
| 新余市 | 342 | 12044775 | 2585850 | 5982473 | 3261654 | 6709350 | 881582 | 1424794 |
| 鹰潭市 | 280 | 19263536 | 6340647 | 14859670 | 8366185 | 11679737 | 1825747 | 2801914 |
| 赣州市 | 1804 | 19018577 | 4781458 | 7341359 | 2437654 | 11161359 | 3197468 | 3290507 |
| 吉安市 | 1410 | 17414373 | 5924923 | 10034468 | 3102247 | 6521534 | 2097077 | 1313200 |
| 宜春市 | 1564 | 23034341 | 6425834 | 11639349 | 4633968 | 10636105 | 2811390 | 2936381 |
| 抚州市 | 787 | 9346351 | 3054328 | 4950534 | 1771471 | 3783747 | 1141788 | 1255903 |
| 上饶市 | 1320 | 15926948 | 3745557 | 7367127 | 2164112 | 9036790 | 2502477 | 2050686 |

1-B-16 续表

| 地区 | 个人资本 | 港澳台资本 | 外商资本 | 营业收入 | 营业成本 | 销售费用 | 管理费用 |
|---|---|---|---|---|---|---|---|
| **全省** | **13864321** | **2474514** | **1597174** | **306852045** | **263887799** | **6469067** | **10108811** |
| 南昌市 | 1276730 | 417883 | 497495 | 57013820 | 48237160 | 1427021 | 2639852 |
| 景德镇市 | 272763 | 8221 | 21491 | 9747230 | 8321292 | 276797 | 492723 |
| 萍乡市 | 690897 | 28151 | 1082 | 9560607 | 7884803 | 255440 | 323643 |
| 九江市 | 1802637 | 1055400 | 481207 | 52770759 | 43938319 | 872417 | 1547212 |
| 新余市 | 809799 | 56539 | 22100 | 14358102 | 12627429 | 151076 | 369262 |
| 鹰潭市 | 341927 | 38506 | 4821 | 35627985 | 33900446 | 212927 | 447721 |
| 赣州市 | 2574344 | 336032 | 222914 | 27363655 | 23434933 | 653620 | 990279 |
| 吉安市 | 1650342 | 275799 | 102908 | 30467923 | 25808654 | 704455 | 1083822 |
| 宜春市 | 2025222 | 176587 | 203820 | 29832562 | 24977962 | 931331 | 857565 |
| 抚州市 | 849166 | 45097 | 26564 | 14240035 | 12179168 | 518974 | 525589 |
| 上饶市 | 1570494 | 36298 | 12772 | 25869367 | 22577631 | 465011 | 831144 |

# 制造业主要经济指标

单位：万元

| 产成品 | 负债合计 | 流动负债合计 | 应付账款 | 所有者权益合计 | 实收资本 | 国家资本 | 集体资本 | 法人资本 |
|---|---|---|---|---|---|---|---|---|
| **11054501** | **108716053** | **92623510** | **26089420** | **106747699** | **52043454** | **4915538** | **643828** | **28548072** |
| 3355790 | 29316365 | 25359150 | 8978290 | 22830112 | 12247497 | 1767307 | 111535 | 8176547 |
| 397849 | 7221315 | 6645240 | 941137 | 3777293 | 1433222 | 647072 | 9901 | 473775 |
| 222854 | 2534210 | 2197452 | 867274 | 3570554 | 1806070 | 96833 | 14733 | 974376 |
| 1365697 | 12040153 | 9534496 | 2071331 | 18127578 | 6564465 | 199017 | 32111 | 2994091 |
| 474119 | 6685339 | 5909899 | 1400658 | 5359436 | 2349875 | 518923 | 10660 | 931854 |
| 670105 | 10387034 | 9179740 | 1650185 | 8876499 | 2264702 | 748947 | 8391 | 1122109 |
| 1280987 | 10023791 | 8968969 | 2971259 | 8994776 | 7021359 | 272896 | 201643 | 3413529 |
| 583682 | 7415755 | 5581438 | 1450300 | 9998618 | 3412981 | 120481 | 70337 | 1193112 |
| 1306079 | 10520980 | 8885119 | 2250188 | 12513354 | 7424028 | 149751 | 78920 | 4789726 |
| 529551 | 3978235 | 3088390 | 1000303 | 5368111 | 3760432 | 44687 | 32125 | 2762793 |
| 867789 | 8592878 | 7273619 | 2508496 | 7331368 | 3758823 | 349627 | 73472 | 1716160 |

单位：万元

| 财务费用 | 利息收入 | 利息支出 | 投资收益（损失以“-”号记） | 营业利润 | 利润总额 | 亏损企业亏损额 | 平均用工人数（人） |
|---|---|---|---|---|---|---|---|
| **1826187** | **233147** | **1683549** | **221311** | **20939669** | **21500580** | **684120** | **2207891** |
| 341680 | 100013 | 336118 | 216637 | 3149008 | 3339169 | 194547 | 371943 |
| 119218 | 9414 | 72235 | -18691 | 371101 | 405163 | 128230 | 76382 |
| 34435 | 6126 | 37571 | 936 | 956408 | 952850 | 26625 | 106502 |
| 281181 | 37233 | 217014 | 10593 | 4888475 | 5051143 | 54862 | 292591 |
| 73507 | -34428 | 107368 | 23863 | 1111408 | 1125734 | 41091 | 83325 |
| 149753 | 100739 | 245262 | 76144 | 811749 | 888256 | 18716 | 67504 |
| 197428 | -564 | 164626 | 13344 | 1944213 | 1887568 | 98713 | 306715 |
| 155771 | 1456 | 106594 | 2392 | 2631604 | 2464085 | 22489 | 306548 |
| 215695 | 2325 | 185874 | -121034 | 2549834 | 2686605 | 51187 | 302255 |
| 92732 | 8521 | 84015 | 12919 | 808869 | 928977 | 19233 | 112333 |
| 164788 | 2312 | 126872 | 4208 | 1717001 | 1771032 | 28427 | 181793 |

# 1-B-17　按地区分组的农副食品

| 地　区 | 企　业<br>单位数<br>（个） | 资产总计 | | | | | | |
|---|---|---|---|---|---|---|---|---|
| | | | 固定资产<br>净　额 | 固定资产<br>原　价 | 累计折旧 | 流动资产<br>合　计 | | |
| | | | | | | | 应收账款 | 存货 |
| **全　省** | **572** | **10087642** | **2671691** | **5334864** | **2533555** | **5327248** | **565554** | **1689345** |
| 南 昌 市 | 91 | 5019809 | 1384688 | 3060409 | 1668503 | 2596263 | 142050 | 726529 |
| 景德镇市 | 7 | 32335 | 10033 | 14980 | 4946 | 17290 | 3260 | 9620 |
| 萍 乡 市 | 9 | 123030 | 72742 | 96327 | 23585 | 24161 | 9009 | 9423 |
| 九 江 市 | 46 | 728597 | 129083 | 221180 | 43482 | 420860 | 37670 | 215180 |
| 新 余 市 | 11 | 111006 | 15638 | 21720 | 5796 | 48741 | 8592 | 19815 |
| 鹰 潭 市 | 11 | 102766 | 38373 | 48876 | 10499 | 50086 | 5635 | 22984 |
| 赣 州 市 | 75 | 1304405 | 211290 | 312621 | 100483 | 899890 | 97314 | 248047 |
| 吉 安 市 | 115 | 963553 | 381734 | 670629 | 270822 | 418148 | 76498 | 148703 |
| 宜 春 市 | 97 | 871628 | 186204 | 563608 | 332634 | 439711 | 90091 | 168368 |
| 抚 州 市 | 50 | 326352 | 81322 | 110854 | 28088 | 161229 | 46433 | 48510 |
| 上 饶 市 | 60 | 504160 | 160584 | 213661 | 44716 | 250870 | 49003 | 72167 |

1-B-17　续表

| 地　区 | | | | 营业收入 | 营业成本 | 销售费用 | 管理费用 |
|---|---|---|---|---|---|---|---|
| | 个人资本 | 港澳台资本 | 外商资本 | | | | |
| **全　省** | **896191** | **8815** | **84222** | **17301557** | **15240900** | **386378** | **428660** |
| 南 昌 市 | 122008 | 250 | 73934 | 7760259 | 6917294 | 176060 | 215239 |
| 景德镇市 | 5260 | | | 26994 | 23661 | 952 | 1070 |
| 萍 乡 市 | 1558 | | | 330207 | 270480 | 14743 | 13698 |
| 九 江 市 | 268231 | | 2040 | 1875682 | 1658015 | 26966 | 26172 |
| 新 余 市 | 15785 | | | 211239 | 195051 | 5484 | 3981 |
| 鹰 潭 市 | 16596 | | | 143630 | 129050 | 3279 | 2936 |
| 赣 州 市 | 95851 | 3566 | 1440 | 2031120 | 1733152 | 46674 | 45955 |
| 吉 安 市 | 124675 | 135 | 10 | 2196795 | 1931928 | 41070 | 49893 |
| 宜 春 市 | 65863 | 3908 | | 1535837 | 1358422 | 29922 | 30579 |
| 抚 州 市 | 30476 | 831 | 6798 | 597525 | 506071 | 30649 | 24975 |
| 上 饶 市 | 149888 | 125 | | 592269 | 517777 | 10581 | 14162 |

# 加工业主要经济指标

单位：万元

| 产成品 | 负债合计 | 流动负债合计 | 应付账款 | 所有者权益合计 | 实收资本 | 国家资本 | 集体资本 | 法人资本 |
|---|---|---|---|---|---|---|---|---|
| **580445** | **4949714** | **3990976** | **994056** | **5137927** | **1835376** | **39964** | **18431** | **787753** |
| 157339 | 2869887 | 2210878 | 653388 | 2149923 | 560607 | 18650 | 5400 | 340365 |
| 3767 | 17882 | 16346 | 4878 | 14453 | 9282 | | 301 | 3721 |
| 1794 | 45286 | 43554 | 16332 | 77745 | 40961 | | | 39403 |
| 187828 | 224259 | 131745 | 24033 | 504338 | 330420 | 1109 | 340 | 58701 |
| 5042 | 44791 | 39062 | 10645 | 66216 | 19425 | | | 3640 |
| 7206 | 45575 | 36811 | 4876 | 57191 | 28227 | | 3440 | 8191 |
| 77842 | 641107 | 621338 | 114508 | 663298 | 215020 | 165 | 660 | 113339 |
| 35974 | 357035 | 250812 | 39180 | 606518 | 175266 | 5683 | 1600 | 43162 |
| 46660 | 359927 | 338668 | 63205 | 511700 | 194685 | 11303 | 6080 | 107531 |
| 22746 | 126487 | 115873 | 33384 | 199864 | 79274 | 122 | 10 | 41037 |
| 34248 | 217479 | 185890 | 29627 | 286681 | 182210 | 2933 | 600 | 28665 |

单位：万元

| 财务费用 | 利息收入 | 利息支出 | 投资收益(损失以"–"号记) | 营业利润 | 利润总额 | 亏损企业亏损额 | 平均用工人数(人) |
|---|---|---|---|---|---|---|---|
| **116367** | **12800** | **115643** | **34953** | **1117656** | **1141116** | **8784** | **83117** |
| 50116 | 14630 | 57446 | 35102 | 418047 | 417368 | 1952 | 26039 |
| 659 | 1 | 528 | | 552 | 591 | | 347 |
| 653 | | 646 | | 27229 | 27265 | 214 | 3056 |
| 23576 | 11 | 20798 | 11 | 138823 | 162945 | 108 | 6968 |
| 984 | 2 | 950 | 13 | 5508 | 5497 | | 1014 |
| 1667 | 2 | 1473 | | 6374 | 3569 | 331 | 945 |
| 10236 | -2165 | 11740 | 791 | 196583 | 197536 | 2175 | 8856 |
| 9625 | 115 | 6744 | -831 | 160137 | 160469 | 460 | 14557 |
| 9535 | 141 | 8393 | -2152 | 97315 | 97682 | 2267 | 10656 |
| 3890 | 14 | 3195 | 2003 | 31474 | 32127 | 930 | 4723 |
| 5425 | 49 | 3729 | 18 | 35615 | 36070 | 347 | 5956 |

# 1-B-18 按地区分组的食品

| 地　区 | 企　业<br>单位数<br>（个） | 资产总计 | 固定资产<br>净　额 | 固定资产<br>原　价 | 累计折旧 | 流动资产<br>合　计 | 应收账款 | 存货 |
|---|---|---|---|---|---|---|---|---|
| **全　省** | **222** | **2448272** | **719764** | **1143032** | **390285** | **1051343** | **183261** | **289415** |
| 南 昌 市 | 31 | 344873 | 91988 | 140142 | 47317 | 207244 | 33248 | 45179 |
| 景德镇市 | 3 | 39978 | 34789 | 56936 | 21893 | 3147 | 1477 | 609 |
| 萍 乡 市 | 3 | 102413 | 26923 | 35439 | 6223 | 58737 | 5439 | 13213 |
| 九 江 市 | 21 | 263863 | 117736 | 161170 | 40989 | 85072 | 25866 | 22443 |
| 新 余 市 | 6 | 19960 | 4137 | 7743 | 3606 | 12169 | 3467 | 3951 |
| 鹰 潭 市 | 2 | 10143 | 1546 | 2090 | 545 | 4815 | 377 | 892 |
| 赣 州 市 | 29 | 404799 | 55667 | 90614 | 34947 | 245365 | 33610 | 81393 |
| 吉 安 市 | 33 | 289153 | 96597 | 184995 | 81963 | 80349 | 17378 | 24124 |
| 宜 春 市 | 62 | 666357 | 155271 | 272807 | 97610 | 242005 | 42518 | 73074 |
| 抚 州 市 | 15 | 131388 | 79634 | 97018 | 16632 | 31920 | 9040 | 11067 |
| 上 饶 市 | 17 | 175346 | 55476 | 94078 | 38561 | 80522 | 10842 | 13469 |

1-B-18 续表

| 地　区 | 个人资本 | 港澳台资本 | 外商资本 | 营业收入 | 营业成本 | 销售费用 | 管理费用 |
|---|---|---|---|---|---|---|---|
| **全　省** | **265714** | **10571** | **57016** | **3293377** | **2607745** | **175664** | **159763** |
| 南 昌 市 | 23605 | | | 388815 | 296680 | 33882 | 27627 |
| 景德镇市 | 2540 | | | 25102 | 20969 | 1022 | 1424 |
| 萍 乡 市 | 6178 | | | 139017 | 96655 | 24105 | 6719 |
| 九 江 市 | 55948 | | 5196 | 356217 | 295969 | 10189 | 8706 |
| 新 余 市 | 3436 | | | 46655 | 38841 | 1836 | 2412 |
| 鹰 潭 市 | 240 | | | 8050 | 6170 | 265 | 636 |
| 赣 州 市 | 15077 | 4569 | 24215 | 268579 | 219038 | 15291 | 14313 |
| 吉 安 市 | 18851 | | | 656313 | 556735 | 18151 | 20076 |
| 宜 春 市 | 42733 | 6002 | 27604 | 732653 | 582023 | 27615 | 32193 |
| 抚 州 市 | 76800 | | | 170105 | 109976 | 20678 | 20135 |
| 上 饶 市 | 20306 | | | 501871 | 384689 | 22629 | 25523 |

# 制造业主要经济指标

单位：万元

| 产成品 | 负债合计 | 流动负债合计 | 应付账款 | 所有者权益合计 | 实收资本 | 国家资本 | 集体资本 | 法人资本 |
|---|---|---|---|---|---|---|---|---|
| **105353** | **927506** | **797433** | **170626** | **1520765** | **775134** | **84755** | **137458** | **219621** |
| 16267 | 155756 | 138513 | 17084 | 189117 | 58196 | 2550 | 3000 | 29041 |
| 519 | 3577 | 3164 | 4 | 36401 | 3156 | | | 616 |
| 7251 | 45685 | 39291 | 8839 | 56728 | 10694 | | | 4516 |
| 8528 | 68465 | 60442 | 18522 | 195397 | 93316 | | 2000 | 30172 |
| 2581 | 13738 | 11703 | 2200 | 6221 | 3911 | | | 475 |
| 182 | 3637 | 3437 | 474 | 6506 | 5324 | 2550 | | 2534 |
| 19651 | 204371 | 200161 | 32552 | 200428 | 187584 | 21342 | 115679 | 6702 |
| 7668 | 108965 | 68475 | 16699 | 180188 | 73472 | 10000 | 2000 | 42621 |
| 30602 | 209639 | 181392 | 54057 | 456718 | 215591 | 47314 | 14103 | 77836 |
| 6458 | 34219 | 28842 | 7855 | 97169 | 91464 | | | 14664 |
| 5646 | 79455 | 62013 | 12341 | 95891 | 32426 | 1000 | 676 | 10444 |

单位：万元

| 财务费用 | 利息收入 | 利息支出 | 投资收益(损失以“–”号记) | 营业利润 | 利润总额 | 亏损企业亏损额 | 平均用工人数(人) |
|---|---|---|---|---|---|---|---|
| **26610** | **1052** | **23677** | **12** | **295138** | **300052** | **5354** | **36925** |
| 4128 | 372 | 4714 | 2001 | 25597 | 25670 | 3703 | 4899 |
| 639 | | | | 1012 | 1010 | | 637 |
| 63 | -2 | 79 | 921 | 10695 | 12262 | | 2393 |
| 1363 | 86 | 1188 | 313 | 39149 | 41582 | | 3191 |
| 871 | 2 | 860 | | 2457 | 2511 | | 678 |
| 210 | -5 | 216 | | 788 | 804 | | 270 |
| 1703 | -47 | 1562 | 49 | 16734 | 15205 | 142 | 4757 |
| 3992 | 25 | 2166 | | 52980 | 52993 | 166 | 5270 |
| 3579 | 562 | 3708 | -3359 | 79435 | 81168 | 485 | 10063 |
| 2131 | 64 | 1217 | 7 | 13228 | 13685 | 190 | 1836 |
| 7932 | -5 | 7969 | 80 | 53061 | 53161 | 668 | 2931 |

# 1-B-19　按地区分组的酒、饮料和

| 地　　区 | 企　业<br>单位数<br>(个) | 资产总计 | 固定资产<br>净　　额 | 固定资产<br>原　　价 | 累计折旧 | 流动资产<br>合　　计 | 应收账款 | 存货 |
|---|---|---|---|---|---|---|---|---|
| **全　　省** | **130** | **3252173** | **1124923** | **1761041** | **614643** | **1220446** | **189597** | **364351** |
| 南 昌 市 | 15 | 497694 | 232247 | 436844 | 204597 | 186553 | 22316 | 72192 |
| 景德镇市 | 8 | 50870 | 20089 | 60167 | 39272 | 20577 | 2243 | 1778 |
| 萍 乡 市 | 3 | 10662 | 8781 | 12409 | 3629 | 1482 | 197 | 162 |
| 九 江 市 | 13 | 1265898 | 507968 | 643006 | 126968 | 117766 | 11503 | 21392 |
| 新 余 市 | 1 | 35270 | 10261 | 17859 | 7599 | 19468 | 2621 | 6300 |
| 鹰 潭 市 | 1 | 64537 | 18220 | 21200 | 2980 | 43800 | 34786 | 8477 |
| 赣 州 市 | 14 | 153820 | 49708 | 81840 | 30897 | 74692 | 4867 | 35303 |
| 吉 安 市 | 21 | 281022 | 116644 | 238623 | 111641 | 138417 | 43998 | 41896 |
| 宜 春 市 | 19 | 664408 | 96732 | 153544 | 56811 | 499222 | 30463 | 134778 |
| 抚 州 市 | 5 | 50955 | 31885 | 52307 | 19397 | 14313 | 1265 | 8558 |
| 上 饶 市 | 30 | 177035 | 32388 | 43242 | 10854 | 104159 | 35339 | 33516 |

1-B-19　续表

| 地　　区 | 个人资本 | 港澳台资本 | 外商资本 | 营业收入 | 营业成本 | 销售费用 | 管理费用 |
|---|---|---|---|---|---|---|---|
| **全　　省** | **165737** | **2500** | **87281** | **2763285** | **1967387** | **170287** | **110954** |
| 南 昌 市 | 1220 |  | 47181 | 543649 | 397242 | 70230 | 22415 |
| 景德镇市 | 1476 |  |  | 56981 | 48385 | 2378 | 2704 |
| 萍 乡 市 | 2410 |  |  | 15486 | 13089 | 616 | 430 |
| 九 江 市 | 67978 |  | 20000 | 596970 | 467568 | 16289 | 25927 |
| 新 余 市 | 5000 |  |  | 37506 | 33400 | 1010 | 410 |
| 鹰 潭 市 |  |  |  | 85048 | 46147 | 2368 | 896 |
| 赣 州 市 | 16081 |  | 100 | 133561 | 100990 | 9853 | 7196 |
| 吉 安 市 | 13879 |  | 20000 | 482452 | 398897 | 23370 | 20787 |
| 宜 春 市 | 24063 | 2500 |  | 587476 | 284826 | 28879 | 15518 |
| 抚 州 市 | 21711 |  |  | 62495 | 36863 | 9864 | 10134 |
| 上 饶 市 | 11920 |  |  | 161662 | 139981 | 5429 | 4538 |

# 精制茶制造业主要经济指标

单位：万元

| 产成品 | 负债合计 | 流动负债合计 | 应付账款 | 所有者权益合计 | 实收资本 | 国家资本 | 集体资本 | 法人资本 |
|---|---|---|---|---|---|---|---|---|
| **124875** | **1538285** | **1383531** | **346416** | **1713888** | **1119734** | **41147** | **4496** | **818574** |
| 25400 | 320265 | 306305 | 36925 | 177429 | 155572 | 10948 | 1821 | 94402 |
| 1631 | 25915 | 17503 | 2637 | 24955 | 14769 | 9248 | | 4046 |
| 53 | 5737 | 5737 | 785 | 4926 | 2410 | | | |
| 15782 | 422040 | 321208 | 146738 | 843858 | 643942 | | | 555964 |
| 3367 | 13994 | 8764 | 1204 | 21276 | 5000 | | | |
| 958 | 7333 | 7102 | | 57204 | 54321 | | | 54321 |
| 10958 | 71203 | 63088 | 12406 | 82617 | 27858 | | | 11677 |
| 3394 | 180870 | 173466 | 56265 | 100153 | 72120 | 20951 | | 17290 |
| 44354 | 396539 | 395633 | 66471 | 267869 | 50500 | | 2675 | 21263 |
| 1317 | 11341 | 9980 | 2536 | 39614 | 40231 | | | 18520 |
| 17660 | 83047 | 74746 | 20450 | 93988 | 53011 | | | 41091 |

单位：万元

| 财务费用 | 利息收入 | 利息支出 | 投资收益（损失以“–”号记） | 营业利润 | 利润总额 | 亏损企业亏损额 | 平均用工人数（人） |
|---|---|---|---|---|---|---|---|
| **8950** | **-6735** | **14044** | **-3714** | **444656** | **450683** | **14052** | **25890** |
| 4235 | -782 | 5294 | 424 | 40934 | 42551 | 6175 | 5865 |
| 798 | | 757 | | 2241 | 2257 | | 1013 |
| 59 | | 24 | | 1169 | 1169 | 12 | 311 |
| 2243 | 69 | 1528 | | 73674 | 73973 | 1874 | 3501 |
| 348 | | 349 | | 2335 | 2328 | | 350 |
| 2 | -1 | 4 | | 40032 | 40030 | | 272 |
| 1347 | 28 | 1264 | 12 | 8929 | 8801 | 3 | 3751 |
| 1288 | 8 | 1200 | | 24878 | 25342 | 5639 | 2814 |
| -4711 | -6109 | 1526 | -4149 | 240601 | 243706 | | 4996 |
| 1183 | 47 | 341 | | 894 | 969 | 350 | 748 |
| 2157 | 5 | 1759 | | 8969 | 9558 | | 2269 |

# 1-B-20 按地区分组的烟草

| 地区 | 企业单位数(个) | 资产总计 | 固定资产净额 | 固定资产原价 | 累计折旧 | 流动资产合计 | 应收账款 | 存货 |
|---|---|---|---|---|---|---|---|---|
| **全省** | **2** | **1744843** | **368951** | **712813** | **343862** | **1295858** | **69017** | **784003** |
| 南昌市 | 1 | 1649552 | 329026 | 650469 | 321443 | 1247723 | 66793 | 778560 |
| 景德镇市 | | | | | | | | |
| 萍乡市 | | | | | | | | |
| 九江市 | | | | | | | | |
| 新余市 | | | | | | | | |
| 鹰潭市 | | | | | | | | |
| 赣州市 | 1 | 95291 | 39925 | 62344 | 22419 | 48135 | 2224 | 5443 |
| 吉安市 | | | | | | | | |
| 宜春市 | | | | | | | | |
| 抚州市 | | | | | | | | |
| 上饶市 | | | | | | | | |

1-B-20 续表

| 地区 | 个人资本 | 港澳台资本 | 外商资本 | 营业收入 | 营业成本 | 销售费用 | 管理费用 |
|---|---|---|---|---|---|---|---|
| **全省** | | | | **2044387** | **672808** | **34177** | **106361** |
| 南昌市 | | | | 2036346 | 667537 | 34118 | 103465 |
| 景德镇市 | | | | | | | |
| 萍乡市 | | | | | | | |
| 九江市 | | | | | | | |
| 新余市 | | | | | | | |
| 鹰潭市 | | | | | | | |
| 赣州市 | | | | 8041 | 5271 | 59 | 2896 |
| 吉安市 | | | | | | | |
| 宜春市 | | | | | | | |
| 抚州市 | | | | | | | |
| 上饶市 | | | | | | | |

# 制品业主要经济指标

单位：万元

| 产成品 | 负债合计 | 流动负债合计 | 应付账款 | 所有者权益合计 | 实收资本 | 国家资本 | 集体资本 | 法人资本 |
|---|---|---|---|---|---|---|---|---|
| **42341** | **427979** | **423527** | **102345** | **1316864** | **217863** | **132734** | | **85129** |
| 41897 | 421884 | 417432 | 96367 | 1227668 | 132734 | 132734 | | |
| 445 | 6095 | 6095 | 5978 | 89196 | 85129 | | | 85129 |

单位：万元

| 财务费用 | 利息收入 | 利息支出 | 投资收益（损失以“–”号记） | 营业利润 | 利润总额 | 亏损企业亏损额 | 平均用工人数（人） |
|---|---|---|---|---|---|---|---|
| **-3926** | **4111** | **2245** | **620** | **33252** | **31361** | | **5351** |
| -2867 | 5171 | 2245 | 620 | 32895 | 31022 | | 5238 |
| -1059 | -1060 | 1 | | 357 | 339 | | 113 |

# 1-B-21 按地区分组的

| 地　区 | 企　业单位数（个） | 资产总计 | | | | | | |
|---|---|---|---|---|---|---|---|---|
| | | | 固定资产净　额 | 固定资产原　价 | 累计折旧 | 流动资产合　计 | | |
| | | | | | | | 应收账款 | 存货 |
| **全　省** | **589** | **5000673** | **1264943** | **2478724** | **976594** | **1879336** | **503790** | **489991** |
| 南昌市 | 67 | 706532 | 49765 | 109711 | 50825 | 178922 | 43222 | 40746 |
| 景德镇市 | | | | | | | | |
| 萍乡市 | 4 | 10332 | 251 | 390 | 139 | 9352 | 4335 | 3621 |
| 九江市 | 151 | 2104571 | 635493 | 1276493 | 514049 | 676333 | 116361 | 170343 |
| 新余市 | 18 | 188452 | 38305 | 72320 | 34013 | 130193 | 15710 | 52703 |
| 鹰潭市 | 14 | 46180 | 2187 | 19118 | 4879 | 25227 | 3983 | 4244 |
| 赣州市 | 43 | 146799 | 39773 | 58045 | 17846 | 89549 | 50452 | 19061 |
| 吉安市 | 54 | 316024 | 97785 | 182734 | 83108 | 120061 | 56057 | 15244 |
| 宜春市 | 71 | 648022 | 172633 | 374768 | 148115 | 269824 | 91847 | 80784 |
| 抚州市 | 54 | 395757 | 142285 | 228644 | 72838 | 156939 | 41422 | 57186 |
| 上饶市 | 113 | 438004 | 86467 | 156501 | 50782 | 222936 | 80400 | 46060 |

1-B-21 续表

| 地　区 | | | | 营业收入 | 营业成本 | 销售费用 | 管理费用 |
|---|---|---|---|---|---|---|---|
| | 个人资本 | 港澳台资本 | 外商资本 | | | | |
| **全　省** | **491372** | **98831** | **18179** | **8613106** | **7572153** | **159063** | **248489** |
| 南昌市 | 33332 | 980 | | 475532 | 439107 | 11910 | 14651 |
| 景德镇市 | | | | | | | |
| 萍乡市 | 377 | | | 20394 | 18838 | 331 | 493 |
| 九江市 | 160028 | 25897 | 7914 | 3922304 | 3461266 | 53067 | 105360 |
| 新余市 | 17744 | | | 227256 | 206280 | 4107 | 6585 |
| 鹰潭市 | 1764 | | | 54246 | 47985 | 2766 | 1338 |
| 赣州市 | 8202 | 26452 | 226 | 351213 | 320229 | 4595 | 10795 |
| 吉安市 | 32063 | 9787 | | 788946 | 663818 | 24665 | 33105 |
| 宜春市 | 51376 | 31284 | 10038 | 1240952 | 1086761 | 20578 | 29766 |
| 抚州市 | 84090 | 4431 | | 575993 | 480843 | 26838 | 30199 |
| 上饶市 | 102398 | | | 956271 | 847026 | 10207 | 16198 |

# 纺织业主要经济指标

单位：万元

| 产成品 | 负债合计 | 流动负债合计 | 应付账款 | 所有者权益合计 | 实收资本 | 国家资本 | 集体资本 | 法人资本 |
|---|---|---|---|---|---|---|---|---|
| **269207** | **2537487** | **1950749** | **398747** | **2463184** | **864068** | **102** | **4506** | **251075** |
| 24551 | 420820 | 171193 | 65529 | 285713 | 58135 | 100 | 800 | 22923 |
| | | | | | | | | |
| 80 | 6356 | 6356 | 5675 | 3976 | 877 | | | 500 |
| 100529 | 996579 | 792863 | 81775 | 1107991 | 248853 | | 606 | 54408 |
| 47747 | 124142 | 116646 | 28862 | 64309 | 57663 | | | 39920 |
| 1355 | 24199 | 22561 | 11300 | 21981 | 9599 | | | 7835 |
| 5937 | 86861 | 84260 | 25874 | 59938 | 46519 | 2 | 3000 | 8637 |
| 6904 | 137317 | 103571 | 13855 | 178707 | 48790 | | | 6939 |
| 27130 | 328770 | 292849 | 53617 | 319252 | 122507 | | | 29809 |
| 35329 | 203453 | 168964 | 36020 | 192304 | 140313 | | | 51793 |
| 19646 | 208991 | 191487 | 76240 | 229013 | 130811 | | 100 | 28313 |

单位：万元

| 财务费用 | 利息收入 | 利息支出 | 投资收益（损失以“-”号记） | 营业利润 | 利润总额 | 亏损企业亏损额 | 平均用工人数（人） |
|---|---|---|---|---|---|---|---|
| **50304** | **1928** | **43269** | **173** | **547982** | **572806** | **18828** | **89405** |
| 3015 | 46 | 2455 | 63 | 5904 | 2737 | 3586 | 7471 |
| | | | | | | | |
| 10 | | 10 | | 680 | 767 | 28 | 296 |
| 17041 | 514 | 14436 | 81 | 268736 | 290882 | 7112 | 30703 |
| 3683 | 835 | 4112 | | 5975 | 6037 | 3387 | 2976 |
| 698 | | 684 | | 1311 | 1522 | 33 | 448 |
| 1024 | 12 | 340 | | 11460 | 11472 | 63 | 5478 |
| 3366 | 7 | 3029 | | 61552 | 61753 | 11 | 10141 |
| 11193 | 305 | 10108 | 23 | 90190 | 94543 | 225 | 13867 |
| 6774 | 150 | 5790 | 7 | 27293 | 28067 | 3643 | 6638 |
| 3501 | 59 | 2306 | | 74880 | 75028 | 741 | 11387 |

# 1-B-22 按地区分组的纺织服装、

| 地区 | 企业单位数（个） | 资产总计 | | | | | | |
|---|---|---|---|---|---|---|---|---|
| | | | 固定资产净额 | 固定资产原价 | 累计折旧 | 流动资产合计 | | |
| | | | | | | | 应收账款 | 存货 |
| **全省** | **804** | **5428803** | **1404757** | **2509252** | **910488** | **2209609** | **565429** | **403071** |
| 南昌市 | 191 | 647527 | 165487 | 385993 | 197648 | 354803 | 89638 | 41708 |
| 景德镇市 | 5 | 31989 | 2255 | 5471 | 3124 | 27711 | 1296 | 602 |
| 萍乡市 | 8 | 35075 | 16786 | 21544 | 4758 | 9580 | 5502 | 1663 |
| 九江市 | 197 | 2478517 | 322395 | 770902 | 316439 | 923143 | 180429 | 176454 |
| 新余市 | 17 | 22389 | 4198 | 5869 | 1341 | 15862 | 6224 | 3154 |
| 鹰潭市 | 12 | 55220 | 23757 | 44409 | 19639 | 18977 | 4057 | 338 |
| 赣州市 | 129 | 900336 | 500132 | 649061 | 145910 | 321529 | 130339 | 80875 |
| 吉安市 | 68 | 302441 | 84925 | 144621 | 45591 | 119938 | 34414 | 29777 |
| 宜春市 | 44 | 307160 | 83787 | 192184 | 101902 | 131580 | 48111 | 25840 |
| 抚州市 | 40 | 176369 | 57855 | 90823 | 32964 | 58859 | 18745 | 19250 |
| 上饶市 | 93 | 471781 | 143180 | 198377 | 41172 | 227627 | 46676 | 23410 |

1-B-22 续表

| 地区 | | | | 营业收入 | 营业成本 | 销售费用 | 管理费用 |
|---|---|---|---|---|---|---|---|
| | 个人资本 | 港澳台资本 | 外商资本 | | | | |
| **全省** | **454083** | **59438** | **44491** | **9379976** | **8126373** | **162647** | **268754** |
| 南昌市 | 36910 | 4563 | 856 | 1452213 | 1267639 | 23680 | 50658 |
| 景德镇市 | 599 | | | 30185 | 18633 | 724 | 5149 |
| 萍乡市 | 16500 | 876 | | 74587 | 63371 | 1488 | 1976 |
| 九江市 | 114523 | 8171 | 147 | 3984032 | 3476544 | 58412 | 66307 |
| 新余市 | 1926 | | 100 | 87593 | 81119 | 1289 | 2500 |
| 鹰潭市 | 1216 | | | 95865 | 88085 | 1374 | 1611 |
| 赣州市 | 43772 | 19351 | 18281 | 1419446 | 1249579 | 19666 | 41867 |
| 吉安市 | 79936 | 2601 | 8484 | 720389 | 608140 | 14590 | 31738 |
| 宜春市 | 15691 | 16882 | 6761 | 387150 | 342992 | 6285 | 8761 |
| 抚州市 | 6158 | 413 | 9863 | 312602 | 273581 | 8198 | 11834 |
| 上饶市 | 136852 | 6582 | | 815916 | 656692 | 26943 | 46354 |

# 服饰业主要经济指标

单位：万元

| 产成品 | 负债合计 | 流动负债合计 | 应付账款 | 所有者权益合计 | 实收资本 | 国家资本 | 集体资本 | 法人资本 |
|---|---|---|---|---|---|---|---|---|
| **226672** | **2221542** | **1779125** | **401074** | **3207259** | **898229** | **23310** | **14819** | **302086** |
| 24079 | 301103 | 267937 | 55163 | 346424 | 90716 | 4903 |  | 43484 |
| 424 | 15296 | 4800 | 411 | 16693 | 2149 | 1000 |  | 550 |
| 523 | 11078 | 10163 | 7099 | 23998 | 17876 |  |  | 500 |
| 130741 | 874842 | 683646 | 68114 | 1603675 | 198757 | 523 | 7751 | 67640 |
| 1888 | 13822 | 12638 | 3259 | 8567 | 4400 |  |  | 2374 |
| 160 | 25761 | 25749 | 4916 | 29457 | 10443 |  |  | 9227 |
| 24704 | 365328 | 314746 | 138869 | 535008 | 146319 |  |  | 64915 |
| 13457 | 116873 | 87114 | 23757 | 185568 | 102578 | 50 | 50 | 11458 |
| 9816 | 182475 | 103911 | 35397 | 124685 | 73002 | 4800 |  | 28868 |
| 8882 | 87014 | 66705 | 18261 | 89355 | 74019 |  |  | 57585 |
| 11998 | 227951 | 201716 | 45830 | 243829 | 177972 | 12034 | 7018 | 15486 |

单位：万元

| 财务费用 | 利息收入 | 利息支出 | 投资收益（损失以“–”号记） | 营业利润 | 利润总额 | 亏损企业亏损额 | 平均用工人数（人） |
|---|---|---|---|---|---|---|---|
| **28769** | **5155** | **19767** | **-1654** | **737855** | **694143** | **3556** | **151997** |
| 3640 | 1763 | 3546 |  | 94894 | 67912 | 770 | 38203 |
| 85 | -239 | 297 |  | 5424 | 1578 |  | 1068 |
| 121 | 2 | 121 |  | 6951 | 6947 |  | 1116 |
| 12063 | 2293 | 5190 | 15 | 357645 | 356180 |  | 34176 |
| 87 | 8 | 54 | 15 | 2259 | 2244 |  | 1534 |
| 954 |  | 922 | 199 | 3675 | 3846 | 44 | 4020 |
| 2521 | -13 | 1819 | 55 | 90238 | 90460 | 243 | 30430 |
| 2448 | 101 | 2046 |  | 61721 | 53822 | 177 | 12339 |
| 1842 | 66 | 1389 | -1938 | 23463 | 24270 | 127 | 7158 |
| 1385 | 194 | 1166 |  | 15387 | 15619 | 118 | 7919 |
| 3622 | 980 | 3220 |  | 76200 | 71267 | 2077 | 14034 |

# 1-B-23 按地区分组的皮革、毛皮、

| 地区 | 企业单位数(个) | 资产总计 | 固定资产净额 | 固定资产原价 | 累计折旧 | 流动资产合计 | 应收账款 | 存货 |
|---|---|---|---|---|---|---|---|---|
| **全省** | **299** | **3038548** | **1151924** | **1839096** | **642864** | **1368067** | **323365** | **204245** |
| 南昌市 | 14 | 783153 | 164425 | 307044 | 141556 | 573804 | 27616 | 16395 |
| 景德镇市 | 1 | 837 | 144 | 144 | | 693 | 135 | 98 |
| 萍乡市 | 19 | 170807 | 91849 | 133585 | 41231 | 48424 | 20985 | 10883 |
| 九江市 | 40 | 302951 | 108867 | 139600 | 25774 | 86858 | 22590 | 13710 |
| 新余市 | | | | | | | | |
| 鹰潭市 | 2 | 16413 | 3606 | 8820 | 5215 | 11813 | 5644 | 3355 |
| 赣州市 | 45 | 286359 | 86153 | 139830 | 50603 | 138794 | 45685 | 24713 |
| 吉安市 | 70 | 700474 | 392944 | 455929 | 55502 | 198265 | 60882 | 61689 |
| 宜春市 | 51 | 440918 | 180004 | 453069 | 254547 | 207205 | 107388 | 48375 |
| 抚州市 | 20 | 149778 | 68894 | 104456 | 34069 | 39770 | 14341 | 13238 |
| 上饶市 | 37 | 186860 | 55039 | 96619 | 34367 | 62442 | 18101 | 11790 |

1-B-23 续表

| 地区 | 个人资本 | 港澳台资本 | 外商资本 | 营业收入 | 营业成本 | 销售费用 | 管理费用 |
|---|---|---|---|---|---|---|---|
| **全省** | **346165** | **269943** | **75466** | **4980192** | **4298472** | **89684** | **159873** |
| 南昌市 | 2800 | 19689 | | 766103 | 652499 | 16326 | 23268 |
| 景德镇市 | | | | 1919 | 1663 | 96 | 110 |
| 萍乡市 | 10184 | 20321 | 1082 | 220710 | 183013 | 7406 | 7325 |
| 九江市 | 54775 | 8340 | | 662791 | 572408 | 7705 | 24679 |
| 新余市 | | | | | | | |
| 鹰潭市 | 3000 | | 4821 | 27181 | 23268 | 1173 | 1559 |
| 赣州市 | 11757 | 18537 | 40405 | 482446 | 427028 | 7003 | 20151 |
| 吉安市 | 147154 | 186313 | | 1210730 | 1039150 | 19244 | 33611 |
| 宜春市 | 48885 | 13719 | 20367 | 1098561 | 975077 | 11686 | 25880 |
| 抚州市 | 24797 | 1201 | 639 | 224978 | 181437 | 10599 | 11571 |
| 上饶市 | 42813 | 1823 | 8153 | 284774 | 242930 | 8447 | 11720 |

# 羽毛及其制品和制鞋业主要经济指标

单位：万元

| 产成品 | 负债合计 | 流动负债合计 | 应付账款 | 所有者权益合计 | 实收资本 | 国家资本 | 集体资本 | 法人资本 |
|---|---|---|---|---|---|---|---|---|
| **84476** | **909130** | **729863** | **276611** | **2129418** | **895900** | **1022** | **139** | **203164** |
| 3072 | 147798 | 118546 | 83554 | 635355 | 45807 | 1000 | | 22317 |
| 59 | 515 | 515 | | 322 | 218 | | | 218 |
| 4959 | 78942 | 47354 | 23164 | 91865 | 46557 | | 119 | 14852 |
| 9566 | 85523 | 75576 | 11306 | 217428 | 65745 | | | 2630 |
| | | | | | | | | |
| 1191 | 7188 | 7175 | 2370 | 9225 | 7821 | | | |
| 9844 | 140638 | 123433 | 33329 | 145723 | 85754 | | | 15055 |
| 20477 | 138416 | 118449 | 44351 | 562058 | 350263 | 22 | 20 | 16753 |
| 24710 | 170933 | 129361 | 42186 | 269984 | 105868 | | | 22897 |
| 4759 | 41767 | 30786 | 8598 | 108011 | 111707 | | | 85070 |
| 5839 | 97412 | 78669 | 27753 | 89447 | 76161 | | | 23372 |

单位：万元

| 财务费用 | 利息收入 | 利息支出 | 投资收益（损失以“－”号记） | 营业利润 | 利润总额 | 亏损企业亏损额 | 平均用工人数（人） |
|---|---|---|---|---|---|---|---|
| **16266** | **2078** | **12513** | **-3558** | **393863** | **389842** | **5127** | **94494** |
| 1410 | 91 | 753 | | 70093 | 67036 | 199 | 5983 |
| 6 | 1 | 9 | | 39 | 39 | | 99 |
| 565 | 25 | 546 | 1 | 19732 | 19776 | 940 | 5693 |
| 1863 | -18 | 1444 | | 53288 | 53189 | | 7957 |
| | | | | | | | |
| 81 | | 184 | | 1017 | 955 | | 1410 |
| 1261 | 986 | 940 | 537 | 24959 | 23506 | 2034 | 14213 |
| 3277 | 26 | 1553 | 21 | 112431 | 112993 | 648 | 20732 |
| 2977 | 623 | 2298 | -4170 | 78813 | 78297 | 770 | 27200 |
| 1689 | 167 | 1800 | | 17127 | 17325 | 431 | 3615 |
| 3138 | 178 | 2986 | 54 | 16364 | 16726 | 105 | 7592 |

# 1-B-24 按地区分组的木材加工和木、竹、

| 地　区 | 企　业<br>单位数<br>（个） | 资产总计 | 固定资产<br>净　额 | 固定资产<br>原　价 | 累计折旧 | 流动资产<br>合　计 | | |
|---|---|---|---|---|---|---|---|---|
| | | | | | | | 应收账款 | 存货 |
| **全　省** | **360** | **2404756** | **938453** | **1418026** | **445508** | **908149** | **286529** | **237070** |
| 南 昌 市 | 17 | 38379 | 15899 | 23786 | 5979 | 21235 | 9869 | 5230 |
| 景德镇市 | 3 | 5063 | 2123 | 2423 | 300 | 2857 | 466 | 1241 |
| 萍 乡 市 | | | | | | | | |
| 九 江 市 | 57 | 653978 | 342786 | 476152 | 131858 | 172568 | 59536 | 45262 |
| 新 余 市 | 4 | 38379 | 8037 | 22265 | 14229 | 12967 | 3242 | 4989 |
| 鹰 潭 市 | 5 | 29483 | 6249 | 11715 | 5466 | 16138 | 2119 | 1042 |
| 赣 州 市 | 53 | 312114 | 60245 | 90797 | 29585 | 137192 | 47550 | 33728 |
| 吉 安 市 | 78 | 592540 | 309270 | 466362 | 130097 | 154756 | 42200 | 34630 |
| 宜 春 市 | 72 | 383889 | 109068 | 164611 | 54688 | 195681 | 61656 | 56863 |
| 抚 州 市 | 24 | 131862 | 43727 | 98840 | 55113 | 70380 | 20191 | 22081 |
| 上 饶 市 | 47 | 219071 | 41049 | 61076 | 18193 | 124375 | 39700 | 32002 |

1-B-24 续表

| 地　区 | | | | 营业收入 | 营业成本 | 销售费用 | 管理费用 |
|---|---|---|---|---|---|---|---|
| | 个人资本 | 港澳台资本 | 外商资本 | | | | |
| **全　省** | **1824975** | **63505** | **8107** | **3411269** | **2980807** | **75187** | **96622** |
| 南 昌 市 | 4520 | | 1303 | 63254 | 56716 | 1335 | 2354 |
| 景德镇市 | 1580 | | | 21534 | 20957 | 32 | 233 |
| 萍 乡 市 | | | | | | | |
| 九 江 市 | 27265 | 43337 | | 1049638 | 924924 | 16421 | 22058 |
| 新 余 市 | 10500 | | | 71788 | 65825 | 1612 | 1756 |
| 鹰 潭 市 | 1000 | | | 22963 | 21385 | 300 | 1439 |
| 赣 州 市 | 1517470 | 13339 | | 373922 | 339924 | 8793 | 6861 |
| 吉 安 市 | 154477 | | | 829913 | 691276 | 26559 | 33195 |
| 宜 春 市 | 56149 | | 6804 | 353423 | 303651 | 7511 | 8764 |
| 抚 州 市 | 8207 | | | 190380 | 166550 | 5796 | 7825 |
| 上 饶 市 | 43808 | 6829 | | 434455 | 389600 | 6828 | 12138 |

# 藤、棕、草制品业主要经济指标

单位：万元

| 产成品 | 负债合计 | 流动负债合计 | 应付账款 | 所有者权益合计 | 实收资本 | 国家资本 | 集体资本 | 法人资本 |
|---|---|---|---|---|---|---|---|---|
| **115153** | **977342** | **736175** | **149569** | **1423745** | **2053343** | **10590** | **5770** | **140396** |
| 2170 | 17808 | 11906 | 4990 | 20570 | 7856 | 490 | 300 | 1244 |
| 911 | 3387 | 3050 | 118 | 1677 | 1580 | | | |
| | | | | | | | | |
| 22350 | 269354 | 210047 | 27267 | 384624 | 100516 | 6100 | 4400 | 19415 |
| 1317 | 16076 | 11986 | 547 | 22302 | 10500 | | | |
| 242 | 14636 | 8377 | 1914 | 14847 | 17823 | | | 16823 |
| 12460 | 193325 | 137310 | 24125 | 118789 | 1540639 | 3000 | 250 | 6581 |
| 21025 | 173277 | 100399 | 21697 | 419263 | 189546 | | | 35069 |
| 25390 | 145831 | 136200 | 25221 | 238058 | 84035 | | 820 | 20262 |
| 11934 | 37502 | 36788 | 11210 | 94360 | 32914 | 1000 | | 23706 |
| 17355 | 106146 | 80113 | 32480 | 109257 | 67933 | | | 17296 |

单位：万元

| 财务费用 | 利息收入 | 利息支出 | 投资收益（损失以“-”号记） | 营业利润 | 利润总额 | 亏损企业亏损额 | 平均用工人数（人） |
|---|---|---|---|---|---|---|---|
| **24328** | **408** | **22520** | **-17** | **210109** | **217256** | **3965** | **35880** |
| 237 | 3 | 212 | | 2242 | 2334 | 142 | 1295 |
| 45 | 1 | 33 | | 169 | 169 | | 211 |
| | | | | | | | |
| 6680 | 221 | 6719 | 14 | 66334 | 67629 | 254 | 5146 |
| 279 | | 279 | | 2150 | 2150 | | 363 |
| 272 | -53 | 325 | -199 | -690 | -735 | 1180 | 383 |
| 5598 | 5 | 5216 | 14 | 12093 | 13631 | 1368 | 5117 |
| 3258 | -104 | 2823 | 109 | 71239 | 71332 | 457 | 8459 |
| 3700 | 147 | 3094 | 24 | 27450 | 29732 | 97 | 7622 |
| 2192 | 2 | 2225 | | 7956 | 10038 | 8 | 2612 |
| 2067 | 186 | 1595 | 21 | 21167 | 20977 | 458 | 4672 |

# 1-B-25 按地区分组的家具

| 地　　区 | 企　业<br>单位数<br>(个) | 资产总计 | 固定资产<br>净　　额 | 固定资产<br>原　　价 | 累计折旧 | 流动资产<br>合　　计 | 应收账款 | 存货 |
|---|---|---|---|---|---|---|---|---|
| **全　　省** | **577** | **2658265** | **582333** | **928622** | **311805** | **1618685** | **692667** | **413014** |
| 南 昌 市 | 9 | 23130 | 3753 | 7831 | 3465 | 15375 | 7352 | 3181 |
| 景德镇市 | 2 | 48908 | 26032 | 176001 | 127516 | 1877 | 550 | 210 |
| 萍 乡 市 | | | | | | | | |
| 九 江 市 | 11 | 120473 | 36694 | 44849 | 8075 | 51791 | -2680 | 25333 |
| 新 余 市 | 3 | 13832 | 7307 | 9247 | 1907 | 4676 | 1223 | 2100 |
| 鹰 潭 市 | | | | | | | | |
| 赣 州 市 | 444 | 1610709 | 290998 | 394686 | 99584 | 1154032 | 538733 | 303456 |
| 吉 安 市 | 23 | 380449 | 80673 | 108052 | 25820 | 166430 | 91780 | 27147 |
| 宜 春 市 | 23 | 155037 | 42792 | 52014 | 8983 | 70180 | 25359 | 14521 |
| 抚 州 市 | 24 | 169162 | 56509 | 83475 | 23593 | 67184 | 19993 | 24804 |
| 上 饶 市 | 38 | 136566 | 37575 | 52469 | 12862 | 87140 | 10356 | 12262 |

1-B-25　续表

| 地　　区 | 个人资本 | 港澳台资本 | 外商资本 | 营业收入 | 营业成本 | 销售费用 | 管理费用 |
|---|---|---|---|---|---|---|---|
| **全　　省** | **227652** | **2571** | **1410** | **3939869** | **3294534** | **129309** | **160084** |
| 南 昌 市 | 3373 | | | 70288 | 51036 | 1204 | 4226 |
| 景德镇市 | 1897 | | | 135079 | 116096 | 4900 | 5442 |
| 萍 乡 市 | | | | | | | |
| 九 江 市 | 1928 | 264 | | 254543 | 224643 | 2488 | 10140 |
| 新 余 市 | 506 | | | 15003 | 12096 | 470 | 827 |
| 鹰 潭 市 | | | | | | | |
| 赣 州 市 | 105987 | 1807 | | 2593075 | 2143741 | 97942 | 113279 |
| 吉 安 市 | 18645 | | | 267215 | 228773 | 5252 | 6419 |
| 宜 春 市 | 46879 | 500 | | 191727 | 163967 | 5575 | 5972 |
| 抚 州 市 | 21467 | | | 188627 | 162794 | 4460 | 6001 |
| 上 饶 市 | 26972 | | 1410 | 224313 | 191389 | 7016 | 7779 |

# 制造业主要经济指标

单位：万元

| 产成品 | 负债合计 | 流动负债合计 | 应付账款 | 所有者权益合计 | 实收资本 | 国家资本 | 集体资本 | 法人资本 |
|---|---|---|---|---|---|---|---|---|
| **201776** | **1113438** | **962331** | **420147** | **1544824** | **498355** | **9673** | **5206** | **251843** |
| 2115 | 9176 | 9060 | 2563 | 13954 | 5052 | | 29 | 1650 |
| 88 | 853 | 539 | | 48055 | 26695 | | | 24798 |
| 16787 | 69125 | 41655 | -2385 | 51349 | 21507 | 3428 | | 15887 |
| 1193 | 8086 | 8086 | 543 | 5746 | 3006 | | | 2500 |
| 131660 | 676328 | 595433 | 285685 | 934378 | 241643 | 4694 | 1944 | 127211 |
| 21611 | 169653 | 157510 | 90642 | 210795 | 39176 | 20 | 5 | 20506 |
| 5512 | 51256 | 46773 | 14500 | 103781 | 56301 | | 3168 | 5754 |
| 15578 | 60954 | 41265 | 18309 | 108207 | 71099 | | | 49633 |
| 7234 | 68007 | 62012 | 10290 | 68559 | 33876 | 1530 | 60 | 3905 |

单位：万元

| 财务费用 | 利息收入 | 利息支出 | 投资收益（损失以“–”号记） | 营业利润 | 利润总额 | 亏损企业亏损额 | 平均用工人数（人） |
|---|---|---|---|---|---|---|---|
| **29212** | **891** | **17004** | **-223** | **302239** | **303369** | **2344** | **68897** |
| 191 | 1 | 141 | | 13273 | 13294 | | 588 |
| 3679 | | 127 | -283 | 3257 | 3257 | | 593 |
| 2059 | 6 | 1991 | | 13949 | 13979 | 1912 | 1907 |
| 572 | 2 | 565 | | 976 | 917 | 109 | 359 |
| 16406 | 645 | 10144 | 60 | 206138 | 206497 | 141 | 54479 |
| 2274 | 16 | 1144 | | 23448 | 23449 | 59 | 3028 |
| 1091 | 36 | 934 | | 14345 | 14886 | 76 | 1939 |
| 1167 | 110 | 1054 | | 12588 | 12592 | 30 | 3079 |
| 1773 | 75 | 905 | | 14266 | 14499 | 19 | 2925 |

# 1-B-26 按地区分组的造纸和

| 地区 | 企业单位数（个） | 资产总计 | | | | | | |
|---|---|---|---|---|---|---|---|---|
| | | | 固定资产净额 | 固定资产原价 | 累计折旧 | 流动资产合计 | | |
| | | | | | | | 应收账款 | 存货 |
| **全省** | **187** | **2828721** | **956429** | **1692379** | **552609** | **1100529** | **206657** | **237115** |
| 南昌市 | 19 | 930290 | 142984 | 568582 | 255788 | 410417 | 43805 | 62449 |
| 景德镇市 | 2 | 6333 | 993 | 1450 | 458 | 3426 | 714 | 1515 |
| 萍乡市 | 7 | 112112 | 54511 | 65447 | 10844 | 31061 | 4480 | 5776 |
| 九江市 | 25 | 663081 | 265086 | 355636 | 88746 | 248059 | 36039 | 58420 |
| 新余市 | 2 | 12138 | 5032 | 6509 | 1477 | 6735 | 1154 | 3907 |
| 鹰潭市 | | | | | | | | |
| 赣州市 | 26 | 398550 | 263037 | 361847 | 98810 | 84466 | 12895 | 29755 |
| 吉安市 | 32 | 133989 | 35061 | 51545 | 14862 | 57662 | 18020 | 10125 |
| 宜春市 | 30 | 126497 | 36711 | 59513 | 22792 | 65522 | 15791 | 15101 |
| 抚州市 | 20 | 210579 | 77627 | 106375 | 26049 | 98361 | 47888 | 26517 |
| 上饶市 | 24 | 235155 | 75388 | 115475 | 32786 | 94820 | 25870 | 23551 |

1-B-26 续表

| 地区 | | | | 营业收入 | 营业成本 | 销售费用 | 管理费用 |
|---|---|---|---|---|---|---|---|
| | 个人资本 | 港澳台资本 | 外商资本 | | | | |
| **全省** | **143077** | **260085** | | **3407461** | **2912295** | **61973** | **107274** |
| 南昌市 | 10504 | 105545 | | 816583 | 646066 | 13863 | 27530 |
| 景德镇市 | | | | 6583 | 5172 | 173 | 419 |
| 萍乡市 | 8882 | | | 175340 | 155543 | 2582 | 2748 |
| 九江市 | 12387 | 138542 | | 727859 | 633360 | 15467 | 24893 |
| 新余市 | 220 | | | 12728 | 11441 | 257 | 464 |
| 鹰潭市 | | | | | | | |
| 赣州市 | 4196 | 4065 | | 502961 | 451196 | 2198 | 10060 |
| 吉安市 | 18710 | | | 362819 | 322398 | 5337 | 11377 |
| 宜春市 | 19662 | 2834 | | 209664 | 181822 | 4953 | 6196 |
| 抚州市 | 37398 | 557 | | 306291 | 249660 | 10908 | 14192 |
| 上饶市 | 31119 | 8544 | | 286634 | 255637 | 6235 | 9394 |

# 纸制品业主要经济指标

单位：万元

| 产成品 | 负债合计 | 流动负债合计 | 应付账款 | 所有者权益合计 | 实收资本 | 国家资本 | 集体资本 | 法人资本 |
|---|---|---|---|---|---|---|---|---|
| **97015** | **1447040** | **1222446** | **238570** | **1381680** | **739020** | **113952** | **8942** | **212962** |
| 28155 | 542539 | 433381 | 85809 | 387751 | 268262 | 103952 | | 48261 |
| 776 | 4510 | 3948 | 74 | 1823 | 1010 | | | 1010 |
| 2388 | 74782 | 65813 | 8826 | 37330 | 24007 | | | 15125 |
| 18173 | 309816 | 295044 | 51513 | 353264 | 155041 | | | 4112 |
| 1606 | 8617 | 8617 | -300 | 3521 | 370 | | | 150 |
| 10450 | 196622 | 165580 | 20555 | 201927 | 85826 | | 400 | 77165 |
| 5770 | 48379 | 41175 | 13510 | 85610 | 36442 | 10000 | 1864 | 5868 |
| 4654 | 55404 | 43776 | 9982 | 71093 | 27538 | | 50 | 4993 |
| 10083 | 88694 | 73391 | 24164 | 121885 | 90612 | | 6628 | 46029 |
| 14961 | 117677 | 91720 | 24439 | 117478 | 49913 | | | 10250 |

单位：万元

| 财务费用 | 利息收入 | 利息支出 | 投资收益(损失以"–"号记) | 营业利润 | 利润总额 | 亏损企业亏损额 | 平均用工人数(人) |
|---|---|---|---|---|---|---|---|
| **39061** | **3826** | **33589** | **780** | **260184** | **271932** | **6511** | **27886** |
| 11917 | 3338 | 13147 | | 104157 | 104540 | 313 | 3785 |
| 217 | 6 | 158 | | 544 | 541 | 177 | 165 |
| 4483 | -2 | 4457 | 366 | 9240 | 9290 | 2150 | 1493 |
| 8337 | 171 | 7392 | 9 | 43663 | 44767 | 802 | 5173 |
| 225 | 4 | 200 | | 330 | 430 | | 197 |
| 5697 | 163 | 2163 | 34 | 31581 | 32722 | 96 | 3984 |
| 1459 | 51 | 982 | 1 | 20541 | 20988 | 342 | 4598 |
| 1751 | 17 | 1648 | 13 | 13495 | 15177 | 19 | 2734 |
| 2403 | 50 | 1699 | 73 | 26615 | 29736 | 751 | 2726 |
| 2573 | 28 | 1742 | 284 | 10019 | 13742 | 1861 | 3031 |

# 1-B-27 按地区分组的印刷和

| 地区 | 企业单位数(个) | 资产总计 | 固定资产净额 | 固定资产原价 | 累计折旧 | 流动资产合计 | 应收账款 | 存货 |
|---|---|---|---|---|---|---|---|---|
| **全省** | **153** | **1892106** | **708764** | **1299061** | **576503** | **741890** | **176334** | **132721** |
| 南昌市 | 25 | 522202 | 152875 | 391874 | 238966 | 312089 | 25174 | 51913 |
| 景德镇市 | 5 | 12384 | 4060 | 10218 | 4657 | 2218 | 605 | 585 |
| 萍乡市 | 11 | 86512 | 57901 | 73956 | 16042 | 15537 | 4305 | 3798 |
| 九江市 | 24 | 329153 | 68724 | 197762 | 120290 | 70830 | 25594 | 9098 |
| 新余市 | 4 | 10002 | 3331 | 7602 | 4271 | 2897 | 937 | 965 |
| 鹰潭市 | 1 | 1665 | 307 | 391 | 84 | 925 | 92 | 230 |
| 赣州市 | 19 | 106270 | 28244 | 41505 | 13261 | 63772 | 27422 | 18983 |
| 吉安市 | 22 | 128989 | 35372 | 52074 | 15203 | 64500 | 21359 | 13541 |
| 宜春市 | 23 | 490899 | 264702 | 389884 | 124899 | 157432 | 59062 | 24721 |
| 抚州市 | 9 | 58668 | 25569 | 45063 | 17784 | 17198 | 5536 | 6852 |
| 上饶市 | 10 | 145363 | 67681 | 88731 | 21045 | 34492 | 6248 | 2036 |

1-B-27 续表

| 地区 | 个人资本 | 港澳台资本 | 外商资本 | 营业收入 | 营业成本 | 销售费用 | 管理费用 |
|---|---|---|---|---|---|---|---|
| **全省** | **259135** | **30640** | | **2480465** | **2070164** | **47508** | **104700** |
| 南昌市 | 5962 | 7975 | | 463126 | 355995 | 5365 | 34728 |
| 景德镇市 | 750 | | | 13574 | 9863 | 415 | 745 |
| 萍乡市 | 9270 | | | 104642 | 85701 | 2562 | 3411 |
| 九江市 | 27032 | 3526 | | 680919 | 599481 | 9886 | 13559 |
| 新余市 | 1923 | | | 54715 | 51383 | 726 | 656 |
| 鹰潭市 | 300 | | | 2112 | 2004 | 20 | 99 |
| 赣州市 | 13889 | 4139 | | 228299 | 206238 | 4010 | 5605 |
| 吉安市 | 13339 | | | 261260 | 212545 | 6916 | 11312 |
| 宜春市 | 119950 | 15000 | | 421985 | 349637 | 6074 | 13726 |
| 抚州市 | 11316 | | | 106682 | 81827 | 9851 | 8720 |
| 上饶市 | 55405 | | | 143152 | 115491 | 1683 | 12141 |

# 记录媒介复制业主要经济指标

单位：万元

| 产成品 | 负债合计 | 流动负债合计 | 应付账款 | 所有者权益合计 | 实收资本 | 国家资本 | 集体资本 | 法人资本 |
|---|---|---|---|---|---|---|---|---|
| **52467** | **620421** | **495888** | **110392** | **1271684** | **577301** | **190695** | **1730** | **95102** |
| 18148 | 163801 | 109384 | 31234 | 358402 | 229119 | 188230 | 210 | 26742 |
| 569 | 4198 | 3267 | 116 | 8186 | 3198 | | | 2448 |
| 1640 | 35805 | 27299 | 3553 | 50707 | 17079 | | | 7809 |
| 3945 | 129386 | 124264 | 13208 | 199766 | 44527 | 2445 | | 11524 |
| 735 | 4030 | 3366 | 275 | 5972 | 2423 | | | 500 |
| 30 | 1431 | 1431 | 982 | 234 | 300 | | | |
| 5949 | 56323 | 51514 | 19307 | 49947 | 29644 | | | 11617 |
| 7417 | 62777 | 47822 | 4542 | 66211 | 21592 | 20 | 620 | 7613 |
| 11079 | 110043 | 103890 | 33130 | 380856 | 138845 | | 900 | 2996 |
| 1602 | 17548 | 12071 | 1166 | 41120 | 35169 | | | 23854 |
| 1353 | 35080 | 11580 | 2881 | 110283 | 55405 | | | |

单位：万元

| 财务费用 | 利息收入 | 利息支出 | 投资收益（损失以“–”号记） | 营业利润 | 利润总额 | 亏损企业亏损额 | 平均用工人数（人） |
|---|---|---|---|---|---|---|---|
| **16518** | **3263** | **11552** | **-944** | **230909** | **231978** | **4959** | **22399** |
| -1944 | 2962 | 683 | -1062 | 63556 | 64021 | 2695 | 4648 |
| 243 | 2 | 19 | -372 | 1795 | 1795 | | 372 |
| 718 | 2 | 590 | | 11591 | 11581 | | 1606 |
| 2984 | 12 | 2126 | 397 | 54053 | 53567 | 1796 | 3484 |
| 148 | 1 | 143 | | 1732 | 1732 | | 507 |
| 27 | | | | -56 | -55 | 55 | 57 |
| 1172 | 2 | 452 | | 13507 | 13578 | | 3610 |
| 2319 | 38 | 2109 | | 26231 | 26122 | | 3142 |
| 7267 | 151 | 2727 | 92 | 43628 | 42943 | 412 | 2908 |
| 1175 | 54 | 291 | | 4050 | 5873 | | 894 |
| 2409 | 39 | 2414 | | 10824 | 10821 | | 1171 |

# 1-B-28 按地区分组的文教、工美、体育

| 地区 | 企业单位数（个） | 资产总计 | | | | | | |
|---|---|---|---|---|---|---|---|---|
| | | | 固定资产净额 | 固定资产原价 | 累计折旧 | 流动资产合计 | | |
| | | | | | | | 应收账款 | 存货 |
| **全省** | **248** | **2744791** | **706757** | **1336811** | **524897** | **1131739** | **299223** | **330105** |
| 南昌市 | 11 | 131875 | 11216 | 78540 | 39923 | 67640 | 7239 | 20825 |
| 景德镇市 | | | | | | | | |
| 萍乡市 | 2 | 5486 | 2315 | 5513 | 2222 | 868 | 17 | 120 |
| 九江市 | 43 | 821569 | 122502 | 346602 | 209202 | 186505 | 48808 | 43547 |
| 新余市 | 5 | 147386 | 35402 | 67432 | 31616 | 94333 | 21462 | 26411 |
| 鹰潭市 | 7 | 298771 | 177599 | 204206 | 26607 | 88451 | 15340 | 26611 |
| 赣州市 | 52 | 427339 | 96524 | 163626 | 65190 | 273075 | 94818 | 92722 |
| 吉安市 | 33 | 242116 | 85574 | 176593 | 75750 | 122588 | 30377 | 18349 |
| 宜春市 | 31 | 162595 | 39303 | 61188 | 18045 | 81578 | 24935 | 23903 |
| 抚州市 | 18 | 153248 | 54932 | 101837 | 11030 | 42147 | 15461 | 13025 |
| 上饶市 | 46 | 354406 | 81391 | 131275 | 45312 | 174554 | 40765 | 64594 |

1-B-28 续表

| 地区 | | | | 营业收入 | 营业成本 | 销售费用 | 管理费用 |
|---|---|---|---|---|---|---|---|
| | 个人资本 | 港澳台资本 | 外商资本 | | | | |
| **全省** | **223803** | **108799** | **96434** | **4289757** | **3656772** | **99452** | **129247** |
| 南昌市 | 5150 | | | 148747 | 122287 | 6100 | 10935 |
| 景德镇市 | | | | | | | |
| 萍乡市 | | | | 6465 | 5950 | 56 | 89 |
| 九江市 | 24721 | 1338 | 65825 | 1609729 | 1368526 | 23872 | 35417 |
| 新余市 | 14468 | | | 156205 | 140709 | 5192 | 4754 |
| 鹰潭市 | 2386 | | | 95880 | 72371 | 3612 | 4518 |
| 赣州市 | 18491 | 89409 | 15354 | 753323 | 664570 | 19501 | 26251 |
| 吉安市 | 18674 | | 13784 | 594095 | 516180 | 9344 | 10370 |
| 宜春市 | 14055 | 18053 | 1470 | 211482 | 176689 | 7581 | 8610 |
| 抚州市 | 49720 | | | 175136 | 132886 | 15189 | 16373 |
| 上饶市 | 76139 | | | 538696 | 456604 | 9005 | 11930 |

# 和娱乐用品制造业主要经济指标

单位：万元

| 产成品 | 负债合计 | 流动负债合计 | 应付账款 | 所有者权益合计 | 实收资本 | 国家资本 | 集体资本 | 法人资本 |
|---|---|---|---|---|---|---|---|---|
| **167236** | **1002251** | **809170** | **170352** | **1742538** | **570168** | | **2955** | **138177** |
| 11413 | 38981 | 34545 | 4406 | 92894 | 10746 | | | 5596 |
| | | | | | | | | |
| 90 | 661 | 661 | | 4825 | 337 | | | 337 |
| 33497 | 292726 | 190438 | 23636 | 528843 | 95104 | | | 3220 |
| 15209 | 79655 | 74361 | 5718 | 67731 | 20100 | | 300 | 5332 |
| 11530 | 76909 | 58818 | 5748 | 221863 | 17986 | | 600 | 15000 |
| 44281 | 219931 | 202057 | 69622 | 207406 | 171792 | | | 48539 |
| 10305 | 66102 | 59614 | 11219 | 176014 | 56943 | | 150 | 24335 |
| 7576 | 60010 | 51776 | 19078 | 102585 | 53710 | | 1000 | 19133 |
| 4617 | 53017 | 48514 | 7167 | 100231 | 56901 | | 905 | 6276 |
| 28717 | 114260 | 88385 | 23758 | 240146 | 86549 | | | 10410 |

单位：万元

| 财务费用 | 利息收入 | 利息支出 | 投资收益（损失以“-”号记） | 营业利润 | 利润总额 | 亏损企业亏损额 | 平均用工人数（人） |
|---|---|---|---|---|---|---|---|
| **31121** | **698** | **18449** | **-490** | **347817** | **350993** | **4582** | **57964** |
| 1102 | 175 | 664 | | 7602 | 7603 | | 2475 |
| | | | | | | | |
| 50 | | 36 | | 304 | 258 | | 319 |
| 8840 | 5 | 4996 | | 169085 | 168500 | 909 | 12548 |
| 1534 | -9 | 1379 | 182 | 3875 | 4297 | 20 | 1694 |
| 3939 | 3 | 4174 | 25 | 8267 | 8151 | 23 | 2195 |
| 4600 | 48 | 2409 | -124 | 32088 | 35260 | 2609 | 18299 |
| 3495 | 8 | 1502 | | 52061 | 52022 | 125 | 8529 |
| 1480 | 30 | 995 | -572 | 15020 | 14907 | | 4213 |
| 2869 | 7 | 681 | | 5385 | 5662 | 202 | 2412 |
| 3212 | 431 | 1614 | | 54131 | 54332 | 694 | 5280 |

# 1-B-29 按地区分组的石油、煤炭及

| 地　　区 | 企　业单位数(个) | 资产总计 | 固定资产净　　额 | 固定资产原　　价 | 累计折旧 | 流动资产合　　计 | 应收账款 | 存货 |
|---|---|---|---|---|---|---|---|---|
| **全　　省** | **63** | **3418033** | **1803822** | **2874010** | **1068687** | **1188294** | **271867** | **376513** |
| 南 昌 市 | 4 | 4860 | 602 | 734 | 78 | 4204 | 816 | 634 |
| 景德镇市 | 3 | 1770528 | 716041 | 1063588 | 347547 | 791742 | 176545 | 198616 |
| 萍 乡 市 | 3 | 35625 | 14400 | 20571 | 6141 | 18326 | 5362 | 3821 |
| 九 江 市 | 7 | 1273984 | 902250 | 1588072 | 685822 | 249445 | 54625 | 138599 |
| 新 余 市 | 3 | 29469 | 2950 | 4275 | 1325 | 18502 | 2585 | 682 |
| 鹰 潭 市 | 1 | 943 | 244 | 408 | 164 | 700 | 194 | 391 |
| 赣 州 市 | 12 | 29243 | 5021 | 8847 | 3826 | 21926 | 9247 | 3694 |
| 吉 安 市 | 8 | 35613 | 7137 | 14339 | 6180 | 17861 | 8537 | 5184 |
| 宜 春 市 | 6 | 180532 | 138164 | 148249 | 9690 | 34448 | 7336 | 13981 |
| 抚 州 市 | 7 | 26171 | 4160 | 9548 | 5386 | 15948 | 2669 | 9686 |
| 上 饶 市 | 9 | 31065 | 12852 | 15380 | 2528 | 15192 | 3951 | 1227 |

1-B-29 续表

| 地　　区 | 个人资本 | 港澳台资本 | 外商资本 | 营业收入 | 营业成本 | 销售费用 | 管理费用 |
|---|---|---|---|---|---|---|---|
| **全　　省** | **53422** | **18550** | | **6591018** | **5014291** | **52178** | **133215** |
| 南 昌 市 | 1224 | | | 18193 | 16304 | 1714 | 383 |
| 景德镇市 | | | | 1441336 | 1250907 | 33101 | 56928 |
| 萍 乡 市 | 2525 | | | 60083 | 49155 | 1955 | 2112 |
| 九 江 市 | 28023 | | | 4648847 | 3342112 | 4589 | 63743 |
| 新 余 市 | 4888 | | | 50747 | 47374 | 730 | 1272 |
| 鹰 潭 市 | | | | 3395 | 2961 | 289 | 72 |
| 赣 州 市 | 4168 | | | 54243 | 45024 | 3358 | 3339 |
| 吉 安 市 | 335 | | | 56131 | 51742 | 1028 | 906 |
| 宜 春 市 | 1240 | 18550 | | 151362 | 114817 | 2415 | 2286 |
| 抚 州 市 | 8080 | | | 41007 | 34699 | 2651 | 1513 |
| 上 饶 市 | 2939 | | | 65676 | 59197 | 348 | 662 |

# 其他燃料加工业主要经济指标

单位：万元

| 产成品 | 负债合计 | 流动负债合计 | 应付账款 | 所有者权益合计 | 实收资本 | 国家资本 | 集体资本 | 法人资本 |
|---|---|---|---|---|---|---|---|---|
| **158676** | **2200963** | **2018868** | **288533** | **1217069** | **241331** | **133620** | **2025** | **33714** |
| 503 | 3569 | 3569 | 1881 | 1291 | 1231 | | | 8 |
| 103664 | 1252461 | 1159960 | 130687 | 518068 | 119870 | 116170 | | 3700 |
| 343 | 17264 | 12014 | 964 | 18361 | 9617 | 1000 | 1800 | 4292 |
| 40145 | 718051 | 640481 | 107484 | 555933 | 28181 | | | 158 |
| 665 | 11205 | 11138 | 1224 | 18264 | 4888 | | | |
| 114 | 513 | 213 | 123 | 431 | 257 | | | 257 |
| 3409 | 13728 | 12940 | 3784 | 15515 | 7208 | | 200 | 2840 |
| 2511 | 12119 | 12068 | 3506 | 23495 | 4793 | | | 4458 |
| 5333 | 144013 | 141807 | 34261 | 36519 | 37782 | 16450 | | 1542 |
| 1305 | 16003 | 16003 | 989 | 10169 | 11355 | | 25 | 3250 |
| 686 | 12039 | 8676 | 3631 | 19026 | 16149 | | | 13210 |

单位：万元

| 财务费用 | 利息收入 | 利息支出 | 投资收益（损失以“−”号记） | 营业利润 | 利润总额 | 亏损企业亏损额 | 平均用工人数（人） |
|---|---|---|---|---|---|---|---|
| **46783** | **9407** | **41357** | **1767** | **288629** | **289977** | **638** | **15783** |
| 14 | -4 | | | -260 | 14 | 89 | 152 |
| 37807 | | 23567 | 2157 | 52132 | 49922 | | 9866 |
| 544 | 9 | 536 | | 5560 | 5748 | 203 | 202 |
| -7883 | 9392 | 1149 | -19 | 203541 | 205156 | 132 | 2713 |
| 20 | 7 | | | 1235 | 1318 | | 157 |
| 1 | | | | 61 | 143 | | 24 |
| 295 | 4 | 222 | 16 | 1868 | 2228 | 211 | 567 |
| 80 | 2 | 78 | | 2284 | 2495 | | 472 |
| 14968 | -5 | 14971 | -387 | 16286 | 16674 | | 762 |
| 806 | 1 | 706 | | 726 | 1045 | | 434 |
| 132 | 2 | 129 | | 5196 | 5235 | 3 | 434 |

# 1-B-30 按地区分组的化学原料和

| 地　　区 | 企　业<br>单位数<br>(个) | 资产总计 | 固定资产<br>净　　额 | 固定资产<br>原　　价 | 累计折旧 | 流动资产<br>合　　计 | 应收账款 | 存货 |
|---|---|---|---|---|---|---|---|---|
| **全　　省** | **960** | **12749417** | **4327239** | **8167179** | **3522034** | **5186294** | **1196688** | **1281072** |
| 南 昌 市 | 53 | 989853 | 225330 | 393180 | 162551 | 468205 | 72552 | 116114 |
| 景德镇市 | 33 | 1010293 | 551001 | 1803275 | 1248847 | 174684 | 37770 | 35766 |
| 萍 乡 市 | 120 | 794149 | 419451 | 565290 | 136193 | 257568 | 77767 | 62372 |
| 九 江 市 | 134 | 2943032 | 1284966 | 2455578 | 965955 | 946881 | 175408 | 249230 |
| 新 余 市 | 18 | 1673266 | 182653 | 272092 | 86679 | 963439 | 101966 | 238288 |
| 鹰 潭 市 | 17 | 430448 | 60747 | 123391 | 62426 | 323124 | 140378 | 60785 |
| 赣 州 市 | 65 | 622940 | 178727 | 284206 | 98433 | 279255 | 91430 | 70415 |
| 吉 安 市 | 126 | 1287484 | 473314 | 773936 | 263930 | 464058 | 127245 | 108686 |
| 宜 春 市 | 204 | 1866768 | 616052 | 867454 | 219468 | 679683 | 217903 | 186458 |
| 抚 州 市 | 85 | 482779 | 143302 | 244537 | 98637 | 267907 | 75623 | 99484 |
| 上 饶 市 | 105 | 648407 | 191696 | 384240 | 178914 | 361492 | 78647 | 53473 |

1-B-30　续表

| 地　　区 | 个人资本 | 港澳台资本 | 外商资本 | 营业收入 | 营业成本 | 销售费用 | 管理费用 |
|---|---|---|---|---|---|---|---|
| **全　　省** | **825609** | **347399** | **192068** | **16481464** | **13351394** | **398236** | **596327** |
| 南 昌 市 | 49126 | 2156 | 2592 | 928932 | 702023 | 32938 | 60030 |
| 景德镇市 | 23372 | 7167 |  | 1587908 | 1351074 | 46456 | 60431 |
| 萍 乡 市 | 63655 |  |  | 926845 | 767689 | 18056 | 24109 |
| 九 江 市 | 108304 | 243650 | 123516 | 4353851 | 3510888 | 73562 | 131357 |
| 新 余 市 | 146760 | 39028 |  | 986370 | 747249 | 9034 | 30125 |
| 鹰 潭 市 | 12220 |  |  | 326298 | 189200 | 8793 | 19255 |
| 赣 州 市 | 49488 | 7815 | 1741 | 877702 | 701656 | 18796 | 37580 |
| 吉 安 市 | 115610 | 2281 | 4245 | 2589111 | 2112091 | 87050 | 108719 |
| 宜 春 市 | 127258 | 6840 | 58816 | 1947307 | 1604142 | 45942 | 55253 |
| 抚 州 市 | 51172 | 37664 | 1159 | 850294 | 730569 | 32369 | 31332 |
| 上 饶 市 | 78645 | 798 |  | 1106849 | 934814 | 25239 | 38136 |

# 化学制品制造业主要经济指标

单位：万元

| 产成品 | 负债合计 | 流动负债合计 | 应付账款 | 所有者权益合计 | 实收资本 | 国家资本 | 集体资本 | 法人资本 |
|---|---|---|---|---|---|---|---|---|
| **521587** | **5117584** | **4233517** | **1164871** | **7632207** | **7178097** | **178900** | **24034** | **5610086** |
| 49683 | 410787 | 369302 | 75741 | 579066 | 186795 | 44560 | 2650 | 85712 |
| 14216 | 151441 | 122446 | 22434 | 858831 | 85873 |  | 150 | 55184 |
| 30706 | 244982 | 221203 | 150167 | 549167 | 143144 |  | 1020 | 78469 |
| 121681 | 1152575 | 933016 | 290559 | 1790456 | 694217 | 14461 | 801 | 203485 |
| 38531 | 688407 | 462031 | 127640 | 984859 | 245465 | 27539 | 500 | 31637 |
| 12213 | 312920 | 304899 | 35503 | 117527 | 126173 | 6200 |  | 107753 |
| 37220 | 257117 | 226223 | 93695 | 365822 | 1644728 | 5000 | 2180 | 1578503 |
| 47914 | 520874 | 405207 | 103291 | 766609 | 264319 | 25228 |  | 116955 |
| 97155 | 827528 | 692729 | 165926 | 1039240 | 3449830 | 12210 | 12898 | 3231808 |
| 49436 | 245859 | 214118 | 46977 | 236920 | 136128 | 1000 | 2335 | 42799 |
| 22831 | 305096 | 282343 | 52939 | 343710 | 201426 | 42702 | 1500 | 77781 |

单位：万元

| 财务费用 | 利息收入 | 利息支出 | 投资收益(损失以"−"号记) | 营业利润 | 利润总额 | 亏损企业亏损额 | 平均用工人数(人) |
|---|---|---|---|---|---|---|---|
| **128328** | **-964** | **91379** | **13557** | **1874930** | **1893483** | **34590** | **135074** |
| 5486 | 320 | 4236 | 59 | 122626 | 131353 | 4903 | 8951 |
| 34364 | -768 | 1684 | 1225 | 49770 | 49578 | 3766 | 8318 |
| 4973 | 76 | 4523 | 48 | 91200 | 91639 | 2508 | 21012 |
| 27595 | 1922 | 29469 | 4942 | 595721 | 611974 | 2552 | 20482 |
| 9252 | -98 | 8836 | 15885 | 220007 | 220580 | 30 | 4623 |
| 141 | -3151 | 2668 | -1 | 116613 | 122190 | 7136 | 2457 |
| 5512 | 55 | 4588 | 26 | 99486 | 97260 | 631 | 6087 |
| 15511 | 95 | 11257 | -1731 | 245647 | 237392 | 4069 | 20659 |
| 15303 | 475 | 14382 | -6979 | 187405 | 189126 | 5385 | 26070 |
| 7062 | 103 | 6975 | 73 | 44670 | 46819 | 1195 | 7124 |
| 3130 | 8 | 2763 | 11 | 101788 | 95572 | 2416 | 9291 |

# 1-B-31 按地区分组的医药

| 地区 | 企业单位数（个） | 资产总计 | | | | | | |
|---|---|---|---|---|---|---|---|---|
| | | | 固定资产净额 | 固定资产原价 | 累计折旧 | 流动资产合计 | | |
| | | | | | | | 应收账款 | 存货 |
| **全省** | **387** | **9995835** | **2473439** | **4486362** | **1876737** | **4401192** | **945646** | **858343** |
| 南昌市 | 56 | 3769735 | 732139 | 1251997 | 509837 | 1411929 | 245995 | 205368 |
| 景德镇市 | 15 | 765732 | 176648 | 726241 | 506437 | 387523 | 66157 | 59592 |
| 萍乡市 | 7 | 107801 | 58369 | 79144 | 20638 | 35581 | 12368 | 15262 |
| 九江市 | 43 | 738312 | 267789 | 442991 | 173834 | 272103 | 58202 | 51946 |
| 新余市 | 6 | 63304 | 27561 | 53805 | 26243 | 23484 | 8588 | 2783 |
| 鹰潭市 | 6 | 118438 | 45679 | 71997 | 26318 | 55144 | 10598 | 21727 |
| 赣州市 | 25 | 627210 | 126155 | 181300 | 55123 | 349652 | 84819 | 60765 |
| 吉安市 | 74 | 732461 | 234481 | 394261 | 138605 | 296381 | 71476 | 63590 |
| 宜春市 | 84 | 1740184 | 519526 | 835538 | 272174 | 873478 | 241197 | 216891 |
| 抚州市 | 35 | 1020815 | 194689 | 317397 | 108140 | 520074 | 98886 | 97354 |
| 上饶市 | 36 | 311844 | 90402 | 131692 | 39388 | 175843 | 47362 | 63066 |

1-B-31 续表

| 地区 | | | | 营业收入 | 营业成本 | 销售费用 | 管理费用 |
|---|---|---|---|---|---|---|---|
| | 个人资本 | 港澳台资本 | 外商资本 | | | | |
| **全省** | **831616** | **20926** | **14008** | **10782744** | **7695720** | **1179647** | **661072** |
| 南昌市 | 81083 | 4401 | 11496 | 1701047 | 989308 | 287939 | 168424 |
| 景德镇市 | 69250 | | | 923720 | 633336 | 22335 | 60808 |
| 萍乡市 | 8524 | | | 158395 | 122266 | 6171 | 5273 |
| 九江市 | 39843 | | 590 | 1343671 | 1143415 | 33201 | 52184 |
| 新余市 | 7256 | | | 133238 | 121200 | 1956 | 5873 |
| 鹰潭市 | 3366 | | | 120658 | 57043 | 42229 | 8747 |
| 赣州市 | 4779 | 13521 | | 716507 | 415291 | 189023 | 69930 |
| 吉安市 | 298501 | 3004 | 170 | 1874348 | 1514588 | 75882 | 87508 |
| 宜春市 | 246327 | | 1508 | 2638197 | 1850523 | 394966 | 132132 |
| 抚州市 | 40048 | | | 667373 | 431686 | 94693 | 44210 |
| 上饶市 | 32639 | | 244 | 505591 | 417063 | 31254 | 25981 |

# 制造业主要经济指标

单位：万元

| 产成品 | 负债合计 | 流动负债合计 | 应付账款 | 所有者权益合计 | 实收资本 | 国家资本 | 集体资本 | 法人资本 |
|---|---|---|---|---|---|---|---|---|
| **400200** | **3837241** | **3067887** | **641958** | **6158593** | **1945947** | **50760** | **36684** | **991953** |
| 114867 | 1236327 | 898437 | 147405 | 2533408 | 445683 | 35380 | 11753 | 301570 |
| 24905 | 322462 | 310604 | 38356 | 443271 | 84697 | | | 15447 |
| 6145 | 26874 | 25353 | 9374 | 80927 | 38714 | | | 30190 |
| 26568 | 250593 | 214829 | 49076 | 487719 | 269901 | | 3050 | 226418 |
| 2099 | 40373 | 35320 | 9644 | 22931 | 10357 | | 1350 | 1751 |
| 5234 | 44320 | 41321 | 6835 | 74117 | 54528 | 15361 | | 35801 |
| 36156 | 305887 | 251142 | 55274 | 321322 | 87924 | | 10140 | 59483 |
| 39610 | 302494 | 233059 | 72368 | 429967 | 337370 | 19 | 15 | 35662 |
| 70125 | 771106 | 624830 | 148917 | 969078 | 308504 | | 570 | 60098 |
| 41716 | 362945 | 278149 | 52752 | 657870 | 227882 | | 6305 | 181529 |
| 32775 | 173861 | 154844 | 51958 | 137983 | 80389 | | 3500 | 44006 |

单位：万元

| 财务费用 | 利息收入 | 利息支出 | 投资收益（损失以“-”号记） | 营业利润 | 利润总额 | 亏损企业亏损额 | 平均用工人数（人） |
|---|---|---|---|---|---|---|---|
| **79694** | **18927** | **81354** | **62316** | **1140357** | **1120943** | **20148** | **93743** |
| 13541 | 12365 | 24479 | 60341 | 273055 | 280416 | 2600 | 21624 |
| 10142 | -708 | 7514 | 1428 | 168086 | 167172 | 6252 | 5616 |
| 475 | 15 | 430 | | 20026 | 20004 | | 1608 |
| 7021 | 104 | 6261 | 2235 | 106342 | 108566 | 4338 | 9507 |
| 882 | | 326 | | 2928 | 3485 | 93 | 764 |
| 1267 | 32 | 985 | -5477 | 5393 | 5493 | 555 | 1774 |
| 8290 | 292 | 7728 | 3844 | 32390 | 41740 | 2891 | 4202 |
| 15875 | 233 | 11032 | 22 | 170828 | 131277 | 200 | 13766 |
| 11670 | 3566 | 11264 | -9251 | 246165 | 242754 | 630 | 25700 |
| 6564 | 2898 | 8079 | 9174 | 90080 | 94022 | 890 | 5374 |
| 3965 | 130 | 3257 | | 25065 | 26015 | 1699 | 3808 |

# 1-B-32 按地区分组的化学

| 地　区 | 企业单位数（个） | 资产总计 | 固定资产净额 | 固定资产原价 | 累计折旧 | 流动资产合计 | 应收账款 | 存货 |
|---|---|---|---|---|---|---|---|---|
| **全　省** | **25** | **1045394** | **355707** | **694386** | **336314** | **407058** | **83802** | **98283** |
| 南昌市 | 2 | 4769 | 1850 | 2784 | 714 | 833 | 277 | 423 |
| 景德镇市 | | | | | | | | |
| 萍乡市 | 1 | 3743 | 2172 | 3561 | 1388 | 1068 | 317 | 131 |
| 九江市 | 6 | 850777 | 310249 | 598226 | 287976 | 337784 | 63032 | 83274 |
| 新余市 | | | | | | | | |
| 鹰潭市 | | | | | | | | |
| 赣州市 | | | | | | | | |
| 吉安市 | | | | | | | | |
| 宜春市 | 11 | 71405 | 18506 | 62870 | 43256 | 45449 | 15040 | 9118 |
| 抚州市 | 2 | 5233 | 612 | 1079 | 467 | 2278 | 792 | 1138 |
| 上饶市 | 3 | 109466 | 22318 | 25866 | 2512 | 19647 | 4345 | 4200 |

1-B-32 续表

| 地　区 | 个人资本 | 港澳台资本 | 外商资本 | 营业收入 | 营业成本 | 销售费用 | 管理费用 |
|---|---|---|---|---|---|---|---|
| **全　省** | **32036** | **103700** | **92754** | **982891** | **858842** | **15561** | **66168** |
| 南昌市 | 116 | 2000 | | 5032 | 4474 | 84 | 508 |
| 景德镇市 | | | | | | | |
| 萍乡市 | 2000 | | | 3221 | 2619 | 142 | 180 |
| 九江市 | 23100 | 101700 | 88845 | 696562 | 606979 | 10064 | 59952 |
| 新余市 | | | | | | | |
| 鹰潭市 | | | | | | | |
| 赣州市 | | | | | | | |
| 吉安市 | | | | | | | |
| 宜春市 | 5820 | | 3909 | 199863 | 176481 | 2638 | 2391 |
| 抚州市 | 500 | | | 45189 | 39600 | 1893 | 2134 |
| 上饶市 | 500 | | | 33024 | 28689 | 739 | 1003 |

# 纤维制造业主要经济指标

单位：万元

| 产成品 | 负债合计 | 流动负债合计 | 应付账款 | 所有者权益合计 | 实收资本 | 国家资本 | 集体资本 | 法人资本 |
|---|---|---|---|---|---|---|---|---|
| **23373** | **548694** | **443520** | **115058** | **496700** | **262157** | | | **33668** |
| 186 | 3529 | 3529 | 1859 | 1240 | 2116 | | | |
| 41 | 1216 | 1216 | 432 | 2527 | 2000 | | | |
| 13606 | 473167 | 389977 | 96128 | 377610 | 214030 | | | 385 |
| 4948 | 50164 | 30605 | 12125 | 21242 | 17049 | | | 7320 |
| 769 | 3459 | 3285 | 1074 | 1774 | 650 | | | 150 |
| 3823 | 17159 | 14908 | 3440 | 92307 | 26313 | | | 25813 |

单位：万元

| 财务费用 | 利息收入 | 利息支出 | 投资收益（损失以“-”号记） | 营业利润 | 利润总额 | 亏损企业亏损额 | 平均用工人数（人） |
|---|---|---|---|---|---|---|---|
| **15990** | **379** | **12099** | | **22542** | **29112** | **1052** | **5298** |
| 23 | | 3 | | -84 | -79 | 206 | 79 |
| 4 | | 4 | | 237 | 237 | | 49 |
| 14185 | 251 | 10884 | | 2708 | 6001 | 845 | 3576 |
| 1000 | 6 | 548 | | 16471 | 19743 | | 1070 |
| 417 | 2 | 419 | | 1048 | 1048 | | 139 |
| 361 | 120 | 241 | | 2162 | 2162 | | 385 |

# 1-B-33　按地区分组的橡胶和

| 地　区 | 企　业<br>单位数<br>(个) | 资产总计 | | | | | | |
|---|---|---|---|---|---|---|---|---|
| | | | 固定资产净　额 | 固定资产原　价 | 累计折旧 | 流动资产合　计 | | |
| | | | | | | | 应收账款 | 存货 |
| **全　省** | **406** | **4020366** | **892337** | **1657488** | **688085** | **1822640** | **422518** | **331409** |
| 南昌市 | 52 | 546056 | 106999 | 194190 | 82265 | 379807 | 56742 | 31561 |
| 景德镇市 | 3 | 16208 | 5326 | 7168 | 1842 | 9357 | 4135 | 2988 |
| 萍乡市 | 9 | 51609 | 9495 | 16746 | 5499 | 28417 | 9838 | 6938 |
| 九江市 | 47 | 451690 | 143958 | 284527 | 139278 | 141978 | 26798 | 21839 |
| 新余市 | 13 | 96820 | 28638 | 44176 | 15538 | 54403 | 19655 | 9263 |
| 鹰潭市 | 7 | 51180 | 17026 | 39866 | 5249 | 26805 | 5951 | 3387 |
| 赣州市 | 32 | 134126 | 26241 | 39177 | 12921 | 99057 | 29241 | 41972 |
| 吉安市 | 49 | 317003 | 78927 | 144186 | 58369 | 144204 | 50600 | 22513 |
| 宜春市 | 77 | 1585705 | 204783 | 462230 | 220614 | 619618 | 112108 | 103066 |
| 抚州市 | 82 | 578469 | 217828 | 348523 | 125948 | 203751 | 76301 | 66889 |
| 上饶市 | 35 | 191501 | 53117 | 76700 | 20564 | 115244 | 31150 | 20993 |

1-B-33　续表

| 地　区 | | | | 营业收入 | 营业成本 | 销售费用 | 管理费用 |
|---|---|---|---|---|---|---|---|
| | 个人资本 | 港澳台资本 | 外商资本 | | | | |
| **全　省** | **376319** | **11692** | **8561** | **6149344** | **5278664** | **119973** | **164680** |
| 南昌市 | 33677 | 3060 | | 1169889 | 977087 | 23850 | 18530 |
| 景德镇市 | 300 | | | 18626 | 16488 | 839 | 681 |
| 萍乡市 | 8861 | 699 | | 52917 | 45640 | 1834 | 3220 |
| 九江市 | 53588 | 2000 | | 910099 | 782176 | 9352 | 27730 |
| 新余市 | 15651 | | | 140708 | 120839 | 4953 | 5300 |
| 鹰潭市 | 7162 | | | 33014 | 30425 | 774 | 1801 |
| 赣州市 | 7543 | 5522 | 2563 | 259976 | 230454 | 4939 | 9454 |
| 吉安市 | 51533 | | 5999 | 657643 | 562744 | 13862 | 20380 |
| 宜春市 | 102205 | 411 | | 1509658 | 1290582 | 20892 | 28798 |
| 抚州市 | 58784 | | | 1147340 | 1004316 | 32420 | 40485 |
| 上饶市 | 37016 | | | 249475 | 217912 | 6259 | 8301 |

# 塑料制品业主要经济指标

单位：万元

| 产成品 | 负债合计 | 流动负债合计 | 应付账款 | 所有者权益合计 | 实收资本 | 国家资本 | 集体资本 | 法人资本 |
|---|---|---|---|---|---|---|---|---|
| **170418** | **1208734** | **1039605** | **262914** | **2811630** | **846842** | **13524** | **3079** | **433667** |
| 20101 | 169517 | 152846 | 54684 | 376539 | 71233 | 1000 | 526 | 32970 |
| 2303 | 9826 | 8789 | 393 | 6383 | 1300 |  | 1000 |  |
| 4347 | 12762 | 11331 | 5524 | 38847 | 24578 | 10331 |  | 4688 |
| 10171 | 119711 | 100241 | 11401 | 331979 | 97571 |  |  | 41983 |
| 5891 | 37004 | 34695 | 10266 | 59816 | 15651 |  |  |  |
| 1786 | 21706 | 19247 | 3577 | 29473 | 19701 |  |  | 12539 |
| 16540 | 73970 | 71061 | 10953 | 60156 | 24049 | 500 | 293 | 7629 |
| 9751 | 103848 | 86932 | 27618 | 213155 | 70633 |  |  | 13102 |
| 60559 | 341197 | 296897 | 60765 | 1244508 | 232385 |  |  | 129769 |
| 30867 | 235764 | 181675 | 54083 | 342704 | 244722 | 940 |  | 184997 |
| 8102 | 83429 | 75890 | 23650 | 108072 | 45020 | 753 | 1260 | 5990 |

单位：万元

| 财务费用 | 利息收入 | 利息支出 | 投资收益（损失以“–”号记） | 营业利润 | 利润总额 | 亏损企业亏损额 | 平均用工人数（人） |
|---|---|---|---|---|---|---|---|
| **36171** | **1406** | **26876** | **1626** | **514480** | **536429** | **4146** | **52188** |
| 7383 | 50 | 4386 | 393 | 138507 | 138458 | 678 | 5942 |
| 478 |  | 396 |  | 531 | 533 | 35 | 618 |
| 215 | 2 | 214 |  | 1608 | 1601 | 510 | 730 |
| 3016 | 348 | 1602 | -19 | 84856 | 88373 | 1020 | 8212 |
| 1811 | 12 | 1467 |  | 7339 | 7506 |  | 1227 |
| 554 | 3 | 458 |  | -828 | 56 | 524 | 492 |
| 1742 | 26 | 1370 |  | 11584 | 12250 | 90 | 5031 |
| 4129 | 3 | 1566 | 131 | 52352 | 53915 | 16 | 6637 |
| 9244 | 728 | 7070 | 1042 | 149129 | 154092 | 414 | 9685 |
| 7605 | 343 | 7579 | 7 | 54127 | 59599 | 283 | 10492 |
| -3 | -108 | 767 | 71 | 15277 | 20046 | 576 | 3122 |

# 1-B-34　按地区分组的非金属

| 地　区 | 企业单位数（个） | 资产总计 | | | | | | |
|---|---|---|---|---|---|---|---|---|
| | | | 固定资产净额 | 固定资产原价 | 累计折旧 | 流动资产合计 | | |
| | | | | | | | 应收账款 | 存货 |
| **全　省** | **1516** | **19792460** | **6646426** | **11966714** | **4790493** | **8915518** | **2455123** | **1855321** |
| 南昌市 | 130 | 1785013 | 413310 | 755636 | 337640 | 955227 | 493492 | 102135 |
| 景德镇市 | 132 | 996940 | 282584 | 842702 | 408795 | 419048 | 102245 | 107154 |
| 萍乡市 | 200 | 2170522 | 965272 | 1554897 | 555231 | 903976 | 355541 | 194967 |
| 九江市 | 245 | 4265278 | 1384586 | 2550024 | 1067619 | 1366445 | 221176 | 212293 |
| 新余市 | 49 | 400592 | 139785 | 274798 | 132437 | 188253 | 82953 | 37775 |
| 鹰潭市 | 16 | 421044 | 97202 | 231867 | 134172 | 259333 | 124588 | 43544 |
| 赣州市 | 166 | 1708377 | 653537 | 1038925 | 369248 | 829327 | 240362 | 128057 |
| 吉安市 | 129 | 1130627 | 494637 | 729071 | 223655 | 404312 | 120020 | 77526 |
| 宜春市 | 235 | 4706717 | 1560257 | 2807055 | 1047975 | 2361789 | 467321 | 793337 |
| 抚州市 | 69 | 648807 | 233740 | 360019 | 126079 | 246981 | 99268 | 63690 |
| 上饶市 | 145 | 1558544 | 421518 | 821721 | 387645 | 980826 | 148158 | 94842 |

1-B-34　续表

| 地　区 | | | | 营业收入 | 营业成本 | 销售费用 | 管理费用 |
|---|---|---|---|---|---|---|---|
| | 个人资本 | 港澳台资本 | 外商资本 | | | | |
| **全　省** | **1580382** | **269605** | **72870** | **25476375** | **20790419** | **694510** | **834692** |
| 南昌市 | 104417 | | | 1744814 | 1455884 | 61132 | 50194 |
| 景德镇市 | 113612 | 1054 | 19555 | 1317445 | 1049616 | 39812 | 55168 |
| 萍乡市 | 372000 | 518 | | 3194567 | 2581950 | 109463 | 123613 |
| 九江市 | 290317 | 251026 | 2010 | 6561249 | 5316757 | 135575 | 189176 |
| 新余市 | 28943 | 49 | | 702495 | 597241 | 15233 | 15845 |
| 鹰潭市 | 24272 | | | 430635 | 390254 | 7101 | 14532 |
| 赣州市 | 104894 | 2546 | | 2393437 | 1894654 | 71906 | 83385 |
| 吉安市 | 109742 | | | 1322898 | 1115660 | 31677 | 40189 |
| 宜春市 | 319029 | 13770 | 51163 | 5626844 | 4633324 | 156566 | 192906 |
| 抚州市 | 36001 | | | 572196 | 483941 | 19341 | 19374 |
| 上饶市 | 77155 | 642 | 142 | 1609795 | 1271136 | 46704 | 50311 |

# 矿物制品业主要经济指标

单位：万元

| 产成品 | 负债合计 | 流动负债合计 | 应付账款 | 所有者权益合计 | 实收资本 | 国家资本 | 集体资本 | 法人资本 |
|---|---|---|---|---|---|---|---|---|
| **904130** | **9137081** | **7812996** | **2256332** | **10655338** | **4587392** | **542685** | **123805** | **1998045** |
| 49340 | 939037 | 893909 | 342272 | 845974 | 301808 | 71300 | 9215 | 116877 |
| 79905 | 481114 | 379958 | 67131 | 515796 | 262380 | 58120 | | 70038 |
| 92176 | 998916 | 900732 | 319707 | 1171605 | 776638 | 85502 | 9352 | 309266 |
| 137200 | 1332455 | 961393 | 183538 | 2932822 | 1160062 | 50713 | 300 | 565696 |
| 17064 | 234123 | 200123 | 84682 | 166469 | 85411 | 23064 | 2219 | 31135 |
| 8557 | 304253 | 297523 | 211382 | 116791 | 76155 | 27488 | | 24396 |
| 53877 | 872473 | 784759 | 247178 | 835902 | 397686 | 106220 | 30505 | 153520 |
| 35676 | 564464 | 391669 | 80830 | 566162 | 281945 | 28270 | 55336 | 88597 |
| 357448 | 2486618 | 2163368 | 525739 | 2220097 | 755067 | 12650 | 12386 | 346068 |
| 36057 | 287914 | 253409 | 71010 | 360892 | 222290 | 3666 | 4350 | 178273 |
| 36830 | 635715 | 586155 | 122863 | 922829 | 267951 | 75692 | 142 | 114179 |

单位：万元

| 财务费用 | 利息收入 | 利息支出 | 投资收益（损失以"-"号记） | 营业利润 | 利润总额 | 亏损企业亏损额 | 平均用工人数（人） |
|---|---|---|---|---|---|---|---|
| **200894** | **9786** | **149084** | **-30833** | **2710838** | **2720984** | **35404** | **228329** |
| 13167 | 318 | 10853 | 7203 | 156960 | 159175 | 5263 | 11326 |
| 7266 | 327 | 4984 | -22461 | 115372 | 114213 | 800 | 18049 |
| 21310 | 781 | 18417 | -876 | 319072 | 317419 | 18163 | 36745 |
| 43015 | 7408 | 25025 | 1919 | 836310 | 854744 | 1445 | 32784 |
| 4790 | 947 | 2897 | 14 | 58639 | 60752 | 197 | 6649 |
| 2100 | 107 | 1447 | -1 | 12285 | 11246 | 464 | 2276 |
| 15662 | -1036 | 15487 | 23 | 313048 | 293348 | 2569 | 15831 |
| 15325 | 145 | 10808 | 58 | 110451 | 109492 | 1158 | 19809 |
| 59287 | -821 | 42340 | -16235 | 531670 | 544207 | 4226 | 62761 |
| 8083 | 1329 | 7505 | -512 | 32622 | 35954 | 695 | 7598 |
| 10890 | 281 | 9321 | 35 | 224410 | 220434 | 423 | 14501 |

# 1-B-35 按地区分组的黑色金属冶炼

| 地　　区 | 企　业<br>单位数<br>(个) | 资产总计 | 固定资产<br>净　　额 | 固定资产<br>原　　价 | 累计折旧 | 流动资产<br>合　　计 | 应收账款 | 存货 |
|---|---|---|---|---|---|---|---|---|
| **全　　省** | **97** | **8908384** | **2662284** | **6041040** | **3361068** | **5199655** | **277519** | **922515** |
| 南 昌 市 | 18 | 1087495 | 267408 | 725625 | 458040 | 588299 | 41655 | 120162 |
| 景德镇市 | | | | | | | | |
| 萍 乡 市 | 2 | 1045208 | 400808 | 902338 | 501530 | 508493 | 6322 | 59078 |
| 九 江 市 | 9 | 1318111 | 659531 | 1104536 | 431642 | 555452 | 26874 | 52053 |
| 新 余 市 | 37 | 5115165 | 1167595 | 3069712 | 1900945 | 3416044 | 175115 | 643812 |
| 鹰 潭 市 | | | | | | | | |
| 赣 州 市 | 11 | 141943 | 71456 | 102987 | 29362 | 60348 | 9238 | 28274 |
| 吉 安 市 | 1 | 10475 | 6547 | 12779 | 6232 | 2144 | | 1767 |
| 宜 春 市 | 9 | 45378 | 4588 | 8822 | 3519 | 30816 | 9245 | 6831 |
| 抚 州 市 | | | | | | | | |
| 上 饶 市 | 10 | 144609 | 84351 | 114241 | 29798 | 38058 | 9071 | 10539 |

1-B-35 续表

| 地　　区 | 个人资本 | 港澳台资本 | 外商资本 | 营业收入 | 营业成本 | 销售费用 | 管理费用 |
|---|---|---|---|---|---|---|---|
| **全　　省** | **112525** | | **9445** | **14980832** | **12557808** | **81434** | **432766** |
| 南 昌 市 | 21322 | | | 2060598 | 1490326 | 14303 | 174927 |
| 景德镇市 | | | | | | | |
| 萍 乡 市 | 3500 | | | 2018863 | 1702388 | 3474 | 55093 |
| 九 江 市 | 13713 | | | 2741968 | 2161429 | 8848 | 55345 |
| 新 余 市 | 37524 | | | 7397453 | 6510625 | 44104 | 134464 |
| 鹰 潭 市 | | | | | | | |
| 赣 州 市 | 2730 | | 9445 | 425875 | 395875 | 4334 | 5234 |
| 吉 安 市 | | | | 17096 | 16073 | 40 | 1082 |
| 宜 春 市 | 9209 | | | 100006 | 87949 | 3506 | 2475 |
| 抚 州 市 | | | | | | | |
| 上 饶 市 | 24527 | | | 218973 | 193143 | 2825 | 4147 |

# 和压延加工业主要经济指标

单位：万元

| 产成品 | 负债合计 | 流动负债合计 | 应付账款 | 所有者权益合计 | 实收资本 | 国家资本 | 集体资本 | 法人资本 |
|---|---|---|---|---|---|---|---|---|
| **242912** | **4386199** | **4251050** | **961706** | **4522183** | **1400492** | **437576** | **500** | **840447** |
| 33951 | 361646 | 352586 | 58928 | 725848 | 184569 | | | 163247 |
| 14122 | 411491 | 377515 | 138047 | 633718 | 319500 | | | 316000 |
| 12871 | 411619 | 403285 | 128457 | 906492 | 339713 | | | 326000 |
| 157717 | 3022123 | 2953901 | 587056 | 2093041 | 488670 | 436622 | 500 | 14024 |
| 17174 | 105252 | 97750 | 39298 | 36691 | 22125 | | | 9950 |
| 89 | 4959 | 4959 | 1110 | 5516 | 9000 | | | 9000 |
| 1328 | 28658 | 24113 | 6570 | 16720 | 9209 | | | |
| 5661 | 40452 | 36942 | 2240 | 104157 | 27707 | 954 | | 2226 |

单位：万元

| 财务费用 | 利息收入 | 利息支出 | 投资收益（损失以“－”号记） | 营业利润 | 利润总额 | 亏损企业亏损额 | 平均用工人数（人） |
|---|---|---|---|---|---|---|---|
| **-4394** | **-11038** | **57032** | **10004** | **1836610** | **1827803** | **3567** | **52131** |
| -5240 | 12419 | 5619 | 3319 | 382220 | 387390 | 2142 | 7204 |
| -6756 | 5045 | 1118 | 416 | 251529 | 243334 | | 8003 |
| -9194 | 7680 | -1641 | | 507911 | 504974 | | 6918 |
| 14186 | -36225 | 50228 | 6269 | 667286 | 663593 | 451 | 25587 |
| 733 | 11 | 304 | | 7223 | 7318 | 725 | 1568 |
| -1 | 1 | | | -262 | 262 | | 285 |
| 356 | 19 | 317 | | 4915 | 4918 | 117 | 703 |
| 1521 | 12 | 1087 | | 15787 | 16014 | 132 | 1863 |

# 1-B-36 按地区分组的有色金属冶炼

| 地区 | 企业单位数(个) | 资产总计 | 固定资产净额 | 固定资产原价 | 累计折旧 | 流动资产合计 | 应收账款 | 存货 |
|---|---|---|---|---|---|---|---|---|
| **全省** | **576** | **28053672** | **8173302** | **17825307** | **9314279** | **16570473** | **2589567** | **5110428** |
| 南昌市 | 63 | 902996 | 286107 | 489558 | 194971 | 546905 | 145904 | 147873 |
| 景德镇市 | 1 | 4025 | 11 | 12 | 1 | 4013 | 701 | 3148 |
| 萍乡市 | 4 | 21135 | 4334 | 6310 | 1976 | 15854 | 3805 | 3841 |
| 九江市 | 39 | 1101504 | 425742 | 582972 | 153835 | 379777 | 48142 | 163498 |
| 新余市 | 6 | 34712 | 5762 | 7193 | 1431 | 24892 | 3497 | 7549 |
| 鹰潭市 | 67 | 15520932 | 4901509 | 12090216 | 7070507 | 9900289 | 1203896 | 2391023 |
| 赣州市 | 163 | 4007728 | 673646 | 1281091 | 589231 | 2504917 | 418815 | 1129828 |
| 吉安市 | 36 | 1276292 | 838249 | 991076 | 137098 | 295006 | 66422 | 73249 |
| 宜春市 | 67 | 1786180 | 311989 | 1032739 | 653510 | 784290 | 241977 | 211947 |
| 抚州市 | 37 | 1242125 | 316839 | 612696 | 269647 | 662512 | 113175 | 365947 |
| 上饶市 | 93 | 2156043 | 409113 | 731445 | 242072 | 1452021 | 343234 | 612523 |

1-B-36 续表

| 地区 | 个人资本 | 港澳台资本 | 外商资本 | 营业收入 | 营业成本 | 销售费用 | 管理费用 |
|---|---|---|---|---|---|---|---|
| **全省** | **873308** | **20716** | **45150** | **57878572** | **54066018** | **320111** | **830909** |
| 南昌市 | 50541 | 7088 | 5988 | 1840142 | 1714573 | 18255 | 37738 |
| 景德镇市 | 300 | | | 28744 | 29983 | | 50 |
| 萍乡市 | 5592 | | | 30722 | 29582 | 395 | 394 |
| 九江市 | 48332 | | | 2090672 | 1811599 | 25794 | 57586 |
| 新余市 | 17688 | | | 82007 | 83296 | 796 | 1357 |
| 鹰潭市 | 160696 | | | 30231738 | 29148311 | 87813 | 288694 |
| 赣州市 | 250664 | 5094 | 39162 | 6063994 | 5493711 | 28585 | 143610 |
| 吉安市 | 37271 | | | 2114754 | 1877203 | 17556 | 41192 |
| 宜春市 | 111012 | | | 3198382 | 2824962 | 17925 | 40852 |
| 抚州市 | 53920 | | | 4269753 | 3926727 | 70668 | 81103 |
| 上饶市 | 137292 | 8534 | | 7927666 | 7126070 | 52324 | 138333 |

# 和压延加工业主要经济指标

单位：万元

| 产成品 | 负债合计 | 流动负债合计 | 应付账款 | 所有者权益合计 | 实收资本 | 国家资本 | 集体资本 | 法人资本 |
|---|---|---|---|---|---|---|---|---|
| **1627948** | **15690755** | **13604992** | **3136322** | **12362914** | **3851699** | **1068782** | **14970** | **1828774** |
| 83772 | 465783 | 448744 | 106242 | 437212 | 279026 | 152247 | 2530 | 60632 |
| | 3335 | 3335 | 1136 | 690 | 300 | | | |
| 2198 | 13454 | 13454 | 4605 | 7681 | 6192 | | | 600 |
| 57499 | 639657 | 368854 | 106868 | 461846 | 320582 | 8900 | | 263350 |
| 6291 | 14976 | 14601 | 3757 | 19736 | 20822 | | | 3134 |
| 536393 | 8835543 | 7734357 | 1186713 | 6685389 | 1167477 | 672965 | 731 | 333085 |
| 500626 | 2365182 | 2189869 | 662316 | 1642543 | 1003310 | 107699 | 7609 | 593083 |
| 33786 | 292635 | 244487 | 65187 | 983658 | 93192 | | | 55920 |
| 108907 | 935585 | 688631 | 221920 | 850595 | 239871 | 43848 | 100 | 84912 |
| 97923 | 723036 | 612992 | 291618 | 519089 | 334021 | 1200 | | 278901 |
| 200554 | 1401568 | 1285669 | 485961 | 754475 | 386907 | 81925 | 4000 | 155157 |

单位：万元

| 财务费用 | 利息收入 | 利息支出 | 投资收益（损失以“-”号记） | 营业利润 | 利润总额 | 亏损企业亏损额 | 平均用工人数（人） |
|---|---|---|---|---|---|---|---|
| **307838** | **110834** | **375823** | **50924** | **2087557** | **2272495** | **95153** | **115438** |
| 16415 | 1767 | 15570 | 99 | 47158 | 48888 | 5864 | 11419 |
| | | | | -1384 | 577 | | 34 |
| 584 | | 583 | | -337 | -331 | 405 | 155 |
| 25265 | 104 | 22711 | 229 | 163953 | 165634 | 949 | 8629 |
| 707 | 1 | 401 | | -5330 | -2429 | 3250 | 335 |
| 119072 | 104422 | 218292 | 77830 | 504160 | 551869 | 3159 | 31322 |
| 77762 | 2299 | 70302 | 7472 | 307932 | 279122 | 57787 | 24944 |
| 10915 | -128 | 5451 | 514 | 161446 | 148043 | 2833 | 5397 |
| 10585 | 178 | 9372 | -35321 | 238761 | 278637 | 6649 | 10554 |
| 13374 | 1718 | 12839 | 1947 | 139709 | 223063 | 6620 | 7237 |
| 33159 | 473 | 20302 | -1847 | 531489 | 579423 | 7638 | 15412 |

# 1-B-37 按地区分组的金属

| 地　区 | 企　业单位数（个） | 资产总计 | | | | | | |
|---|---|---|---|---|---|---|---|---|
| | | | 固定资产净　额 | 固定资产原　价 | 累计折旧 | 流动资产合　计 | | |
| | | | | | | | 应收账款 | 存货 |
| **全　省** | **417** | **4815948** | **1442317** | **2238747** | **700794** | **2117518** | **637875** | **578723** |
| 南昌市 | 72 | 708300 | 183762 | 332761 | 145677 | 455693 | 144582 | 76098 |
| 景德镇市 | 6 | 112071 | 23534 | 38238 | 14705 | 80593 | 29329 | 29761 |
| 萍乡市 | 15 | 66658 | 27857 | 35107 | 6531 | 28657 | 15951 | 6879 |
| 九江市 | 68 | 1447474 | 411028 | 621131 | 192201 | 506466 | 136200 | 172483 |
| 新余市 | 20 | 465926 | 30291 | 90227 | 23000 | 208834 | 54334 | 68354 |
| 鹰潭市 | 5 | 34416 | 18345 | 23776 | 5431 | 14365 | 2428 | 3717 |
| 赣州市 | 32 | 182850 | 46439 | 85168 | 29014 | 106043 | 26777 | 26719 |
| 吉安市 | 32 | 233203 | 81988 | 99001 | 12900 | 92323 | 33083 | 23296 |
| 宜春市 | 80 | 835443 | 321867 | 506489 | 168258 | 314170 | 107061 | 78127 |
| 抚州市 | 31 | 361312 | 165506 | 228086 | 62312 | 116062 | 35114 | 37009 |
| 上饶市 | 56 | 368296 | 131700 | 178763 | 40767 | 194314 | 53017 | 56280 |

1-B-37 续表

| 地　区 | | | | 营业收入 | 营业成本 | 销售费用 | 管理费用 |
|---|---|---|---|---|---|---|---|
| | 个人资本 | 港澳台资本 | 外商资本 | | | | |
| **全　省** | **529968** | **26028** | **66818** | **7697935** | **6676975** | **164228** | **264055** |
| 南昌市 | 74055 | | 23656 | 1275091 | 1146865 | 21335 | 35793 |
| 景德镇市 | 7167 | | | 71361 | 52958 | 2149 | 8296 |
| 萍乡市 | 20770 | | | 54644 | 45777 | 1275 | 2219 |
| 九江市 | 85720 | 6539 | 39597 | 2527259 | 2130115 | 52924 | 103376 |
| 新余市 | 10223 | 14102 | | 283188 | 262055 | 4492 | 6698 |
| 鹰潭市 | | 1200 | | 71235 | 63639 | 309 | 1061 |
| 赣州市 | 9092 | 1186 | | 230719 | 186366 | 7068 | 12171 |
| 吉安市 | 16639 | | 740 | 471225 | 395895 | 15066 | 19276 |
| 宜春市 | 150732 | 3000 | | 1820781 | 1646391 | 27765 | 31165 |
| 抚州市 | 55141 | | | 419131 | 336198 | 20974 | 24119 |
| 上饶市 | 100430 | | 2824 | 473301 | 410716 | 10873 | 19881 |

# 制品业主要经济指标

单位：万元

| 产成品 | 负债合计 | 流动负债合计 | 应付账款 | 所有者权益合计 | 实收资本 | 国家资本 | 集体资本 | 法人资本 |
|---|---|---|---|---|---|---|---|---|
| **261109** | **1985325** | **1625861** | **475959** | **2830621** | **1215715** | **57048** | **32438** | **503417** |
| 27262 | 331948 | 258752 | 86235 | 376352 | 201858 | 4116 | 100 | 99931 |
| 15479 | 53351 | 42685 | 19756 | 58721 | 26167 | 9231 |  | 9769 |
| 3315 | 28629 | 25288 | 5580 | 38028 | 22918 |  |  | 2148 |
| 76449 | 566346 | 509454 | 140415 | 881127 | 212569 | 24702 | 2 | 56009 |
| 25617 | 265807 | 130899 | 33650 | 200118 | 69346 | 50 |  | 44970 |
| 1542 | 10540 | 9621 | 3791 | 23876 | 7598 |  |  | 6398 |
| 11657 | 88139 | 69131 | 19900 | 94712 | 42063 | 6600 | 10500 | 14686 |
| 9167 | 83886 | 72964 | 19005 | 149317 | 43731 | 10 | 5 | 26336 |
| 42270 | 258993 | 236114 | 72081 | 576450 | 296212 |  | 21666 | 120815 |
| 18686 | 149618 | 129512 | 32548 | 211693 | 150472 | 2900 |  | 92431 |
| 29664 | 148069 | 141442 | 42999 | 220227 | 142782 | 9438 | 165 | 29925 |

单位：万元

| 财务费用 | 利息收入 | 利息支出 | 投资收益（损失以“–”号记） | 营业利润 | 利润总额 | 亏损企业亏损额 | 平均用工人数（人） |
|---|---|---|---|---|---|---|---|
| **42205** | **2159** | **29119** | **-21823** | **502241** | **541606** | **7983** | **56672** |
| 5882 | 374 | 5509 | 1685 | 59890 | 60792 | 2724 | 10017 |
| 750 | 48 |  | 16 | 6630 | 7067 |  | 1026 |
| 657 | 13 | 449 |  | 4109 | 4136 |  | 1636 |
| 10404 | 989 | 6871 |  | 217910 | 224736 | 680 | 11790 |
| 4454 | 141 | 2778 | -28 | 4702 | 5550 | 1976 | 2276 |
| 273 | 18 | 219 | 35 | 6068 | 4501 |  | 454 |
| 1452 | 74 | 1280 | 38 | 22766 | 18382 | 17 | 3940 |
| 2180 | 14 | 1815 |  | 37020 | 37300 | 367 | 3216 |
| 8574 | 62 | 4968 | -23630 | 87296 | 121231 | 51 | 9391 |
| 4490 | 270 | 3178 | 51 | 29782 | 30659 | 441 | 4338 |
| 3089 | 157 | 2052 | 10 | 26068 | 27252 | 1726 | 8588 |

# 1-B-38 按地区分组的通用设备

| 地区 | 企业单位数(个) | 资产总计 | 固定资产净额 | 固定资产原价 | 累计折旧 | 流动资产合计 | 应收账款 | 存货 |
|---|---|---|---|---|---|---|---|---|
| **全省** | **358** | **5379457** | **1355817** | **2345555** | **900980** | **2963248** | **778546** | **668612** |
| 南昌市 | 56 | 1040409 | 238056 | 423417 | 183781 | 670849 | 225394 | 190829 |
| 景德镇市 | 12 | 1149318 | 148730 | 309284 | 133019 | 818836 | 161794 | 126364 |
| 萍乡市 | 19 | 248603 | 136719 | 199546 | 40301 | 47864 | 11169 | 14428 |
| 九江市 | 58 | 660490 | 223147 | 438039 | 207203 | 241844 | 80753 | 61064 |
| 新余市 | 13 | 98933 | 22529 | 38975 | 13983 | 65442 | 20503 | 16041 |
| 鹰潭市 | 14 | 150132 | 48989 | 92752 | 43764 | 84341 | 24699 | 24700 |
| 赣州市 | 20 | 137807 | 24620 | 34792 | 10128 | 81543 | 19157 | 40942 |
| 吉安市 | 36 | 302170 | 96859 | 164195 | 60299 | 134923 | 31729 | 34607 |
| 宜春市 | 49 | 781846 | 144052 | 244728 | 93578 | 415887 | 117793 | 106207 |
| 抚州市 | 14 | 102457 | 36075 | 58265 | 21901 | 32913 | 7087 | 9818 |
| 上饶市 | 67 | 707292 | 236043 | 341562 | 93024 | 368806 | 78470 | 43612 |

1-B-38 续表

| 地区 | 个人资本 | 港澳台资本 | 外商资本 | 营业收入 | 营业成本 | 销售费用 | 管理费用 |
|---|---|---|---|---|---|---|---|
| **全省** | **406170** | **48766** | **19696** | **7512525** | **6422661** | **163464** | **316773** |
| 南昌市 | 47090 |  | 13443 | 1084828 | 925524 | 16511 | 60915 |
| 景德镇市 | 12403 |  |  | 970513 | 836370 | 23675 | 70779 |
| 萍乡市 | 42415 | 5000 |  | 632421 | 526443 | 16909 | 16635 |
| 九江市 | 27782 | 38987 | 6253 | 1976254 | 1698572 | 33371 | 59960 |
| 新余市 | 5314 |  |  | 243487 | 218883 | 3916 | 8571 |
| 鹰潭市 | 12885 |  |  | 256478 | 231907 | 3368 | 8078 |
| 赣州市 | 1393 | 1263 |  | 161322 | 130077 | 4318 | 8673 |
| 吉安市 | 40095 | 712 |  | 611382 | 496630 | 14595 | 22467 |
| 宜春市 | 75289 | 2803 |  | 695318 | 578764 | 26194 | 26460 |
| 抚州市 | 1157 |  |  | 210843 | 181623 | 7007 | 6853 |
| 上饶市 | 140347 |  |  | 669681 | 597869 | 13600 | 27383 |

# 制造业主要经济指标

单位：万元

| 产成品 | 负债合计 | 流动负债合计 | 应付账款 | 所有者权益合计 | 实收资本 | 国家资本 | 集体资本 | 法人资本 |
|---|---|---|---|---|---|---|---|---|
| **334183** | **2661399** | **2330914** | **695219** | **2718627** | **1204496** | **174080** | **6728** | **549058** |
| 117107 | 682003 | 642620 | 230946 | 358405 | 262048 | 65084 | 200 | 136231 |
| 71884 | 618259 | 600794 | 144714 | 531058 | 185506 | 9587 | 500 | 163016 |
| 2256 | 93889 | 49844 | 22478 | 154714 | 62363 | | | 14948 |
| 31586 | 245186 | 209996 | 68708 | 415304 | 135639 | 11037 | 384 | 51195 |
| 4072 | 55881 | 53230 | 13700 | 43052 | 16158 | 238 | 391 | 10215 |
| 6320 | 58536 | 56261 | 12108 | 91596 | 31496 | | | 18611 |
| 22974 | 83276 | 63819 | 15285 | 54531 | 19643 | | | 16987 |
| 18782 | 101058 | 78888 | 32569 | 201112 | 55612 | | 3383 | 11422 |
| 33958 | 355210 | 296486 | 69783 | 426636 | 122918 | | | 44826 |
| 3688 | 45259 | 29885 | 11649 | 57199 | 53471 | 943 | 1217 | 50154 |
| 21557 | 322843 | 249091 | 73279 | 385020 | 259642 | 87190 | 652 | 31453 |

单位：万元

| 财务费用 | 利息收入 | 利息支出 | 投资收益(损失以"-"号记) | 营业利润 | 利润总额 | 亏损企业亏损额 | 平均用工人数(人) |
|---|---|---|---|---|---|---|---|
| **45610** | **1877** | **40236** | **6313** | **521153** | **537616** | **12070** | **64792** |
| 13372 | -259 | 10389 | | 64281 | 67151 | 7428 | 9201 |
| 3265 | -1711 | 8147 | 4946 | 29391 | 29141 | | 8682 |
| 784 | 2 | 776 | | 63685 | 64673 | 35 | 4539 |
| 7243 | 2853 | 3533 | | 169876 | 178029 | 16 | 9327 |
| 651 | 6 | 444 | 554 | 11656 | 11767 | | 1463 |
| 1604 | 1 | 1414 | 12 | 10322 | 10656 | 878 | 2922 |
| 1705 | 7 | 1155 | | 13922 | 15294 | 106 | 2586 |
| 4031 | 163 | 2507 | | 68427 | 68914 | 1147 | 5653 |
| 8789 | 101 | 7822 | 143 | 53358 | 53200 | | 8476 |
| 917 | 152 | 840 | | 12624 | 13169 | 304 | 1556 |
| 3249 | 562 | 3208 | 657 | 23610 | 25623 | 2158 | 10387 |

# 1-B-39 按地区分组的专用设备

| 地　区 | 企　业<br>单位数<br>（个） | 资产总计 | | | | | | |
|---|---|---|---|---|---|---|---|---|
| | | | 固定资产<br>净　额 | 固定资产<br>原　价 | 累计折旧 | 流动资产<br>合　计 | | |
| | | | | | | | 应收账款 | 存货 |
| **全　省** | **323** | **4171203** | **1071829** | **1725296** | **610233** | **2246306** | **956296** | **440047** |
| 南 昌 市 | 63 | 1468829 | 260006 | 419933 | 157019 | 865422 | 332685 | 144340 |
| 景德镇市 | 3 | 47855 | 26131 | 85674 | 59544 | 18353 | 4363 | 4445 |
| 萍 乡 市 | 16 | 185211 | 40557 | 61538 | 17673 | 76219 | 38916 | 18126 |
| 九 江 市 | 40 | 415911 | 137595 | 248908 | 97773 | 175098 | 75419 | 37343 |
| 新 余 市 | 22 | 212325 | 23832 | 41859 | 16279 | 172488 | 32507 | 60744 |
| 鹰 潭 市 | 23 | 137371 | 63041 | 112014 | 47374 | 47283 | 22336 | 10702 |
| 赣 州 市 | 30 | 233936 | 117594 | 166358 | 47513 | 103387 | 34630 | 26929 |
| 吉 安 市 | 43 | 705992 | 200651 | 246540 | 34193 | 408042 | 268248 | 29226 |
| 宜 春 市 | 38 | 288719 | 64350 | 124452 | 54934 | 174276 | 61663 | 62814 |
| 抚 州 市 | 12 | 213588 | 78107 | 134085 | 55979 | 53632 | 27406 | 14443 |
| 上 饶 市 | 33 | 261467 | 59967 | 83935 | 21954 | 152107 | 58121 | 30935 |

1-B-39 续表

| 地　区 | | | | 营业收入 | 营业成本 | 销售费用 | 管理费用 |
|---|---|---|---|---|---|---|---|
| | 个人资本 | 港澳台资本 | 外商资本 | | | | |
| **全　省** | **380755** | **78620** | **23551** | **4383039** | **3603680** | **158428** | **221838** |
| 南 昌 市 | 151976 | 38115 | 22851 | 1219366 | 988469 | 43754 | 60839 |
| 景德镇市 | 4598 | | | 65121 | 56526 | 2648 | 3412 |
| 萍 乡 市 | 18551 | | | 104031 | 83278 | 6827 | 6265 |
| 九 江 市 | 19492 | 8060 | 600 | 850038 | 688459 | 26464 | 45416 |
| 新 余 市 | 28766 | 2160 | | 259399 | 210940 | 9893 | 15866 |
| 鹰 潭 市 | 12978 | 26308 | | 145452 | 128752 | 2426 | 5904 |
| 赣 州 市 | 25542 | 811 | | 324657 | 284745 | 6024 | 13508 |
| 吉 安 市 | 33329 | 3166 | 100 | 536918 | 421162 | 29293 | 31370 |
| 宜 春 市 | 38813 | | | 231069 | 195083 | 10251 | 13030 |
| 抚 州 市 | 2150 | | | 236439 | 194716 | 9533 | 8914 |
| 上 饶 市 | 44559 | | | 410551 | 351550 | 11316 | 17314 |

# 制造业主要经济指标

单位：万元

| 产成品 | 负债合计 | 流动负债合计 | 应付账款 | 所有者权益合计 | 实收资本 | 国家资本 | 集体资本 | 法人资本 |
|---|---|---|---|---|---|---|---|---|
| **209804** | **2056826** | **1433554** | **441750** | **2114377** | **973283** | **51628** | **9982** | **428748** |
| 72542 | 706312 | 575207 | 196457 | 762517 | 368855 | 32875 | 100 | 122938 |
| 717 | 11154 | 10251 | 4937 | 36701 | 9598 | | | 5000 |
| 8654 | 51805 | 39384 | 10934 | 133406 | 41912 | | | 23361 |
| 17203 | 206423 | 188054 | 48989 | 209488 | 76872 | 5633 | 8086 | 35001 |
| 21132 | 130886 | 129526 | 36636 | 81440 | 48518 | | | 17592 |
| 5999 | 53619 | 49265 | 27063 | 83752 | 50093 | | | 10807 |
| 9710 | 78344 | 66942 | 13860 | 155593 | 50871 | 8650 | 1022 | 14846 |
| 17306 | 472146 | 93605 | 19578 | 233846 | 62106 | 3881 | 273 | 21358 |
| 37553 | 147990 | 138752 | 19189 | 140729 | 62263 | 589 | | 22861 |
| 5755 | 70989 | 31789 | 18553 | 142599 | 141302 | | | 139152 |
| 13233 | 127160 | 110781 | 45554 | 134307 | 60892 | | 500 | 15833 |

单位：万元

| 财务费用 | 利息收入 | 利息支出 | 投资收益（损失以“-”号记） | 营业利润 | 利润总额 | 亏损企业亏损额 | 平均用工人数（人） |
|---|---|---|---|---|---|---|---|
| **30114** | **1120** | **22335** | **2250** | **346147** | **352641** | **12246** | **52431** |
| 7809 | 122 | 7005 | 2183 | 114790 | 123855 | 3165 | 17075 |
| 2399 | 33 | 70 | | 79 | 125 | 634 | 455 |
| 1139 | 145 | 887 | | 5676 | 5895 | 578 | 1865 |
| 4257 | 180 | 2938 | 10 | 82384 | 82620 | 54 | 5405 |
| 2472 | -97 | 2778 | 86 | 17712 | 17720 | 1425 | 4311 |
| 1329 | -2 | 811 | | 6671 | 6765 | 70 | 3214 |
| 821 | 206 | 547 | 49 | 18299 | 18455 | 520 | 3205 |
| 2825 | 154 | 1034 | 34 | 47826 | 43613 | | 5943 |
| 4132 | 43 | 3695 | -113 | 7207 | 7993 | 5576 | 4761 |
| 887 | 256 | 1079 | | 19797 | 19788 | | 2250 |
| 2044 | 80 | 1492 | | 25708 | 25813 | 225 | 3947 |

# 1-B-40 按地区分组的汽车

| 地区 | 企业单位数（个） | 资产总计 | 固定资产净额 | 固定资产原价 | 累计折旧 | 流动资产合计 | 应收账款 | 存货 |
|---|---|---|---|---|---|---|---|---|
| **全省** | **292** | **14546571** | **3085790** | **5340864** | **2148276** | **8498524** | **2351870** | **1593314** |
| 南昌市 | 96 | 9419823 | 1644132 | 2908186 | 1249105 | 6351737 | 1706743 | 1150397 |
| 景德镇市 | 24 | 1178895 | 310905 | 692413 | 343073 | 560955 | 67075 | 104452 |
| 萍乡市 | 8 | 194315 | 142862 | 187317 | 44455 | 31637 | 12024 | 9046 |
| 九江市 | 34 | 413716 | 177885 | 276089 | 93272 | 129709 | 36173 | 46070 |
| 新余市 | 7 | 64333 | 16738 | 20921 | 4182 | 37514 | 9769 | 8255 |
| 鹰潭市 | 3 | 24359 | 11591 | 17831 | 6240 | 7761 | 2964 | 1905 |
| 赣州市 | 22 | 141601 | 27468 | 69591 | 31972 | 80182 | 22631 | 20281 |
| 吉安市 | 17 | 167489 | 66442 | 123330 | 30724 | 53645 | 23795 | 16818 |
| 宜春市 | 15 | 152832 | 21709 | 37151 | 12737 | 97993 | 16440 | 15860 |
| 抚州市 | 30 | 1042746 | 299027 | 532242 | 228092 | 412459 | 175939 | 77199 |
| 上饶市 | 36 | 1746461 | 367031 | 475793 | 104424 | 734933 | 278317 | 143032 |

1-B-40 续表

| 地区 | 个人资本 | 港澳台资本 | 外商资本 | 营业收入 | 营业成本 | 销售费用 | 管理费用 |
|---|---|---|---|---|---|---|---|
| **全省** | **275829** | **11890** | **85679** | **17680065** | **15491104** | **533197** | **966370** |
| 南昌市 | 49374 | 2417 | 85424 | 12774030 | 11201203 | 355260 | 741133 |
| 景德镇市 | 7485 | | | 482971 | 474596 | 82339 | 44947 |
| 萍乡市 | 42172 | | | 457219 | 363303 | 17099 | 17629 |
| 九江市 | 19481 | 2500 | 255 | 1359080 | 1169592 | 23046 | 43741 |
| 新余市 | 2220 | | | 123078 | 112209 | 1639 | 2659 |
| 鹰潭市 | | | | 28184 | 25521 | 379 | 534 |
| 赣州市 | 11274 | 5140 | | 207573 | 185342 | 5247 | 11096 |
| 吉安市 | 7623 | | | 374498 | 317451 | 8033 | 12895 |
| 宜春市 | 23777 | 1833 | | 88892 | 76671 | 4290 | 5632 |
| 抚州市 | 58715 | | | 909076 | 776441 | 26901 | 39104 |
| 上饶市 | 53710 | | | 875463 | 788775 | 8965 | 47000 |

# 制造业主要经济指标

单位：万元

| 产成品 | 负债合计 | 流动负债合计 | 应付账款 | 所有者权益合计 | 实收资本 | 国家资本 | 集体资本 | 法人资本 |
|---|---|---|---|---|---|---|---|---|
| **556594** | **9429126** | **7788687** | **3055269** | **5117443** | **2221223** | **737615** | **22199** | **1088011** |
| 342694 | 6436546 | 5656764 | 2291954 | 2983276 | 523998 | 281718 | 8200 | 96865 |
| 66438 | 1106521 | 956216 | 234769 | 72374 | 436909 | 418866 | 4450 | 6109 |
| 4766 | 53576 | 35033 | 25785 | 140739 | 65402 | | | 23230 |
| 28235 | 158021 | 104964 | 20504 | 255695 | 38134 | 960 | 1250 | 13689 |
| 4530 | 37072 | 31730 | 6762 | 27260 | 17866 | 4658 | | 10988 |
| 900 | 7963 | 6044 | 82 | 16396 | 5418 | | 800 | 4618 |
| 10015 | 61165 | 57973 | 21052 | 80436 | 45241 | 1383 | | 27444 |
| 6791 | 50662 | 37324 | 6569 | 116827 | 15161 | | | 7539 |
| 6119 | 76601 | 66300 | 12916 | 76231 | 68836 | | | 43226 |
| 32767 | 437066 | 297938 | 118062 | 605680 | 553227 | 24940 | | 469572 |
| 53340 | 1003933 | 538404 | 316815 | 742528 | 451032 | 5091 | 7499 | 384732 |

单位：万元

| 财务费用 | 利息收入 | 利息支出 | 投资收益（损失以“–”号记） | 营业利润 | 利润总额 | 亏损企业亏损额 | 平均用工人数（人） |
|---|---|---|---|---|---|---|---|
| **96014** | **36355** | **115235** | **66752** | **536707** | **746787** | **129031** | **96870** |
| 46501 | 34010 | 68564 | 72069 | 415863 | 548768 | 3921 | 52044 |
| 21658 | 844 | 22291 | -5545 | -148286 | -108525 | 115870 | 7465 |
| 624 | | 612 | | 51122 | 51056 | | 3835 |
| 12468 | 156 | 9556 | -4 | 106426 | 137336 | 2559 | 7202 |
| 1181 | 1 | 1034 | | 4393 | 5237 | 1070 | 1157 |
| 171 | | 95 | | 1457 | 1457 | 69 | 376 |
| 1512 | 14 | 950 | 105 | 3520 | 3918 | 1046 | 3034 |
| 601 | 2 | 523 | | 34345 | 34266 | | 2448 |
| 885 | 138 | 688 | | 937 | 1156 | 1485 | 1430 |
| 3031 | -263 | 4272 | 18 | 53992 | 55612 | 1187 | 7899 |
| 7383 | 1453 | 6649 | 109 | 12939 | 16508 | 1823 | 9980 |

# 1-B-41 按地区分组的铁路、船舶、航空航天

| 地 区 | 企 业<br>单位数<br>(个) | 资产总计 | | | | | | |
|---|---|---|---|---|---|---|---|---|
| | | | 固定资产<br>净 额 | 固定资产<br>原 价 | 累计折旧 | 流动资产<br>合 计 | | |
| | | | | | | | 应收账款 | 存货 |
| **全 省** | **61** | **6673543** | **1005960** | **1845893** | **809917** | **4411945** | **290886** | **1781660** |
| 南 昌 市 | 9 | 2406266 | 517826 | 780760 | 262802 | 949840 | 135118 | 541788 |
| 景德镇市 | 17 | 3557807 | 327953 | 753119 | 425167 | 3037460 | 63256 | 1110894 |
| 萍 乡 市 | 1 | 2539 | 1200 | 1312 | 112 | 771 | 2 | 561 |
| 九 江 市 | 21 | 617212 | 132949 | 273858 | 113797 | 379117 | 77506 | 116857 |
| 新 余 市 | | | | | | | | |
| 鹰 潭 市 | | | | | | | | |
| 赣 州 市 | 1 | 2550 | | 422 | 97 | 2416 | 15 | 21 |
| 吉 安 市 | 4 | 19765 | 5305 | 7603 | 898 | 11569 | 4964 | 3792 |
| 宜 春 市 | 1 | 33916 | 11534 | 14231 | 2697 | 9134 | 3122 | 2127 |
| 抚 州 市 | 2 | 10734 | 2050 | 3156 | 806 | 8684 | 1598 | 4786 |
| 上 饶 市 | 5 | 22756 | 7144 | 11432 | 3541 | 12953 | 5305 | 834 |

1-B-41 续表

| 地 区 | | | | 营业收入 | 营业成本 | 销售费用 | 管理费用 |
|---|---|---|---|---|---|---|---|
| | 个人资本 | 港澳台资本 | 外商资本 | | | | |
| **全 省** | **63645** | | **47008** | **3667436** | **3381200** | **22268** | **196424** |
| 南 昌 市 | 10 | | | 657811 | 645807 | 5157 | 63753 |
| 景德镇市 | 5277 | | 1936 | 2254321 | 2067877 | 8461 | 103375 |
| 萍 乡 市 | | | | 2092 | 1806 | 25 | 232 |
| 九 江 市 | 41293 | | 45072 | 646075 | 577185 | 4283 | 24279 |
| 新 余 市 | | | | | | | |
| 鹰 潭 市 | | | | | | | |
| 赣 州 市 | | | | 2786 | 168 | 189 | 268 |
| 吉 安 市 | 7300 | | | 32871 | 27412 | 410 | 1224 |
| 宜 春 市 | | | | 2103 | 4471 | 209 | 777 |
| 抚 州 市 | | | | 22228 | 18405 | 433 | 572 |
| 上 饶 市 | 9766 | | | 47149 | 38070 | 3101 | 1943 |

# 和其他运输设备制造业主要经济指标

单位：万元

| 产成品 | 负债合计 | 流动负债合计 | 应付账款 | 所有者权益合计 | 实收资本 | 国家资本 | 集体资本 | 法人资本 |
|---|---|---|---|---|---|---|---|---|
| **224095** | **4962846** | **4654479** | **875310** | **1710697** | **670445** | **358626** | **37283** | **163883** |
| 131216 | 1569020 | 1417035 | 568615 | 837246 | 346791 | 297769 | 37283 | 11730 |
| 4413 | 3032199 | 2902244 | 250717 | 525608 | 126535 | 23344 | | 95978 |
| | 898 | 898 | | 1642 | 1200 | | | 1200 |
| 84223 | 307993 | 283709 | 49816 | 309218 | 166652 | 37514 | | 42775 |
| | | | | | | | | |
| 18 | 1419 | 856 | 61 | 1131 | 1000 | | | 1000 |
| 431 | 9277 | 8071 | 1153 | 10489 | 7800 | | | 500 |
| 753 | 33899 | 33899 | 2360 | 17 | 9000 | | | 9000 |
| 2759 | 1579 | 1326 | 612 | 9154 | 1500 | | | 1500 |
| 282 | 6563 | 6443 | 1976 | 16193 | 9966 | | | 200 |

单位：万元

| 财务费用 | 利息收入 | 利息支出 | 投资收益（损失以"－"号记） | 营业利润 | 利润总额 | 亏损企业亏损额 | 平均用工人数（人） |
|---|---|---|---|---|---|---|---|
| **15505** | **13138** | **3148** | **21847** | **71008** | **86125** | **69987** | **30402** |
| 14588 | 1463 | 568 | 21456 | -39935 | -42607 | 61154 | 10755 |
| -7185 | 11587 | 659 | 310 | 72636 | 72807 | 291 | 7944 |
| 8 | 8 | | | 11 | 11 | | 14 |
| 7466 | 77 | 1475 | 49 | 31495 | 48967 | 4051 | 10096 |
| | | | | | | | |
| 156 | | 56 | | 1851 | 1851 | | 53 |
| 232 | 1 | 149 | | 3494 | 3579 | 8 | 188 |
| -4 | 1 | | 31 | -4185 | -4126 | 4126 | 208 |
| 159 | | 159 | | 2607 | 2607 | | 505 |
| 83 | 1 | 82 | 2 | 3034 | 3036 | 357 | 639 |

# 1-B-42　按地区分组的电气机械

| 地　区 | 企业单位数(个) | 资产总计 | 固定资产净额 | 固定资产原价 | 累计折旧 | 流动资产合计 | 应收账款 | 存货 |
|---|---|---|---|---|---|---|---|---|
| **全　省** | **698** | **19143350** | **4679890** | **9519672** | **3478341** | **10519138** | **3631567** | **2087866** |
| 南昌市 | 74 | 4294628 | 792561 | 1337204 | 542753 | 2830005 | 1078018 | 397585 |
| 景德镇市 | 12 | 109148 | 30494 | 39902 | 8976 | 64511 | 48705 | 6548 |
| 萍乡市 | 27 | 238006 | 94908 | 137071 | 37311 | 120133 | 52145 | 27012 |
| 九江市 | 92 | 2232226 | 642620 | 1206430 | 528129 | 879815 | 242243 | 187743 |
| 新余市 | 34 | 841538 | 211172 | 376971 | 95276 | 392070 | 136967 | 86069 |
| 鹰潭市 | 39 | 1319499 | 732642 | 1515589 | 781336 | 428334 | 120104 | 111324 |
| 赣州市 | 113 | 1879622 | 382655 | 534334 | 145713 | 1357798 | 391340 | 359090 |
| 吉安市 | 88 | 837465 | 245655 | 387328 | 131530 | 380784 | 146715 | 92021 |
| 宜春市 | 86 | 2861660 | 604904 | 1121073 | 500923 | 1406968 | 443437 | 346694 |
| 抚州市 | 64 | 962446 | 387428 | 588575 | 192818 | 263074 | 110039 | 79243 |
| 上饶市 | 69 | 3567111 | 554852 | 2275195 | 513578 | 2395647 | 861854 | 394538 |

1-B-42　续表

| 地　区 | 个人资本 | 港澳台资本 | 外商资本 | 营业收入 | 营业成本 | 销售费用 | 管理费用 |
|---|---|---|---|---|---|---|---|
| **全　省** | **1061812** | **169914** | **161488** | **26043651** | **22734415** | **541852** | **1024827** |
| 南昌市 | 124070 | 30294 | 40055 | 4214662 | 3778830 | 77279 | 153099 |
| 景德镇市 | 8599 | | | 199599 | 181044 | 1882 | 5348 |
| 萍乡市 | 28683 | | | 379785 | 312626 | 12502 | 17635 |
| 九江市 | 65812 | 57093 | 69436 | 3952555 | 3285933 | 146663 | 176730 |
| 新余市 | 158210 | | | 957480 | 875784 | 12225 | 50165 |
| 鹰潭市 | 55458 | | | 2723001 | 2537990 | 24619 | 67303 |
| 赣州市 | 98995 | 56859 | 31939 | 2383190 | 2020835 | 38113 | 134204 |
| 吉安市 | 106119 | 14424 | 2770 | 1896506 | 1574997 | 54168 | 78882 |
| 宜春市 | 266551 | 9382 | 9183 | 3292257 | 2885232 | 47252 | 103357 |
| 抚州市 | 89338 | | 8106 | 1372448 | 1168452 | 31312 | 41759 |
| 上饶市 | 59977 | 1862 | | 4672168 | 4112693 | 95837 | 196344 |

# 和器材制造业主要经济指标

单位：万元

| 产成品 | 负债合计 | 流动负债合计 | 应付账款 | 所有者权益合计 | 实收资本 | 国家资本 | 集体资本 | 法人资本 |
|---|---|---|---|---|---|---|---|---|
| **865233** | **10373162** | **8812135** | **2782941** | **8770162** | **3913849** | **44584** | **103748** | **2372302** |
| 115837 | 2559607 | 2128612 | 674741 | 1735021 | 642345 | 30937 | 12199 | 404791 |
| 1365 | 69947 | 68461 | 11327 | 39177 | 20799 | 1000 | 3500 | 7700 |
| 13516 | 111518 | 94726 | 34175 | 126488 | 74064 |  | 1320 | 44061 |
| 121990 | 1045208 | 766607 | 105374 | 1187017 | 377840 |  |  | 185498 |
| 49025 | 522688 | 501737 | 184786 | 318851 | 281160 |  | 5400 | 117549 |
| 49374 | 373693 | 348876 | 80502 | 945806 | 388234 | 1000 | 2760 | 329016 |
| 100117 | 1088841 | 971737 | 335229 | 790780 | 285778 | 1530 | 16128 | 80328 |
| 47243 | 390449 | 296933 | 102669 | 447017 | 189328 | 6 | 4292 | 61717 |
| 186030 | 1462336 | 1214390 | 363174 | 1399323 | 512483 | 300 | 2000 | 225068 |
| 43062 | 348471 | 224151 | 70821 | 613975 | 484667 | 7976 | 10350 | 368897 |
| 137674 | 2400404 | 2195906 | 820143 | 1166707 | 657152 | 1835 | 45800 | 547678 |

单位：万元

| 财务费用 | 利息收入 | 利息支出 | 投资收益（损失以"–"号记） | 营业利润 | 利润总额 | 亏损企业亏损额 | 平均用工人数（人） |
|---|---|---|---|---|---|---|---|
| **186637** | **-6967** | **159327** | **387** | **1417355** | **1417506** | **116621** | **182234** |
| 29674 | -2773 | 33934 | 5044 | 147471 | 157534 | 43835 | 21902 |
| 1328 | -8 | 732 | -113 | 7452 | 7389 | 128 | 2448 |
| 2217 | 5 | 1631 | 13 | 31436 | 31779 | 127 | 4294 |
| 32795 | 953 | 19841 | 6 | 299555 | 303689 | 19028 | 23354 |
| 12945 | -2019 | 15116 | 5 | 6938 | 6904 | 27197 | 8802 |
| 14174 | -648 | 9619 | 20 | 61617 | 84792 | 3456 | 8145 |
| 11040 | -1724 | 10488 | 96 | 157827 | 133876 | 5074 | 29691 |
| 12301 | 370 | 7116 | 72 | 168694 | 130740 | 2026 | 25461 |
| 23515 | 1645 | 24065 | -3981 | 202847 | 213340 | 14680 | 27567 |
| 8288 | 406 | 6905 | 72 | 114977 | 118053 | 466 | 11906 |
| 38360 | -3174 | 29881 | -847 | 218541 | 229412 | 605 | 18664 |

# 1-B-43 按地区分组的计算机、通信和

| 地区 | 企业单位数(个) | 资产总计 | 固定资产净额 | 固定资产原价 | 累计折旧 | 流动资产合计 | 应收账款 | 存货 |
|---|---|---|---|---|---|---|---|---|
| **全省** | **641** | **25563168** | **4925576** | **8891960** | **3048017** | **14955239** | **5607794** | **2788190** |
| 南昌市 | 89 | 11835322 | 1532847 | 2193049 | 629452 | 9299732 | 3678157 | 1708945 |
| 景德镇市 | 10 | 47108 | 8346 | 13451 | 5105 | 28424 | 8972 | 8393 |
| 萍乡市 | 19 | 213046 | 49095 | 62596 | 12502 | 151285 | 81677 | 30391 |
| 九江市 | 46 | 1017611 | 269250 | 438241 | 90544 | 413267 | 117287 | 113593 |
| 新余市 | 28 | 2135804 | 542496 | 1341849 | 791069 | 683036 | 139962 | 90600 |
| 鹰潭市 | 16 | 190373 | 45052 | 114448 | 69396 | 125270 | 56060 | 37504 |
| 赣州市 | 148 | 2727137 | 674674 | 949526 | 270353 | 1548794 | 673569 | 327764 |
| 吉安市 | 192 | 5803906 | 1301247 | 2995508 | 945066 | 2087913 | 638593 | 316896 |
| 宜春市 | 34 | 535741 | 166018 | 219643 | 53470 | 225958 | 98227 | 57841 |
| 抚州市 | 24 | 561558 | 209010 | 322278 | 113244 | 171037 | 59811 | 60984 |
| 上饶市 | 35 | 495562 | 127543 | 241371 | 67816 | 220523 | 55481 | 35278 |

1-B-43 续表

| 地区 | 个人资本 | 港澳台资本 | 外商资本 | 营业收入 | 营业成本 | 销售费用 | 管理费用 |
|---|---|---|---|---|---|---|---|
| **全省** | **959472** | **394727** | **275947** | **28281068** | **24852002** | **325375** | **1132296** |
| 南昌市 | 229724 | 189075 | 168717 | 10790419 | 9823671 | 63494 | 458742 |
| 景德镇市 | 5791 | | | 58332 | 48373 | 1763 | 4200 |
| 萍乡市 | 4093 | 738 | | 197214 | 178519 | 2650 | 9495 |
| 九江市 | 78587 | 88496 | 3911 | 1220334 | 1041045 | 17808 | 48971 |
| 新余市 | 254438 | 1199 | 22000 | 1372495 | 1216702 | 13208 | 58513 |
| 鹰潭市 | 23888 | 10998 | | 270681 | 242499 | 5795 | 10460 |
| 赣州市 | 133329 | 41460 | 28515 | 3670274 | 3193950 | 31853 | 137947 |
| 吉安市 | 161644 | 53375 | 46607 | 9137737 | 7802327 | 150358 | 343737 |
| 宜春市 | 16726 | 9317 | 6196 | 406765 | 357318 | 4138 | 14647 |
| 抚州市 | 8814 | | | 411515 | 330668 | 11996 | 17659 |
| 上饶市 | 42438 | 69 | | 745303 | 616930 | 22314 | 27927 |

# 其他电子设备制造业主要经济指标

单位：万元

| 产成品 | 负债合计 | 流动负债合计 | 应付账款 | 所有者权益合计 | 实收资本 | 国家资本 | 集体资本 | 法人资本 |
|---|---|---|---|---|---|---|---|---|
| **2271946** | **14856099** | **12865148** | **4800610** | **10707067** | **5605864** | **278918** | **16380** | **3680421** |
| 1832246 | 7784979 | 7116317 | 2905074 | 4050341 | 2643788 | 263764 | 13980 | 1778527 |
| 3729 | 30395 | 24250 | 5690 | 16713 | 10623 | 506 | | 4326 |
| 18168 | 132207 | 118534 | 58012 | 80839 | 32949 | | 1122 | 26996 |
| 25352 | 398374 | 337808 | 157374 | 619237 | 288665 | 401 | | 117271 |
| 42363 | 1182375 | 960414 | 235881 | 953429 | 867570 | | | 589933 |
| 12120 | 106302 | 95137 | 34596 | 84071 | 52476 | | | 17590 |
| 97043 | 1614401 | 1388459 | 653085 | 1112736 | 448854 | 6112 | 1133 | 238304 |
| 149824 | 2879201 | 2352514 | 564103 | 2924705 | 760712 | 135 | 144 | 498807 |
| 29245 | 305420 | 202079 | 83774 | 230321 | 89789 | | | 57549 |
| 36248 | 233946 | 141758 | 49836 | 327612 | 305961 | | | 297147 |
| 25608 | 188499 | 127878 | 53186 | 307062 | 104478 | 8000 | | 53971 |

单位：万元

| 财务费用 | 利息收入 | 利息支出 | 投资收益（损失以“－”号记） | 营业利润 | 利润总额 | 亏损企业亏损额 | 平均用工人数（人） |
|---|---|---|---|---|---|---|---|
| **170604** | **14154** | **110216** | **9311** | **1836567** | **1812256** | **49095** | **286288** |
| 90037 | 11522 | 46238 | 5459 | 388223 | 414123 | 25337 | 74874 |
| 575 | | 263 | | 2803 | 3070 | 276 | 1257 |
| 725 | -1 | 680 | 48 | 4740 | 6351 | 753 | 4206 |
| 5036 | 249 | 2872 | 322 | 105163 | 106039 | 1854 | 10826 |
| 6862 | 1106 | 8885 | 869 | 72528 | 73458 | 1823 | 14800 |
| 1691 | 12 | 1272 | -559 | 8723 | 10459 | 616 | 2000 |
| 17327 | 591 | 10129 | 91 | 283708 | 283130 | 14157 | 48471 |
| 31225 | 98 | 24460 | 4030 | 840109 | 779596 | 1611 | 100318 |
| 933 | 67 | 995 | -955 | 27197 | 28191 | 1293 | 15216 |
| 3327 | 375 | 3283 | | 44822 | 47945 | 362 | 6722 |
| 12865 | 137 | 11139 | 6 | 58554 | 59894 | 1014 | 7598 |

# 1-B-44 按地区分组的仪器仪表

| 地　　区 | 企　业<br>单位数<br>（个） | 资产总计 | 固定资产<br>净　　额 | 固定资产<br>原　　价 | 累计折旧 | 流动资产<br>合　　计 | 应收账款 | 存货 |
|---|---|---|---|---|---|---|---|---|
| **全　　省** | **93** | **1445923** | **287680** | **455191** | **150838** | **745001** | **255167** | **106367** |
| 南 昌 市 | 13 | 399838 | 39236 | 57235 | 9132 | 311152 | 103520 | 17267 |
| 景德镇市 | | | | | | | | |
| 萍 乡 市 | | | | | | | | |
| 九 江 市 | 21 | 359632 | 75161 | 109529 | 33308 | 92436 | 28264 | 18585 |
| 新 余 市 | 2 | 37689 | 790 | 10807 | 5611 | 21959 | 6424 | 5229 |
| 鹰 潭 市 | 3 | 175447 | 17322 | 44932 | 27610 | 100424 | 29873 | 12012 |
| 赣 州 市 | 3 | 10936 | 101 | 226 | 125 | 9721 | 4838 | 2980 |
| 吉 安 市 | 5 | 46685 | 22700 | 28371 | 5670 | 13413 | 2740 | 1502 |
| 宜 春 市 | 7 | 125174 | 23645 | 39552 | 14390 | 72342 | 23194 | 15501 |
| 抚 州 市 | 4 | 80037 | 30692 | 51778 | 21086 | 16681 | 5916 | 5859 |
| 上 饶 市 | 35 | 210485 | 78035 | 112762 | 33906 | 106873 | 50397 | 27432 |

1-B-44　续表

| 地　　区 | 个人资本 | 港澳台资本 | 外商资本 | 营业收入 | 营业成本 | 销售费用 | 管理费用 |
|---|---|---|---|---|---|---|---|
| **全　　省** | **41257** | **275** | | **1475088** | **1236938** | **42258** | **71407** |
| 南 昌 市 | 3182 | 275 | | 160692 | 131146 | 7340 | 12790 |
| 景德镇市 | | | | | | | |
| 萍 乡 市 | | | | | | | |
| 九 江 市 | 7262 | | | 621055 | 517632 | 16384 | 25036 |
| 新 余 市 | 3800 | | | 24031 | 20967 | 1063 | 1363 |
| 鹰 潭 市 | 300 | | | 84560 | 62116 | 6513 | 4729 |
| 赣 州 市 | 1100 | | | 9974 | 8092 | 353 | 785 |
| 吉 安 市 | 2327 | | | 89963 | 76838 | 3942 | 4724 |
| 宜 春 市 | 1765 | | | 175000 | 149775 | 1694 | 5775 |
| 抚 州 市 | 500 | | | 63829 | 52291 | 2248 | 2350 |
| 上 饶 市 | 21020 | | | 245983 | 218084 | 2721 | 13856 |

# 制造业主要经济指标

单位：万元

| 产成品 | 负债合计 | 流动负债合计 | 应付账款 | 所有者权益合计 | 实收资本 | 国家资本 | 集体资本 | 法人资本 |
|---|---|---|---|---|---|---|---|---|
| **48262** | **586288** | **504465** | **175106** | **859635** | **4353288** | **25488** | **1240** | **4285029** |
| 5547 | 168216 | 138644 | 90559 | 231623 | 4068131 | | 1240 | 4063434 |
| | | | | | | | | |
| | | | | | | | | |
| 8593 | 111906 | 94365 | 24736 | 247725 | 52135 | 12000 | | 32873 |
| 450 | 27492 | 21072 | 4436 | 10196 | 3800 | | | |
| 3089 | 15350 | 12804 | 7145 | 160096 | 105808 | | | 105508 |
| 2921 | 9158 | 7958 | 3381 | 1779 | 1600 | | | 500 |
| 927 | 9460 | 7121 | 1439 | 37225 | 7327 | | | 5000 |
| 10321 | 66751 | 62624 | 2716 | 58423 | 16909 | | | 15144 |
| 2348 | 22935 | 7854 | 2144 | 57102 | 55976 | | | 55476 |
| 14066 | 155019 | 152025 | 38550 | 55466 | 41602 | 13488 | | 7094 |

单位：万元

| 财务费用 | 利息收入 | 利息支出 | 投资收益（损失以“–”号记） | 营业利润 | 利润总额 | 亏损企业亏损额 | 平均用工人数（人） |
|---|---|---|---|---|---|---|---|
| **8802** | **2029** | **8247** | **2890** | **111748** | **114808** | **5411** | **18890** |
| 2030 | 794 | 2764 | 26 | 6733 | 7242 | 4095 | 1691 |
| | | | | | | | |
| | | | | | | | |
| 4058 | 1128 | 2125 | 19 | 55337 | 55787 | | 3747 |
| 139 | | 139 | | 385 | 437 | 64 | 203 |
| -749 | | | 2846 | 13833 | 14670 | | 1469 |
| 217 | | | | 478 | 494 | | 173 |
| 1233 | 2 | 1235 | | 3157 | 3157 | 829 | 604 |
| 711 | 35 | 682 | | 16518 | 16961 | 274 | 1689 |
| 231 | 70 | 302 | | 6038 | 6045 | | 657 |
| 931 | | 1000 | | 9269 | 10016 | 150 | 8657 |

# 1-B-45 按地区分组的其他

| 地　区 | 企　业单位数（个） | 资产总计 | | | | | | |
|---|---|---|---|---|---|---|---|---|
| | | | 固定资产净　额 | 固定资产原　价 | 累计折旧 | 流动资产合　计 | | |
| | | | | | | | 应收账款 | 存货 |
| **全　省** | **75** | **487211** | **125559** | **177430** | **46748** | **221105** | **52635** | **42586** |
| 南 昌 市 | 5 | 86729 | 8323 | 9887 | 1518 | 21919 | 4048 | 457 |
| 景德镇市 | 1 | 1796 | 406 | 461 | 55 | 427 | 276 | 71 |
| 萍 乡 市 | 5 | 7493 | 1612 | 3185 | 1273 | 4778 | 2093 | 1742 |
| 九 江 市 | 15 | 173239 | 40717 | 58086 | 14197 | 101316 | 16135 | 10681 |
| 新 余 市 | 2 | 4975 | 787 | 1067 | 280 | 3788 | 2094 | 530 |
| 鹰 潭 市 | | | | | | | | |
| 赣 州 市 | 17 | 74054 | 23050 | 42514 | 19141 | 39249 | 13533 | 14400 |
| 吉 安 市 | 8 | 48141 | 13002 | 16757 | 3730 | 22115 | 3378 | 6325 |
| 宜 春 市 | 4 | 13906 | 5035 | 7746 | 1712 | 5659 | 2696 | 2151 |
| 抚 州 市 | 5 | 25798 | 9854 | 11663 | 1630 | 10607 | 5055 | 2420 |
| 上 饶 市 | 13 | 51080 | 22774 | 26063 | 3212 | 11247 | 3327 | 3809 |

1-B-45　续表

| 地　区 | | | | 营业收入 | 营业成本 | 销售费用 | 管理费用 |
|---|---|---|---|---|---|---|---|
| | 个人资本 | 港澳台资本 | 外商资本 | | | | |
| **全　省** | **69054** | **36010** | **9529** | **775049** | **673542** | **13877** | **29517** |
| 南 昌 市 | 460 | | | 17823 | 16864 | 368 | 1369 |
| 景德镇市 | 509 | | | 5201 | 3817 | 382 | 602 |
| 萍 乡 市 | 2049 | | | 18557 | 16885 | 467 | 491 |
| 九 江 市 | 30840 | 25935 | | 384016 | 334830 | 4807 | 11731 |
| 新 余 市 | 2165 | | | 13899 | 12219 | 129 | 884 |
| 鹰 潭 市 | | | | | | | |
| 赣 州 市 | 6631 | 9583 | 9529 | 118091 | 100090 | 2854 | 7827 |
| 吉 安 市 | 14955 | | | 62632 | 50243 | 1961 | 1789 |
| 宜 春 市 | 2410 | | | 70228 | 63114 | 748 | 621 |
| 抚 州 市 | 5556 | | | 20260 | 18336 | 460 | 1490 |
| 上 饶 市 | 3480 | 492 | | 64343 | 57145 | 1703 | 2713 |

# 制造业主要经济指标

单位：万元

| 产成品 | 负债合计 | 流动负债合计 | 应付账款 | 所有者权益合计 | 实收资本 | 国家资本 | 集体资本 | 法人资本 |
|---|---|---|---|---|---|---|---|---|
| **15003** | **177503** | **115241** | **33158** | **309707** | **195572** | **6053** | **504** | **74423** |
| 53 | 13471 | 13471 | 1895 | 73258 | 63067 | | | 62607 |
| 71 | 1287 | 1287 | 854 | 509 | 509 | | | |
| 812 | 4417 | 4417 | 1216 | 3076 | 2049 | | | |
| 1463 | 63544 | 16901 | 8287 | 109695 | 64342 | 5765 | | 1802 |
| 275 | 1905 | 1905 | 483 | 3071 | 2165 | | | |
| | | | | | | | | |
| 4944 | 32746 | 28781 | 8783 | 41308 | 33091 | | | 7349 |
| 3540 | 16489 | 11977 | 3538 | 31653 | 15551 | | | 596 |
| 1203 | 5459 | 4929 | 1577 | 8447 | 3202 | 288 | 504 | |
| 564 | 16093 | 16091 | 3292 | 9704 | 5756 | | | 200 |
| 2079 | 22093 | 15483 | 3234 | 28987 | 5842 | | | 1870 |

单位：万元

| 财务费用 | 利息收入 | 利息支出 | 投资收益（损失以“–”号记） | 营业利润 | 利润总额 | 亏损企业亏损额 | 平均用工人数（人） |
|---|---|---|---|---|---|---|---|
| **7488** | **41** | **4102** | **-6600** | **47400** | **49597** | **2166** | **8454** |
| 270 | | 190 | | -1181 | -1199 | 1390 | 249 |
| | | | | 400 | 400 | | 43 |
| 69 | | 66 | | 527 | 605 | | 405 |
| 4413 | 2 | 1728 | | 27530 | 28487 | | 1832 |
| 68 | | 68 | | 553 | 600 | | 135 |
| | | | | | | | |
| 798 | 21 | 618 | 155 | 5994 | 6366 | 496 | 2481 |
| 782 | 2 | 522 | | 7002 | 6925 | 142 | 1137 |
| 306 | 10 | 298 | -6755 | 4851 | 4928 | | 311 |
| 418 | 2 | 391 | | -502 | | 138 | 623 |
| 364 | 3 | 220 | | 2228 | 2486 | | 1238 |

# 1-B-46 按地区分组的废弃资源

| 地区 | 企业单位数(个) | 资产总计 | 固定资产净额 | 固定资产原价 | 累计折旧 | 流动资产合计 | 应收账款 | 存货 |
|---|---|---|---|---|---|---|---|---|
| **全省** | **138** | **1724785** | **565513** | **905910** | **305277** | **876123** | **232497** | **265730** |
| 南昌市 | 10 | 100548 | 12748 | 19182 | 6434 | 78530 | 59713 | 4794 |
| 景德镇市 | | | | | | | | |
| 萍乡市 | 13 | 62674 | 14859 | 21457 | 6598 | 41220 | 24300 | 4528 |
| 九江市 | 10 | 154890 | 42577 | 64703 | 22102 | 51711 | 6144 | 5804 |
| 新余市 | 11 | 171112 | 50624 | 95182 | 41524 | 87164 | 20033 | 24527 |
| 鹰潭市 | 8 | 63779 | 9417 | 19758 | 10285 | 46336 | 9644 | 11022 |
| 赣州市 | 14 | 209729 | 28380 | 75079 | 15921 | 157252 | 41918 | 34898 |
| 吉安市 | 13 | 128853 | 41203 | 174030 | 132809 | 51727 | 6572 | 10974 |
| 宜春市 | 34 | 504827 | 321648 | 362138 | 40038 | 124208 | 28410 | 41102 |
| 抚州市 | 5 | 27159 | 5173 | 6918 | 1745 | 20849 | 6796 | 8865 |
| 上饶市 | 20 | 301213 | 38885 | 67464 | 27819 | 217128 | 28969 | 119217 |

1-B-46 续表

| 地区 | 个人资本 | 港澳台资本 | 外商资本 | 营业收入 | 营业成本 | 销售费用 | 管理费用 |
|---|---|---|---|---|---|---|---|
| **全省** | **93241** | | | **4104171** | **3798788** | **50879** | **84296** |
| 南昌市 | 5900 | | | 365539 | 358704 | 2234 | 3590 |
| 景德镇市 | | | | | | | |
| 萍乡市 | 10150 | | | 182184 | 162239 | 2309 | 2162 |
| 九江市 | 6334 | | | 166491 | 136896 | 4922 | 7683 |
| 新余市 | 14446 | | | 667341 | 633702 | 5722 | 5963 |
| 鹰潭市 | 2201 | | | 367685 | 353366 | 7364 | 1518 |
| 赣州市 | 11951 | | | 317353 | 287649 | 1077 | 6041 |
| 吉安市 | 6918 | | | 251287 | 225761 | 5037 | 5601 |
| 宜春市 | 21756 | | | 707622 | 632496 | 7283 | 13043 |
| 抚州市 | 7150 | | | 70305 | 68014 | 1046 | 660 |
| 上饶市 | 6436 | | | 1008365 | 939960 | 13886 | 38035 |

# 综合利用业主要经济指标

单位：万元

| | 负债合计 | | | 所有者权益合计 | | | | |
|---|---|---|---|---|---|---|---|---|
| | | 流动负债合计 | | | 实收资本 | | | |
| 产成品 | | | 应付账款 | | | 国家资本 | 集体资本 | 法人资本 |
| **151995** | **826660** | **738545** | **147500** | **898124** | **331173** | **107709** | **3780** | **126443** |
| 4279 | 64252 | 59731 | 5794 | 36296 | 31355 | 23000 | | 2455 |
| | | | | | | | | |
| 2514 | 25983 | 20282 | 6001 | 36692 | 22037 | | | 11887 |
| 3136 | 97208 | 83634 | 9888 | 57682 | 29632 | 13326 | 3141 | 6831 |
| 17714 | 86071 | 72350 | 7102 | 85041 | 45233 | 26751 | | 4036 |
| 3610 | 35108 | 32713 | 8184 | 28671 | 27446 | 23383 | 60 | 1802 |
| 2405 | 114563 | 114555 | 5317 | 95166 | 42462 | | | 30511 |
| 6333 | 42072 | 35256 | 10052 | 86780 | 28213 | 16186 | 580 | 4530 |
| 15340 | 152628 | 142338 | 29554 | 352199 | 70136 | | | 48380 |
| 2297 | 15305 | 15278 | 5615 | 11854 | 7350 | | | 200 |
| 94368 | 193471 | 162410 | 59993 | 107742 | 27309 | 5063 | | 15811 |

单位：万元

| 财务费用 | | | 投资收益（损失以"－"号记） | 营业利润 | 利润总额 | 亏损企业亏损额 | 平均用工人数（人） |
|---|---|---|---|---|---|---|---|
| | 利息收入 | 利息支出 | | | | | |
| **28326** | **1029** | **22307** | **4683** | **151285** | **194424** | **6750** | **12613** |
| 5548 | -242 | 4513 | 154 | -6503 | 11808 | 220 | 949 |
| | | | | | | | |
| 143 | 2 | 137 | | 18619 | 19377 | | 921 |
| 2971 | 67 | 2808 | 63 | 13058 | 12842 | 573 | 1437 |
| 4355 | 946 | 3081 | | 12842 | 21114 | | 1164 |
| 277 | | 1 | 1413 | 4660 | 5876 | 124 | 579 |
| 1898 | -11 | 1351 | | 17652 | 23529 | 3519 | 1764 |
| 1728 | 11 | 1746 | -38 | 11567 | 11837 | | 946 |
| 5736 | 110 | 5580 | -2455 | 39255 | 56272 | 1801 | 2545 |
| 214 | | 45 | | -244 | 1857 | | 277 |
| 5457 | 148 | 3045 | 5546 | 40379 | 29912 | 513 | 2031 |

# 1-B-47 按地区分组的金属制品、机械

| 地　　区 | 企　业<br>单位数<br>(个) | 资产总计 | 固定资产<br>净　　额 | 固定资产<br>原　　价 | 累计折旧 | 流动资产<br>合　　计 | 应收账款 | 存货 |
|---|---|---|---|---|---|---|---|---|
| **全　　省** | **1** | **2264** | **7** | **14** | **6** | **1808** | **183** | **19** |
| 南 昌 市 | | | | | | | | |
| 景德镇市 | 1 | 2264 | 7 | 14 | 6 | 1808 | 183 | 19 |
| 萍 乡 市 | | | | | | | | |
| 九 江 市 | | | | | | | | |
| 新 余 市 | | | | | | | | |
| 鹰 潭 市 | | | | | | | | |
| 赣 州 市 | | | | | | | | |
| 吉 安 市 | | | | | | | | |
| 宜 春 市 | | | | | | | | |
| 抚 州 市 | | | | | | | | |
| 上 饶 市 | | | | | | | | |

1-B-47　续表

| 地　　区 | 个人资本 | 港澳台资本 | 外商资本 | 营业收入 | 营业成本 | 销售费用 | 管理费用 |
|---|---|---|---|---|---|---|---|
| **全　　省** | | | | **4080** | **2929** | **264** | **402** |
| 南 昌 市 | | | | | | | |
| 景德镇市 | | | | 4080 | 2929 | 264 | 402 |
| 萍 乡 市 | | | | | | | |
| 九 江 市 | | | | | | | |
| 新 余 市 | | | | | | | |
| 鹰 潭 市 | | | | | | | |
| 赣 州 市 | | | | | | | |
| 吉 安 市 | | | | | | | |
| 宜 春 市 | | | | | | | |
| 抚 州 市 | | | | | | | |
| 上 饶 市 | | | | | | | |

# 和设备修理业主要经济指标

单位：万元

| 产成品 | 负债合计 | 流动负债合计 | 应付账款 | 所有者权益合计 | 实收资本 | 国家资本 | 集体资本 | 法人资本 |
|---|---|---|---|---|---|---|---|---|
| **19** | **1433** | **831** | | **831** | **100** | | | **100** |
| 19 | 1433 | 831 | | 831 | 100 | | | 100 |

单位：万元

| 财务费用 | 利息收入 | 利息支出 | 投资收益（损失以“-”号记） | 营业利润 | 利润总额 | 亏损企业亏损额 | 平均用工人数（人） |
|---|---|---|---|---|---|---|---|
| | | | | **458** | **458** | | **56** |
| | | | | 458 | 458 | | 56 |

# 1-B-48 按地区分组的电力、热力、燃气

| 地区 | 企业单位数（个） | 资产总计 | | | | | | |
|---|---|---|---|---|---|---|---|---|
| | | | 固定资产净额 | 固定资产原价 | 累计折旧 | 流动资产合计 | 应收账款 | 存货 |
| **全省** | **308** | **23894703** | **14541310** | **25745736** | **10647498** | **4837367** | **1310747** | **330415** |
| 南昌市 | 32 | 10161627 | 7190511 | 13869630 | 6674215 | 1205763 | 172859 | 84809 |
| 景德镇市 | 15 | 779436 | 409862 | 775740 | 314696 | 142204 | 49648 | 9823 |
| 萍乡市 | 11 | 783477 | 516318 | 654226 | 136984 | 152415 | 42548 | 20937 |
| 九江市 | 47 | 2414033 | 1371176 | 2144899 | 572430 | 453995 | 145010 | 35161 |
| 新余市 | 10 | 661656 | 298613 | 549834 | 251221 | 137730 | 29715 | 8846 |
| 鹰潭市 | 11 | 782710 | 465519 | 777949 | 306969 | 238968 | 23109 | 19850 |
| 赣州市 | 61 | 1775836 | 852210 | 1540373 | 481293 | 448189 | 106024 | 27651 |
| 吉安市 | 34 | 1361196 | 540077 | 1199282 | 634438 | 251924 | 34869 | 41644 |
| 宜春市 | 40 | 1698928 | 1172507 | 1962508 | 787332 | 409398 | 90311 | 44510 |
| 抚州市 | 11 | 674620 | 478163 | 586162 | 107091 | 133564 | 38536 | 21308 |
| 上饶市 | 36 | 2801184 | 1246354 | 1685134 | 380830 | 1263218 | 578118 | 15877 |

1-B-48 续表

| 地区 | | | | 营业收入 | 营业成本 | 销售费用 | 管理费用 |
|---|---|---|---|---|---|---|---|
| | 个人资本 | 港澳台资本 | 外商资本 | | | | |
| **全省** | **141582** | **93696** | **128313** | **14625191** | **13225591** | **93886** | **234073** |
| 南昌市 | 41188 | 1519 | 3006 | 8382235 | 7941711 | 23890 | 66805 |
| 景德镇市 | | 4593 | 14845 | 574144 | 508891 | 13751 | 16375 |
| 萍乡市 | | 24864 | | 374574 | 311485 | 2130 | 7422 |
| 九江市 | 14207 | 26500 | | 1206212 | 972211 | 16700 | 30784 |
| 新余市 | | 15000 | | 174603 | 186309 | 3917 | 3002 |
| 鹰潭市 | 730 | 7000 | | 384669 | 377605 | 2613 | 4150 |
| 赣州市 | 28612 | 2396 | | 525806 | 364751 | 8325 | 31272 |
| 吉安市 | 12833 | | 8400 | 608531 | 536524 | 7081 | 15236 |
| 宜春市 | 3314 | 11185 | 9793 | 984961 | 832517 | 8932 | 15343 |
| 抚州市 | 8570 | 640 | 88769 | 451767 | 384120 | 1686 | 8322 |
| 上饶市 | 32129 | | 3500 | 957688 | 809467 | 4860 | 35361 |

# 及水生产和供应业主要经济指标

单位：万元

| 产成品 | 负债合计 | 流动负债合计 | 应付账款 | 所有者权益合计 | 实收资本 | 国家资本 | 集体资本 | 法人资本 |
|---|---|---|---|---|---|---|---|---|
| **35938** | **15814788** | **9227347** | **2745261** | **8079912** | **5028320** | **1716115** | **28976** | **2919637** |
| 19368 | 6795457 | 4273922 | 1677109 | 3366169 | 2146537 | 282222 | 4913 | 1813689 |
| 581 | 567206 | 342703 | 56775 | 212231 | 232824 | 169486 | 3673 | 40228 |
| 172 | 523105 | 175687 | 25956 | 260372 | 220566 | 160947 | 8000 | 26754 |
| 3616 | 1737656 | 719045 | 163691 | 676377 | 458868 | 183876 | 2981 | 231305 |
| 3 | 416729 | 210444 | 37741 | 244926 | 104971 | 14780 | | 75191 |
| 69 | 553040 | 386756 | 56379 | 229670 | 64899 | 53629 | 1000 | 2540 |
| 5030 | 1151300 | 676821 | 88846 | 624536 | 351356 | 223089 | 4000 | 93260 |
| 3914 | 904756 | 440966 | 44364 | 456439 | 343863 | 254230 | 2160 | 66239 |
| 2494 | 931268 | 439569 | 84193 | 767660 | 413584 | 150682 | 600 | 238011 |
| 163 | 411826 | 159282 | 26026 | 262794 | 212108 | 96105 | 450 | 17574 |
| 529 | 1822445 | 1402153 | 484180 | 978739 | 478744 | 127069 | 1200 | 314846 |

单位：万元

| 财务费用 | 利息收入 | 利息支出 | 投资收益（损失以“-”号记） | 营业利润 | 利润总额 | 亏损企业亏损额 | 平均用工人数（人） |
|---|---|---|---|---|---|---|---|
| **369674** | **17687** | **323247** | **22522** | **627851** | **667105** | **118999** | **84145** |
| 122183 | 8034 | 131057 | 8826 | 190565 | 217317 | 1099 | 51134 |
| 12595 | 616 | 10431 | 11 | -1198 | 1535 | 24725 | 2779 |
| 18341 | -160 | 19132 | 2058 | 38599 | 38832 | 1395 | 2284 |
| 48340 | 479 | 19599 | 3108 | 132300 | 133482 | 12064 | 6444 |
| 10959 | -141 | 10448 | 60 | -31415 | -29753 | 36222 | 2117 |
| 17417 | 250 | 15961 | 80 | -18571 | -19175 | 24934 | 1467 |
| 31002 | 2797 | 28468 | 85 | 89528 | 91044 | 10981 | 4503 |
| 29846 | 282 | 28572 | 4614 | 19706 | 20839 | 6594 | 3584 |
| 31678 | 2985 | 27502 | 3450 | 92409 | 93148 | 96 | 4355 |
| 14821 | 371 | 15234 | | 41245 | 42040 | 417 | 1368 |
| 32492 | 2175 | 16845 | 228 | 74681 | 77796 | 472 | 4110 |

# 1-B-49 按地区分组的电力、热力生产

| 地　区 | 企　业<br>单位数<br>(个) | 资产总计 | | | | | | |
|---|---|---|---|---|---|---|---|---|
| | | | 固定资产净　额 | 固定资产原　价 | 累计折旧 | 流动资产合　计 | | |
| | | | | | | | 应收账款 | 存货 |
| **全　省** | **172** | **18953007** | **13158755** | **23456756** | **9854277** | **3104259** | **1147775** | **235955** |
| 南昌市 | 13 | 8012672 | 6554891 | 12916522 | 6360688 | 462084 | 92377 | 55057 |
| 景德镇市 | 8 | 486096 | 380028 | 657898 | 260909 | 74373 | 41384 | 2099 |
| 萍乡市 | 5 | 630404 | 439623 | 532578 | 92481 | 121276 | 37941 | 19445 |
| 九江市 | 23 | 1796857 | 1260768 | 1910254 | 504682 | 280252 | 128104 | 19906 |
| 新余市 | 7 | 502689 | 254934 | 478137 | 223204 | 65624 | 28396 | 7964 |
| 鹰潭市 | 5 | 543093 | 424585 | 716740 | 292155 | 76605 | 18815 | 13193 |
| 赣州市 | 44 | 1298176 | 705081 | 1313165 | 401215 | 277686 | 96165 | 13886 |
| 吉安市 | 21 | 1167130 | 493895 | 1115210 | 605719 | 173375 | 25776 | 33712 |
| 宜春市 | 17 | 1323943 | 1012099 | 1681333 | 667994 | 290571 | 73641 | 37901 |
| 抚州市 | 4 | 608258 | 459070 | 549702 | 90632 | 103252 | 36300 | 20299 |
| 上饶市 | 25 | 2583691 | 1173781 | 1585216 | 354598 | 1179161 | 568877 | 12494 |

1-B-49 续表

| 地　区 | | | | 营业收入 | 营业成本 | 销售费用 | 管理费用 |
|---|---|---|---|---|---|---|---|
| | | | | | | | |
| | 个人资本 | 港澳台资本 | 外商资本 | | | | |
| **全　省** | **90073** | **17988** | **107047** | **12083571** | **11183101** | **13373** | **118749** |
| 南昌市 | | | 1000 | 7362529 | 7113907 | 1084 | 31583 |
| 景德镇市 | | 4593 | 13778 | 294398 | 281740 | 133 | 3473 |
| 萍乡市 | | | | 300866 | 246754 | 59 | 4273 |
| 九江市 | 11402 | 11000 | | 792683 | 643898 | 2421 | 12352 |
| 新余市 | | | | 132703 | 155205 | | 404 |
| 鹰潭市 | | | | 354262 | 354105 | | 88 |
| 赣州市 | 28612 | 2396 | | 378037 | 262999 | 1483 | 20113 |
| 吉安市 | 9333 | | | 479617 | 426694 | 1207 | 9795 |
| 宜春市 | 1500 | | | 684041 | 589189 | 2875 | 3501 |
| 抚州市 | 8570 | | 88769 | 416734 | 356724 | 553 | 5911 |
| 上饶市 | 30657 | | 3500 | 887701 | 751886 | 3559 | 27257 |

# 和供应业主要经济指标

单位：万元

| 产成品 | 负债合计 | 流动负债合计 | 应付账款 | 所有者权益合计 | 实收资本 | 国家资本 | 集体资本 | 法人资本 |
|---|---|---|---|---|---|---|---|---|
| **3619** | **12702903** | **6870667** | **2448420** | **6250101** | **4240370** | **1305314** | **17446** | **2702502** |
| 995 | 5529541 | 3258135 | 1553160 | 2483131 | 1796925 | 50540 | 4913 | 1740472 |
| 151 | 342060 | 194373 | 40452 | 144035 | 194086 | 141236 | 3573 | 30908 |
|  | 464327 | 141437 | 13592 | 166077 | 143594 | 133194 |  | 10400 |
| 1888 | 1327378 | 494171 | 127494 | 469478 | 386597 | 182191 |  | 182005 |
| 3 | 301189 | 131677 | 34242 | 201500 | 84191 | 9000 |  | 75191 |
|  | 344903 | 189925 | 50868 | 198189 | 38267 | 35272 | 1000 | 1995 |
| 212 | 854909 | 439183 | 66724 | 443266 | 295614 | 179976 | 4000 | 80630 |
| 348 | 784113 | 355723 | 34667 | 383016 | 302691 | 241687 | 2160 | 49511 |
| 3 | 715553 | 253040 | 49128 | 608390 | 342588 | 121768 | 600 | 218720 |
| 19 | 374579 | 132962 | 22196 | 233679 | 200355 | 92392 |  | 10624 |
| 1 | 1664350 | 1280041 | 455897 | 919341 | 455462 | 118059 | 1200 | 302046 |

单位：万元

| 财务费用 | 利息收入 | 利息支出 | 投资收益（损失以“－”号记） | 营业利润 | 利润总额 | 亏损企业亏损额 | 平均用工人数（人） |
|---|---|---|---|---|---|---|---|
| **325810** | **14221** | **276172** | **1757** | **359382** | **388845** | **109289** | **62456** |
| 95448 | 5733 | 98810 | 1833 | 74161 | 93727 | 399 | 44044 |
| 10986 | 58 | 8798 | 11 | -20782 | -18654 | 24251 | 1365 |
| 18740 | -181 | 18810 |  | 32754 | 32998 |  | 1281 |
| 41943 | 443 | 16103 | 4 | 86151 | 87530 | 11039 | 3308 |
| 9582 | 27 | 8885 |  | -34007 | -32582 | 36222 | 1530 |
| 14329 | 69 | 13003 | -328 | -16110 | -15909 | 21078 | 861 |
| 29112 | 2696 | 26533 | 24 | 64402 | 65235 | 10028 | 2119 |
| 29168 | 76 | 28162 |  | 8408 | 9473 | 6025 | 2437 |
| 30156 | 2754 | 25952 |  | 54042 | 54745 | 96 | 2228 |
| 14511 | 388 | 14899 |  | 37728 | 38082 |  | 653 |
| 31835 | 2159 | 16219 | 213 | 72637 | 74200 | 152 | 2630 |

# 1-B-50 按地区分组的燃气生产

| 地 区 | 企 业 单位数 (个) | 资产总计 | 固定资产 净 额 | 固定资产 原 价 | 累计折旧 | 流动资产 合 计 | | |
|---|---|---|---|---|---|---|---|---|
| | | | | | | | 应收账款 | 存货 |
| **全 省** | **60** | **1553264** | **643720** | **982431** | **320220** | **486372** | **80198** | **40194** |
| 南 昌 市 | 8 | 564926 | 314461 | 427995 | 111739 | 184724 | 36841 | 9674 |
| 景德镇市 | 4 | 85303 | 9596 | 46279 | 36683 | 28100 | 5601 | 3387 |
| 萍 乡 市 | 4 | 79757 | 46139 | 68048 | 21458 | 13259 | 4206 | 865 |
| 九 江 市 | 11 | 312184 | 58111 | 81869 | 19709 | 90522 | 6094 | 10834 |
| 新 余 市 | 1 | 22450 | 11893 | 15811 | 3918 | 8439 | 152 | 233 |
| 鹰 潭 市 | 3 | 35753 | 17525 | 21985 | 4460 | 9743 | 3372 | 1654 |
| 赣 州 市 | 3 | 86991 | 37594 | 53629 | 16035 | 26787 | 3644 | 3627 |
| 吉 安 市 | 6 | 74795 | 21742 | 38195 | 7281 | 25593 | 7564 | 4109 |
| 宜 春 市 | 11 | 175656 | 83640 | 168077 | 83431 | 52208 | 9608 | 3832 |
| 抚 州 市 | 4 | 21928 | 3850 | 8494 | 3736 | 10525 | 1107 | 479 |
| 上 饶 市 | 5 | 93520 | 39169 | 52051 | 11770 | 36472 | 2008 | 1500 |

1-B-50 续表

| 地 区 | | | | 营业收入 | 营业成本 | 销售费用 | 管理费用 |
|---|---|---|---|---|---|---|---|
| | 个人资本 | 港澳台资本 | 外商资本 | | | | |
| **全 省** | **3521** | **38303** | **7914** | **1554085** | **1328598** | **42189** | **44937** |
| 南 昌 市 | | | 2006 | 496102 | 445117 | 7261 | 12025 |
| 景德镇市 | | | 1068 | 253153 | 206920 | 12069 | 8517 |
| 萍 乡 市 | | 10482 | | 61558 | 55546 | 1184 | 2189 |
| 九 江 市 | 805 | 15500 | | 250120 | 201108 | 6660 | 9391 |
| 新 余 市 | | | | 20618 | 16889 | 1253 | 1000 |
| 鹰 潭 市 | 730 | 7000 | | 21686 | 18185 | 2211 | 1384 |
| 赣 州 市 | | | | 48980 | 37317 | 3460 | 251 |
| 吉 安 市 | 500 | | | 92384 | 82191 | 3468 | 2429 |
| 宜 春 市 | 14 | 4681 | 4840 | 239644 | 205646 | 3056 | 4325 |
| 抚 州 市 | | 640 | | 20015 | 17017 | 615 | 824 |
| 上 饶 市 | 1472 | | | 49825 | 42663 | 952 | 2603 |

# 和供应业主要经济指标

单位：万元

| 产成品 | 负债合计 | 流动负债合计 | 应付账款 | 所有者权益合计 | 实收资本 | 国家资本 | 集体资本 | 法人资本 |
|---|---|---|---|---|---|---|---|---|
| **15511** | **1003918** | **812006** | **150905** | **549346** | **317691** | **162697** | **9870** | **95386** |
| 8059 | 411548 | 374454 | 45036 | 153378 | 96606 | 88800 |  | 5800 |
| 430 | 34428 | 34428 | 7922 | 50875 | 34300 | 27200 |  | 6033 |
| 48 | 29183 | 28849 | 11056 | 50574 | 47322 | 13935 | 8000 | 14904 |
| 568 | 205363 | 83008 | 13612 | 106821 | 33925 |  | 1420 | 16200 |
|  | 11022 | 9637 | 2922 | 11428 | 4000 | 4000 |  |  |
| 69 | 26898 | 25598 | 4582 | 8856 | 14486 | 6756 |  |  |
| 1469 | 55359 | 55359 | 9555 | 31632 | 9400 |  |  | 9400 |
| 3037 | 39016 | 33446 | 5545 | 35779 | 22233 | 7005 |  | 14728 |
| 1160 | 108972 | 95024 | 29905 | 66685 | 30646 | 10540 |  | 10572 |
| 143 | 12198 | 10080 | 1554 | 9730 | 8500 | 1460 | 450 | 5950 |
| 528 | 69932 | 62124 | 19217 | 23588 | 16272 | 3000 |  | 11800 |

单位：万元

| 财务费用 | 利息收入 | 利息支出 | 投资收益（损失以“–”号记） | 营业利润 | 利润总额 | 亏损企业亏损额 | 平均用工人数（人） |
|---|---|---|---|---|---|---|---|
| **13617** | **1323** | **11439** | **519** | **117639** | **117928** | **4183** | **6637** |
| 6355 | 435 | 7145 |  | 26826 | 27197 | 529 | 1905 |
| 424 | 592 | 416 |  | 20565 | 20565 |  | 702 |
| 345 | 28 | 215 | -142 | 2003 | 1993 | 1395 | 450 |
| 3026 |  | 920 | 235 | 28702 | 27933 | 794 | 1147 |
| -176 | -181 |  |  | 1564 | 1793 |  | 258 |
| 491 | 273 | 270 | 408 | -202 | -94 | 160 | 202 |
| 431 | -28 | 405 |  | 7168 | 7276 |  | 397 |
| 417 | 68 | 33 | -5 | 3693 | 3807 | 569 | 296 |
| 1507 | 121 | 1236 | 6 | 23189 | 23254 |  | 835 |
| 234 | 5 | 241 |  | 1242 | 1261 | 417 | 133 |
| 561 | 11 | 560 | 16 | 2888 | 2944 | 320 | 312 |

# 1-B-51 按地区分组的水的生产

| 地区 | 企业单位数(个) | 资产总计 | 固定资产净额 | 固定资产原价 | 累计折旧 | 流动资产合计 | 应收账款 | 存货 |
|---|---|---|---|---|---|---|---|---|
| **全省** | **76** | **3388432** | **738835** | **1306549** | **473002** | **1246736** | **82775** | **54266** |
| 南昌市 | 11 | 1584029 | 321159 | 525113 | 201788 | 558956 | 43640 | 20078 |
| 景德镇市 | 3 | 208037 | 20238 | 71563 | 17105 | 39731 | 2663 | 4337 |
| 萍乡市 | 2 | 73316 | 30556 | 53600 | 23045 | 17879 | 402 | 627 |
| 九江市 | 13 | 304993 | 52296 | 152775 | 48039 | 83221 | 10812 | 4421 |
| 新余市 | 2 | 136517 | 31787 | 55886 | 24099 | 63667 | 1167 | 649 |
| 鹰潭市 | 3 | 203864 | 23410 | 39225 | 10354 | 152621 | 922 | 5003 |
| 赣州市 | 14 | 390670 | 109534 | 173579 | 64044 | 143716 | 6215 | 10137 |
| 吉安市 | 7 | 119271 | 24439 | 45877 | 21437 | 52956 | 1530 | 3824 |
| 宜春市 | 12 | 199329 | 76769 | 113099 | 35906 | 66619 | 7062 | 2776 |
| 抚州市 | 3 | 44433 | 15243 | 27966 | 12723 | 19787 | 1128 | 530 |
| 上饶市 | 6 | 123973 | 33404 | 47867 | 14463 | 47585 | 7233 | 1884 |

1-B-51 续表

| 地区 | 个人资本 | 港澳台资本 | 外商资本 | 营业收入 | 营业成本 | 销售费用 | 管理费用 |
|---|---|---|---|---|---|---|---|
| **全省** | **47988** | **37405** | **13353** | **987535** | **713892** | **38324** | **70387** |
| 南昌市 | 41188 | 1519 | | 523604 | 382688 | 15545 | 23197 |
| 景德镇市 | | | | 26593 | 20232 | 1548 | 4385 |
| 萍乡市 | | 14382 | | 12151 | 9185 | 887 | 961 |
| 九江市 | 2000 | | | 163409 | 127205 | 7619 | 9041 |
| 新余市 | | 15000 | | 21282 | 14216 | 2664 | 1598 |
| 鹰潭市 | | | | 8721 | 5315 | 402 | 2678 |
| 赣州市 | | | | 98790 | 64434 | 3383 | 10908 |
| 吉安市 | 3000 | | 8400 | 36529 | 27638 | 2407 | 3012 |
| 宜春市 | 1800 | 6504 | 4953 | 61276 | 37682 | 3002 | 7518 |
| 抚州市 | | | | 15018 | 10379 | 518 | 1587 |
| 上饶市 | | | | 20162 | 14918 | 349 | 5501 |

# 和供应业主要经济指标

单位：万元

| 产成品 | 负债合计 | 流动负债合计 | 应付账款 | 所有者权益合计 | 实收资本 | 国家资本 | 集体资本 | 法人资本 |
|---|---|---|---|---|---|---|---|---|
| **16809** | **2107966** | **1544674** | **145936** | **1280465** | **470259** | **248104** | **1660** | **121749** |
| 10315 | 854368 | 641333 | 78913 | 729661 | 253006 | 142882 | | 67417 |
| | 190717 | 113902 | 8401 | 17320 | 4438 | 1050 | 100 | 3288 |
| 123 | 29595 | 5401 | 1308 | 43721 | 29650 | 13818 | | 1450 |
| 1161 | 204915 | 141866 | 22586 | 100078 | 38346 | 1685 | 1560 | 33100 |
| | 104518 | 69130 | 578 | 31999 | 16780 | 1780 | | |
| | 181239 | 171233 | 929 | 22625 | 12146 | 11601 | | 545 |
| 3349 | 241032 | 182279 | 12567 | 149637 | 46343 | 43113 | | 3230 |
| 529 | 81627 | 51797 | 4152 | 37644 | 18938 | 5538 | | 2000 |
| 1332 | 106744 | 91505 | 5161 | 92585 | 40350 | 18373 | | 8720 |
| | 25048 | 16241 | 2277 | 19385 | 3252 | 2252 | | 1000 |
| | 88163 | 59987 | 9066 | 35810 | 7011 | 6011 | | 1000 |

单位：万元

| 财务费用 | 利息收入 | 利息支出 | 投资收益（损失以"-"号记） | 营业利润 | 利润总额 | 亏损企业亏损额 | 平均用工人数（人） |
|---|---|---|---|---|---|---|---|
| **30247** | **2143** | **35635** | **20245** | **150830** | **160332** | **5527** | **15052** |
| 20380 | 1866 | 25102 | 6993 | 89578 | 96393 | 172 | 5185 |
| 1185 | -34 | 1216 | | -981 | -376 | 474 | 712 |
| -744 | -7 | 107 | 2200 | 3843 | 3841 | | 553 |
| 3371 | 36 | 2576 | 2869 | 17447 | 18019 | 231 | 1989 |
| 1552 | 13 | 1563 | 60 | 1029 | 1035 | | 329 |
| 2597 | -92 | 2688 | | -2259 | -3172 | 3697 | 404 |
| 1459 | 129 | 1530 | 61 | 17959 | 18533 | 953 | 1987 |
| 261 | 139 | 377 | 4619 | 7605 | 7559 | | 851 |
| 15 | 111 | 315 | 3444 | 15178 | 15149 | | 1292 |
| 75 | -22 | 94 | | 2275 | 2697 | | 582 |
| 97 | 4 | 67 | | -843 | 652 | | 1168 |

# 第2篇

# 主要工业产品产量篇

# 2-1　2018年全省规模以上工业主要产品产量

| 产品名称 | 计量单位 | 产品产量 |
|---|---|---|
| 铁矿石原矿 | 吨 | 9031723 |
| 铁矿石成品矿 | 吨 | 3682644 |
| #铁精矿 | 吨 | 2944864 |
| 铜金属含量 | 吨 | 362464 |
| 铅金属含量 | 吨 | 154513 |
| 锌金属含量 | 吨 | 44660 |
| 稀有稀土金属矿 | 吨 | 62575 |
| 砂石 | 吨 | 20914337 |
| 化学矿 | 吨 | 3425735 |
| 原盐 | 吨 | 2124410 |
| 小麦粉 | 吨 | 232 |
| 大米 | 吨 | 5247279 |
| 饲料 | 吨 | 21760420 |
| #配合饲料 | 吨 | 11298507 |
| 混合饲料 | 吨 | 5441182 |
| 宠物食品 | 吨 | 5470 |
| 食用植物油 | 吨 | 1824221 |
| #精制食用植物油 | 吨 | 1707685 |
| 鲜、冷藏肉 | 吨 | 500825 |
| 冷冻水产品 | 吨 | 2968 |
| 豆腐及豆制品 | 吨 | 23874 |
| 糕点 | 吨 | 24855 |
| 膨化食品 | 吨 | 24387 |
| 焙烤松脆食品 | 吨 | 9548 |
| 糖果 | 吨 | 31904 |
| 速冻食品 | 吨 | 39446 |
| #速冻米面食品 | 吨 | 11219 |
| 乳制品 | 吨 | 178086 |
| #液体乳 | 吨 | 174884 |
| 固体及半固体乳制品 | 吨 | 3202 |
| 罐头 | 吨 | 141504 |
| 酱油 | 吨 | 2400 |
| 食醋 | 吨 | 1170 |
| 复合调味品 | 吨 | 24890 |
| 冷冻饮品 | 吨 | 112694 |
| 食用盐 | 吨 | 217112 |
| 食品添加剂 | 吨 | 90532 |
| 发酵酒精(折96度，商品量) | 千升 | 70012 |
| 饮料酒 | 千升 | 976299 |
| #白酒(折65度，商品量) | 千升 | 114279 |
| 啤酒 | 千升 | 830500 |

2-1 续表 1

| 产品名称 | 计量单位 | 产品产量 |
|---|---|---|
| 黄酒 | 千升 | 6706 |
| 葡萄酒 | 千升 | 8329 |
| 果酒及配制酒 | 千升 | 3213 |
| 饮料 | 吨 | 5092289 |
| #碳酸型饮料(汽水) | 吨 | 399990 |
| 包装饮用水 | 吨 | 1793159 |
| 精制茶 | 吨 | 66122 |
| 复烤烟叶 | 吨 | 8773 |
| 卷烟 | 万支 | 6380149 |
| #一类烟 | 万支 | 674200 |
| 二类烟 | 万支 | 1529029 |
| 三类烟 | 万支 | 2752952 |
| 四类烟 | 万支 | 1079458 |
| 五类烟 | 万支 | 344510 |
| 纱 | 吨 | 1615148 |
| #棉纱 | 吨 | 1325446 |
| 棉混纺纱 | 吨 | 119658 |
| 化学纤维纱 | 吨 | 170044 |
| 布 | 万米 | 101518 |
| #棉布 | 万米 | 70868 |
| 棉混纺布 | 万米 | 19031 |
| 化学纤维短纤布 | 万米 | 11619 |
| 印染布 | 万米 | 14772 |
| #漂白布 | 万米 | 7396 |
| 染色布 | 万米 | 5902 |
| 印花布 | 万米 | 1437 |
| 毛机织物(呢绒) | 万米 | 2834 |
| 亚麻纱 | 吨 | 19944 |
| 床褥单 | 万条 | 11 |
| 非织造布(无纺布) | 吨 | 61564 |
| 帘子布 | 吨 | 913 |
| 服装 | 万件 | 103560 |
| 梭织服装 | 万件 | 46863 |
| #羽绒服装 | 万件 | 4652 |
| 西服套装 | 万件 | 1087 |
| 衬衫 | 万件 | 315 |
| #针织服装 | 万件 | 56697 |
| 鞋 | 万双 | 19946 |
| 人造板 | 立方米 | 5916505 |
| 实木木地板 | 平方米 | 114975 |
| 复合木地板 | 平方米 | 8252148 |

2-1　续表 2

| 产品名称 | 计量单位 | 产品产量 |
| --- | --- | --- |
| 家具 | 件 | 39774802 |
| #金属家具 | 件 | 1000947 |
| 纸浆(原生浆及废纸浆) | 吨 | 167566 |
| 机制纸及纸板(外购原纸加工除外) | 吨 | 3065137 |
| 涂布类印刷用纸 | 吨 | 59233 |
| 卫生用纸原纸 | 吨 | 170684 |
| 包装用纸及纸板 | 吨 | 618470 |
| #箱纸板 | 吨 | 55990 |
| 纸制品 | 吨 | 1812505 |
| 室内训练健身器材 | 台 | 81725 |
| 硫酸(折100%) | 吨 | 3146367 |
| 碳化钙(电石，折300升/千克) | 吨 | 265179 |
| 乙烯 | 吨 | 3012 |
| 纯苯 | 吨 | 786222 |
| 甲醛 | 吨 | 328426 |
| 硫磺 | 吨 | 63466 |
| 硅 | 吨 | 4173 |
| 农用氮、磷、钾化学肥料(折纯) | 吨 | 61389 |
| 化学农药原药(折有效成分100%) | 吨 | 59962 |
| #杀虫剂(杀螨剂)原药 | 吨 | 22130 |
| 杀菌剂原药 | 吨 | 14993 |
| 除草剂原药 | 吨 | 14254 |
| 涂料 | 吨 | 134043 |
| 初级形态塑料 | 吨 | 488046 |
| 聚丙烯树脂 | 吨 | 112083 |
| 合成橡胶 | 吨 | 79524 |
| 合成纤维单体 | 吨 | 19113 |
| 合成纤维聚合物 | 吨 | 10326 |
| #聚酯 | 吨 | 8746 |
| 多晶硅 | 千克 | 14506249 |
| 合成洗涤剂 | 吨 | 80599 |
| 液体洗涤剂 | 吨 | 400 |
| 化学药品原药 | 吨 | 74580 |
| 中成药 | 吨 | 152519 |
| 化学纤维 | 吨 | 604739 |
| #人造纤维(纤维素纤维) | 吨 | 521381 |
| #粘胶短纤维 | 吨 | 518862 |
| 粘胶纤维长丝 | 吨 | 2520 |
| 合成纤维 | 吨 | 83358 |
| 涤纶纤维 | 吨 | 83358 |

2-1 续表 3

| 产品名称 | 计量单位 | 产品产量 |
|---|---|---|
| 橡胶轮胎外胎 | 条 | 297855 |
| 塑料制品 | 吨 | 1352368 |
| #塑料薄膜 | 吨 | 61604 |
| 泡沫塑料 | 吨 | 24533 |
| 塑料人造革、合成革 | 吨 | 23298 |
| 硅酸盐水泥熟料 | 吨 | 65559286 |
| #窑外分解窑水泥熟料 | 吨 | 61183563 |
| 水泥 | 吨 | 92667243 |
| 商品混凝土 | 立方米 | 69891700 |
| 水泥混凝土压力管 | 千米 | 70 |
| 水泥混凝土电杆 | 根 | 821516 |
| 水泥混凝土预制构件 | 立方米 | 4869772 |
| 石膏板 | 万平方米 | 2519 |
| 瓦 | 万片 | 21350 |
| 天然大理石建筑板材 | 平方米 | 2448937 |
| 平板玻璃 | 重量箱 | 4534012 |
| 钢化玻璃 | 平方米 | 5892168 |
| 夹层玻璃 | 平方米 | 1294184 |
| 中空玻璃 | 平方米 | 4607400 |
| 玻璃包装容器 | 吨 | 213373 |
| 玻璃纤维纱 | 吨 | 589375 |
| 瓷质砖 | 平方米 | 1031193939 |
| 陶质砖 | 平方米 | 120254862 |
| 卫生陶瓷制品 | 件 | 3593434 |
| 日用陶瓷制品 | 件 | 540673778 |
| 耐火材料制品 | 吨 | 339185 |
| 生铁 | 吨 | 22041722 |
| 粗钢 | 吨 | 24991791 |
| 钢材 | 吨 | 26807941 |
| #铁道用钢材 | 吨 | 388 |
| 棒材 | 吨 | 668877 |
| 钢筋 | 吨 | 11758051 |
| 线材(盘条) | 吨 | 4765039 |
| 特厚板 | 吨 | 314753 |
| 厚钢板 | 吨 | 1633721 |
| 中板 | 吨 | 1776615 |
| 冷轧薄板 | 吨 | 193063 |
| 中厚宽钢带 | 吨 | 1641013 |
| 热轧薄宽钢带 | 吨 | 452798 |
| 冷轧薄宽钢带 | 吨 | 853805 |

2-1　续表 4

| 产品名称 | 计量单位 | 产品产量 |
| --- | --- | --- |
| 冷轧窄钢带 | 吨 | 213646 |
| 电工钢板(带) | 吨 | 578574 |
| 无缝钢管 | 吨 | 53053 |
| 高温合金 | 吨 | 7112 |
| 铁合金 | 吨 | 1555 |
| 十种有色金属 | 吨 | 2262236 |
| #精炼铜(电解铜) | 吨 | 1829273 |
| 铅 | 吨 | 206742 |
| 锌 | 吨 | 124908 |
| 镍 | 吨 | 3722 |
| 锡 | 吨 | 25086 |
| 原铝(电解铝) | 吨 | 63841 |
| 单一稀土金属 | 千克 | 14582804 |
| 铝合金 | 吨 | 104579 |
| 铜材 | 吨 | 4020388 |
| 铝材 | 吨 | 1149199 |
| 金属丝 | 吨 | 237176 |
| #钢丝 | 吨 | 207973 |
| 钢绞线 | 吨 | 214134 |
| 铸铁件 | 吨 | 147577 |
| 铸钢件 | 吨 | 68370 |
| 锻件 | 吨 | 59973 |
| 粉末冶金零件 | 吨 | 16471 |
| 电站锅炉 | 蒸发量吨 | 3120 |
| 工业锅炉 | 蒸发量吨 | 2361 |
| 发动机 | 千瓦 | 18723 |
| 金属切削机床 | 台 | 5107 |
| #数控金属切削机床 | 台 | 1356 |
| 金属成形机床 | 台 | 116 |
| 电焊机 | 台 | 167 |
| 机床数控装置 | 套 | 6922 |
| 起重机 | 吨 | 88864 |
| 内燃叉车 | 台 | 12578 |
| 连续搬运设备 | 吨 | 13032 |
| 电梯、自动扶梯及升降机 | 台 | 5512 |
| #升降机 | 台 | 806 |
| 泵 | 台 | 243803 |
| 气体压缩机 | 台 | 55142458 |
| #制冷设备用压缩机 | 台 | 55021596 |
| 非制冷设备用压缩机 | 台 | 120862 |

2-1 续表 5

| 产品名称 | 计量单位 | 产品产量 |
| --- | --- | --- |
| 阀门 | 吨 | 4368 |
| 液压元件 | 件 | 25784989 |
| 滚动轴承 | 万套 | 21646 |
| 齿轮 | 吨 | 41267 |
| 工业电炉 | 台 | 1568 |
| 风机 | 台 | 297599 |
| #鼓风机 | 台 | 18962 |
| 电动手提式工具 | 台 | 453190 |
| 照相机 | 台 | 645039 |
| 金属紧固件 | 吨 | 248272 |
| 矿山专用设备 | 吨 | 93585 |
| 建筑工程用机械 | 台 | 5576 |
| #挖掘、铲土运输机械 | 台 | 3719 |
| #挖掘机 | 台 | 3719 |
| 冶金专用设备 | 吨 | 169746 |
| #金属冶炼设备 | 吨 | 3362 |
| 炼油、化工生产专用设备 | 吨 | 19919 |
| 农产品初加工机械 | 台 | 1162 |
| 饲料生产专用设备 | 台 | 7212 |
| 小型拖拉机 | 台 | 7867 |
| 眼镜成镜 | 副 | 60390961 |
| 工业机器人 | 套 | 284 |
| 汽车 | 辆 | 506599 |
| #基本型乘用车(轿车) | 辆 | 70208 |
| #轿车(排量≤1升) | 辆 | 47504 |
| 轿车(1升<排量≤1.6升) | 辆 | 22704 |
| 多功能乘用车(MPV) | 辆 | 42003 |
| 运动型多用途乘用车(SUV) | 辆 | 52036 |
| 交叉型乘用车 | 辆 | 254 |
| 客车 | 辆 | 92016 |
| 中型客车(7米<车长≤10米) | 辆 | 1076 |
| 轻型客车(车长≤7米) | 辆 | 90674 |
| 载货汽车 | 辆 | 250082 |
| #新能源汽车 | 辆 | 48064 |
| 改装汽车 | 辆 | 2956 |
| 城市轨道车辆 | 辆 | 72 |
| 民用钢质船舶 | 载重吨 | 39134 |
| #钢质机动货船 | 载重吨 | 39134 |
| 电动自行车 | 辆 | 34958 |
| 发电机组(发电设备) | 千瓦 | 74732 |

2-1　续表 6

| 产品名称 | 计量单位 | 产品产量 |
| --- | --- | --- |
| #水轮发电机组 | 千瓦 | 70550 |
| 电动机 | 千瓦 | 6419953 |
| 低压开关板 | 面 | 13478 |
| 通信及电子网络用电缆 | 对千米 | 2799920 |
| 电力电缆 | 千米 | 2139179 |
| 光纤 | 千米 | 187694 |
| 光缆 | 芯千米 | 1108133 |
| 锂离子电池 | 只(自然只) | 766908093 |
| 蓄电池 | 千伏安时 | 64191062 |
| #铅酸蓄电池 | 千伏安时 | 21539757 |
| 原电池及原电池组(非扣式) | 万只 | 4677 |
| 物理电池 | 千瓦 | 10922080 |
| #太阳能电池(光伏电池) | 千瓦 | 10922080 |
| 家用电冰箱(家用冷冻冷藏箱) | 台 | 911557 |
| 房间空气调节器 | 台 | 6817333 |
| 家用电风扇 | 台 | 1820678 |
| 家用洗衣机 | 台 | 133209 |
| 电子计算机整机 | 台 | 1189792 |
| 微型计算机设备 | 台 | 979054 |
| 笔记本计算机 | 台 | 13560 |
| 平板电脑 | 台 | 965494 |
| 打印机 | 台 | 34024 |
| 路由器 | 台 | 1074678 |
| 电话单机 | 部 | 1796078 |
| 移动通信手持机(手机) | 台 | 57117378 |
| #智能手机 | 台 | 41796844 |
| 彩色电视机 | 台 | 232149 |
| #液晶电视机 | 台 | 232149 |
| 组合音响 | 台 | 8433686 |
| 半导体分立器件 | 万只 | 17782564 |
| 集成电路 | 万块 | 50577 |
| 光电子器件 | 万只(片) | 2502995 |
| #发光二极管(LED管) | 万只 | 244535 |
| 液晶显示屏 | 万片 | 86795 |
| 电子元件 | 万只 | 2976373 |
| 印制电路板 | 平方米 | 54126405 |
| 工业自动调节仪表与控制系统 | 台(套) | 1919500 |
| 电工仪器仪表 | 台 | 2194508 |
| 环境监测专用仪器仪表 | 台 | 1032 |
| 表 | 只 | 35674 |
| 衡器(秤) | 台 | 5100 |
| 自来水生产量 | 万立方米 | 226726 |

# 2-2　2018年各设区市规模以上

| 地　区 | 饲料<br>(吨) | 白酒(折65度,<br>商品量)(千升) | 啤酒<br>(千升) | 精制茶<br>(吨) | 卷烟<br>(万支) | 布<br>(万米) | 服装<br>(万件) |
|---|---|---|---|---|---|---|---|
| **全　省** | **21760420** | **114279** | **830500** | **66122** | **6380149** | **101518** | **103560** |
| 南 昌 市 | 13446203 | 63536 | 264605 |  | 6380149 | 2872 | 37797 |
| 景德镇市 | 24063 |  |  | 7802 |  |  | 1366 |
| 萍 乡 市 | 776925 |  |  |  |  |  | 651 |
| 九 江 市 | 143576 | 1730 | 235981 | 966 |  | 20481 | 14013 |
| 新 余 市 | 491649 |  |  |  |  | 970 | 1320 |
| 鹰 潭 市 | 208011 |  |  |  |  | 1124 | 456 |
| 赣 州 市 | 2486554 | 6992 | 13783 | 468 |  | 7452 | 21981 |
| 吉 安 市 | 800204 | 12443 | 246977 | 2535 |  | 15708 | 13162 |
| 宜 春 市 | 2210160 | 28683 |  |  |  | 31093 | 2651 |
| 抚 州 市 | 822511 | 895 | 69154 |  |  | 17805 | 3545 |
| 上 饶 市 | 350565 |  |  | 54350 |  | 4013 | 6619 |

2-2　续表 1

| 地　区 | 化学纤维<br>(吨) | 水泥<br>(吨) | 瓷质砖<br>(平方米) | 粗钢<br>(吨) | 钢材<br>(吨) | 十种有色金属<br>(吨) |
|---|---|---|---|---|---|---|
| **全　省** | **604739** | **92667243** | **1031193939** | **24991791** | **26807941** | **2262236** |
| 南 昌 市 |  | 7968330 |  | 4203051 | 4642938 |  |
| 景德镇市 |  | 2841333 | 34682002 |  |  | 23900 |
| 萍 乡 市 |  | 5943618 | 14352618 | 5382213 | 5442494 |  |
| 九 江 市 | 521381 | 17586890 | 17119403 | 6024865 | 5824577 | 235739 |
| 新 余 市 |  | 3130888 |  | 9381662 | 9577908 |  |
| 鹰 潭 市 |  | 1693661 | 6616925 |  |  | 1126718 |
| 赣 州 市 |  | 19765508 | 3388345 |  | 864949 | 34930 |
| 吉 安 市 |  | 5597303 | 3657814 |  | 49061 |  |
| 宜 春 市 | 68998 | 8892205 | 947799920 |  | 57304 | 372812 |
| 抚 州 市 | 14360 | 2473849 | 3576912 |  |  | 102176 |
| 上 饶 市 |  | 16773659 |  |  | 348711 | 365961 |

# 工业主要产品产量

| 机制纸及纸板(外购原纸加工除外)(吨) | 硫酸(折100%)(吨) | 农用氮、磷、钾化学肥料(折纯)(吨) | 化学农药原药(折有效成分100%)(吨) | 多晶硅(千克) | 化学药品原药(吨) | 中成药(吨) |
|---|---|---|---|---|---|---|
| **3065137** | **3146367** | **61389** | **59962** | **14506249** | **74580** | **152519** |
| 644087 | 2895 | | | | 870 | 23680 |
| | | | 12664 | | 16395 | |
| 228256 | | | | | 3625 | |
| 728133 | 441297 | | 1456 | | 10401 | 17596 |
| 7889 | | | | 14506249 | 176 | 7033 |
| | 1970250 | 28742 | 23505 | | 549 | 9465 |
| 320189 | 312585 | | 1260 | | 0 | 9428 |
| 201621 | | | 11319 | | 11083 | 26204 |
| 98990 | | 7886 | 8123 | | 13344 | 50981 |
| 271324 | | 24761 | 1597 | | 10209 | 4738 |
| 564648 | 419340 | | 38 | | 7928 | 3394 |

| 精炼铜(电解铜)(吨) | 单一稀土金属(千克) | 铜材(吨) | 汽车(辆) | 太阳能电池(光伏电池)(千瓦) | 家用电冰箱(家用冷冻冷藏箱)(台) | 房间空气调节器(台) |
|---|---|---|---|---|---|---|
| **1829273** | **14582804** | **4020388** | **506599** | **10922080** | **911557** | **6817333** |
| | | 75651 | 414835 | 49338 | | 4887605 |
| | | | 71186 | | 891347 | |
| | | | | | | |
| | | 10308 | | 1849842 | | 1929728 |
| | | 21041 | | | | |
| 1124530 | | 1816500 | | 97508 | | |
| 16896 | 12063934 | 708278 | | 140637 | | |
| | 1439832 | 114169 | | | | |
| 372812 | 1079038 | 211368 | | | | |
| 80679 | | 609562 | 20018 | | | |
| 234356 | | 453511 | 560 | 8784755 | 20210 | |

# 2-3　2018年全省规模以上工业主要产品生产能力

| 产品名称 | 计量单位 | 2018年 |
|---|---|---|
| 卷烟 | 万支 | 7766000 |
| 原油加工能力 | 吨/吨 | 10000000 |
| 烧碱 | 吨 | 495000 |
| 碳化钙(电石，折300升/千克) | 吨 | 165000 |
| 农用氮、磷、钾化学肥料总计(折纯) | 吨 | 597988 |
| 初级形态塑料 | 吨 | 972511 |
| 化学纤维 | 吨 | 679580 |
| 水泥 | 吨 | 127561615 |
| 平板玻璃 | 重量箱 | 4658000 |
| 粗钢 | 吨 | 22950000 |
| 钢材 | 吨 | 27587692 |
| 原铝(电解铝) | 吨 | 36000 |
| 金属切削机床 | 台 | 7810 |
| 汽车 | 辆 | 1315000 |
| 家用电冰箱 | 台 | 1220210 |
| 房间空气调节器 | 台 | 6600000 |
| 微型计算机设备 | 台 | 1060000 |
| 移动通信手持机(手机) | 台 | 106729000 |
| 彩色电视机 | 台 | 324000 |
| 发电设备容量总计 | 万千瓦/万千瓦小时 | 2792 |
| #火电设备容量 | 万千瓦/万千瓦小时 | 1900 |
| 水电设备容量 | 万千瓦/万千瓦小时 | 230 |
| 风电设备容量 | 万千瓦/万千瓦小时 | 96 |

# 2-4　2018年全省主要能源产品产量

| 产品名称 | 计量单位 | 产品产量 |
|---|---|---|
| 原煤 | 万吨 | 550.6 |
| 原油 | 万吨 | |
| 天然气 | 亿立方米 | 0.2 |
| 液化天然气 | 万吨 | |
| 原油加工量 | 万吨 | 766.6 |
| 汽油 | 万吨 | 240.1 |
| 煤油 | 万吨 | 67.1 |
| 柴油 | 万吨 | 289.4 |
| 燃料油 | 万吨 | 1.4 |
| 石脑油 | 万吨 | 40.0 |
| 液化石油气 | 万吨 | 42.8 |
| 石油焦 | 万吨 | 34.7 |
| 石油沥青 | 万吨 | 8.3 |
| 焦炭 | 万吨 | 607.7 |
| 发电量 | 亿千瓦小时 | 1278.3 |
| 火力发电量 | 亿千瓦小时 | 1073.4 |
| 水力发电量 | 亿千瓦小时 | 120.3 |
| 核能发电量 | 亿千瓦小时 | |
| 风力发电量 | 亿千瓦小时 | 39.0 |
| 太阳能发电量 | 亿千瓦小时 | 45.6 |
| 煤气 | 亿立方米 | 405.1 |

注：调查范围为规模以上工业、有资质的建筑业、限额以上批发和零售业、限额以上住宿和餐饮业、有开发经营活动的全部房地产开发经营业和规模以上服务业等有能源生产的法人单位。

# 2-5 2018年分地区主要能源产品产量

| 地　区 | 原煤（万吨） | 原油（万吨） | 天然气（亿立方米） | 液化天然气（万吨） | 原油加工量（万吨） | 汽油（万吨） | 煤油（万吨） | 柴油（万吨） | 燃料油（万吨） | 石脑油（万吨） |
|---|---|---|---|---|---|---|---|---|---|---|
| **全　省** | **550.6** | | **0.2** | | **766.6** | **240.1** | **67.1** | **289.4** | **1.4** | **40.0** |
| 南昌市 | | | | | | | | | | |
| 景德镇市 | 52.2 | | | | | | | | | |
| 萍乡市 | 210.1 | | | | | 2.1 | | | | |
| 九江市 | 0.2 | | | | 766.6 | 238.1 | 67.1 | 289.4 | 1.4 | 40.0 |
| 新余市 | 56.9 | | | | | | | | | |
| 鹰潭市 | | | | | | | | | | |
| 赣州市 | 5.8 | | | | | | | | | |
| 吉安市 | 18.4 | | | | | | | | | |
| 宜春市 | 193.5 | | 0.2 | | | | | | | |
| 抚州市 | | | | | | | | | | |
| 上饶市 | 13.5 | | | | | | | | | |

2-5 续表

| 地　区 | 液化石油气（万吨） | 石油焦（万吨） | 石油沥青（万吨） | 焦炭（万吨） | 发电量（亿千瓦小时） | #火力发电量 | #水力发电量 | #核能发电量 | #风力发电量 | #太阳能发电量 | 煤气（亿立方米） |
|---|---|---|---|---|---|---|---|---|---|---|---|
| **全　省** | **42.8** | **34.7** | **8.3** | **607.7** | **1278.3** | **1073.4** | **120.3** | | **39.0** | **45.6** | **405.1** |
| 南昌市 | | | | 85.3 | 111.2 | 93.3 | 5.2 | | 9.2 | 3.5 | 66.7 |
| 景德镇市 | | | | 186.4 | 82.7 | 81.6 | 0.9 | | | 0.1 | 3.3 |
| 萍乡市 | | | | 35.7 | 87.3 | 84.4 | 1.6 | | | 1.3 | 81.8 |
| 九江市 | 42.8 | 34.7 | 8.3 | | 204.2 | 179.0 | 11.5 | | 11.2 | 2.5 | 89.8 |
| 新余市 | | | | 235.9 | 52.8 | 49.7 | 0.8 | | | 2.2 | 163.4 |
| 鹰潭市 | | | | | 100.7 | 96.7 | 2.1 | | | 1.8 | |
| 赣州市 | | | | | 94.1 | 47.3 | 25.9 | | 14.2 | 6.6 | |
| 吉安市 | | | | | 142.7 | 101.9 | 35.3 | | 2.5 | 3.0 | |
| 宜春市 | | | | 56.1 | 175.3 | 149.0 | 20.7 | | 1.8 | 3.7 | 0.1 |
| 抚州市 | | | | 8.4 | 122.9 | 115.4 | 4.9 | | | 2.5 | |
| 上饶市 | | | | | 104.6 | 75.1 | 11.3 | | | 18.2 | |

# 附　录

## 主要指标解释

# 主要指标解释

**资产总计** 指企业过去的交易或者事项形成的、由企业拥有或者控制的、预期会给企业带来经济利益的资源。资产一般按流动性（资产的变现或耗用时间长短）分为流动资产和非流动资产。其中流动资产可分为货币资金、交易性金融资产、应收票据、应收账款、预付款项、其他应收款、存货等；非流动资产可分为长期股权投资、固定资产、无形资产及其他非流动资产等。根据会计“资产负债表”中“资产总计”项目的期末余额数填报。包括企业拥有的土地、办公楼、厂房、机器、运输工具、存货等实物资产和现金、存款、应收账款和预付账款等金融资产。

**流动资产合计** 资产满足以下条件之一应归为流动资产：（1）预计在一个正常营业周期中变现、出售或耗用，主要包括存货、应收账款等；（2）主要为交易目的而持有；（3）预计在资产负债表日起一年内（含一年）变现；（4）自资产负债日起一年内，交换其他资产或清偿负债的能力不受限制的现金或现金等价物。包括货币资金、应收票据、应收账款、存货等项目。根据会计“资产负债表”中“流动资产合计”项目的期末余额数填报。

**应收账款** 指企业因销售商品、提供劳务等经营活动所形成的债权，包括应向客户收取的货款、增值税款和为客户代垫的运杂费等。根据会计“资产负债表”中“应收账款”项目的期末余额数填报。

**存货** 指企业在日常活动中持有以备出售的产成品或商品、处在生产过程中的在产品、在生产过程或提供劳务过程中耗用的材料或物料等，通常包括原材料、在产品、半成品、产成品、商品以及周转材料等。根据会计“资产负债表”中“存货”项目的期末余额数填报。其中：“年初存货”根据会计“资产负债表”中“存货”项目的年初余额数填报。注意：“存货”具有实物形态，不属于无形资产，由于企业持有存货的最终目的是为了出售，所以房地产开发企业（单位）购置的土地、尚未销售的商品房等均计入“存货”。

**产成品** 指企业已经完成全部生产过程并验收入库，可以按照合同规定的条件送交订货单位，或者可以作为商品对外销售的产品。根据会计“产成品”科目的借方余额填报。

**固定资产原价** 指固定资产的成本，包括企业在购置、自行建造、安装、改建、扩建、技术改造某项固定资产时所发生的全部支出总额。根据会计“固定资产”科目的期末借方余额填报。

**累计折旧** 指企业在报告期末提取的历年固定资产折旧累计数。根据会计“累计折旧”科目的期末贷方余额填报。

**固定资产净额** 指固定资产原价减去累计折旧、固定资产减值准备后的金额。当会计“资产负债表”列示“固定资产净额”项目时，根据“固定资产净额”项目的期末余额数填报；当会计“资产负债表”列示“固定资产”项目，且含义及核算范围与本指标解释一致时，根据“固定资产”项目的期末余额数填报；其他情况，根据会计“固定资产”科目的期末余额，减去“累计折旧”和“固定资产减值准备”科目的期末余额后的金额填报。

**负债合计** 指企业过去的交易或者事项形成的，预期会导致经济利益流出企业的现时义务。负债一般按偿还期长短分为流动负债和非流动负债。根据会计资产负债表中“负债合计”项目的期末余额数填报。包括银行贷款、借款、应付账款、应付职工工资、应付职工福利费、应交税金等企业负有偿还责任的债务。

执行企业会计准则或《小企业会计准则》的企业：负债合计=流动负债合计+非流动负债合计；执行其他企业会计制度的企业负债包括流动负债和长期负债。

**流动负债合计** 负债满足下列条件之一的应归为流动负债：（1）预计在一个正常营业周期中清偿；（2）主要为交易目的而持有；（3）自资产负债表日起一年内到期应予清偿；（4）企业无权自主地将清偿推迟至资产负债表日后一年以上。包括短期借款、应付票据、应付账款、应付职工薪酬、应交税费等项目。根据会计资产负债表中“流动负债合计”项目的期末余额数填报。

**应付账款** 指企业因购买材料、商品和接受劳务供应等经营活动应支付的款项。根据会计资产负债表中“应付账款”项目的期末余额数填报。

**所有者权益合计** 指企业资产扣除负债后由所有者享有的剩余权益。公司的所有者权益又称股东权益。包括实收资本、资本公积、盈余公积、未分配利润等。根据会计资产负债表中“所有者权益合计”项目的期末余额数填报。

**实收资本** 指企业各投资者实际投入的资本（或股本）总额，包括货币、实物、无形资产等各种形式的投入。实收资本按投资主体可分为国家资本、集体资本、法人资本、个人资本、港澳台资本和外商资本。根据会计资产负债表中“所有者权益”项下“实收资本”的期末余额数填报。

**国家资本** 指有权代表国家投资的政府部门或机构、直属事业单位对企业形成的资本金。根据会计“实收资本”科目计算填报。

**集体资本** 指由本企业职工等自然人集体投资或各种机构对企业进行扶持形成的集体性质的资本金。根据会计“实收资本”科目计算填报。

**法人资本** 指其他法人单位以其依法可支配的资产投入企业形成的资本金。根据会计“实收资本”科目计算填报。

**个人资本** 指自然人实际投入企业的资本金。根据会计“实收资本”科目计算填报。

**港澳台资本** 指我国香港、澳门和台湾地区投资者实际投入企业的资本金。根据会计“实收资本”科目计算填报。

**外商资本** 指外国投资者实际投入企业的资本金。根据会计“实收资本”科目计算填报。

**营业收入** 指企业经营主要业务和其他业务所确认的收入总额。营业收入包括“主营业务收入”和“其他业务收入”。根据会计“利润表”中“营业收入”项目的本年累计数填报。

**营业成本** 指企业经营主要业务和其他业务所发生的成本总额。包括企业（单位）在报告期内从事销售商品、提供劳务等日常活动发生的各种耗费。包括“主营业务成本”和“其他业务成本”。根据会计“利润表”中“营业成本”项目的本年累计数填报。

**销售费用** 指企业在销售商品和材料、提供劳务的过程中发生的各种费用，包括保险费、包装费、展览费和广告费、商品维修费、预计产品质量保证损失、运输费、装卸费等以及为销售本企业商品而专设的销售机构（含销售网点、售后服务网点等）的职工薪酬、业务费、折旧费等经营费用。建筑业企业销售费用指企业从事施工生产活动过程中发生的各项费用，包括应由企业负担的运输费、装卸费、包装费、保险费、维修费、展览费、差旅费、广告费和其他经费。房地产企业销售费用指企业在从事主要经营业务过程中所发生的各项销售费用，包括转让、销售、结算和出租开发产品等。执行企业会计准则或《小企业会计准则》的企业,根据会计“利润表”中“销售费用”项目的本年累计数填报。执行其他企业会计制度的企业，根据会计“利润表”中“营业费用（或经营费用）”项目的本年累计数填报。

**管理费用** 指企业为组织和管理企业生产经营所发生的费用，包括企业在筹建期间内发生的开办费、董事会和行政管理部门在企业经营管理中发生的，或者应当由企业统一负担的公司经费等。根据会计“利润表”中“管理费用”项目的本年累计数填报。执行财政部《关于修订印发 2018 年度一般企业财务报表格式的通知》（财会〔2018〕15 号）的企业，应把研发费用项目的本年累计数归并到管理费用项目中填报。

**财务费用** 指企业为筹集生产经营所需资金等而发生的筹资费用，包括企业生产经营期间发生的利息支出（减利息收入）、汇兑损失（减汇兑收益）以及相关的手续费等。根据会计“利润表”中“财务费用”项目的本年累计数填报。

**利息收入** 指非金融企业存款业务所确认的利息金额。根据企业“财务费用明细账”中“财务费用——利息收入”科目的本期发生额填报。如果未设置该科目，填“0”。

**利息支出** 指企业短期借款利息、长期借款利息、应付票据利息、票据贴现利息、应付债券利息、长期应付引进国外设备款利息等利息支出。根据企业“财务费用明细账”中“财务费用——利息支出”科目的本期发生额填报。如果企业没有单独设立“利息收入”科目，应填报利息支出减去银行存款等的利息收入后的净额。

**投资收益** 指企业确认的投资收益或投资损失，反映企业以各种方式对外投资所取得的收益。根据会计“利润表”中“投资收益”项目的本年累计数填报。如为投资损失以“-”号记。

**营业利润** 指企业从事生产经营活动所取得的利润。执行企业会计准则或《小企业会计准则》的企业，营业利润为营业收入减去营业成本、税金及附加、销售费用、管理费用、财务费用、资产减值损失，再加上公允价值变动收益、投资收益和其他收益后的金额，根据会计“利润表”中“营业利润”项目的本年累计数填报；执行其他企业会计制度的企业，营业利润为营业收入减去营业成本、税金及附加、销售费用、管理费用、财务费用，再加上投资收益后的金额，根据会计“损益表”中“营业利润”项目、“投资收益”项目的本年累计数之和填报。

**利润总额** 指企业在一定会计期间的经营成果，是生产经营过程中各种收入扣除各种耗费后的盈余，反映企业在报告期内实现的盈亏总额。利润总额为营业利润加上营业外收入，减去营业外支出后的金额，根据会计“利润表”中“利润总额”项目的本年累计数填报。

**平均用工人数** 指报告期企业平均实际拥有的、参与本企业生产经营活动的人员数。

**原煤** 指煤矿生产的、经过验收符合质量标准的原煤。即：从毛煤中选出规定粒度的矸石（包括黄铁矿等杂物）并且绝对干燥灰分在 40%以下的原煤。绝对干燥灰分虽在 40%以上，但经有关部门批准开采，并有消费需求的劣质煤，亦应计入原煤产量。原煤分为无烟煤、烟煤、褐煤，在烟煤中又分为炼焦烟煤和一般烟煤两种。原煤不包括石煤、泥煤（泥炭）和伴随原煤生产过程而采出的煤矸石。

**原油** 指各种碳氢化合物的复杂混合物，通常呈暗褐色或者黑色液态，少数呈黄色、淡红色、淡褐色。包括自油井开采的原油；因事故、自然灾害以及探井、未交采油单位或未具备生产条件的井中产生的落地油（产量按已销售、利用、回收的量计算）；油（气）井井口直接回收和经处理装置回收的凝析油等。

**天然气** 指以气态碳氢化合物为主的各种气体的混合物，由有机物质经生物化学作用分解而成，或与石油共存于岩石的裂缝和空洞中，或以溶解状态存在于地下水中；主要成分为甲烷（约占 85%-95%），还有乙烷、丙烷、丁烷等，是一种优质燃料和化工原料。天然气分为常规天然气和非常规天然气，常规天然气包括气田天然气、油田天然气（分为油田气层气、油田伴生溶解气），非常规天然气包括煤层气、页岩气、致密砂岩气等。天然气产量是指进入集输管网和就地利用的全部气量。

**液化天然气** 指液体状态的天然气，由气态天然气在一定温度和压力条件下液化而成，无毒、无色、无味，在-161℃下的密度约为 425 千克/立方米。天然气在常温、常压状态为气态，占有的体积大，不利于储存，液化后体积只有气态的 1/600 左右。天然气的主要成分——甲烷的临界温度为-82℃，故在常温下不可能通过压缩而将其液化。而当将甲烷冷却到-161℃以下时，在常压下即转化为液体，即液化天然气（LNG）。

**原油加工量**　指直接进入蒸馏装置及二次加工装置加工的原油量。该指标是衡量炼化企业生产规模、能力的一项基础指标，也是炼化企业计算各项技术经济指标的重要依据。因此，原油加工量作为一个特殊的指标在产品产量中统计。

**汽油**　指直馏汽油和二次加工（如催化裂化、加氢裂化，催化重整和经精制的热裂化、焦化等）汽油，按不同比例调和，加入适量抗氧防胶剂及金属钝化剂，必要时加入适量的抗爆剂（如加入抗爆剂还要加入着色剂）而制成。本品为易燃、易挥发液体，具有良好的抗爆性能和燃烧性能，其蒸发性好，燃烧完全，积炭少，对发动机部件及储油容器无腐蚀性，由于加有抗氧剂，产品具有较好的安定性，不易过早氧化。包括航空汽油和车用汽油。

**煤油**　是一种精制的燃料，挥发度在车用汽油和轻柴油之间，不含诸如粗柴油、润滑油之类的重碳氢化合物。包括灯用煤油、航空煤油。

**柴油**　指直馏柴油和经过精制的二次加工（如催化裂化、加氢裂化、热裂化、加氢精制的焦化的柴油等），以不同比例调和而成的成品油。柴油分为轻柴油、重柴油。

**燃料油**　包括船用燃料油、重油或其他燃料油。燃料油分为商品燃料油和自用燃料油。商品燃料油指企业作为商品销售的燃料油；自用燃料油指本企业用作燃料和化肥、化工原料的自用油。

**石脑油**　属一部分石油轻馏分的泛称；用途不同，各种馏程亦不同。馏程自初馏点至220℃左右，主要用作重整和化工原料；70℃-145℃馏分，称轻石脑油，生产芳烃的重整原料；70℃-180℃馏分，称重石脑油，用作生产高辛烷值汽油。用作溶剂时，称作溶剂石脑油；来自煤焦油的芳香族溶剂油也称作重石脑油或溶剂石脑油。

**液化石油气**　亦称液化气或压缩汽油，是炼油精制过程中产生并回收的气体在常温下经加压而成的液态产品。主要成分是丙烷、丁烷、丙烯、丁烯，主要用作石油化工原料，脱硫后可直接用作燃料。

**石油焦**　指以原油经常减压装置蒸馏所得的渣油或以重油为原料，经焦化装置生产。产品按用途分为三个牌号，每个牌号按质量分为A、B两类，牌号有1#A、1#B、2#A、2#B、3#A、3#B石油焦等。主要用于制造石墨电极、碳素、碳化硅、碳化钙等产品的原料，也可直接用于冶炼、铸煅工艺作燃料。

**石油沥青**　指由原油经常减压装置蒸馏直接获得的渣油制品，也可以用减压渣油为原料经氧化，溶剂脱出的沥青再经适度氧化或调合而成。是来自原油中的最重的组分，是高度缩合的多环烃类混合物，具有良好的粘结性、绝缘性、不渗水性，并能抵抗许多化学药物的侵蚀，广泛用于道路工程、建筑工程、水利工程、防护涂料以及保持水土、改良土壤等领域。沥青按用途可分为普通沥青、道路沥青、建筑沥青、专用沥青，其中以道路沥青的用量最大。

**焦炭**　指将各种经过洗选的煤炭按一定比例配合后，在隔绝空气的高温炭化室内经过热解、缩聚、固化、收缩等复杂的物理化学过程形成的固体燃料，呈黑灰色块状、有光泽，燃烧时烟气少，具有不粘结、不结块、低硫、低灰、坚硬、耐磨、耐压、富于气孔性等特点，主要用于冶金、化工、铸造等工艺的燃料和原料。它包括各种生产方式生产的焦炭，即包括机械化焦炉、简易焦炉、土焦炉、煤气发生炉等装置生产的所有焦炭和半焦炭。

**发电量**　指电厂（发电机组）在报告期内生产的电能量。它是发电机组经过对一次能源的加工转换而生产出的有功电能数量，即发电机实际发出的有功功率（千瓦）与发电机实际运行时间的乘积。发电量包括全部电力工业企业、自备电厂的产量。新装发电设备在未正式投入生产以前所发的电量以及发电设备大修或改进后试运转期间所发的电量，凡被本厂或用户利用的，均应计入发电量中，未被利用的，则不应计入。发电量中不包括电动的交直流变换、励磁机和周波变换的电量。

**火力发电**　指利用煤炭、燃油、燃气、生物质等燃料燃烧时产生的热能，通过火电动力装置转换成电能的发电方式，包括燃煤发电，燃气发电，燃油发电，余热、余压、余气发电，生物质发电等。

**水力发电**　指利用水位落差，配合水轮发电机产生电力的一种发电方式，也就是利用水的势能转为水轮机的机械能，再以机械能推动发电机产生电能，包括抽水蓄能发电。

**核能发电**　指利用原子反应堆中核燃料(例如铀)缓慢裂变所释放的热能产生蒸汽驱动汽轮机再带动发电机发电的一种发电方式。

**风力发电**　指把风的动能转变成机械动能，再把机械能转化为电力动能的发电方式。

**太阳能发电**　指先将太阳光或能转化为热能，再将热能转化成电能或者直接将太阳能转换成电能的发电方式，主要包括太阳能光伏发电和太阳能光热发电。

**煤气**　指煤、焦炭、半焦等固体燃料与燃料油等液体燃料干馏或气化所产生的可燃气体。包括焦炉煤气、高炉煤气、发生炉煤气和油煤气等。